法权说之应用

童之伟　著

中国社会科学出版社

图书在版编目（CIP）数据

法权说之应用／童之伟著．—北京：中国社会科学出版社，2022. 1
ISBN 978 -7 -5203 -9620 -2

Ⅰ. ①法…　Ⅱ. ①童…　Ⅲ. ①权利—法学—研究　Ⅳ. ①D90

中国版本图书馆 CIP 数据核字（2022）第 014921 号

出 版 人　赵剑英
责任编辑　许　琳
责任校对　魏　东
责任印制　郝美娜

出　　版　中国社会科学出版社
社　　址　北京鼓楼西大街甲 158 号
邮　　编　100720
网　　址　http://www.csspw.cn
发 行 部　010 -84083685
门 市 部　010 -84029450
经　　销　新华书店及其他书店

印刷装订　北京市十月印刷有限公司
版　　次　2022 年 1 月第 1 版
印　　次　2022 年 1 月第 1 次印刷

开　　本　710 × 1000　1/16
印　　张　25
插　　页　2
字　　数　421 千字
定　　价　148.00 元

凡购买中国社会科学出版社图书，如有质量问题请与本社营销中心联系调换
电话：010 -84083683

目　录

序

法权说是基于唯物史观和当代社会法律实践，由以法权概念为中心的一些基本范畴、基本命题和其他重要命题构成的法学要素的组合，可谓尚在形成中的某种法的一般理论的大致轮廓。法权说的文字载体，主要是我在 1999 年前后和 2020 年前后，分两个时段围绕法权概念、法学基本范畴构成和法理学更新等主题发表的十来篇论文，以及内容与它们有较多交集的两本中英文法学读物。① 顺便说明，其中书名为《法权与宪政》的那本读物，20 年来没有再版过，今后也不会再版，它仍有价值的内容，少许整合到了本书中，其余部分会整合到其他出版物中。

在 1991 年进入法学职业领域之前，我做的是政治学方面的教学和研究工作。转向法学的学习和研究后，由于痛感当时在中国已存在百年有余的权利义务法学表达范式严重缺乏法现象解释功能，特别是对于宪法学和公法学各学科而言。于是我尝试刷新当时流行的法学基本范畴和基本命题，并循刷新后的基本范畴和基本命题体现的进路理解和解释做宪法学、法理学教学、研究所需面对的各种法现象，包括民商法现象。从这个意义上，可以说法权说投入应用的时间，已经超过了 30 年。这 30 余年来我为数不多的学术活动产品，实际上都是应用法权说得到的结果，尽管很多时候只是依循法权说的框架、进路，并没有提及法权二字。

由于种种原因，过去近 30 年我一度从做宪法学改为从事法的一般理论的教学和研究，后来回到宪法学，最后又超越职业分工的考虑，再度把兴趣、时间和精力投入法的一般理论。所以，法权说的应用主要表现在宪

---

① 一本是童之伟所著《法权与宪政》（山东人民出版社 2001 年版），另一本是同一作者所著之 *Right, Power, and Faquanism: A Practical Legal Theory from Contemporary China* （trans. Xu Ping, Leiden, Boston: Brill Academic Publishers, 2018），即《权利、权力和法权说：当代中国的实践法学理论》，中文版待出。

法学领域，最初的成果是《国家结构形式论》，[①] 后来还有不止一本其他论著。但是，法权说的应用也有一些体现在我探讨刑法、刑事诉讼法、行政法等公法学领域和民商法学领域的问题的读物中。这些读物有的已经出版，有的即将出版。以法权说在民商法、刑事法和宪法相关法研究中的应用为例，读者或许可从我的《宪法与部门法关系管窥》[②] 等书中看出一些相关的方法、安排，但足以让读者获得较全面印象的还是本页注释提到的《权利、权力和法权说：当代中国的实践法学理论》一书。至于本书，则主要涉及法权说自身的部分构建内容及其在研究宪法、宪法相关法中的部分应用，但同时也多少包含一点涉及法权说在民法研究中应用的研究内容，如第二章中讨论我国宪法与民法典关系的那一节。

最后还想做两点说明：1. 本书所循的法律分类方法是三元的，即如果有必要，本书总是循明示或默示的逻辑将包括我国在内的现代国家的全部法律分为根本法（或宪法）、私法、公法三大块。因为，在过去至少多半个世纪中，随着合宪性审查制度在世界范围内形成和实施，以宪法为根据审查民法、商法有关条款的合宪性并宣告其不合宪从而使之失去法律效力的判例日渐增多，宪法既是公法的根本法又是私法的根本法，或既不是单纯公法又不是单纯私法，而是一国的根本法的事实，已显现得越来越明白。此时，只有承认宪法是公法、私法之外的另一个独立法律门类，才足以合乎逻辑地解释相关的法现象，才符合当代的法律生活实际。2. 一国的法律制度与国际法，虽有各种联系，但属实质不同的两套体系，很难循同一原理加以简单解说。法的任何一般理论，欲统一解说一国之内和国家间两套法律制度，都难免捉襟见肘，至少须加以变通才能言之成理。所以，我构建和应用法权说，现阶段还没有仔细考虑如何将其加以变通应用到国际法领域的问题。

法权说和它的应用，都是相对而言比较新的话语和比较新的做法，错谬之处在所难免，祈望读者不吝批评指正。

作　者

2021 年 11 月 10 日

---

① 童之伟：《国家结构形式论》（第二版），北京大学出版社 2015 年版。

② 童之伟：《宪法与部门法关系管窥》，法律出版社 2017 年版。

导　言

法权说之要点及其与应用相关的问题

法权说指以法权概念为中心形成的法的一般理论，亦可称为法权学说或法权理论，现在还仅具雏形。

本书中的“法权”不是任何一部宪法、法律使用的术语，而是反映、记录人对权利和权力统一体认识的法学基本概念。但是，我们可以通俗地将其理解为“法定之权”的简称，而所谓法定之权，即法律承认和保护的权利和权力。其中，法权的下位概念权利之所指，不仅包括中国法律制度、法律生活现实中存在的公民等个人以及法律地位相当于个人的私人团体享有的各种法律权利，还包括法律上称为自由的现象，以及中国法律没有概括地描述，但却事实上存在于中国法律制度中的个人特权和个人豁免。权利是个人利益的法律表现，以私有财产为其物质承担者。法权的另一个下位概念权力之所指，除中国宪法、法律确认或规定的“国家权力”“国家的权力”“公权力”“职权”“权限”外，还包括国家机关等公共机构及其官员享有的公职特权和公职豁免。权力的内容是法定的公共利益，归根结底是国家机关等公共机构的财产。

关于法权，读者要紧的是记住，“法权”源于日制汉语，由日本法学家矶谷幸次郎于1896年率先提出并予以论说，意指一国统治权尤其是立法权的覆盖范围。[①] 在20世纪末，笔者考虑到中日两国都早已弃用“法权”，后者已成被废弃的语言空壳，于是就“废物利用”，选它作为权利权力统一体的名称并证成了新的法权概念。所以，法权同历史上曾出现过的治外法权中的“法权”不是一回事，而且同20世纪70年代一度开展过的“批判资产阶

---

① ［日］磯谷幸次郎：『法學通論』，東京：日本法律學校編輯部1896年版，第182—194页。另可见《〈法学通论〉与〈法之本质〉》，何佳馨点校，中国政法大学出版社2006年版，第96—101页。

级法权”中的“法权”，从指代对象到内容，都没有任何关系。而且，随着时间推移和与租界等半殖民地现象相联系的“治外法权”的消失，这种意义的法权一词已基本不再使用。同样，20 世纪 50 年代的翻译者因语言能力不济，在翻译马克思著作过程中，有时分不清同一个外文词（德文 Recht，俄文 право）是“法律”还是“权利”的意思，遂不得不从两种可能的汉语名词中各取一字蒙混过关而生造“法权”一词，早已被放弃。我采用法权作为权利权力统一体的名称，某种程度上说也是基于这种认识。

一　法权说的形成和主要文字载体

在社会科学领域，我原本做政治学，学习的重点是基础理论和比较政治制度，1987 年到武汉大学任教后经由读宪法学博士学位的路径转入法学专业。起初我也曾认同过当时盛行的以权利义务为中心系统解释法现象的法理学，但在写博士学位论文的过程中深感权利义务理论完全不足以解释宪法现象和公法现象，[①] 不得不花了相当工夫探寻既可解释私法现象，又可解释宪法和公法现象的法学基础理论，本书所称的法权说正是这个探寻过程的产物。只是，法权在当初并未被称为法权，而是被称为“社会权利”，意欲表达“社会意义更宽泛的权利”“包含权力的权利”的意思。所以，那个时期我发表的论著，都是以“社会权利”这个短语来表述今日之“法权”的。[②] 放弃“社会权利”的提法，发展以“法权”为核心概念的法的一般理论，是 1997 年我到中南财经政法大学任教后确立的努力方向。当年，因校方委以法理学科带头人的岗位，我开始寻求能统一、周延地解释私法、公法和根本法现象的新的一般理论。具体做法是，首先对当时居主导地位的一些理论观点做了些评论和清理，特别是质疑和批评了早在 20 世纪初提出或萌芽，到 20 世纪三四十年代已被视为通说的诸如法学

① 对当代世界各制定法国家的法律，2006 年以来我一直采用三元分类：私法；公法；根本法（或宪法）。参见童之伟《宪法与部门法关系管窥》，法律出版社 2017 年版，作者自序。此书仍采用法律三元分类法。

② 其中有代表性的论文有：《用社会权利分析方法重构宪法学体系》（《法学研究》1994 年第 5 期），《再论用社会权利分析方法重构宪法学体系》（《法学研究》1995 年第 6 期），《论阶级分析方法在宪法学中的合理定位》（《中国法学》1997 年第 4 期），《论宪法学新体系的范畴架构》（《法学研究》1997 年第 6 期）。有代表性的著作为《国家结构形式论》（武汉大学出版社 1997 年版，北京大学出版社 2014 年版）。

是权利之学、法学的权利义务之学和法以权利为本位等提法及其在当代的延伸性论述的合理性。① 然后在将权利和权力统一体重新命名为“法权”的基础上，集中时间精力初步揭示了传统的以权利义务为重心的法的一般理论的偏颇和短板，提出和证明了构成法权说的主干的一些基本观点。②评论的对象，是截至 2002 年底的法权说文字载体。③

到 2016 年前后，我按基本概念统一和基本观点协调的原则集结和统一修订了迄那时为止 15 年开拓法权说的研究心得，完成了《权利、权力和法权说》一书，但可惜出版合同因故未能执行，好在随后获得一些学术界同道的支持，于 2018 年秋季在荷兰莱顿和美国波士顿同时出版了该书的英文版。④ 应该可以说，这本书记录的和在其后三年又有所发展的法权说，较之在 2003 年之前论著中的反映，已得到了较大程度的更新和完善。现将今天的法权说的四个主要构成部分，简要陈述如下。概括地说，获得更新的法权说的内容，主要由以下四部分构成。

（一）法权法学的七个基本范畴

下述七个概念作为法权法学的基本范畴，从性质上可以相对区分为三个层次。处于第一层次的是分别指代和表述不同正面利益内容、正值财产内容及其表现形式的五个基本概念，它们被认定的主要法学特征是：（1）权利：个人利益的法律表现，以私有财产为其物质承载体，在中国法律制度中主要表现为宪法、法律上称为“权利”“自由”的现象，但还包括事实上存在于中国法律制度中，但宪法、法律没有用术语统一概括、比照其他法治国家的制度可称为个人特权和个人豁免的现象。⑤（2）权力：受保护公共利益的法律表现，以公共财产为物质承载体。在中国法律制度

---

① 有代表性的论文有：《论法理学的更新》（《法学研究》1998 年第 6 期）；《权利本位说再评议》（《中国法学》2000 年第 6 期）。

② 这方面的论著主要是：《再论法理学的更新》，《法学研究》1999 年第 2 期；《法权中心的猜想与证明》，《中国法学》2001 年第 6 期；《法权中心说补论》，《法商研究》2002 年第 1 期。

③ 指汇集编纂前引论文、文字形成的《法权与宪政》（山东人民出版社 2000 年版）一书。

④ Tong Zhiwei, *Right, Power, and Faquanism: A Practical Legal Theory from Contemporary China*, trans. Xu Ping, *Leiden*, Boston: Brill Academic Publishers, 2018. 与该书引言对应的中文部分的主要内容已经发表，参见童之伟《中国实践法理学的话语体系构想》，《法律科学》2019 年第 4 期。

⑤ 从与国际接轨的角度看，通过考证照获得的资格和通过申请官方许可获得的资格是个人特权，在法定条件下个人的违规甚至不法行为可免除法定责任的情况属个人豁免。两者实际上都是个人权利的表现形式。

中，主要表现为宪法、法律上称为“国家权力”“国家的权力”“公权力”“职权”“权限”的现象，还包括事实上存在于中国法律制度中，但宪法、法律没有用术语统一概括、比照其他法治国家的制度可称为公职特权和公职豁免的现象。[①]（3）剩余权（residual quan）：此“权”属法外之权利或权力，称谓是学理概括的产物，没有法律表现形式，但有法外表现形式，如往往被称为应有之权、道德权利、应有的权力等，其内容是法外利益和归属未定的财产。（4）法权（faquan）：作为学者运用抽象力把握住权利和权力统一体后赋予它的名称，其内容是法律保护的全部利益和归属已定之各种属性的财产，外延为权利、权力可指代的全部各种法现象，范围与现有某些法理学教材中使用的广义的权利相同。（5）权（quan）：权利、权力、剩余权之和或统称，内容为法内法外利益之和，归根结底以相应社会或国家归属已定和未定之全部财产为其物质承载体。实体性的上述诸权的利益、财产内容较明显，程序性的各种权的利益、财产内容是间接的。

附带说明，中国宪法、法律和法学论著都广泛使用的权字，在法学论著中长期未被研究和提升为法学概念，但法权说通过确定权的外延、内容，将权的逻辑地位提升到了概念的地位。但可惜现代汉语习惯于两字名词或三字名词，不习惯“权”这种单字名词，故以它为权概念的汉语载体，法学界很不习惯。

第二层次的法学基本概念只有一个，即义务。义务是负面利益的法律表现，以负值财产为其物质承担。义务是与各种权之总量相等但性质相反，直接或间接体现为负利益进而负值财产的各种现象，以及为促使相应负利益、负值财产落实其归属而形成的应作为或不应作为的行为规则。在中国法律制度中主要表现为宪法、法律上称为“义务”“职责”“责任”的现象，但还应算上事实上存在，但宪法、法律没有用术语统一概括的性质现象或情形，如无资格、无权利、无权力等。各种义务与各种权的利益、财产内容相反，互为反义词：义务—权，法义务—法权，个人义务—权利，公职义务—权力，法外义务—剩余权。义务概念的内容是这五种义务体现的负面利益内容和负值财产内容。实体性义务的负面利益、负值财产内容较明显，程序性义务的负面利益、负值财产内容是间接的。

---

① 指各国法律都或多或少规定了担任公职的相应保障，包括但不限于外交官享有的外交特权和外交豁免。

第三层次的法学基本概念也只有一个，即法（或法律，下同）。法是由国家有权机关制定或认可的用于分配法权并规范其运用行为的有普遍约束力的行为规范。法概念的外延，在我国表现为宪法、法律、行政法规，地方性法规、自治条例、单行条例等法规范性文件，在英美法和欧洲大陆法系国家除宪法、制定法之外还有判例法（英美法国家判例的相对地位高于大陆法系国家）。法概念的内容为一国居主导地位社会集团的意志及其体现的利益、财产内容。

在上述三个层次共七个基本概念中，前五个在内容及其表现形式上正好穷尽古今中外的全部财产、全部利益及体现它们的全部现象，第六个（即义务）则从反面正好穷尽古今中外全部财产负值、负面利益及体现它们的全部现象。这就为法学对不同国家不同时代的法现象做全面的利益分析和财产分析奠定了逻辑基础。这些基本概念都是立体性的，它们表面上都指称不同的法现象，但都同时直接或间接地揭示了现象后面的利益内容和财产内容。例如，当我们论及权、法权、权利、权力分配时，同时就意味着论及相应的利益、相应的财产的分配，而在谈论义务分配时，内容则恰恰相反。至于七个基本概念中的最后一个，法的概念可谓一个承载前面六个基本概念之全部形式和内容的筐子或口袋。这些方面的属性是法权说的基本概念区别于传统哲理法学一般理论的基本概念的显著特点，也是其优势所在。

（二）法权说认定的其他较重要范畴

较重要范畴主要表现为以下基本范畴的次级范畴：（1）权利的次级范畴，如人身权利和自由、财产权利、政治权利、社会的权利，个人特权、个人豁免，对世权、对人权，实体性权利、程序性权利，等等；（2）权力的次级范畴，如国家权力、公权力、职权、权限、公职特权、公职豁免，立法权、行政权、监察权、检察权、司法权（审判权）、考试权，等等；（3）剩余权的次级范畴，如道德权利，默示权力（在获合宪、合法确认之前），等等；（4）义务的次级范畴，如法义务、法外义务、私义务、公义务、法外义务，对人义务、对世义务，实体性义务、程序性义务，等等；（5）法的次级范畴，如成文法、制定法、习惯法，宪法、行政法、民法、商法、刑法，实体法、程序法，等等。

需要说明的是，从逻辑上看似乎应该把权利、权力、法权、剩余权视为权的次级范畴，把权利、权力视为法权的次级范畴，但综合考虑它们各自现实的重要性、使用频率和法学本应有的弃繁就简要求，法权说选择把它们放在同一的层次，即都视为基本概念，只在必要时同样基于综合的考虑，实事求是地肯定法权概念在理论、逻辑上首要地位。另外，某些权利的简写，如财产权、人身权、劳动权、受教育权，分别直接是权利的次级范畴，而某些权力的简写，如立法权、行政权、审判权、监察权，则分别直接是权力的次级范畴。

（三）法权说的基础性命题

总体来看，法权说的基础性命题是在20世纪与21世纪之交的那几年通过发表系列论文提出和证明的，下面予以简要概括：①

1. 法是由公共机构制定或认可的，用以分配法权并规范其运用行为的强行性行为规则。所谓分配法权，表面上看是分配权利、权力，实质上是分配利益和财产；法是剩余产品出现后，权力形成并从原始的权利权力混沌状态中率先分离出来后的产物，法、权利和剩余权的产生都晚于权力。

2. 权利是个人利益和私有财产的法律存在形式，属法权中由个人享有的部分；权力是公共利益②和公共财产的法律存在形式，属法权中由公共机关（其典型存在形式是国家机关）享有的部分。

3. 权利和权力在法现象层面彼此独立甚至相互对立，但都是法律承认和保护的利益和归属已定财产的法律表现，在这两个层次权利权力无差别，故而权利和权力从根本上看是一个可称为法权的整体。

4. 权力和权利是法律生活中重要性、基础性和常见性最高的两种法现象，义务在第二层次。

5. 由权利和权力的实际地位所决定，在一国法律生活中，最基本的关系是权利与权力（权利—权力）的关系，最基本的矛盾是权利与权力间的矛盾，具有全局性。

6. 权利的不同主体、不同部分（权利—权利）之间的关系和矛盾，以及权力的不同主体、不同部分（权力—权力）之间的关系和矛盾，其中的任何一种都不具有全局性。

---

① 此处列举的基础性命题中有几条在《法权中心主义要点及其法学应用》（童之伟，《东方法学》2011年第1期）一文中初步讨论过，这里重提，内容和表达方式都做了更新。

② 这里的公共利益指法律承认和保护的公共利益，不同于由道德（包括公德和私德）维护的公共利益。

7. 传统法学中“权利—义务矛盾”只能是对权利的不同主体、不同部分之间矛盾的法学描述，涵盖面基本限于私法范围；只要法权关系、法权矛盾可以合乎逻辑、顺理成章地表述“权利—权力”“权利—权利”“权力—权力”三种关系和三种矛盾。

8. 法权、权，都是法权说主张的实践法学的独立分析单元，也是全新的法学基本概念或基本范畴。①

9. 私有财产、公共财产和归属未定财产三者之间，以及个人利益、公共利益、剩余利益三者之间，都是相通的，在一定条件下能够相互转化。因此，权利、权力和剩余权三者之间也是相通的，在一定条件下也可以相互转化。

10. 在一国范围或同一个国家（或社会，下同）的不同时期，私有财产的总量决定权利的总量，私有财产在一国财产总量中的占比决定权利在一国法权体量结构（简称法权结构，下同）中的占比。

11. 同样，公共财产的总量决定权力的总量，公共财产在一国财产总量中的占比决定权力在法权结构中的占比。

12. 在归根结底的意义上说，权利、权力从而法权是劳动生产过程的产物，因此，一国的法权总量取决于该国全部现有财产的总量，而且历史地看是处在不停顿的变化中，呈增长的趋势。

13. 在一国的特定时段，出于研究和把握法权、权利、权力的需要，应该假定法权的体量在这个时段是静态的、恒定的；可在完成了对它的静态研究后，再考虑时间因素的影响。

14. 法正义就是每个人不多不少正好得到他/她应该得到的那部分法权，且不承担不应承担的法义务；也可以在超越法学意义的意义上说，正义就是每个人不多不少正好得到他/她应该得到的那部分权，且不承担不应承担的任何义务。

15. 法治之法、社会主义法的价值，应该是创制法权结构相对平衡的法治环境，促进每一个人自由和全面的发展。

16. 法的作用应该是通过规范人的行为优化法权配置，并尽可能在法权结构比较平衡的基础上实现法权最大限度的保存和增殖。

17. 法律关系是根据法律的规定在调整社会关系的过程中形成的人们

---

① 参见童之伟《“权”字向中文法学基础性范畴的跨越》，《法学》2021 年第 11 期。

之间的法权关系，具体表现为权利—权力关系、权利—权利关系和权力—权力关系；在引入义务概念后，所有法律关系和法权关系都可具体表述为权利—义务关系或权力—义务关系。

18. 权是一个整体，法权也是一个整体，它们中每一个构成部分的超常扩张或缩减，都不会只是其自身的事情，而是一定会引起其他部分（一部分或各部分）的变化。

19. 剩余权是权减去法权后的余数，如道德权利、道德权力等法外之权，它的实质是法未承认未保护的利益，归根结底是归属未定之财产。

20. 义务是与权对立、对称的负面，具体说来是权利、权力、剩余权三者共同的负面，表现为应该或不应该做什么的行为规范，其实质是同三者体现的利益对立的负利益，归根结底是同支撑三者的财产的负值。

21. 法义务（使用时往往会省略“法”字）是与各种权利、权力（或它们两者的统一体法权）对立、对称的另一面，通过法律文本中应该做什么、不应该做什么之类的规则表现出来，其实质是同权利、权力或法权体现的法定全部利益相反的负利益，归根结底是同支撑权利、权力或法权的财产的负值。

22. 法外义务是义务减去法义务的剩余部分，表现为道德义务、伦理义务等多种形式，它实质上是剩余权体现的利益的负面，归根结底是与法外义务相对应的财产损耗。

顺便说明，上述所说的财产，包括人的劳务、体力脑力支出，因为后者的量都是可以货币为单位计量的。

或许，列举 22 个命题已经超出了“基础性”的范围，但好在法学不是数学，容许有一定弹性。

（四）法权说的较重要命题

相较于基础性命题，法权说的较重要命题在数量上更多。它们会主要表现为从法权角度对基本概念的次级概念所做的界定、对较重要法现象本质的揭示，或对较重要法现象之间的关系以及它们与外部因素的关联的认识，其中主要有这样一些：

1. 汉语权利一词有自己的形成史，至今不包含任何权力的意思；中文法学的权利概念原本同汉语的权利一样单纯；不明不白地将权力含义往权利概念中拉，实际上是“污染”中文法学的权利概念，也“污染”汉语的权利一词。

2. 权力的来源不同于权力的起源，后者指权力的终极起点，前者指特定社会或国家公共权力的具体获取管道。

3. 在公共财产总量恒定的情况下，其所支撑的全部权力的强度取决于权力的集中程度，权力集中程度愈高，强度愈高，反之愈低。

4. 私人财产的总量决定权利总量，体量相同情况下权利的集中程度决定权利抗衡权力的强度，或一种权利与其他权力交易或交往中可给对方施加压力的强度。权利愈平均分散于全部个体，强度愈低，否则强度愈高。

5. 宪法、法律在本质上是分配利益和财产的工具，分配法权，而分配权利、权力和规范其运用行为只是其表现形式。

6. 法的作用是通过规范、评价法关系主体的权利或权力运用行为并预设行为后果，以维护社会的生存和发展。

7. 法的价值在于确立和维护法权分配格局，并维护以其为基础形成的社会秩序。

8. 法的实施指法在社会生活中的实际施行，按照法律调整方式的不同可具体区分为法权的行使和相应义务的履行，其中法权行使分为权利的行使和权力的行使，具体表现为权利、自由、个人特权、个人豁免、公共机关职权、权限、公权力、公职特权、公职豁免等的落实和对应义务的履行。

9. 法的遵守即守法，指个人、公共机关和社会组织等一切法关系主体以法为行为准则，依照法的规定行使法权和履行相应义务的活动，其中行使法权分为行使权利和行使权力。

10. 法律责任是个人、组织等行为主体不适当地行使法权，或未履行相应义务而依法应承担的不利后果，其中不适当行使法权包括不适当行使权利和权力，具体表现为不适当行使权利、自由、个人特权、个人豁免、职权、权限、公权力、公职特权、公职豁免等。

11. 法律关系主体即法权关系主体，在不同情况下具体表现为权利—权力关系的双方主体，权力—权力关系的双方主体和权利—权利关系的双方主体。在引入义务概念后，法律关系主体、法权关系主体亦可概括地表述为法权与法义务关系主体，同时具体表述为权利义务关系主体或权力义务关系主体。

12. 法律关系客体指法律关系主体的法权指向的对象，具体可区分为权利指向的对象、权力指向的对象。在引入义务概念后，它们可概括地表述为法权与法义务指向的对象，同时具体表述为权利义务或权力义务指向的对象。

13. 应该确立法权结构平衡理念。法权结构平衡简称法权平衡，包括三个层次四个方面的内容：（1）法权与法外之权平衡，即权内部的第一级平衡，涉及哪些权入法，哪些权留在法外的问题；（2）权利与权力的平衡，即个人权利、自由与公共机关职权、权限、公权力等的平衡；（3）权利内部的平衡，包括主体法律地位平等但占有权利的体量差别巨大的个人之间的权利平衡，以及同一个主体享有的不同权利之间的平衡；（4）权力内部的平衡，包括各级各类公共机关间纵向权力平衡（如中央与地方）和横向权力平衡（如同一国家机构的不同国家机关之间）法权配置状态分法权配置平衡状态和法权配置不平衡状态。

14. 法权平衡是相关主体依宪法法律应享有的那部分法权没有明显被相对方或相关主体挤占、侵蚀，宪法法律秩序得到有效维持的状态。法权平衡不是等臂衡器（如传统天平）上的平衡，不一定要求两端总量相同。法权平衡是利用杠杆平衡原理，以宪法法律为支点的跷跷板两端玩家的平衡。①

15. 法治的理想状态是法权平衡，其中最紧要的是权力与权利的平衡，它是法权结构多方面平衡的基础。

16. 法权平衡分为法权体量（或占比）平衡、法权强度平衡和法权体量—强度综合平衡。

17. 法权平衡的另一面是义务平衡，具体表现为法义务与法外义务的平衡、个人义务与公职义务的平衡，以及个人相互之间私义务的平衡和公共机关间公职义务的平衡。

18. 在法学基本研究方法层面，法权分析方法可以包容阶级分析方法的内容并使之具有法学的专业特征。

19. 法权能力是一个应该有的法学概念，它包括权利能力、权利行为能力、权力能力、权力行为能力四个方面。

---

① 按这种比喻，跷跷板下面的支点是宪法和法律，相关主体是跷跷板两端的玩家，而具体玩家不同，支点与跷跷板的连接处往往也不同。平衡意味着跷跷板处于水平状态，倾斜意味着失去平衡，倾斜度相当于失去平衡的程度。平衡完全被倾覆则是指一端玩家的重量大到使跷跷板一方一段着地，同时另一方玩家因重量太轻被抬空至最高点。相对而言，轻度和中度的法权结构不平衡可谓基本平衡，有别于宪定、法定法权结构严重不平衡和法权结构被倾覆。

或许，较重要命题列举21个已经足够多。它们中多数都是我在过去四分之一个世纪之久的时段里已发表的论文中提出和初步论证过的。只是，过去都是零散的存在，撰写此文时才有机会整理、集中起来。

二 法权说经历的质疑、争论和意见征询

任何一个大体上可称为理论的社科学术产品，都不可能不经周折、磨难，仅用一年半载就成形。法权说当然也不可能例外。

历史上，法权（最初称为“社会权利”）概念遭遇的最强有力质疑针对的是权利与权力统一体之有无。批评者认为，断言权利与权力是一个整体，“这就是把权利和权力两个东西相加，得出了‘社会权利’这个总和”。“但无论是使用抽象法还是加法，都要求被抽象或相加的事物具有某种层次的同质性。在哪个层次上具有同质性，才能在那个层次相加或抽象，异质事物是不能相加或对它们进行抽象的。如一个鸡蛋加一个石头就没有什么有意义的总和，对物质和意识这对范畴进行抽象也不会得到更高层次的哲学范畴。”基于这些论述，批评者质疑道：“那么，社会成员的权利或公民权利与国家权力是同质事物还是异质事物呢？”① 我原有的论断是根据感官直觉作出的，没有想得这么深。应该说，批评者如此提出质疑，正中我原文的薄弱环节，也真正促使我进行理论思考。冥思苦想近一年，在前引《再论用社会权利分析方法重构宪法学体系》一文中，我最终从马克思在千差万别的商品中找到社会必要劳动时间即价值的方法中获得了启示，从而在承认权利和权力在法现象层面存在明显差异甚至对立的同时，找到了权利和权力在根本上的同一性基础：都是法律承认和保护的利益，都以归属已定之财产为物质承担者。几乎与此同时，中国宪法学界一些同仁也参与讨论或评论。②

从1998年开始，我尝试将法权概念和相应的研究、分析法现象的进路自宪法学领域向法的一般理论层次提升，并通过在其后三年间发表的论

---

① 赵世义、邹平学：《对〈用社会权利分析方法重构宪法学体系〉的质疑》，《法学研究》1995年第6期。

② 有代表性的论文或文章包括：刘茂林：《也谈宪法学体系的重构——评社会权利分析理论之争》，《法学研究》1995年第5期；张少瑜、莫纪宏：《1995年宪法学研究述评》，《法学研究》1996年第1期；秦前红：《评法权宪法论之法理基础》，《法学研究》2002年第1期。

文做了如下基础性研究：（1）揭示了将法学看作权利义务之学、将法的“本位”确定为权利，试图用权利义务话语全面系统解释法现象等学术进路，在中国是从20世纪初年开始的，到20世纪30年代前后已成了通说。这些绝对不是中国70年代末改革开放后的新提法。我们这些成长于20世纪下半叶的法律学人应该有勇气承认这些东西并不是我们的创新。（2）比较全面地展示了以权利义务为中心的法学基础理论只能解释私法现象，无力解释公法现象和根本法（宪法）现象的客观局限性及其历史原因。（3）提出和证成了权利权力统一体的存在，及以法权取代权利义务形成新的法现象解释体系的必要性、可行性。（4）提出和初步证明，如果说一定要为法设定一个重心或为法学确立一个理论上的“本位”，那一定不能是权利义务或权利，更不应该是权力，而只能是权利与权力的统一体，即“法权”。

上述学术见解在前引相关载体发表后，中国人民大学法理学博士点和北京大学行政法学博士点组织过博士生阅读和讨论，这是那里的前辈告诉我的，但我尚不知具体有些什么评论。不过，当年从人民大学法学院法理专业博士毕业的刘旺洪教授写了强有力的论文维护传统的观点，反驳了我在法本位问题上的看法。① 估计刘教授的观点在较大程度上反映了法理学界多数学者的观点。我通过前引《法权中心的猜想与证明》一文对刘教授提出的商榷意见做了系统的回应。随后的一段时期内，另有不同学科的学者也就相关问题发表了一些很有价值的评论，② 但可惜没有见到很有针对性的批评，讨论仍然不够深入。也有试图将法权说作为新的研究分析工具的，属可贵的尝试。③

因为研究现实的宪法学课题的需要，我的法权说研究曾经停滞过十年左右，到2018年开始恢复，契机是出版前引《权利、权力和法权说》（*Right*, *Power*, *and Faquanism*）一书。而且我一直确信，基础理论研究不能闭门造车，应该将其基本概念、重要命题尽可能广泛地向中外法学界做展示，接受质疑和批评。

2019年4月至2020年11月，我还先后荣幸地应邀在一些大学开展了

① 刘旺洪：《权利本位的理论逻辑——与童之伟教授商榷》，《中国法学》2001年第2期。

② 徐冬根：《最基本的法现象不是权利和义务而是权利和权力》，《法学论坛》2004年第4期；杨艳飞：《法权分析视野下的宪政之路》，《江苏警官学院学报》2011年第4期。

③ 史玉成：《环境法学核心范畴之重构》，《中国法学》2016年第5期。

相关主题的讲学，其间特别注意征求批评意见。邀请我前往讲解法权说或其中的法权中心说、法权平衡论并提供了批评意见的机构和我所选讲的标题如下：华南理工大学法学院，“实践法理学的缘起及其话语体系”；深圳大学港澳基本法研究中心，“法律法权中心说”；四川大学法学院，“从法权中心说到实践法学体系”；武汉大学法学院，“作为法现象解释体系的法权中心说”；北京航空航天大学法学院，“法权中心说在环境法学领域的应用”；湖北民族大学法学院，“四十年来法学基础理论研究领域的艰难探索”；上海社会科学院法学研究所，“法权说要点解说”；北京外国语大学法学院，“法律法权中心说的形成及其要点”；南京大学法学院，“从新旧权利义务重心论到法权中心说”；南京大学历史学院，“现代社会转型中的法权中心历史观”；中南财经政法大学法学院，“法权平衡的理论及其法学应用”；郑州大学法学院，“法律法权中心说之要义”；华南理工大学法学院，“法权说中的权力—时间观”；广东财经大学法学院，“法律结构平衡理论的公法学应用”；广东工业大学政法学院，“法权平衡理论之应用”。

在法权说，包括其中的法权中心说、法权平衡论的展示和寻求批评之旅中，我收获了上述国内外法学及相关院系、学者和出席师生甚多的质疑、批评和建议，也得到过他们许多的支持和鼓励。法权说的前述三个构成部分的内容，就是认真回应、消化、吸收他们之质疑、批评、建议和从他们的支持中进一步确立自信后所做的概略性总结。

三　法权说概念和原理在部门法学中的转换

法权说属于法学的一般理论，它的基本概念（范畴）、较重要概念、基本命题和较重要命题只是在法的一般理论的意义上自成体系。如果将它们应用到具体部门法学，相应概念和原理（表现为命题）的文字表述方式，则必须做与所在具体部门法学情况相适应的调整。下面以法权说概念和原理适用于宪法学的情况为例做几点说明。至于适应于其他学科的情况，可比照适用于宪法学的情况类推。

1. 法权到了宪法学中表现为宪定之权，本可表述为宪权，但综合考虑，还是以维持法权的表述方式更为适当。全部法学的概念，应该贴近一般理论，尽可能维持通用性。从宪法是根本法、宪定之权终究具体表现为法定之权的角度看，总体上两者的范围实际上是一样的，两者的内容亦无差别，因此，不称为宪权而仍然沿用一般理论的表述称为法权，是比较适当的。不过，如果有学者认为法权在宪法学中，还是称为宪权更适当，那么，就称为宪权也未为不可。

几乎同样的道理，也可适用于其他场合，如对法权、个人权利概念指代的具体宪法现象，是表述为权利、自由等还是表述为公民基本权利和基本权利之外的权利等，实际上没有实质性区别。出于方便和通用考虑，本书一般选用前者，但若有特别需要，也选用后者。又如，对个人权利、公共权力、法权、剩余权概念指代的法现象后面的利益，表述为宪定个人利益、宪定公共利益、宪外利益，还是表述为法定个人利益、法定公共利益、法外利益，实际上内容并无区别，只是学科色彩有异而已，故本书往往根据具体上下文灵活地使用这些术语。

2. 法的一般理论中的基本概念权利，到宪法学中转化为个人权利比较适当。权利有很多分类，其中宪法学首先重视的是基本权利与基本权利之外的权利的区别，并且把自己的研究重点定位于基本权利。这里考虑到的理由主要是：人有公民、外国人、无国籍人之分，历史地看还有公民、臣民等的区分，用个人来表述所有这些社会成员，概括性最好；与法人等组织或机构的权利相比，个人权利在宪法中更具根本性，能较好体现宪法的根本法特征。当然，个人权利主要表现为公民权利，这两个名词不太可能、也没有多少必要严格区分。

3. 选用公共权力做宪法学基本概念比选用国家权力更合适。国家权力是公共权力发展到一定阶段的产物，而且，历来的公共权力也都不一定表现为国家、国家机构、国家机关的权力。这方面，较明显的是社会主义国家执政党的机构享有的实际权能。公共权力在我国法律制度中的表现，同我们可从法的一般理论角度做的概括，并无不同，即都表现为宪法、法律上所规定的“国家的权力”“公权力”，具体表现为“职权”“权限”、公职特权和公职豁免。各国公共权力的范围，显然不同程度地大于国家权力，用公共权力概念做宪法学基本概念有利于在历史和现实的维度上更周延地研究宪法现象，特别是在当代中国。

4. 法权说的基本原理（基本命题）具体运用到宪法学中，自然也应做适应宪法学实际情况的重新表述。如前述法权说基础性命题系列中的前十个，到宪法学中就可以依次转换为以下表述：

（1）个人权利是公民等个人利益和私有财产的宪法存在形式，是法权中由个人享有的部分，主要表现为各种基本权利，如法权利、自由、个人特权和个人豁免等。①

（2）公共权力，如职权、权限、公职特权、公职豁免等，② 是公共利益和公共财产的宪法存在形式，属法权中由国家机关等组织享有和行使的部分。

（3）公共权力和个人权利，是宪法世界最重要、最基本的两种现象。

（4）由个人权利和公共权力的实际地位所决定，宪法生活中最基本的矛盾是个人权利与公共权力的矛盾，个人权利—个人义务的矛盾只是对个人权利—个人权利矛盾这种平权关系日常表现的一种宪法学表述方式。

（5）个人权利和公共权力在现象层面是相互对立的，但在根本上具有同一性，且在一定条件下能够相互转化。

（6）个人权利和公共权力客观上是一个可称为宪权的统一体。但考虑到宪法亦是法，且有必要尽可能维持基本概念的通约性，本书仍称其为法权。

（7）权乃个人权利、公共权力和剩余权之和或此三者的统称；权概念的外延是个人权利、公共权力、剩余权，内容为此三者包含的利益和作为这些利益之物质承担者的财产。

（8）个人权利、公共权力和剩余权三者之间的利益内容和财产内容是相通的，在一定条件下可以相互转化。

（9）一般说来私有财产的总量决定个人权利的总量，私有财产在财产总量中的占比决定个人权利在法权结构中的占比。

（10）同样，公共财产的总量决定公共权力的总量，公共财产在财产总量中的占比决定公共权力在法权结构中的占比。

不过，应该注意，法权说的基本概念和基本命题同宪法学的基本概念和基本命题如此接近，原因在于作为一般理论的法权说和宪法学，在学科涵盖范围、内容构成上都属于笼罩特定国家或社会的总论式法学。所以，在法权说与部门法学的关系方面，法权说与宪法学的关系很大程度上来说都属例外，法权说与其他部门法学的关系会近乎是另外一回事。

---

① 参见童之伟《中文法学的“权利”概念》，《中外法学》2021 年第 5 期。

② 参见童之伟《中文法学的“权力”源流考论》，《清华法学》2021 年第 6 期。

四 法权说“应用”的含义

现在通常把特定学科或学派中用于解释现象的理论框架称为认知模式或范式（paradigm，源于晚期拉丁语 paaradigm），对于法学来说，实际上就是法现象解释框架、法现象解释模式。从这个角度看，法权说是很典型的法现象的解释框架、解释模式或认知范式，它是在同权利—义务（或权利本位，后同）范式对称、对立和竞争中产生和发展起来的。任何学科的解释框架、认知范式必须能够解释现象，当太多的现象无法解释或被迫做超学术、超逻辑解释时，既有的解释框架或认知范式实际上就已经处于破产状态。如果说它们还能勉强维持，那也只能靠非学术、非逻辑力量。可以说，法权说正是为了取代解释力极度欠缺的权利—义务范式，争取形成能够更周延、更深刻地解释古今中外各种法现象的解释框架而生的，尽管它还只有框架结构，还缺乏足够细部构造。

望文生义，“法权说之应用”应理解为先有了成形的理论体系，再将这个体系用来解释法现象和用于促进法治国家建设。但本书中法权说之“应用”的含义并没有如此全面。本书所谓法权说的应用，主要指权利权力统一体被证成，形成法权和前述其他六个基础性法学概念和相应基础性命题的同时及之后，将它们用于推进部门法学基础性研究或法现象研究的过程中形成的初步结果。而且，本书主要涉及此种意义的法权说应用中的宪法学的部分。除此之外的更具体地应用法权说的作品，基本上已经先行出版发行，学科领域涉及民法、刑法、刑诉法和行政法。①

特别需要说明：本书是以我二十余年来发表的相关论文或文章为基础，按基本概念统一、基本观点协调一致的原则修订或增补而成的，并非选编形成的论文集，其中的道理正如做法律编纂不同于搞法律汇编。法律编纂属创造性劳动，将论文或文章修订或增补为论著，创造性劳动的性质更加明显。考虑到 20 年前刊出的一本包含法权说重要内容的书早已绝版，而且今后也不会再版，② 我这里将原书中内容同本书主题密切相关的部分

---

① 已先行出版发行的论著主要有以下四种：《国家结构形式论》（北京大学出版社 2015 年版）；《中国宪制之维新》（香港城市大学出版社 2016 年版）；《宪法与部门法关系管窥》（法律出版社 2017 年版）；《中国立宪主义道路求索》（香港城市大学出版社 2021 年版）。

② 指我 20 年前所著之《法权与宪政》（山东人民出版社 2000 年版）。

经修订后收纳进了本书。

法权说作为法的一般理论，稍加调整，也完全可以应用于政治学的教学和研究。我在从事法学教学和研究之前，从事过十多年政治学的学习和研究。

第一章

法权说预示的根本法研究方法和体系

［**导读：**法权说最早起源于、应用于宪法学研究领域。当时作者深感权利—义务认知范式只能解释私法现象，无法解释公法和根本法（宪法）现象，其集中表现是宪法规定的“国家权力”“一切权力”及其具体表现形式职权、权限、“公权力”① 等不是“权利”，硬将它们说成权利无异于指鹿为马、张冠李戴。作者解决这个问题的突破口是将权利和权力定位于最基本的法现象，并从法定利益、归属已定之财产的层次证明权力、权力虽然在现象层面是对立、对称、不一样的，但归根结底是一个统一体。作者赋予这个统一体的名称最初是社会权利，后来修正为法权。本章记录了作者将法权概念及相关基本命题应用到宪法学研究中的思考。］

一　宪法学研究方法之改造②

在现实生活中，国家的根本任务早已实现了从以阶级斗争为纲向以国家现代化建设为中心的转移，但是社会科学，尤其是宪法学，从学科体系上看却并没有发生相应的变化，其所使用的学科专门分析方法从根本上说仍然是阶级分析方法。虽然已有学者认识到宪法学的这种状况跟不上社会现实包括我国宪法典本身的发展，提出了本质分析法的概念来修正传统的阶级分析法的偏颇，③ 但毕竟尚未系统化、尚未论述其要点，无法全面取

① “公权力”是新法律术语，见《中华人民共和国监察法》（2018）第1条：“为了深化国家监察体制改革，加强对所有行使公权力的公职人员的监督，实现国家监察全面覆盖，深入开展反腐败工作，推进国家治理体系和治理能力现代化，根据宪法，制定本法。”

② 本节原载《法学》1994年第9期，标题亦为《宪法学研究方法之改造》，但纳入本书时按全书基本概念统一、基本观点协调的原则作了修订。

③ 许崇德、魏定仁主编：《宪法学》，北京大学出版社1994年版，第7页。

代阶级分析方法的学理功能。这种情况在宪法学学科建设和研究中造成了两种后果：一是不再将阶级分析方法作为学科专门方法，但又没有找到取代这种方法的新方法，因而对宪法学体系的安排和对宪法现象的阐释缺乏统一的有学科特点的视角和思路；二是虽然感到将阶级分析方法作为法学学科专门分析方法不甚合适，但在实际研究工作中始终跳不出阶级分析方法的狭隘圈子。要改变这种状况，就必须根本改造宪法学现有的学科专门方法，创设适合于社会主义初级阶段特点的、与建设有中国特色社会主义理论相吻合的学科专门分析方法，进而形成系统的宪法学专业基础理论。

（一）社会科学研究方法的层次性

社会科学包括宪法学需要运用的方法是多层次、多方面的。一般地说，我们可以把这些方法区分为四个层次：第一个层次是哲学意义上的，直接表现为一定的哲学世界观。第二个层次是主要为一个学科所独有或少数相邻学科所共有的学科专门分析方法，它是第一层次的方法在一个专门学科领域的具体化，即一定的哲学世界观与特定学科专门的要求相结合的产物和表现。第三个层次的研究方法基本上不与特定的世界观相对应，只是工具性的，在研究工作中主要是为贯彻落实第二层次的分析方法而创设的，如政治学中的结构—功能分析方法，以及各个学科都广泛使用的比较分析方法等。第四个层次的研究方法则是纯技术性的，几乎所有人文社会学科都可以通用（如统计分析法、问卷调查法等）。

本书所讲的学科专门分析方法属于上述四个层次中的第二个层次。就我国宪法学涉及的第一个层次的方法而言，处于主流地位的只能是马克思的实践的唯物主义。但这里特别应该说明，作为一个学科，宪法学不是马克思主义哲学原理的延伸，它应当在唯物主义方法的指导下找到适合它自身特点的、尽可能与其他各门学科区别开来的学科专门分析方法，在学理上实现从一般到个别的转化，而不能满足于简单化地将马克思主义哲学原理尤其是其中唯物主义的某个具体分析方法照搬过来作为自己的学科专门分析方法。而我国现在的宪法学恰恰就是这样，它的理论部分从学科专门分析方法到语言体系，都明显是历史唯物论这一学科的机械性延伸，如阶级分析的方法和国体、政体、阶级、革命、经济基础、上层建筑、生产力、生产关系等用语。这就是说，我国宪法学还基本处在用哲学观层次的方法代替自己应有而尚未有的学科专门分析方法、它自己的学科专门分析方法还没有创造出来的落后状态。

实际上，一个学科所以能够成其为一个学科，不仅是因为它有独特的研究对象，更重要的是它应当有独特的学科专门分析方法，宪法学这样的基础学科尤其应该是这样。这种分析方法既需在纵向上与不同层次的研究方法明确区分开，又要尽可能与平行的其他学科的学科专门分析方法区分开。如果因为学科太相近，在核心范畴和基本思路上无法区分开，那么至少应当在一般范畴、透视角度和第三、第四层次的方法上有较明显的区分。否则有关学科就算不上一门真正的学科，至多只能算作一门正在形成中的学科。其实，在第一层次的方法论相同的情况下，各个学科通常都应该有自己的学科专门分析方法，即使是相邻关系特别密切的学科，各自的学科专门分析方法在核心范畴和学科体系的展开思路大致相同的条件下，方法上也应当有一些自己特有的、足以使有关学科相互之间区分开来的东西。而且，在正常情况下，同一个学科的学科专门分析方法并不限于一种。同一个学科所以有学派，主要就是因为在该学科人们运用了不同的学科专门分析方法。甚至可以说，一个学科领域提出和运用学科专门分析方法的多寡，是该学科繁荣还是萧条的最重要标志之一。

一个像宪法学这样的基础学科，能否找到自己独到的学科专门分析方法，不仅是这一学科能否独立于学科之林的问题，也是能否科学地解释世界和帮助人们改造世界的问题。笔者感到，在以经济建设为中心，强调民主法制建设的新的历史条件下，宪法学研究不仅面临着许多前所未有的新课题，对老问题的一些似是而非的结论也有必要重新认识。在这种情况下，宪法学没有系统的专业基础理论的状况或只有以阶级分析方法为核心构建的一点基础理论的状况，应当尽快改变。改变这种状况的关键是探寻和确立新的宪法学专门分析方法。

（二）法权说应用于宪法学研究的可能性

经过长期考虑，笔者主张，从根本上改造宪法学原有的阶级分析方法和相关基础理论，具体做法是用法权为核心概念或核心范畴，形成法权说，作为宪法学甚至法学的学科专门分析方法，进而以这种新方法为核心，对现有的基础理论进行革新和完善，形成更为系统合理的专业基础理论。法权说指的是从分析法权入手，以把握法权的基本属性尤其是分解和再分解的规律为基础来说明和认识宪法现象的一种学理方法。作为宪定之权之和的法权，由个人权利和公共权力是它的两个基本构成要素，现实生活中的宪法和法律保障的所有权利和权力逻辑上都是由它们进一步分解或派生的。法权说的要点是：以法权作为理论分析的逻辑起点；通过对法权进行逐层的分解来展开自身的理论体系；从分配和运用法权的角度看待宪法的实质和根本功能；从法权分配和运用的角度统一说明各种宪法现象和宪法规范。要成功地将宪法学的学科专门分析方法定位于法权说，关键是要做好以下两个方面的工作。

第一方面的工作是把现有的全部宪法学范畴用法权说统一地贯穿起来，并从新的角度进行阐释。具体做法如下：将宪法定义为“分配法权并规范其运用行为的国家根本法”；[①] 用根本法的形式分配法权并规范其运用行为的历史是宪法的产生和发展史；法权的所有权属于谁归结为主权所在问题；法权的分配和再分配归结为制定宪法、修改宪法问题；分配和运用法权必须遵循的基本规则归结为宪法原则；法权分配方案的落实和法权运用程序的遵守归结为宪法实施问题；确认国家权力所有权归属、划分国家权力行使权界限并规范其运用程序的法律制度的总和是国家制度；国家权力所有权实际上属于谁归结为国家政治本质或国家政权性质问题；国家权力所有权法律上或形式上属于谁归结为政体问题；在国家机构体系尤其是中央国家机构体系中，横向分配国家权力行使权并规范其运用程序归结为国家政权组织形式问题；在国家机构体系内纵向分配国家权力行使权并规范其运用程序归结为国家结构形式问题；国家权力所有权主体向代议机关或其他国家机关委托国家权力行使权的办法和程序之和是选举制度；掌握和运用国家权力行使权的国家机关体系是国家机构；公民中一定的阶级、阶层为集中和表达权利要求并争取控制或继续控制国家权力行使权而组织的有纲领的、稳定的政治集团是政党，规范政党活动的政治法律制度是政党制度；制定由国家强制力保证实施的行为规范去具体落实宪法规定的法权分配方案并约束相应运用行为的制度是立法制度；国家设立机构裁判各种权限纠纷并制裁各种侵害权利或权力的行为的制度是审判制度，等等。

有些范畴不便于直接用法权一词予以说明，但完全可以从法权的角度间接地予以阐释。例如个人权利这个范畴就是这样。在民主宪制条件下，一国的全部法权都是属于社会成员的，因而国家权力也理所当然是属于社

① 这是一个关键定义，详细理由请参阅本书第二章“宪法概念的重新界定”一节。

会成员的。他们只是将全部法权中的一部分委托给国家机构行使，这部分权利通常称为国家权力，但严格地说只是国家权力的行使权，并不包括国家权力的所有权。由此我们可以说，所有由社会成员保留的法权包括国家权力所有权在法律上的表现就是公民权利；而公民行使权利时依法必须遵守的行为准则是公民义务。此外，现有的宪法学的个别范畴或宪法典中的某些内容初看似乎很难用法权来加以说明，细想则概莫能外。例如经济制度，其实是宪法、法律规定的国家经济权力和公民经济权利的界限、范围和运用程序等内容之和。又如，我国宪法序言中关于社会主义初级阶段国家总任务的规定，其实是对整个政权机构运用国家权力的一种总的限制和要求。

第二方面的工作是按照法权分析方法在现有的基础上丰富宪法学理论部分。改造宪法学学科专门分析方法，不仅是为了从新的视角阐释既有的那些范畴，也是为了能够在宪法学中更充分地展现客观的法权关系，因此，必须通过对现有宪法学理论部分进行补充、革新和再创造来大幅度扩充其容量。这件工作可通过对法权的下述各方面的考察而展开：起源，基本特征，历史发展阶段，总量变化的历史趋势，分解和再分解的一般规律及其在不同时代、不同国家的具体表现形式，分配和再分配的历史趋势及其在宪制条件下的特点，在不同社会形态下的归属变化，实质和形式的差别，宏观结构和微观结构，其发展演变的一般规律及其在不同时代、不同国家的具体表现形式，法权关系所决定的宪法法律关系的主体、客体、内容，等等。此外，还应当包括对以下问题的考察：公民权利与国家权力的关系，合乎正义的法权分配状况，公民权利分解的规律，国家权力分解的规律，国家权力行使权应该如何分配和运用才符合国家权力所有者的根本利益等，不胜枚举。

（三）法权说应用于宪法学研究的必要性

将宪法学的学科专门分析方法从阶级分析方法改造成法权说，从实践上看是十分必要的，从理论上看也是合理的，主要理由有三点。

第一，采用法权说比采用阶级分析方法更符合社会主义初级阶段的要求。在以夺取政权、巩固政权为中心任务的时期，从阶级关系入手说明宪法的实质与根本功能是必要的，但在剥削阶级作为阶级已经消灭、我国进入社会主义初级阶段的历史条件下，宪法学应该成为为建设（经济建设和民主法制建设）服务的宪法学。用法权说作为宪法学研究的学科专门分析方法，正好适应这一转变过程的需要，同建设有中国特色的社会主义的理论也更加吻合。

第二，法权说较之阶级分析方法能在更深刻的层次上揭示宪法实质。不错，列宁说过："宪制的实质在于：国家的一切基本法律和关于选举代表机关的选举权以及代表机关的权限等的法律，都体现了阶级斗争中各种力量的实际对比关系。"[①] 但是，应当看到，阶级力量对比关系是而且只是本书所说的法权关系的一部分或一种表现形式，前者与后者之间是形式逻辑上的种属关系。列宁在苏维埃俄国建立不久、阶级斗争尖锐复杂的条件下，从阶级力量对比关系说明宪法的实质在理论上无可厚非，在实践上是非常必要的。但是，这绝不是说我们可以不考虑现阶段的历史特点，不考虑宪法学这个学科发展的实际需要去照搬列宁的表述方式。不考虑这些具体特点简单照抄的做法违反具体问题具体分析、实事求是的认识路线。事实上，阶级关系、阶级分析方法是寓于法权关系、法权说之中的，后者比前者更能表明宪法的实质。在讨论这个问题时，我们应当丢掉那种一谈及事物实质或本质就习惯性地将阶级、阶级关系等语句拿过来的教条主义学风。

第三，按法权说建立的理论框架较之按阶级分析方法建立的框架能够更加科学地解决一些长期没能得出令人信服的结论的问题，其中包括对权力分立、议行合一主张的评价问题和单一制、联邦制的历史地位与未来走向问题。这些问题在现有的宪法学理论框架内往往只能用打语录仗，进行意识形态化论证的方式来展开讨论，这样做不可能科学地回答有关问题，也谈不上为我国民主法制建设的远景规划提供切实的理论根据。但在新的理论体系内，这类问题都比较容易求得实事求是的答案。因为，一旦把握了法权分解的普遍规律和法权结构变化的历史趋势，这些问题就都迎刃而解了。

但是必须说明，由于阶级关系与法权关系是逻辑上的种属关系，因此，用法权作为宪法学研究的学科专门方法，不仅不会抛弃，而且还要吸纳原有的阶级分析方法已取得的积极成果，将其作为自身的一部分。例

① ［苏］列宁：《社会革命党人怎样总结革命，革命又怎样给社会革命党人作了总结》，《列宁全集》第17卷，人民出版社2017年版，第320页。

如，上文关于国体、政体的新的阐释方式就包纳了阶级分析方法已取得的成果。

二　用法权说重构宪法学体系[①]

八届全国人大第一次会议修改后的我国《宪法》序言指出："我国正处于社会主义初级阶段。国家的根本任务是，根据建设有中国特色社会主义的理论，集中力量进行社会主义现代化建设。"这表明在现实中，党和国家的工作重点已实现了从以阶级斗争为中心到以经济建设为中心的转变。但在宪法学领域，我们却仍然未能从根本上将原有的以阶级分析方法为核心的基础理论，改善和发展成与建设有中国特色社会主义理论相吻合的、反映坚持以经济建设为中心所需要的新的基础理论。这是理论与实际脱节、宪法学研究落后于社会生活实际（包括宪法典本身的变化）的表现。宪法学体系应当按新的历史时期的要求予以重建，这已成为宪法学界的共识。本书提出用法权说重构宪法学体系的一些初步设想，就教于学界同仁。本书所谓的法权，是指一定社会一切宪定或法定之权的总和，个人权利与公共权力是其两个基本构成方面。

（一）重构宪法学体系可从分析法权入手

选准入手点是成功地重构宪法学体系的关键。入手点的选择，实际上就是探寻和确认宪法的实质、根本功能和确定宪法学研究对象的问题。这些都是我国宪法学领域迄今为止并未真正解决的问题。近几年来，就重构宪法学体系入手点的选择问题，已有学者发表过各种看法，归纳起来主要有两种。一种看法认为，"首要的问题是变静态宪法学理论结构为动态理论结构，并使这一结构作为宪法学基础理论直接贯穿于对所有宪法问题进行理论分析和研究的全过程"。这一动态理论结构就是"以'创宪'、'制宪'、'行宪'三大环节为基本逻辑结构的'宪法过程论'"。[②] 按这种思路重构宪法学体系有优点，但不足以克服现行体系的根本缺陷。因为这种调

---

① 本节原载《法学研究》1994年第5期，标题为《用社会权利分析方法重构宪法学体系》，纳入本书时按全书基本概念统一、基本观点协调的原则作了修订。

② 梁忠前：《宪法学理论体系更新论要》，《法律科学》1993年第1期。

整未涉及对宪法的价值层次的重新认定，只是强调了各种宪法现象的过程性这个表面层次。按这种思路重构宪法学体系的主要意义只能是调整并理顺宪法学教材和论著的逻辑顺序，不可能给原有的体系带来实质性的变革，也不可能达到重构所追求的理论和实践目的，原因是决定原有体系外部构造的核心因素没有被置换。另一种观点主张从分析公民权利与国家权力及其相互关系入手进行重构。持这种观点的学者认为，公民权利与国家权力的关系是宪法学的根本问题，是宪法学的逻辑起点和研究归宿，它们应当是宪法学的核心范畴和理论支点。① 这种观点可谓基本上抓住了问题的关键，我没有实质性的反对意见。但是，从方法论上看，由此入手展开宪法学体系重构仍然无法获得成功。原因有二：其一，“公民权利与国家权力及其相互关系”这一语词的抽象程度不够高，包含了三个不同的事物，不能作为一个宪法学基本概念或范畴看待。其二，它没能超越宪法规范调整的具体对象的范围，选择它作为核心范畴，将使公民权利、国家权力以及两者的关系这些重要的宪法现象本身得不到合理的理论说明，因为拿被定义项同时充作定义项是说明不了问题的。

我主张，在权利、权力及其相互关系这个认识层次的基础上再深入一步，找到它们两者所由分解出来的那个在理论上和逻辑上一定存在的事物，并将其作为重构宪法学体系的分析起点。这个事物就是法权。

重构宪法学体系为什么应当从分析法权入手呢？原因主要有以下几点：

首先，采用法权说构建宪法学体系比采用阶级分析方法更符合社会主义初级阶段的要求，有利于在宪法学研究中坚持以经济建设为中心和通过加强民主法制的研究为经济建设服务。在以夺取政权、巩固政权为中心任务的时期，从（或主要从）阶级关系入手构建和阐释宪法学体系是完全必要的。但在剥削阶级作为阶级已经消灭、国家的根本任务转变为集中力量进行社会主义现代化建设的时期，宪法学应该转变成为民主法制建设，为社会主义现代化建设的科学。以法权说为核心形成宪法学专业基础理论进而重构宪法学体系，是实现这一转变的关键环节。

其次，法权关系包含的权利—权力关系、权力—权力关系和权利—权

① 刘惊海：《公民权利与国家权力》，《吉林大学学报》1990 年第 6 期；文正邦主编：《走向 21 世纪的中国法学》，重庆出版社 1993 年版，第 169 页。

利关系是一国之内最普遍、最基本的社会关系。现行宪法学理论所侧重揭示的阶级关系只是其中的一部分内容，而且阶级关系最终还得体现在法权分配的过程和结果中。宪法的实质就是从原则上分配法权并规范其运用行为，宪法关系的内容是法权关系而不是别的什么关系。用权利义务关系来说明宪法关系内容的主张不合理，根本说不通，[①] 因为宪法关系包括了权利和权力之间的关系和各级各类国家机关之间的权力关系等广泛的内容，权利义务关系一词概括不了它们。用权利、权力或公民权利与国家权力及其相互关系来说明也不合适，仅从这一提法实际涉及了两个层次的三个相对独立的事物这点看就不可取。

最后，从法权入手进行宪法学体系重构较有利于实现重构所追求的理论和实践目标。从学术上看，重构宪法学体系的主要目的是建立宪法学的专业基础理论，这一理论不仅应当是能够统一解释各种宪法现象的方法论，还必须是自始至终贯穿在宪法学体系中，维系这个体系并赋予它以学科个性和特征的灵魂。法权关系反映了各种宪法现象的共同属性和彼此之间的内在联系，体现在宪法产生和发展过程的各个阶段。可以说，任何一条宪法原则，任何一个宪法规范，无不是为了分配法权并规范其运用程序而设立的，甚至许多国家宪法序言中对民族命运、祖国历史的回顾，也都只是为了论证宪法正文中法权分配方案的公正合理。新时期所需要的宪法学专业基础理论，通过分析法权关系较易于建立起来，因为法权关系是一切宪法原则和宪法规范所共同调整的直接对象，因而也是所有宪法学范畴能够共同面对的几乎是唯一的基本问题。从实践上看，重构的根本目的是把原有的为阶级斗争服务为主的体系结构改造成为民主法制建设从而也为经济建设服务的体系结构。从分析法权入手，以法权关系作为宪法学研究的基本对象，是促成这一转变过程实现的前提条件。它意味着宪法学研究工作虽仍要继续保持对阶级关系的分析，但已不是重点，而是要集中力量研究如何合理地划分公民权利与国家权力的界限，如何正确处理国家机构体系内的横向和纵向职权关系、公民之间的权利冲突和权利协调关系，以及国家与公民、企业事业组织之间的权力与权利、权力与义务（责任）和权利与义务关系等民主法制建设中的重大现实问题。

另外，从分析法权入手较之从分析其他范畴入手具有更多的优点。除

① 关于这种主张，请参看章剑生《论宪法法律关系》，《社会科学战线》1992 年第 2 期。

法权外，可以考虑作为重构入手点的只有个人权利、公共权力及其相互关系。但是，选择法权比选择后者更能说明采用后一种分析方法所欲说明的问题：确认法权是一切法定之权包括个人权利和公共权力的共同逻辑本源，表明了它们是同一个事物的两个不同侧面，这既表达了对各种“权”包括个人权利与公共权力之关系的深层认识，也有利于说明它们之间既相互联系，又相互区别、相互作用、相互平衡和相互转换等复杂的关系；公民权利与国家权力作为宪制现象存在只是法权发展过程的一种阶段性表现，因此只有通过对后者历史发展规律的总体把握，才能科学地认识前者。由于法权概念达到了超越现有各个宪法学范畴的抽象程度，因而确认和分析法权就意味着扩充了现有的宪法学范畴体系。

（二）法权的属性和法权说

根据历史事实和马克思主义的哲学世界观，我们可以认定，法权具有以下几种基本属性：

第一，法权的所属关系具有历史的可变性。任何社会形态下都存在法权，没有公共权力或国家存在的社会亦是如此，只不过那时表现为原始的“权”即原始权利权力混沌状态而已。在公共权力（后来是国家权力）产生前的原始社会，无所谓个人权利与公共权力之分，那时的法权以原始权的形态存在于人们之中，平等地属于每一个人。在公共权力和国家出现后，它始则在法律上和事实上都属于少数人，继则转变到法律上属于多数人甚至一切人而事实上却只有少数人从中得到实惠，再进一步的发展则必然是不仅在法律上而且在事实上都属于多数人，最后直到在新的基础上又平等地属于每一个人。法权所属关系变化的这种历史指向是人们世世代代追求的理想，也是迄今为止社会发展所显示的趋势。

第二，法权的总量具有递增性。法权总量不是固定不变的，而是随着社会生产力的发展、科技进步和分工的深化而递增的。人类的每一项发明创造、每一个新的活动领域的开辟，都意味着创造出了一种前所未有的法权。在政治社会中，这同时也就意味着它需要按某种原则在社会成员与国家间进行分配。例如，无线电技术的发明和应用创造出了与此相联系的法权，而后者立即被分解成了公民生产、销售和使用无线电设备的权利和国家管理这些活动的权力。基因技术、互联网的出现也是如此。可见，任何新的法权一旦产生，就必然按它所产生的那个国家的法权分配原则被分解开来。提出法权总量的概念并认识其递增对于正确阐释许多宪法学问题都是十分重要的。确认这一点是深入研究法权结构、国家政权组织形式和国家结构形式等问题并把握其历史发展规律的必要前提。例如，理解了这个道理，我们就不会仅仅因为公民获得了一项新权利，就得出公民权利地位一定得到了改善的结论；也不会仅仅因为行政机关取得了一项新权力或立法机关向行政机关让渡了一些原本属于它自己的权力，就得出存在行政独裁倾向或立法机关地位一定已被削弱等简单化结论。如此等等，道理都差不多。

第三，法权构成要素间存在关联互动性。基础层次即个人权利与公共权力之间的关系具体表现为以下几种：（1）相互联系，即个人权利和公共权力是同一事物的两种不同转化形式，两者在一定条件下能够相互转化和相互派生。如在法权总量一定的条件下，国家放弃的权力必然转化为个人的权利。（2）相互区别，即两者不仅不能混淆，还应有明确的界限，以便维持适当的比例关系。斯宾诺莎说得好："每个公民或臣民拥有的权利越少，国家的权力就越大。"① 反之也一样。维持两者特定的比例关系就是维持稳定的政体。（3）相互约束和平衡，即在法权结构内，单个的社会成员扩充权利的要求和抵制国家权力扩张的努力，同国家机关试图扩大其权力并限制单个的社会成员扩充权利的努力始终同时并存。即使从较为微观的层次看，法权构成要素间的关联互动性也是存在的。

公民或个人权利可进一步分解为社会生活的权利、经济权利、文化教育权利和政治权利等，国家权力可分解为国家权力所有权和国家权力行使权两种权能，而后者又可进一步分解为立法权、行政权、监察权、审判权、检察权、军事指挥权等具体权力。在实践上，公民的一种权利与另一种权利之间，国家机构内的一种权力与另一种权力之间，不仅同样存在着相互区别、相互联系和相互转化关系，一定形式的约束或平衡关系也是必不可少的。在法权的分解达到一定程度的时间和地方，法权微观构成要素间建立起一定形式的约束平衡关系是维持法权构成体系稳定有序的重要条件。

第四，法权结构存在阶段性变化。所谓法权结构，指的是法权总量中

---

① ［荷］斯宾诺莎：《政治论》，转引自［意］萨尔沃·马斯泰罗内《欧洲政治思想史——从十五世纪到二十世纪》，黄华光译，社会科学文献出版社 1992 年版，第 119 页。

个人权利与公共权力间数量上的比例。在社会尚未分离出公共权力之前，法权的原始形态为“权”，它具有结构上的整体性和不可分性，即不可能区分为社会成员等个体的权利和国家等公共机关的权力。那时，它全部属于社会，表现为根据氏族制度等原始社会习惯每个人都平等享有的行动自由和实现某种利益的可能性等。国家的出现表明一部分“权”已转化成了权力。国家的形成同时意味着原有的整体性的“权”发生了分解，形成了法权结构。人类社会迄今为止的发展历史表明，法权结构自其产生以来，经历了这样一些发展阶段，其中每后一个阶段与每前一个阶段相比，权利在法权总量中的比重总体上看显得更大，在社会成员中的分配也更趋平等化，尽管时有反复或回潮。一定的法权结构往往是与一定的国家类型或社会形态相对应的，但这种对应性只是大体上的或理论上应然的，实际情形有时并不一样。

一般说来，在法权结构产生和发展的初期阶段，个人权利所占的比重很小或较小，公共权力占的比重很大或较大，前者对于后者处于主导的地位。这主要是奴隶制国家和封建专制君主制国家的情形。以资产阶级革命为契机，资本主义的法权结构取代了奴隶制、封建制的法权结构。在这一新的结构中，个人权利所占的比重至少从法律上或形式上看超过了公共权力所占的比重，并占据了主导的地位。尤其重要的是，此时公共权力所有权与公共权力行使权逐步实现了分离，原来一般由君主个人拥有并处于同个人权利对立地位的公共权力的所有权，因其转化成了公民的政治权利而回到了社会成员手中，尽管有时真正掌握这些权利的仍只是少数人，多数人往往只是徒有权利主体的名分。到社会主义时代，法权结构中个人权利不仅仍应是主导的方面，而且其所占的比重应比在资本主义条件下更大，因为社会主义处在更为贴近一切权力都转化为个人权利、两者在新的基础上取得同一性的阶段。当然，这只是一种客观要求。要使这种应然性转变为实然性还需要经过长期的努力。但是，无论从哪个角度看，在社会主义的法权结构中逐步扩大权利比重、降低公共权力比重的历史追求的价值是必须肯定的。到未来最理想的社会制度下，一切权力（不仅是权力的所有权，还包括权力的行使权）都将完全回归到社会成员的手中，个人权利和公共权力将在经济文化高度发达的基础上重新获得同一性。法权结构的演变规律的存在已经或正在被政治社会迄今为止的历史发展所证实，它的未来发展则可以从马克思主义国家消亡理论中求得充分说明。

最后，也是最值得引起宪法学者注意的是，自国家产生以来，法权在其发展过程中显露出向社会化分布状态无限接近的属性。社会化分布状态有两重含义，一是国家权力所有权都转化成了个人权利，二是一切人都不仅在形式上而且在事实上接近于平等地享有这些权利。这种属性通过法权的结构性分解和再分解的历史过程表现出来。

那么，什么是法权说呢？在对法权的属性特别是其分解现象作了上述考察后，我们可以这样表述这个概念：法权说是指从分析法权入手，以把握其基本属性，尤其是以把握其分解和再分解的规律为基础来认识和阐释宪法现象的一种学理方法。这种分析方法的要点可以归纳如下：将法权作为宪法学的核心范畴和构建宪法学专业基础理论的起点；通过对法权进行深入的、多层次的学理分解来推导和展开宪法学体系结构；以研究对法权进行合理分配和再分配及正确规范其运用程序为宪法学的直接任务；以考察法权合乎正义的分配和运用、个人权利与公共权力之间的关系、个人权利和公共权力各自内部各构成分子之间复杂互动关系的形式与规律，以及它们在法律上的各种表现形式，作为宪法学理论的基本内容；从法权的角度或循其分解的方向统一阐释各种宪法现象和宪法规范。

（三）重构宪法学体系的基本思路

用法权说重构宪法学体系需要做的工作从根本上说可以简要地概括为两个方面，其一是用新方法、从新的角度重新安排宪法学现有的内容，其二是在宪法学现有内容的基础上，按照新方法提供的逻辑思路开拓理论研究的新领域。这两方面的工作完成了，新的体系结构的轮廓就有了。

第一个方面要做的工作是，用法权说阐释各种宪法现象，用其贯穿和展现既有的全部宪法学范畴。笔者初步设想，在新的体系中，现有的宪法学范畴全部保留，只需将它们按法权说的要求予以重新安排。具体做法如下：将宪法定义为“分配法权并规范其运用行为的根本法”，其中根本法一词用来指宪法的外在特征，用分配法权及其背后相应的内容并规范其运用行为说明宪法的实质、基本内容和根本功能；用国家根本法的形式分配法权并规范其运用行为的历史是宪法的产生和发展史；法权的所有权属于谁归结为主权所在问题，即是君主主权、议会主权、法律主权，还是人民主权等问题；法权的原则性分配和再分配归结为制定宪法和修改宪法问题；分配和运用法权必须遵循的基本规则归结为宪法原则；法权分配方案的落实和法权运用程序的遵守归结为宪法实施问题；确认公共权力所有权归属、划分公共权力行使权界限并规范其运用程序的法律制度的总和是国家制度；公共权力所有权实际上属于谁归结为国家政治本质或国家政权性质问题；公共权力所有权法律上或形式上属于谁归结为政体问题；在国家机构体系尤其是中央国家机构体系中横向分配公共权力行使权并规范其运用程序归结为国家政权组织形式问题；在国家机构体系中纵向分配公共权力行使权并规范其运用程序归结为国家结构形式问题；公共权力所有权主体向代议机关或其他国家机关委托权力行使权的办法和程序之和是选举制度；掌握和运用国家权力行使权的国家机关体系是国家机构；公民中一定的阶级、阶层为集中和表达个人权利要求并争取控制或继续控制国家权力行使权而组织的有纲领的、稳定的政治集团是政党；规范政党活动的政治法律制度是政党制度；制定由国家强制力保证实施的行为规范去具体落实宪法规定的法权分配方案并约束相应运用行为的制度是立法制度；国家设立机构裁判各种权限纠纷并制裁各种超越法权分配界限、侵害法权行为的制度是审判制度，等等。

在这个新的宪法学体系中，有些范畴不便于直接用法权一词予以说明，但完全可以从法权的角度间接地予以阐释。例如个人权利这个范畴就是这样。在民主法治条件下，一国的全部法权都是属于人民的，因而公共权力也理所当然是属于人民的。他们只是将全部法权中的一部分委托给国家机关行使，这部分法权转化为国家机构的权力，但严格地说委托出去的只是公共权力的行使者权能如职权、权限等，并不包括公共权力的所有者权能。由此我们可以说，所有由人民保留的法权包括国家权力所有者的权能在法律上的表现就是个人的选举权利；宪法列举的公民基本权利是个人权利中最重要的、国家有义务特别加以保护的那部分个人权利，除这部分个人权利外，公民还拥有从事宪法和法律未加以禁止的一切行为的权利。当然，也可以简单地说，权利就是由公民等个人享有和运用的那部分法权。至于公民义务和国家机关义务，则应当界定为公民行使权利、国家机关行使权力时依法必须遵守的行为准则，其实质是与有关个人权利、公共权力相对应的负面的利益内容和负值的财产内容。

重构宪法学体系需要做的另一方面的工作是，按分析法权展现的法权关系体系逻辑结构的要求，对现行宪法学体系的内容进行丰富和补充。用法权说构建宪法学体系，不仅仅是要从新的视野阐释既有的宪法学范畴，同时也是为了充分展现客观的法权关系，因此应该通过对现有宪法学理论部分进行补充、革新和再创造来大幅度扩充其容量。宪法学通常可分为研究宪法理论的和研究宪法规范及其实施的两大块。我国宪法学中研究宪法规范及其实施的那一块就其内容涉及的方面而言，并没有多少需要补充的东西。因为这一块的内容是由有关宪法典规定的内容本身决定的，只要较全面地进行归纳就行了，问题只在于怎样分类，根据什么理论来贯通和分析。理论那一块的问题解决了，研究宪法规范及其实施的这一块自然就顺了。所以，我国宪法学的缺陷，基本都集中在理论部分，所谓重构，实质上就是理论部分的补充、革新和再创造。重构的关键在于是否能正确地把握宪法的实质和根本功能，以及是否能把对它们的正确认识贯彻到整个宪法学体系中。对宪法的实质和根本功能认识不同，所安排的理论体系就不一样。现有宪法学理论部分的根本缺陷几乎都是由于片面地、浅层次地从阶级关系的角度看待宪法的实质和根本功能所造成的。现在重构宪法学体系，就是要改为从法权关系的角度看待宪法现象，其中首要的和基本的是要用这种观点看待宪法的实质和功能。法权关系与阶级关系是包容与被包容关系，后者是前者的一部分或一种表现形式。用法权说重构宪法学体系不仅不会抛弃，而且还要吸纳应用阶级分析方法研究宪法现象已取得的积极成果，将其作为自身的一部分。例如上文关于国体、政体的新的阐释方式实际上就包纳了阶级分析方法已取得的成果。反过来看，重构也就是要以法权分析为基本方法，按照充分展现客观的法权关系体系的要求，对现有理论体系进行革新和丰富。

较为具体地说，就是要在全面转换视角，在重新阐释宪法学理论原有范畴的同时，大幅度扩充理论部分的容量，使其成为统一、完整的体系。宪法学理论部分容量的扩充可主要围绕法权的下述各方面的考察而展开：起源，基本特征，历史发展阶段，总量变化的历史趋势，分解和再分解的一般规律及其在不同时代、不同国家的具体表现形式，在不同社会形态下的归属变化，实质和形式的差别，法权分配和再分配的历史趋势及其在立宪条件下的特点，结构演变的阶段性、各阶段的特点及相关发展规律，等等。此外还应包括：正义的绝对标准和相对标准，符合正义的法权、个人权利和公共权力分配状态；公共权利分布的历史趋势、现状和理想状态，实现理想状态的途径；个人权利与公共权力关系的过去、现在和未来；公共权力的产生、发展和存在形态，它的所有权和行使权及其相互关系；公共权力所有权主体的归属变化及其历史必然性；公共权力行使权的分解及其在不同时代、不同国家的特点；公共权力行使权按什么原则在国家机构体系内配置和运用才最符合其所有者的利益和意志；公民等个体行使权利和国家等公共机构行使权力的关系、正当程序及其意义；法权关系所决定的宪法关系的主体、客体和内容；从分配法权并规范其运用行为角度阐释制宪、修宪和行宪，等等。按这种思路，完全可以构建完整的宪法学理论体系。

通过分析法权而展开的宪法学体系，不仅能像前文已经证明的那样用统一的理论阐释既有的宪法学范畴并在原有的基础上丰富宪法学范畴，更重要的是，在按法权说建立起来的理论框架内，能够较为科学地解决宪法学中一些长期没有得出令人信服的结论的问题。如怎样看待议行合一、权力分立的提法，怎样评估单一制、联邦制的历史地位和未来走向，以及在社会主义条件下公共权力在总体上是应该扩张还是收缩等，就都属于这类重大问题。因为，一旦把握了法权分解的普遍规律和法权结构变化的历史总趋势，这些问题就都能够迎刃而解。例如，只要能够证明公共权力行使权逐步分解是总的历史趋势或普遍规律，我们就应该理直气壮地否定议行合一的提法，充分肯定公共权力行使权依宪分开的合理性。同样，只要认清了法权结构变化的客观历史要求，我们就能够较准确地判断在社会主义条件下由国家行使的权力是应当逐步扩大还是逐步收缩，等等。

三　再论用法权说重构宪法学体系[①]

为适应新的历史时期坚持以国家现代化建设为中心的要求和民主法制建设的需要，我在《重构》[②] 等文中扼要地提出了以法权为核心范畴构建新的宪法学体系的初步设想。这些文章只是正面提出了观点，必须有后续文章进行充分论证才有足够意义。所以，文章发表后，有学者立即正确地指出，“从市场经济发展的客观要求出发，反思传统宪法学的得失是十分必要的，但把社会权利（即法权——引者）概念引入到宪法学研究领域是

---

① 本节原载《法学研究》1995 年第 6 期，原标题为《再论用社会权利分析方法重构宪法学体系》，纳入本书时按全书基本概念统一、基本观点协调的原则作了修订。

② 本章上一节“用法权说重构宪法学体系”的简称。

否具有合理性，有必要从理论上进行分析和论证”。[①] 同时，另有一些学者则正式或非正式地对法权说和有关宪法学体系构想的合理性提出了各种疑问甚至全面的否定性意见，其中以赵世义、邹平学两人合著的《质疑》一文最有代表性。[②] 为解决或回答这些问题，我已就法权概念的提出依据、实质、定义和主要含义作了较全面的阐释，并对法权的两个基本构成要素及它们之间的对立统一关系作了初步剖析。[③] 为了全面展示法权说的理论框架，本书拟在明确这种方法的基本分析对象的基础上，对这种方法借以展开的基本范畴作出理论定位，并趁此机会对赵世义、邹平学等学者的质疑作必要的答复。

（一）我国宪法学面对的“自然现象之网”的基本经纬

法权说是否合理、是否有学理功能优势，得看运用它来分析问题能不能得出实事求是的结论，而对此作出判断的基本前提是弄清这种方法面对的基本研究对象。列宁说过：“在人面前是自然现象之网。本能的人，即野蛮人，没有把自己同自然界区分开来。自觉的人则区分开来了，范畴是区分过程中的梯级，即认识世界的过程中的梯级，是帮助我们认识和掌握自然现象之网的网上纽结。”[④] 宪法学面前的“自然现象之网”就是它应当研究的对象体系。它应该包括哪些内容？为什么要在上面打一个被称为法权的“网上纽结”还需要打哪些新的“纽结”？为回答这些问题，我们不得不将法权说面对的、实际上也是中国宪法学应该面对的“自然现象之网”抖开并且铺陈在人们面前。

站在历史唯物主义立场，从宪法学角度观察，展现在我国宪法学面前的应该是这样一张“自然现象之网”：它有三个基本层次，每个层次有若干构成要素、不同层次；不同构成要素间存在着复杂的联系，这些联系中有些是已知的，有些仍然是未知的，需要辨析和揭示。

第一层次的内容是财产。财产即物质财富，简称财富，是在任何社会

---

① 许崇德、韩大元：《1994 年宪法学研究的回顾与展望》，《法学家》1995 年第 1 期。

② 赵世义、邹平学：《对〈用社会权利（即法权——引者）分析方法重构宪法学体系〉一文的质疑》，《法学研究》1995 年第 1 期。

③ 见本书第三章第 2 节“个人权利与公共权力对立统一关系论纲”。

④ ［俄］列宁：《黑格尔〈逻辑学〉一书摘要》，《列宁全集》第 55 卷，人民出版社 2017 年第 2 版（增订版），第 78 页。

形态下都存在的、由使用价值构成的物质实体，包括一切劳动产品、用于生产过程的自然资源，以及科学技术成果、劳动技能和知识产权等无形财产。财产从根本上说就是物质财富，所谓智慧财产只是财产的一种特殊存在形式。

用历史唯物主义的观点看问题，宪法学应当给予财产这个概念以应有的关注。当我把法权界定为“从宪法学角度认知的，由宪法确认和保护的社会整体利益，具体表现为各种形式的权利和权力”时，实际上已间接地表达了这种想法。因为，包括宪法在内的法律确认或保护的全部利益实际上是社会全部财产中归属明确的那一部分的直接或间接的转化形式，而个人权利和公共权力则是社会全部利益的显性的宪法表现。宪定或法定利益总量、进而个人权利和公共权力之总和（即法权）的大小，从根本上说都是由财产总量中归属已定部分的增减决定的，两者之间必然呈正相关关系。所以，研究宪法学如果离开了对财产的社会存量及其增殖状况等因素的考察，一些最重要的宪法现象势必成为难以真正理解和说明的东西。这是一方面。另一方面，财产只是使用价值的自然存在形式，宪法学要研究的主要不是这种存在形式，而是其社会存在形式，即各种各样的利益及其宪法表现。其中主要的和基本的是物质利益，其他利益都以物质利益为基础或是物质利益的转化形式。需要说明的是，财产与利益实质上是使用价值的两种不同表现。而就财产与利益的关系而言，则前者是后者的自然基础，后者是前者的社会存在形式。作为社会科学，宪法学所关注的从根本上说应当是财产的社会存在形式，即各种利益及其宪法表现，但必要时也不能不联系到财产本身。根据宪法学研究的需要，如果将法人和其他经济组织拥有的财产在理论上分解开来并按其相近属性分别归并到公民等社会个体所有的项下和公共机关所有的项下，则我们可以将社会全部财产划分为归属已定的和归属未定的两大部分，而前者作为一个整体又可以进一步划分为公共机关所有的和个人所有的两部分。

第二层次的内容是利益。法律上的利益是财产在社会关系、首先是经济关系中的表现形式，是由财产直接或间接转化而来的。现实社会人们的实践活动使一切使用价值或财产都获得了它的社会存在形式和相应的社会功能。如在资本主义条件下，同样是财产，由资本家掌握就是资本，表现为资本家的利益，而归工人所有则通常是工资，表现为工人的利益，如此等等。当然，财产同利益的联系有时远非这样直接。不论哪一种财产都能转化为利益和对应的法权（个人权利或公共权力），而任何法律承认和保障的利益和对应的法权也都应当有其物质承担者。所以，社会的财产的多寡决定着社会全部利益规模的大小和利益实体的多少，而其中归属已定的财产和法律承认和保护的利益通常占极高的比例。

经济关系的核心内容是利益关系。这就决定了宪法学的内容归根结底是研究利益的分配和利益关系的协调落实，进而研究财产关系和财产关系的落实，只不过它是从根本法的角度看问题而已。恩格斯说："政治词句和法律词句正像政治行动及其结果一样，倒是从物质动因产生的。"① 利益同宪法现象、宪法学范畴之间有着密切而复杂的对应关系。为了深入认识个人权利、公共权力等宪法现象和法权等宪法学范畴，有必要对利益作适当分类。

利益作为财产的社会化表现，按不同的标准可以作许许多多种分类，但考虑到利益在宪法中的表现形式及其同有关宪法学范畴的对应关系，对利益宜作如下划分：其一是社会的全部利益，它是社会全部财产的社会存在形式，在结构上包括法定的和非法定的两部分；其二是社会全部利益中的法定部分，即法定利益，是社会的全部财产中归属明确的财产（通常分私有和公共机关所有两种）的社会存在形式；其三是个人利益，它主要指自然人的利益，但也包括私法人②和相当于个人的社会组织的利益，是归私人所有的那部分财产的社会存在形式；其四是法定公共利益，它是由公共机关掌握的那部分财产的社会存在形式；其五是剩余利益，是指社会全部利益减去法定利益后剩余的部分，由少量归属尚不明确的财产转化而来。社会全部利益（Q'）可划分成三块，即法定个人利益（A'）、法定公共利益（B'）和剩余利益（S'，亦可称为法外利益）三部分，但个人利益和公共利益作为法定利益，也构成一个与其他利益划分单位能相对区分开来的一个整体，它就是法定全部利益（F'），法定全部利益自成一个有独立意义的利益划分单元。它们之间的组合关系用代表它们的符号表示应该是：$Q' = F' + S'$，或 $Q' = A' + B' + S'$，$F' = Q' - S'$，或$F' = A' + B'$，如此等等。这些利益内容后面的财产内容，也可一一相应的表达为 $Q'' = F'' +$

① ［德］恩格斯：《卡尔·马克思〈政治经济学批判·第一分册〉》，《马克思恩格斯选集》第2卷，人民出版社2012年版，第39页。

② 我国民法典没有采用私法人概念，但这并不意味着法学也应该放弃这一方便且很能说明问题的法学术语。

S''，或 $Q''=A''+B''+S''$，$F''=Q''-S''$，或 $F''=A''+B''$等。分别反映这些利益内容及其后财产内容的宪法学基本概念就是个人权利（A）、公共权力（B）、剩余权（S）、法权（F）、权（Q），它们之间在范围上的相互关系也可以相应地表达为 $Q=F+S$，或 $Q=A+B+S$，$F=Q-S$，或 $F=A+B$ 等。

这里得作两点解释。第一，以上对社会全部利益的划分，只是几乎无数种划分方式中的一种，这种划分是基于宪法学研究的特定需要。按这种划分方法，法人及其他社会经济组织的利益在理论上已被分割开来，然后按其构成因素的近似属性分别归并到了法定个人利益或公共利益部分。而且，这种划分也同其他可能有的任何一种划分方法一样，界限不可能绝对清晰。在作具体划分的时候，人们对有关界限的理解有时也会在不小程度上影响分类结果。例如，如果我们将法定利益作广义理解，即不仅将其理解为法律明定利益，还认定它包括法律默许利益和按法律不禁止即能加以占有的原则推定的利益，那么，法定利益将会有一定程度的扩张，而剩余利益将会受到相应幅度的压缩。第二，就法定个人利益与法定公共利益的关系看，法定公共利益是一般化了的个人利益，后者是前者存在的前提和基础，"'共同利益'在历史上任何时候都是由作为'私人'的个人造成的"。①

第三个层次是由社会整体利益转化而来的全部宪法现象。宪法现象是指宪法文件中规定的内容或宪法生活中凭经验观察到的东西，它们是宪法学研究的直接对象。社会整体利益虽然转化成了这一层次的现象，但并没有完整的外观，而是按其构成要素的不同而分别转化成了权利、权力和剩余权；同样，宪定或法定全部利益也没有整体性的外观，它们也只能通过宪法或法律的条款一点一滴地以公民权利或公共权力的面目出现。也就是说，法定个人利益和公共利益分别体现为具体的个人权利和公共权力。个人利益同个人权利的这种关系已经在很大程度上由许多学者论证过的权利的利益本质说所证成，更重要的是，它是活生生的法律生活事实。至于法定公共利益与公共权力之间的转化和被转化关系，马克思和恩格斯都有过不少论述：正是由于私人利益和公共利益之间的矛盾，"共同利益才采取

---

① ［德］马克思、［德］恩格斯：《德意志意识形态》，《马克思恩格斯全集》第3卷，人民出版社2016年版，第275—276页。

国家这种与实际的单个利益和全体利益相脱离的独立形式，同时采取虚幻的共同体的形式”；[①] 而由于各个个人为了自己的特殊利益把公共利益看作是异己的、不依赖于他们的利益，所以，“这些始终真正地同共同利益和虚幻的共同利益相对抗的特殊利益所进行的实际斗争，使得通过国家这种虚幻的‘普遍’利益来进行实际的干涉和约束成为必要……这种社会力量在这些个人看来就不是他们自身的联合力量，而是某种异己的、在他们之外的强制力量”。[②] 在这些话语中，“共同体”“在他们之外的强制力量”就是体现公共利益的国家及其法律表现——公共权力。如果不联系利益层次而是孤立地看待宪法现象，是无论如何理解不了个人权利与公共权力的同质性以及何以它们能够构成一个“总和”的。法外利益或剩余利益在转化为宪法现象后到底表现为哪一种属性，得根据具体情况而定：它由个人事实上享有时，就转化为个人权利，如表现为按法不禁止即自由原则推定的个人权利等；它由国家事实上掌握时，就转化为公共权力，如美国联邦最高法院为扩张联邦政府权力曾经确认的那种“默示权力”等就是其具体表现。在这个实例中，“默示权力”在获联邦最高法院确认前属剩余权，确认后转化为宪法保障的公共权力。

在这里，由各种利益转化而来的各种宪法现象同相应的利益内容是对称的。这些宪法现象及其相互关系受它们所由转化的相应利益、相应财产及其相互关系的决定或制约。为了明白表达这层意思，应特别强调以下几点：第一，为了宪法学研究的特定需要，法人及其他社会经济组织的权利按其属性分别被归并到了公民等个人权利的项下。第二，个人权利、公共权力同剩余权的界限有很大弹性，如果有权机关认定公民等社会的个体只有法律明定的权利、国家只有法律明定权力，那么，个人权利、公共权力之总和就会相对小一些；如果认定公民等社会个体除法律明定权利外还享有按法不禁止即自由的原则推定的权利，国家有法律明定权力之外的默示权力，那么个人权利、公共权力之总和就会相对大一些。在特定时段，这些变化必然同时引起剩余权范围的伸缩变化。第三，作为宪法现象，法权和剩余权的总和必然随社会财富绝对量进而社会全部利益的绝对量的增减

---

① ［德］马克思、［德］恩格斯：《德意志意识形态》，《马克思恩格斯选集》第1卷，人民出版社2012年版，第164页。

② ［德］马克思、［德］恩格斯：《德意志意识形态》，《马克思恩格斯选集》第1卷，人民出版社2012年版，第164—165页。

而发生相应的增减。顺便说明，从一切个人权利和公共权力都必须有宪法依据这个意义上说，“宪定”一词的含义与“法定”一词无实质区别：同一部分法权，从宪法学角度看是宪定之权，从法的一般理论的角度看是法定之权。

以上三个层次的各个构成要素在本层次相互区分的现象，彼此之间构成一定比例关系的现象，都是历史地产生和变化的，最终也应当历史地消失。这三个层次的各种要素构成的体系就是法权说面对的“自然现象之网”上的纽结和经线纬线。从理论上认识和把握这个网络，揭示它的各个层次和要素之间的客观和主观联系，应当是我国宪法学理论研究的核心内容。

（二）帮助宪法学把握“自然现象之网”的网上关键纽结

面对以上三个层次的对象，宪法学如何认识和把握它们呢？对于这些基本的宪法现象，我们无疑是应当重视的，但决不能停留在现象层次，而是必须透过这些现象揭示其本质，具体地说就是应当探讨的触角深入到它们后面的利益层次甚至财产层次。因为，马克思主义宪法学是本质主义法学，不是经验主义法学。

按本质主义的要求，宪法学应该从根本法的角度认识宪法现象后面的全部利益内容及相应的财产内容，应当归纳出帮助人们认识和掌握各种客观利益及相应财产内容的学科范畴，即列宁说的那种“纽结”。如果没有它们，我们要么根本无法从宪法学的角度认识和掌握这些利益及其后的财产内容，要么就只好直接讲关于“利益”和“财产”的大白话从而使我们丢掉宪法学的学科特点。这些做法都是不适当的。迄今为止，已被初步概括出来的能够反映宪定全部利益、个人利益和公共利益及其后相应财产内容的宪法学基本概念有三个，即法权、个人权利和公共权力。其中后两个虽然早已是宪法学范畴，但它们同宪定个人利益、私有财产和公共利益、公共机关所有之财产的内在联系过去并没有被准确揭示出来。

不过，现在看来，宪法学还必须概括出新范畴，直到其数量足以穷尽社会的全部利益类别。以本书所作的利益分类为基础，做到这一点已不困难。在这个问题上，我主张采取以下方法解决问题：其一，按对称原则确定反映利益类别的新的范畴，即使宪法学有关范畴的名称、数量、相对地位同已划分的利益类别和其后的财产类别相对应；其二是按拟制原则确定其表述词语，即比照反映法定全部利益、个人利益和公共利益的已有的三个范畴，依法理拟制出反映其余利益类别和相应财产内容的基本概念，使反映全部利益类别和相应全部财产类别的宪法学基本概念处于平行位置。依这两个操作性原则并基于对有关宪法现象的认识，我认为还应该概括出分别反映社会的全部利益和法外利益及其后相应财产类内容的两个宪法学范畴，即前面已经提到的权（Q）和剩余权（S）。其中权是中文法学最古老的名词，只是过去对它过于忽视了而已。这样，连同宪法学原有的三个基本概念——个人权利（A）、公共权力（B）和法权（F），宪法学就有了分类反映社会的全部各种利益、财产及相对应的宪法现象的主要基本概念，实现了宪法学基本概念与相应宪法现象及其后利益内容、财产内容的对应和对称。

这样，权的各个构成单元之间的组合关系同社会的全部利益和全部财产的划分完全是对应、对称的，较充分明白地显示了三层次事务之间的联系。所以，这种划分不仅直接穷尽了权本身，而且也间接穷尽了作为它的反映对象的社会整体利益和全部财产。这里首先应当注意区分宪法现象和宪法学范畴，例如，作为宪法现象的各种权利、权力及其后的利益内容、财产内容，同作为宪法学范畴的个人权利、公共权力，就根本分属两个世界：前者纯粹属于客观世界，即“自然现象之网”，后者是人们根据对前者的认识并为了进一步认识和把握前者而打上的“网上纽结”，归属于主观世界。宪法学需要打多少“纽结”，主要取决于对宪法学的研究对象作整体性、实质性把握的需要，决不能仅仅根据本本、脱离当代中国实际，限于把握某些零碎的现象的需要。这方面值得庆幸的是，20 世纪三四十年代已在中国流行开来的权利—义务研究范式没有能够动摇中国宪法学界对公共权力现象及其重要性的认知。

为了证明以上五个“网上纽结”的必要性并说明其学理功能，不妨把宪法学应当面对的整个“自然现象之网”的基本经纬及其网上纽结用图表展示如图 1 – 1。

图 1 – 1 表明，通过一番考察和对各种线索的梳理，宪法学面对的“自然现象之网”的基本经纬线上打上了五个“纽结”：权、个人权利、公共权力、法权、剩余权。这五个“网结”总结和表明了宪法学对自己面对的“自然现象之网”的一系列新认识：它们表明个人权利、公共权力等基本宪法现象存在着双重本质，即利益层次上的社会本质和财产层次上的

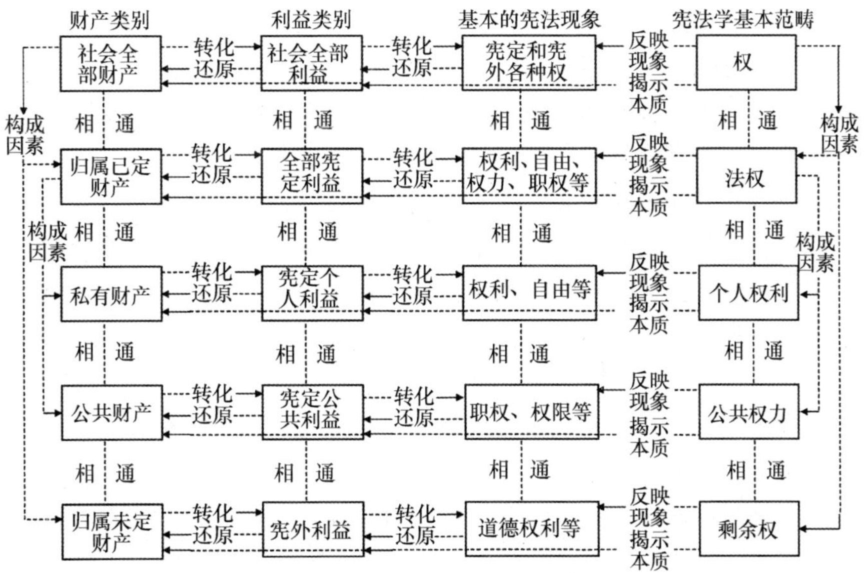

图 1－1

物质属性。按法理，还应该有一张图展示它们的反面，即义务、法义务、私义务、公义务、剩余义务（法外义务）和它们面对的“自然现象之网”，但为避免冲淡这部分的主题，权且从略。

此图揭示了个人权利和公共权力两种相互分离、相互对立的最重要宪法现象在社会本质和自然本质层次的同一性或一致性，甚至也揭示了包括非宪定之权在内的其他“权”的社会的和自然的同一性基础。它直接或间接地表明，一定社会全部财产即生产力总量同“权”的总和之间存在着绝对量上的对应关系。

生产关系本身的变化不可能造成个人权利与公共权力的总和增加或减少任何一个原子，但是生产关系却决定性地影响着社会现存个人权利和公共权力总量、首先是法权总量中有关构成部分的配置比例。

它们还表明，像各种财产、各种利益之间是相通的、可以相互转化一样，个人权利、公共权力和剩余权之间也是相通的，可以在一定条件下相互转化。同样，它们还显示出个人权利、公共权力和剩余权同利益进而财产之间存在着转化—还原关系，从而合理地解释了个人权利损害何以能用金钱赔偿、公共权力同金钱何以能够进行交换这样一些合法或不合法但毕竟是客观存在的现象，等等。

我们可以看到，在图 1－1 中，权、个人权利、公共权力、法权、剩余权这五个范畴，由于凝聚着宪法学对其面前的“自然现象之网”的高度抽象、全面和表里统一的认识成果，它们应当而且必然会成为进一步认识和掌握“自然现象之网”的准确而有效的分析工具。

从逻辑上看，法权等五个范畴就是构建新的宪法学体系可以采用的较适当的基本范畴。按照历史唯物主义原理，宪法调整的社会关系说到底就是带根本性的利益关系和财产关系，过去我将宪法界定为“分配法权并规范其运用行为的国家根本法”就是从学科角度对这种认识的表达。宪法学的内容在很大程度上是受宪法的内容决定的，但不能局限于宪法的内容。例如，宪法中只包括宪定或法定利益，宪法学却必须将包括宪外或法外利益的社会全部利益作为自己的考察和认识对象。所以，严格地说宪法学的基本内容应当是从根本法的角度考察和认识社会全部利益的分配和实现问题。因此，“‘思想’一旦离开‘利益’，就一定会使自己出丑”① 这句话，对于我们确定宪法学基本范畴，具有特别重要的意义。

作为宪法学基本范畴的最重要的条件就是它们作为一个整体能够在宪法现象层次全面反映个人权利、公共权力和剩余权，并在这些基本宪法现象的社会本质层次和“自然”本质层次分别揭示出它们所由转化而来的全部各种利益和全部各种财产。这五个范畴完全符合这个条件：它们作为一个整体间接穷尽了社会的全部财产，直接穷尽了社会的全部利益和由利益转化而来的全部宪法现象。而且，它们还有作为宪法学基本范畴的其他优点：这五个范畴同“自然现象之网”中三个层次的所有基本要素都有相应的对称关系；它们真正是属于宪法学的，有宪法学科的特征和属性。当然，这只是从理论上推导的结果，从实际情形看，宪法学的基本范畴的范围还应当略有扩大，至少扩大到记录人们对它们的另一面即义务、职责、责任现象的认识成果的义务概念，以便能照顾到全面展开宪法学体系的其他方面的要求。但无论如何，从理论上确定的这五个范畴都应当是构建宪法学新体系的若干根支柱的主要部分。

在上述五个范畴中，法权处于核心地位，理所当然应当是构建新的宪法学体系的核心范畴。就重要程度而言，这五个范畴可分三级，最重要的

---

① ［德］马克思、［德］恩格斯：《神圣家族》，《马克思恩格斯全集》第 2 卷，人民出版社 1957 年版，第 103 页。

是法权，其次是个人权利和公共权力，再次是权和剩余权。[①] 法权所以最重要，是因为它从宪法学角度在现象层次平行地反映着最基本、最普遍的两类宪法现象即各种个人权利和公共权力，同时又直接揭示出这两种现象后面的、从宪法学角度看来是最根本、最重要的法定全部利益，同时还间接揭示了这两种现象的"自然"本质即归属已定之全部财产。所以，从宪法学角度看，法权反映的对象无论在"自然现象之网"的哪一个层次，都是最基本、最重要的。其他四个范畴无论单个地使用还是成对地使用，所体现的内容都无法获得哪怕是接近于法权范畴的学理功能，更不用说超过了。例如，分别地看，个人权利、公共权力范畴反映的有关宪法现象及其本质内容偏于一端，合起来看（即作为成对的范畴使用），它们又无法揭示出与它们相对应的两个宪法现象的共性和同质性。又如权概念，它反映的面虽广，但其反映的内容中有一部分不为宪法所包容，因而也自然难以为宪法学所特别重视，而其中为宪法所包容、被宪法学所重视的另一部分恰恰就是法权所反映和揭示的东西本身，这些原因注定了它只能作为宪法学中的辅助性分析工具。剩余权的情形也差不多。

（三）法权说主导下的宪法学体系构建设想释疑

赵世义、邹平学博士发表的《质疑》一文指出我没有论证法权概念的合理性，也没有给它下一个能揭示内涵的定义，这种批评给了我有益的启示。但是，从内容看，《质疑》的主旨是要全面否定法权说的作用和意义，这就走得远了一些。在这方面，《质疑》基本上是根据感官直觉和法学常识来判断曲直的。但是，感官直觉对于宪法学术来说有时不会有太多的价值，而"常识在日常应用的范围内虽然是极可尊敬的东西，但它一跨入广阔的研究领域，就会碰到极为惊人的变故"[②]。《质疑》由于用一种对个人权利与公共权力关系的片面、浅显认识做理论前提和立论根据，从而导致了全文主要结论都不大经得起认真推敲。对于《质疑》否定法权概念合理性、否定个人权利和公共权力同质性的说法，如前所述，我已有文章作了必要回应。由于《质疑》全文立论的根据就是

---

① 郭道晖先生将这种"独立于法律之外的权利"称为自发权利并作了大量的论述，详见他的论文：《人权·社会权利与法定权利》，《中国社会科学季刊》（香港）1993 年第 2 卷。

② ［德］恩格斯：《反杜林论》，《马克思恩格斯选集》第 3 卷，人民出版社 2012 年版，第 396 页。

法权是一个“虚幻的概念”的认识和个人权利与公共权力无同质性的判断，所以，在我证明了这些认识不正确后，它对于法权说所作的否定性结论实际上已全部不能成立了。

退一步说，即使《质疑》的立论基础是正确的，它也不可能科学地否定法权的存在及有关方法和体系的价值，因为它使用的研究工具过于简陋。法权也好，个人权利和公共权力的实质也好，都是抽象世界深处的存在，只能用理性的触角把握。然而，《质疑》在探索这些抽象世界的存在时，全文从头至尾用感性的描述和摆积木的思路代替对事物实质的抽象把握，处处以感官直觉和常识为标准去判断他人以理性为工具求得的认识的真伪。主要靠这些工具这个事实本身就决定了《质疑》既难以合理地证成、亦不可能成功地否定任何理论观点，不管这个观点是谬误还是真理。正像举着玩具望远镜观天不可能科学地证实宇宙中是否存在爱因斯坦预言的“黑洞”，拿着锄头挖坑不能科学地证实地层深处有无石油一样的道理。

至此为止，我答复《质疑》的工作实际上可以算作完成了。但是，鉴于《质疑》作者对法权说及其学理功能有不少误解，由此推想也许其他学者也会有类似误解，所以还是以进一步正本清源、对他们提出的主要问题直接作些答复或补充性说明为好。同时顺便回答其他学者提出的相关问题。

1. 提出法权说并非以“误解为前提”，相反，《质疑》的批评表明它对有关问题缺乏正确的理解和客观的分析。第一，《质疑》批评《重构》一文“误认世界观和方法论为同一东西，甚至以世界观代替方法论”。我的答复是：一种世界观，拿到宪法学中来观察和分析问题，它同时就成了宪法学中的方法论，此时两者是统一的。第二，《质疑》认定主张宪法学应有学科专门分析方法是“混淆了法律部门和法律体系，调整方法和研究方法的界限”。其实不是这样的。对“学科”不宜理解得过细，不能理解成凡开出了一门新课，新出了一本叫某某“学”的课本就产生了一个新学科。学科是分级的，我讲的是宪法学，只涉及与其所属的“级”平行的其他学科，如政治学、法理学、民法学等。在这个级别上，每个学科的确立应当争取建立自己的专门分析方法。“专门”两个字强调的是基本分析方法有本学科的特色，要足以与其他平行学科的基本分析方法区分开，而不是“单一”“唯一”的意思。相反，我主张同一学科应发展不同的专门分析方法，走出不同的路。

2.《质疑》认为，除了个别例子外，不存在法权分解现象，认为我所说的分解是“公认的划分和分类”。这也是根据表面现象得出的结论，是不正确的。理解法权分解的关键在于，应将法权的形成和分解看作是社会财富的生产和分配这一经济过程在政治法律过程中的反映。从一国的经济生活看，新增殖的财产生产出来后，作为一个可以用某种货币表示其价值总量的整体，它就是新增殖的未经分解的法权的物质原型。新增殖的财产生产出来后，其中有相当一部分首先由国家以税收等形式抽取，因而形成社会成员占有和国家占有两大部分，然后这两大部分分别在社会成员之间和国家机构内部作各种形式的分配，如此等等，过程和细节难以尽述。

从根本上说，财产的分配和消耗过程正好是法权分解和运用这个政治法律过程的经济原型，政治法律过程只不过是经济过程的模拟和在上层建筑领域的再现。动态地看，生产出来的财产是被层层分割的；静态地看，作为世世代代分割的结果，现有的财产是分类摆在那里的。试想，我们怎么能够因为可以对分割结果进行分类和划分就否定层层分割这个历史的和现实的过程本身呢？法权分解作为上层建筑领域的相应过程，与经济过程中发生的情形一样。所以，历史地、动态地、实质性地看问题，现有的一切个人权利和公共权力都是世世代代逐步分解和积累的结果，没有任何一种是例外，差别只在于分解出来的先后。静态地看，仅从现状、外观和形式上看，个人权利和公共权力才有分类和划分问题。但应当指出，在简单再生产条件下，经济过程不能使财产比上一个生产周期有所增殖，因而也不能使法权增殖。所以，只有扩大的再生产能够创造未经分解的法权的物质原型从而创造新增殖的可供分解的法权本身。

3.《质疑》作者由于对客观事实与主观标准、经济关系与宪法现象之间的真实联系缺乏足够的认识，导致了他们对个人权利与公共权力之间量的比例关系的错误看法。首先，《质疑》说，不能“只谈数、没有量的标准”，“没有量的标准就不可能确定数的多寡”，并且将个人权利与公共权力之间的关系比之于“吨与公里”的关系，以此否定它们之间的内在联系。这些说法都是错误的。从原文看，《重构》讲这个问题时并没有提到“数”字，无所谓“不能只谈数”的问题。所以，《质疑》实际上讲的是量与量的标准之间的关系。而众所周知，事物的量是客观的，而衡量事物大小多少的量的标准则是主观约定的，客观的量上的比例关系并不依存于主观的量的标准的有无，正如大海里的水比小湖里多这个事实同水量标准之有无毫无关系一样。判断这个事实也无须依靠立方米之类量的标准，因为根本不必也不可能真正运用这个标准。至于把个人权利与公共权力的关系比之于“吨与公里”的关系以否定这两种宪法现象之间的同质性，只能表明作者对它们之间的内在联系不够了解。

其次，《质疑》作者由于看问题的表面性，无法理解法权总量一定时，其中个人权利与公共权力之间此消彼长的博弈现象。这里得说明，动态地看，社会的财富通常表现为持续增长的变量，静止地即从时间的一个特定点上看，财富可以而且应当看作一个常量。法权以财产为本源，所以，与一定社会发展阶段上的财产总量相对应的必然是一个确定的法权的总量，前者的变化决定后者的变化。因此，个人权利与公共权力的相互转化只不过是财产从而利益实体在社会个体与国家之间进行分配的比例的一定幅度变化或波动的法律表现。

为了较直观地证明以上结论，我愿意回到感性化层面上讨论一下《质疑》为了证明我的观点的谬误而举的几个极端的例子。有必要首先说明，我所讲的对公共权力的“放弃”，不能理解为某个国家机构或官员的任意行为，而是一种法律行为，如简政放权、权力下放，这种放弃是公共权力向个人权利转化过程中的一个步骤。弄清了转化，放弃的含义就清楚了。我在论及个人权利与公共权力既应有明确界限又能相互转化时曾说得很清楚：它们之间界限明确应是稳定的一般的状态，转化的实现则是瞬间行为，其途径是使旧法失效新法生效。显然，“国家放弃”是国家意志的表示即修宪或立法行为，有时也可表现为行政行为等。

现在我愿就《质疑》“试问”的三个问题作直截了当的回答：(1)“国家放弃主权”的后果，从对外关系看是国际问题，涉及国际法主体的权利、权力和义务，不在本书讨论之列；如果国家放弃的是对内的全部权力，如果真有一天要放弃这种权力的话，那么它当然会全部转化为社会成员个人的权利，其后果只不过是使国家消亡，法权的实质与形式的差别消失，个人权利也不再是法律意义上的个人权利。这正是我们最终追求的目标，只可惜短期内到达不了这种境界。(2)国家如果真会“放弃追诉罪犯的权力”，那么这种权力无疑会转化成个人从事原来刑法禁止的行为的权利或虽曾犯过罪但不再受追诉的权利，后一种情况从各国刑法的追诉时效制度中就可看到。法律上的这种规定是否合理、是否合乎正义当然可以讨论，但那是另一个问题。奥斯丁的名言“恶法亦法”就是这个意思。（3）若邻国流行疾病，“国家放弃边境检疫的权力”，公民和其他人不就得到了过境不受检疫的权利吗？这并不特别可怕，20世纪前绝大多数国家边境都是不检疫的嘛。

4. 在评价《重构》提出的宪法学体系结构方面，《质疑》存在着形式上转圈子、在实质内容上深入不下去的问题，因而其结论远不是实事求是的。该文仅根据《重构》将宪法学内容在结构上分为两部分这一点，就断定新的体系设想只是“搬用”其他学者“体系框架的结果”。殊不知，一个新体系有没有创新，关键要看它在原有的基础上增加了什么内容，改变了什么内容，不在于将有关内容划分两部分三部分还是切七块八块。易言之，关键是生产出了什么、生产了多少，不在于将产品分成三堆四堆还是装七箱八箱。《重构》提出的体系虽然远远不够完善，但若干重要方面的合理性是《质疑》也没能否定的：第一，在新的体系中，宪法学确定了分析的起点和核心范畴，而原有的体系中这些都不明确甚至可以说根本就没有。第二，提出了足以说明阶级关系、进行阶级分析，但又不特别突出阶级内容和阶级分析的学科专门分析方法及相应的理论构造，从而有可能使新的体系更符合社会主义初级阶段的客观要求。第三，可以从一个分析起点出发，以一个核心范畴为共同立足点，按一条线索并循一个方向将宪法学现有的内容都有序地贯穿起来；同时还能在现有基础上扩大宪法学的理论容量，增加其范畴数量。

《质疑》对于我主张保留宪法学现有的全部范畴表示“失望”，似乎我只有抛弃现有的范畴或至少抛弃一部分才算得上“创新”，这也是没有道理的。如果真要像《质疑》那样将宪法学的内容与宪法学各个范畴的关系比拟为酒和瓶的关系的话，那么我得说，按新方法生产的“酒”本来就较从前增加了不少或可以增加不少，旧“瓶”全利用起来都装不完，有什么必要一方面设法添置新“瓶”，另一方面却又刻意丢掉一些旧“瓶”以体现所谓“创新”呢！再说，现在已有的“瓶”都是前辈人和我的同辈人付出了艰辛的劳动所创造的宝贵财富，我怎么会一愚至此，主张将它们丢掉呢！

另外有学者对于法权说没有在讨论个人权利、公共权力的同时强调相应的义务，表示不理解。在这方面，我的考虑是，法权说实质上是从宪法学角度展开的对利益关系和财产关系进行分析的方法。这种方法可以不在形式上强调义务，但却在理论上为它们保留了必要的位置。从法权分析的观点看，义务是负利益，只是获得利益需要支付的对价，像在市场上购买一件商品需要支付作为一般等价物的一定量的货币一样："买"这个行为是为了获得某种商品或服务，"付钱"是其中当然之义，是使"获得"行为合法化的手段，从这个意义上说，"取"就包括了"予"的含义。同样，公民等社会的个体享有权利、国家拥有权力就同时意味着承担了相应的义务。而且，从价值属性看，个人权利和公共权力是同质的因而两者是平行关系，私义务、公义务分别是个人权利、公共权力的负面形式，是个人权利和公共权力两者的对称概念。所以，从理论研究的要求看，将个人义务和国家机关义务拉进来与个人权利和公共权力并列讨论不但无助于深入地说明问题，相反会把关系搞乱。当然，公民等个体的义务和国家等公共机关的义务的属性也是需要按法权分析的思路作统一说明的，但这要到下一步。

四　宪法学新体系的核心范畴①

并非每一种法学都需要确立核心范畴，但哲理法学应该有核心范畴。当今中国法学的主流属于马克思主义法学，因而它带有总论性质的二级学科，如法理学和宪法学，确立一个核心范畴比较合适。宪法学的范畴，即宪法学的基本概念，而所谓核心范畴或关键范畴，是指该学科基本概念中能标示最基础、最重要价值指向和根本特征的概念。宪法学核心范畴对于该学科的基本命题、基本分析方法、理论体系和整体功能有决定性影响，后者可以说是前者的必然延伸和展开。在新的历史条件下改造传统宪法学、构建宪法学新体系的奠基工程，就是选定一个适当的核心范畴。我已论证过，宪法学新体系的核心范畴应该是法权。从问世时起，这个新概念就受到了宪法学界一定程度的关注，有批评、怀疑的，也有确信、赞同的，至今莫衷一是。宪法学新体系到底应该如何确定核心范畴、哪一个最合适，已成为进一步推进这个领域的研究亟待回答的问题。在这方面，我

---

① 本节原载《法学评论》1996年第6期，原标题为《论宪法学新体系的基石范畴》，纳入本书时按全书基本概念统一、基本观点协调的原则作了修订。

曾零星地谈过一些看法，不成体系，亦不够深入，今试详论之。

（一）宪法学新体系核心范畴之选择标准

选择和确定宪法学新体系的核心范畴，优先要解决的是标准问题。在这个问题得到合理回答之前，进一步的讨论是没有多少意义的。我认为，衡量宪法学新体系的核心范畴是否适当，有学术和实践两个方面的标准，合格的核心范畴必须经得起两方面标准的双重检验。

先看衡量宪法学核心范畴是否适当的学术标准。

从纯学术的观点看，宪法学用以衡量其核心范畴是否适当的标准是十分确定的，并无新体系与传统体系之分。但由于在这方面一直没有确定过标准，本书不得不着眼于构建新体系的需要，首先对这个问题作一番探讨。如果不是从认识结果而是从认识过程看，人们探寻宪法学的核心范畴，实质上是要找到一个能够观念地掌握宪法现象及其发展演变规律以便统筹全局的基点，因此，要合理地确定衡量核心范畴是否合适的标准，必须先明了认识主体正确掌握宪法现象所经历的思维过程。这个过程可进一步分为研究的逻辑过程和叙述的逻辑过程两种。

根据对马克思的抽象思维法则的一般理解，研究的逻辑过程可概括为：完整的表象→抽象规定→理性具体。这一过程实际上分为前后相继的两个逻辑行程或两条道路。第一条道路是从关于对象的完整表象到抽象规定，在这条道路上，“完整的表象蒸发为抽象的规定”[①]。这个逻辑行程的使命应当是从本学科领域细胞形态的现象出发，舍弃掉它们各自所具有的一切个别的、特殊的或偶然的属性，只抽出它们的本质一般（或共性），形成抽象概念，将所抽象出来的东西用概念的形式巩固下来。认识的第二条道路是从抽象规定到理性具体（思维具体、精神具体），它以第一条道路的终点为自己的起点。在这条道路上，“抽象的规定在思维行程中导致具体的再现”[②]，其目的是把在第一条道路上被舍弃了的个别性和特殊性从精神上归还给认识对象，形成具体概念。具体概念的形成表明认识进入了理性阶段。

---

① ［德］马克思：《〈政治经济学批判〉导言》，《马克思恩格斯选集》第2卷，人民出版社2012年版，第18页。

② ［德］马克思：《〈政治经济学批判〉导言》，《马克思恩格斯选集》第2卷，人民出版社2012年版，第18页。

叙述的逻辑过程同研究的逻辑过程不一样，它的任务是要以纯粹逻辑的形式将已获得的研究成果复制出来。所以，它的运行程序是：抽象规定→理性具体。从形式上看，它不过是重复研究过程中的第二条道路。在研究的逻辑过程中处于认识的第一条道路终点和第二条道路起点（同时也是叙述的逻辑过程的起点）的概念，就是有关学科的核心范畴，其逻辑位置十分确定、学科地位极为关键，对于法哲学和哲理性宪法学都是如此。

如果只是为了解释宪法现象或对其作静态考察，根据上述思维法则得到抽象概念和具体概念就足够了。但显然，新的、寄托着我们对完美的追求的宪法学新体系，应当是既能合理解释全部宪法现象，又有助于引导人们能动地改造宪法现实的理论结构。在这种情况下，不仅抽象概念不够用，连具体概念也难以胜任了，因为具体概念虽包含着事物的质的规定性，但无量的规定性，且它们只能反映有关事物在空间上的发展，不能反映它在时间上的变化。

所以，为了找到宪法学新体系较适当的核心范畴及有关衡量标准，很有必要将问题的讨论提升到立体概念层次。与具体概念一样，立体概念也是辩证概念，但与前者相比后者处在更高的发展水平上，也标志着理性认识的更高档次。随着对有关客体认识的深化，抽象概念、具体概念都能够实现向立体概念的转化。

我十分赞赏有关学者对马克思主义创始人所提出和运用的立体概念的论述。根据这种论述，与具体概念相比，立体概念具有四方面的特点和优势：从含义上看，它是三个主系统和三个贯通性系统构成的统一体，三个主系统是指对象的表现系统、表现的根源系统和根源的发展动力系统，三个贯通性系统是指对象的表现、根源和动力赖以发展的前提系统、条件系统和背景系统；从自身运动的范围看，立体概念能够实现多次思维中心转移，具有多层含义，每层含义都围绕一个思维中心，每个中心相当于一个具体概念的全部含义；从与反映对象的关系看，立体概念大于对象具体，因而能够反映对象的普遍联系与发展变化；对于对象的运动和发展具有着模拟、预测功能，有能力在逻辑空间中自我运动和发展。①

---

① 刘英：《立体概念与历史唯物新论》，安徽人民出版社 1993 年版，第 30—33、247—248、229、88 页。

综合起来看，最符合以下几项条件或要求的概念就是宪法学较适当的核心范畴：首先，它应当是反映细胞形态的宪法现象最本质一般（或共性）的概念。任何不同的现象和事物之间都能找到一般，一般又分为形式一般和本质一般。宪法学核心范畴所要反映的一般是特定的而不是任意的，是本质的而不是形式的，因而不能没有具体要求。要求之一是该概念必须是从最基本宪法现象中而且仅仅是从这些现象中抽象出来的，因为只有将对象限定在基本宪法现象范围内形成抽象概念并将其作为核心范畴，宪法学体系才会有自己的专业特色。此外，它应当是在宪法学范围内对基本宪法现象的最大限度的抽象，尽可能地揭示出它们最本质的规定性。

其次，它所反映的对象应该是超越全部感性宪法现实的理性宪法存在，因而必然是在研究的逻辑过程中产生的抽象程度最高或近似于最高的概念。这种概念尽管也必须反映宪法现实，但这种反映到概念中的现实是通过思维抽象力才把握得到的。直接以感性宪法现实为反映对象的概念不可能作为说明其他宪法现象的基础，更不可能从它出发发展为理论体系。或许正因为如此，在马克思的经济理论中，用作核心范畴的才是价值（实质上是剩余价值）这样的标志理性现实的概念，而不是商品、货币等标志感性现实的概念。一方面，作为核心范畴的这个概念应该是从感性具体到抽象规定这条逻辑道路终了的结果；另一方面，它又应该是从抽象规定到理性具体这条逻辑道路的起点或最初的产物。

在马克思的《资本论》中，这个过程表现为：商品→价值（剩余价值）→各种具体概念。这里得说明，所以这么表达，是因为在马克思的经济理论中，从形式上看，价值的抽象程度最高，但由于在资本主义条件下价值的实质性内容是剩余价值，而且只有剩余价值才是马克思对政治经济学的创造性贡献和它的全部革命性结论的基础，所以剩余价值是其真正的核心范畴。当然，这个思路只是用以选定宪法学核心范畴的线索，被选定的概念只是在特定的逻辑过程中作为认识从感性过渡到理性的中介和桥梁处于相对最抽象的地位，在其他一切场合，作为相对独立的概念，它本身也需要随着主体对相关宪法现象认识的深入而转化为具体概念乃至立体概念。

再次，核心范畴只能在研究过程中合乎逻辑地产生，不能任意确定或从外部拿来。一个科学的学科体系中的任何概念，都只能产生在研究的逻辑行程中，都是有根据、有顺序、位置十分确定的，核心范畴也丝毫不能例外。那种在现有的、本来就不是合逻辑地推导出来的、排列无序的概念中，依有关概念标志的对象在现实生活中的普遍程度、重要程度凭主观感觉直接确定法学或宪法学范畴的做法不足取。

最后，核心范畴应该是一个概念而不能是两个（一对）或更多，这就像一篇学术论文只应该有一个基本命题。在研究过程的两条思维道路上，第一条道路运行的直接目的是要从细胞形态的宪法现象中抽象出本质一般，第二条道路则是要从反映本质一般的抽象概念上升到具体概念，但无论如何，核心范畴都只能是那个体现本质一般的概念。但是，“一般”只能有一个，不能有一个以上；“一般”如果还是两个不同的事物，它就不是真正的一般，就还得进一步抽象，直到它单纯到“一”为止。那种认为核心范畴可以是两个或一对的说法，是没有充分认识到作为一个学科核心范畴的逻辑要求的不合理说法。此外，还应当能够以作为核心范畴的概念为中心形成概念的辩证法，多层次、多侧面地反映对象的本质、普遍联系和运动发展，具有一定的模拟和预测功能，并能在逻辑空间中自我运动。

再看衡量宪法学核心范畴是否适当的现实标准。

构建新的宪法学体系的根本目的是大幅度提高宪法学为建设社会主义法治国家服务的效能。因此，宪法学的核心范畴不仅应当符合学术标准，更应当适应现实需要。鉴于传统宪法学的缺陷，我们尤其要强调它符合社会主义初级阶段的实际。这个阶段最大的实际是：生产力发展水平比较低，社会面临的主要矛盾，是人民日益增长的美好生活需要和不平衡不充分的发展之间的矛盾；阶级斗争在一定范围内还会长期存在，但已经不是主要矛盾；国家的根本任务是，沿着中国特色社会主义道路，集中力量进行现代化建设。此外，要有利于体现社会主义本质的要求。社会主义的本质是解放生产力，发展生产力，消灭剥削，消除两极分化，最终达到共同富裕。

宪法学的理论体系不论多么庞大、复杂，只要它是合理的，它的各种基本命题就应该是核心范畴具体内涵的逻辑展开。我们判断一个概念作为核心范畴是否符合宪制实践的要求，主要是看以它为核心展开的范畴结构、基本命题和相应的学科体系能否准确反映当代中国的实际情况和能否从学理上引导、促进人们全面有效实施宪法，建设社会主义法治国家。

（二）新体系候选核心范畴评析

构建宪法学新体系到底应该以什么概念为核心范畴，学者们多年来已或多或少表明了一些选择意向，只是明确程度不同而已。现有的选择意向，均有一定合理性，但总的看来候选对象又都不太符合要求。以下不妨逐一予以评点。

1. 阶级或阶级性。有些学者在讨论宪法学体系革新时，提出了不少有价值的设想，但没有表现出要改变传统宪法学事实上长期以阶级性作为核心范畴的意向，因而可以推定他们实际上认为新体系仍可沿用阶级性为核心范畴。这方面比较典型的提法是："宪法是统治阶级意志和利益的集中表现"；[①] "宪法是集中表现统治阶级意志的国家根本法。"[②] 应当承认，以阶级性作为核心范畴有其优点，这主要表现为它是一个从宪法现象中抽象出来的、同时又超越了几乎全部感性现象的概念，从特定角度反映出了宪法现象的一般或共性，而且它正好是一个而不是两个或更多，因而具有标志本质一般的适当外部形式。但阶级性概念也有其明显缺陷：从理论上看，阶级性并不反映细胞形态的宪法现象的本源和本体，只是它们的一种属性，而不是它们在当代中国最重要、最根本的属性。此外，从抽象范围和程度看，它不仅是宪法现象中包含的一般，而且是更为广泛得多的社会政治经济文化现象都或多或少包含着的共性，这就决定了以它作为核心范畴而展开的理论体系不可能有宪法学特色。当然，阶级性之不适于作为宪法学核心范畴，更重要的原因在于它不符合中国现行宪法和社会主义初级阶段宪制实践的要求。因为，以阶级性为核心范畴展开的基本命题和理论体系只能适应以阶级斗争为中心的社会历史条件，不符合坚持以经济建设为中心的当代中国的需要。

2. 权利和义务。法学界有没有学者主张以权利和义务作为宪法学的核心范畴？对这个问题的回答是肯定的。有学者认定权利和义务是法学的核心范畴，由此可以推定他们主张宪法学也应该以权利和义务为核心范畴，因为宪法学是法学的一个分支学科，不应该例外。这种主张虽然没有得到宪法学界明确肯定的回应，但有些学者看来显然是默认此说的，因为他们

---

① 法学教材编辑部宪法学编写组：《宪法学》，群众出版社1983年版，第37页。
② 何华辉：《比较宪法学》，武汉大学出版社1988年版，第17页。

在论及宪法内容或宪法关系内容时，通常从权利和义务角度展开。这方面有代表性的提法是："宪法关系是由宪法调整的，以基本权利与义务为构成内容的基本社会关系。"① 另有一些学者也未明确主张以权利和义务为核心范畴，但在探讨宪法学理论时将全部的着力点都放在权利与义务的关系上，因而表现出以它们为核心范畴的思维定式。提出以权利和义务作为法学乃至宪法学的核心范畴，其积极意义应当充分肯定。从社会实践角度看，此说由于不再以阶级性为核心范畴而代之以权利和义务，因而摆脱了长期笼罩宪法学乃至整个法学的以阶级斗争为中心的理论体系，形成了不特别突出的阶级内容，但又在很大程度上能够进行必要的阶级分析的理论构架，因而在一定程度上适应了社会主义初级阶段坚持以经济建设为中心的要求。同时，由于阶级性是一个没有法学特点的概念，用权利和义务取代它作为核心范畴的地位后，宪法学的专业特色会有所增强，政治意识形态色彩则相应下降。这些变化都是值得肯定的。

但是，以权利和义务为宪法学的核心范畴从根本上说是不合理、不适当的。主要理由如下：

第一，就其语义看，源于罗马私法的权利和义务概念原本用以表达私法关系，不足以充分表达公法关系。公法关系的基本要素之一是权力，而权利和义务无法包容权力内容。那种在表达公法关系的内容时将权力说成权利的做法，完全是无原则迁就和盲从地将权利和义务作为法关系乃至宪法关系全部内容的主张的表现。这类做法虽为不少人所接受，但实在没有任何站得住脚的根据。

第二，权利也好、义务也好，都是基本的宪法现象之一，而不是从现象中抽象出的理性存在，它们本身就是宪法学研究的对象，是需要被说明的东西。宪法学应当以某种深刻的理性存在来阐释包括权利和义务在内的现象，而不是用权利和义务去阐释其他宪法现象。按现在的一种有相当代表性的观点，似乎标志最基本、最重要、最简单、最常见的法现象的概念就应当是法学包括宪法学的核心范畴，这是极大的误解。实际情形是，只有以这类现象为对象从中抽象出本质一般并以其作为内涵形成的抽象概念才能做宪法学的核心范畴。标志这些现象本身的概念是绝对不能用来做核心范畴的。在这方面陷入思维误区的学者们应该认真想一想，在资本主义

① 肖秀梧主编：《中国宪法新论》，中国政法大学出版社 1993 年版，第 99 页。

经济中商品是最基本的、细胞形态的现象，为什么马克思的经济理论不以商品为核心范畴而以从商品这种感性具体中抽象出的、体现其最本质一般的剩余价值概念作为核心范畴，道理何在？我们应当在理解这个问题的过程中找到宪法学研究应有的方法论启示。

第三，权利和义务本身从来没有得到深刻的说明。权利和义务各自的实质是什么？它们的本源和本体是什么？除了作为法现象外，它们之间在法学范围内是否存在值得探寻的共性？权利与义务的关系说到底是一种什么关系？这些问题迄今为止并未得到言之成理的解答。因此，权利和义务概念在法学中基本上处在常识概念阶段。也许有人说，权利已有学者作过八种释义，且多数学者认为权利义务关系是利益关系。笔者对此不持异议，只想指出，作为一门科学，法学仅仅说明这一点是没有多少意义的，关键的问题在于有根有据地说明权利与义务是否都是利益、具体是哪一部分利益，是宪定利益还是非宪定利益？如果都是宪定利益，那么权力体现的利益在理论上怎么解释？如果不都是宪定利益，以它们为核心范畴又怎么能全面地进行利益分析！以权利和义务做核心范畴在这些关键的问题上不可能自圆其说。而且，研究问题应当从现象到本质，从不甚深刻的本质到深刻的本质，而在叙述研究结果时则要求从最深刻的本质层面说明不甚深刻的本质，从本质层面说明现象。权利与义务都只是感性现象，所以，即使我们能够圆满地回答了上述问题，用权利和义务做核心范畴说明其他现象也是肤浅的。

第四，最基本的法现象不是权利和义务两种，而是权利和权力两种，因此，即使我们在实在法层面表述利益关系，丢开权力只从权利和义务关系入手也是片面的，它意味着由权力体现的那一部分利益整个地得不到表达。而且，在权利、权力和义务三者中，只有权利和权力是利益的法律表现，义务只是它们的负面形式，因此，在现实生活层面，法律固然须通过权利、权力和义务的配置来实现社会整体利益的分配和协调落实，但从理论分析的角度看，既然要将法关系作为一种利益关系来分析，就没有必要把本身并非由利益转化而来的义务同社会整体利益的法律表现（权利和权力）搅在一起。因为那样只会使真正的利益分析复杂化，甚至变得完全无法进行。

第五，权利和义务在实质上和形式上都不足以体现法现象的本质一般。从实质上看，权利是和义务性质不同的东西，在理论上不可能共同体现宪法现象的本质一般。而且，从形式上看，权利和义务连体现一般的外观也没有，因为两个不同概念并存不可能体现任何共性或一般。

3. 公民权利和国家权力，或权利和权力。认为公民权利和国家权力应该做宪法学核心范畴的主张已经存在多年了，在学术界已有一定影响。与这种提法相近似的是认为宪法上的基本关系是权利—权力关系的有关论述，[①] 这种提法实际上隐含着将权利和权力看作宪法基本内容从而将有关概念认定为宪法学核心范畴的选择倾向。不论人们对这些提法怎样理解，有一点可以肯定，即以公民权利与国家权力为核心范畴同以权利与权力为核心范畴在内容上并无实质性区别，因为宪法学在从理论上讨论公民权利与国家权力时，通常是将其他权利和权力分解开来并按相近原则分别归并到了公民权利和国家权力项下的，所以，此时所谓公民权利和国家权力同权利和权力在内涵、外延两方面都没有区别。本书仍循此惯例，将以上实际上相同的两种提法合为一种加以讨论。

的确，将宪法学核心范畴定位于公民权利和国家权力较之定位于权利和义务合理得多。以公民权利、国家权力为核心范畴，不仅具有权利和义务相对于阶级性那样的比较优势，而且有着权利和义务所不可企及的其他长处。首先，在权利之外引入了权力概念，使得宪法学的讨论范围在最基础的层次上覆盖了全部宪定利益，使得宪法学有可能从本学科的角度对利益和利益关系无遗漏地进行探讨。其次，以公民权利、国家权力为核心范畴，在理论上舍弃了义务这种会导致分析过程复杂化的干扰性因素，使得从宪法学角度对社会进行利益分析成为可能。列宁指出，“如果不把不间断的东西割断，不使活生生的东西简单化、粗陋化，不加以划分，不使之僵化，那么我们就不能想象、表达、测量、描述运动”。[②] 在现实生活中，公民权利、国家权力和义务是紧密联系在一起的，但在理论分析中却不能不将义务这种利益的负面形式同公民权利、国家权力这两种宪定社会整体利益的转化形式的联系暂时割断、使分析变量合理减少并使相关过程单纯化。这就是现实和学术的区别！以公民权利和国家权力做核心范畴的提法，向分析过程单纯化接近了一大步。

但是，尽管公民权利、国家权力或权利和权力较之阶级性和权利、义

---

① 戚渊：《市场经济与宪法学研究的深化》，《天津社会科学》1995 年第 1 期。

② ［苏］列宁：《哲学笔记》，《列宁全集》第 55 卷，人民出版社 2017 年版（增订版），第 219 页。

务有着上述比较优势，但它们仍然不足以担当起作为宪法学核心范畴的学理重负。究其原因，在于它们同样克服不了以权利和义务做核心范畴时所存在的某些严重缺陷，其中包括：它们反映的仍然是感性宪法现象，而不是从基本宪法现象中抽象出来的理性存在；用一种标志感性宪法现象的概念解释其他宪法现象，并没有走出用感性现象说明感性现象的窠臼，不可能形成深刻、合理的理论；它们还是两个概念，同样不可能体现基本宪法现象的本质一般和共性。此外，公民权利国家权力或权利权力论者同权利义务论者一样，观念上有一个极大的误解，即认为一个学科中标志最重要、最基本、最简单、最常见的现象的概念就应当是该学科的核心范畴。可以说，这种形是而实非的设想已经把宪法学对这个问题的研究带进了死胡同。也许这正是有关主张提出多年，却始终见不到一纸与其相匹配的宪法学新体系设计方案面世的根本原因。

以上各个概念所以都不能成为宪法学较适当的核心范畴，还有一个共同的缺陷，即它们在宪法学乃至整个法学中的逻辑发育程度太低，大多处在常识概念向具体概念过渡的阶段。宪法学的常识概念是归纳有关宪法现象的产物，具体概念则是学科化地揭示了有关宪法现象本质的概念。不论从一般宪法学论著表现的情况看，还是从选择或倾向于选择上述诸概念做核心范畴的学者在有关论著中表达的内容看，这些概念都还没能反映出有关对象的本质。例如，权利和义务、权利和权力的社会内容和经济内容是什么？这个问题在一般宪法学论著或倾向于选择它们作为核心范畴的学者那里，都还找不到确定的、言之成理的答案。这就表明它们迄今还没有实现向具体概念的过渡，更谈不上成为立体概念了。由于这个原因，这些概念就既不能多层次、多侧面地反映对象的本质、普遍联系和发展转化，也不具有模拟和预测功能，更谈不上在逻辑空间中自我运动。

（三）法权是宪法学新体系较适当的核心范畴

对于法权概念是否是宪法学新体系较适当核心范畴这个问题，我在多种法学期刊上作过一些说明，但不全面、不深刻，有必要在更高的逻辑档次上作较系统的论述。同学术界所选用或倾向于选用的现有任一概念相比较，法权都是更适于做宪法学新体系核心范畴的概念，这有两大方面的理由。

1. 法权概念科学合理，具备作为核心范畴的一切必要条件。从学术上看，法权概念之所以能够成为宪法学较适当的核心范畴，首先在于它体现着从基本宪法现象中抽象出来的本质一般（或共性），其次是因为对法权属性的认识已较为全面、深入，这种认识活动已经推动法权走完了从常识概念、抽象概念到具体概念的逻辑历程，达到了立体概念的层次。我一直感到，现有的法权概念的定义没能全面准确地反映出对相应的客观实在的认识。为了实现本书的主旨，有必要从宪法学角度对这个概念的表述作如下改进：法权是从宪法学角度认知的、有关国家的宪法承认和保护的全部利益，作为整体，它以归属已定之财产为本源，表现为各种形式的个人权利和公共权力，其具体存在形态受本国法文化传统和现行法律制度的影响。经这番改进后，法权作为立体概念的特征就十分明显了。在含义上，它正好是三个主系统和三个贯通性系统的统一体：个人权利和公共权力是表现系统，社会整体利益是根源系统，相应的社会财富是它的发展动力系统；“受本国法文化传统和现行法律制度的影响”分别体现着条件系统和背景系统。

法权概念反映着基本宪法现象（即各种个人权利和公共权力）的本质一般或共性，这一点决定了它在宪法学中的基础地位唯一而不可替代，而内涵上的立体特征则使之具有优越的学理功能。这两者结合在一起决定了从马克思主义哲理法学的观点看，法权概念是宪法学的唯一较适当核心范畴。

法权概念作为宪法学核心范畴具有的学理功能集中到一点，就在于以它为基点构建的宪法学理论体系能够较全面、准确、深刻地从主观上反映宪法现象及其运动的客观辩证法，从而使这种理论体系一旦为人们所掌握，就可能成为宪法学者从专业化角度认识宪法现象和引导人们变革宪法现实的强有力思想工具。所以会如此，是因为法权概念能满足作为宪法学新体系的核心范畴的几乎全部条件。法权概念具备的这方面的条件主要表现在如下几个方面。

第一，它是从基本宪法现象中抽象出来的，反映了这些现象的本质一般和共性，因而以它为基点形成的范畴体系足以解释全部宪法现象。在全部宪法现象中，基本宪法现象是所有其他宪法现象的基础。因此，反映基本宪法现象本质一般的概念就不仅能够说明这些现象本身，也自然能够解释所有其他宪法现象，它的这种学理功能只不过是基本宪法现象和非基本宪法现象之间客观联系的主观反映。此外，它只有一个，并且是在宪法学范围内对基本宪法现象进行抽象的结果，所以用这个唯一的概念作为核心范畴不仅符合体现有关现象本质一般和共性的要求，而且从尽可能深刻的层次上揭示了基本宪法现象及其派生现象的相同内涵和统一的客观基础。这一特点应该能赋予新的宪法学体系以良好的整体性和系统性。

第二，它是而且仅仅是对基本宪法现象的抽象，因此，以它为核心范畴形成的学科基本分析方法和相应体系必然具有与其他学科相区别的专业特色。在本书已评析过的几个概念中，只有阶级性是抽象概念，但由于阶级性是从基本宪法现象广泛得无可比拟的社会经济政治文化现象中抽象出来的，因此，从理论上说，它几乎可以成为社会科学任一学科的核心范畴，同时也正因为这一点，注定了它不可能成为法学或宪法学的适当核心范畴，因为它得以产生的抽象对象没有学科限制，所以用它做核心范畴形成的分析方法和理论体系一定也不会有明显的学科特点。宪法学用法权做核心范畴，有利于发展出主要是属于本学科的基本分析方法，同时也自然会形成与其他学科有显著区别的专业基础理论。

第三，法权概念由于实际上构成了一个包括该事物的表现、根源、动力、前提、条件和背景等多个动态系统在内的统一逻辑模型，因此，它有着各种平面概念所不具有的功能：（1）能够多层次、多侧面地反映对象的本质属性，反映对象空间上的普遍联系，时间上的发展变化，并使得研究者在其中能够实现思维中心的多次转移。（2）具有模拟和预测对象运动的功能。例如，财产的生产、向法定整体利益的转化以及后者向权利或权力的转化，就可由法权概念的内涵从动力系统到根源系统再到表现系统这一过程模拟出来。又如预测功能，法权概念的含义结构表明，其中任一系统的变化都会牵一发而动全身：根据财富增加的规模和速度可以预测个人权利、公共权力总量增加的规模和速度；在财产总量不变或基本未变的条件下，权利的增长预示着权力必然减少，反之亦然，等等。（3）不仅能够反映对象质的规定性，而且揭示了对象量的规定性。因为，法权概念反映了个人权利、公共权力、法定全部利益和归属确定的财产之间的转化还原关系，由于财产是可精确定量的，因而它在另外两个层次的表现形式也可以间接定量。

第四，以法权为核心概念，能形成宪法学的概念辩证法。构建宪法学新体系的关键是形成新的概念体系，这就需要形成概念的辩证法，其目的是把宪法现象的普遍联系和运动过程以对应的形式转化为概念间的逻辑联系和概念的自我运动。“凡是概念的辩证法，必须有一个核心概念统率其余一切概念……核心概念只能是唯一的一个。这是因为概念的辩证法是概念的自我运动，核心概念在自我运动中覆盖整个理论体系，把本体系内所有概念联结为一个整体……核心概念不仅决定概念辩证法能否形成，而且理论体系中的优势或缺陷也总是首先在核心概念的身上表现出来。”① 由此看来，法权作为宪法学理论体系中的核心概念，这个位置并非人为确定的，而是逻辑必然。

只要我们承认个人权利和公共权力是最基本、最常见的宪法现象，只要我们承认从感性具体上升到抽象，然后从抽象上升到理性具体的辩证认识方法也适用于宪法学领域，那么，法权概念对于宪法学来说就是必不可少的、关键的和唯一能成为范畴体系核心的概念。在既定条件下推进宪法学研究必须经过这个“关隘”，人们既不可能凌空飞越它，也绕不过去。从实际学理功能看，法权作为唯一核心概念的地位也较大程度上得到了证实。这主要表现在两个方面：一是以它为出发点，经过以分解、派生为表现形式的自我运动，能够形成宪法学完整的范畴体系，这点我已初步论证过；二是在新的范畴体系中，由于存在共同基础，因而不论看起来相距多远，通过必要的中介环节都可以相互转化，这点在法权分析模型中可以看出来，因为任一概念的不同内涵要么可以“转化—还原”，要么“相通”，都无一例外，即使上述模型进一步扩大，也不会有什么不同。

2. 选用法权为宪法学核心范畴符合当代中国的需要且切实可行。作出这一判断有充分理由。首先，选用法权为核心范畴形成的宪法学基本分析方法和理论体系有坚实的马克思主义基础。中国宪法学新体系的构建，只能以马克思主义相关原理为指导。以法权为核心范畴构建的宪法学体系的优势之一，恰恰就在于它将马克思主义的有关基本原理变成了自己活的灵魂。前文不仅已论证过法权说实质上是从宪法学角度进行的利益分析的方法，还先后从法权的客观物质内容、法权说的认识论基础和有关体系展开方式所依据的辩证思维法则等方面作过较充分阐述，限于篇幅，本书从略。

① 刘英：《立体概念与历史唯物新论》，安徽人民出版社 1993 年版，第 84—85 页。

其次，以法权为核心范畴形成的宪法学体系能够适应社会主义初级阶段的情况。新的宪法学体系最基本的特征，是用法权置换阶级作为其核心范畴，并以对法权同个人权利、公共权力及它们背后的统一物质内容（宪定社会整体利益和归属明确之财产）之关系的认识为前提和基础展开整个体系。一个学科体系的正常展开方式是，从抽象出的核心范畴中按其固有属性分解出其他基本范畴，后者再进一步分解出它们的下位范畴，同时从核心范畴和其他基本范畴中延伸出一系列基本命题，然后将它们串联和扩展为完整统一的体系。核心范畴的内涵不同，最后形成的理论体系的内容和价值指向就不一样。所以，法权取代阶级成为核心范畴后，以它为基点分解出的基本范畴和延伸出的基本命题以及以它们为依托形成的理论体系，必然与传统宪法学体系有根本区别而十分贴近以国家现代化建设为中心的时代精神。

由法权的表现形式及其客观物质内容所决定，这些基本命题必然包括如下内容：法权和法权关系是宪法学的基本内容，阶级和阶级关系是其中一部分但不是主要部分；公民等个人日益增长的权利需求同社会经济过程客观上能够保障的权利的有限性之间的矛盾外化为权利与权力的矛盾，构成我国的主要宪制矛盾，它决定和制约着其他宪制矛盾；解决主要宪制矛盾，满足日益增长的权利需求的根本方法和途径是坚持以国家现代化建设为中心，增加社会的财产总量，从而增加法权的总量；扩大法权总量，促进其在个人与国家、个人与个人、公共机构与公共机构之间的公平分配或合理配置，是建设社会主义法治国家的基本目的，等等。

最后，选用法权为核心范畴，宪法学能形成同传统体系有明显区别的新体系。众所周知，以阶级为核心范畴是传统宪法学的基本特征，新的宪法学体系如仍选它为核心范畴，那就谈不上新甚至重构努力本身也成多余的了，要构建新体系，核心范畴必须选用阶级之外的概念。这是一方面，另一方面，从权利和义务、公民权利和国家权力等概念着眼，又存在着前文所列举的种种缺陷，这些缺陷使得重构宪法学体系的设想要么一开始就不能自圆其说，要么根本无法进行理论设计。例如，以公民权利和国家权力为宪法学核心范畴的设想提出已快三十个年头了，有关体系设计丝毫没有进展，就是明证。与此相反，用法权做核心范畴构建宪法学体系具有明显的可操作性：能够合乎逻辑地推导出宪法学完整统一的范畴体系；以它为原点向任一方向都能延伸出合理、可信的基本命题；能借以直接或间接地统一说明各种宪法现象；可合乎逻辑地展开宪法学的全部应有内容，形成比传统宪法学更合理、更丰富、更紧凑、更和谐的完整体系。

五 宪法学新体系的范畴架构[①]

宪法学新体系，是指学术界拟议中的、比传统的既有的体系能够更好地反映社会主义初级阶段基本情况的宪法学体系。在一个学科中，特定的内容总是由特定的范畴架构体现和表达的。邓小平说过，“改革是中国的第二次革命”[②]。在这场革命中形成并将长期指导我国的改革和发展的建设有中国特色的社会主义理论，是马克思主义一般原理与我国社会主义初级阶段基本情况相结合的创造性思想成果。结合专业特点，学科化地体现这一理论的精神和要点，必然会给宪法学增添许多前所未有的新内容乃至带来整体性变革。“一门科学提出的每一种新见解都包含这门科学的术语的革命。”[③] 宪法学新内容需要新的范畴架构。本书拟在考察评价宪法学传统范畴架构的基础上，按法权分析方法提示的思路对宪法学新体系范畴架构的设计及其大致轮廓作一番探讨。

（一）传统宪法学范畴架构的缺陷和革新方向

我国宪法学的传统范畴架构源自20世纪40年代前后的苏联国家法学。一门学科的教材往往能够集中反映该学科的范畴架构。我们不妨以20世纪40年代前后由特拉伊宁主编、苏联高等教育部批准，在当时很有代表性的一种大学国家法教程的中文译本[④]为例，看看支撑该教程全部内容的范畴架构。我进行了统计，这部分上下两册的宪法学教程正文标题一级目录的关键词是：宪法、国家法、社会主义原则和原理、国家结构、国家机关。其余标题的关键词按出现顺序依次为：宪法学说基础、苏维埃、宪法史、社会结构、经济基础、阶级构成、专政、政治基础、公民基本权利、

① 本节原载《法学研究》1997年第5期，原标题为《论宪法学新体系的范畴架构》，纳入本书时按全书基本概念统一、基本观点协调的原则作了修订。

② 邓小平：《改革是中国的第二次革命》，《邓小平文选》第3卷，人民出版社1993年版，第113页。

③ ［德］恩格斯：《资本论》英文版序言，《马克思恩格斯文集》第5卷，人民出版社2009年版，第32页。

④ ［苏］特拉伊宁等编：《苏联国家法教程》，彭健华译，大东书局1951年版。

公民基本义务、多民族国家、联邦制、盟员共和国、行政区域结构、国家机关组织与活动、代表制度、选举制度、国家最高权力机关、国家管理机关、地方国家机关、审判机关和检察机关。从苏联同期其他宪法学者如卡尔宾斯基、司徒金尼根等人的论著和所编写教材的中文译本看，支撑其体系的范畴架构也都同特拉伊宁主编的这部教材反映出来的情况差不多。

我国宪法学者自己着手按马克思主义原理编写宪法学教材和读物始自20世纪50年代中期、“五四”宪法颁布之后。他们基本上直接搬用了苏联国家法学的范畴架构，这点从有关教材和读物的篇章结构中也能看出来。1954年后最早由我国学者自编的一本宪法学教材[①]是1957年由法律出版社出版的。从该教材的章节标题看，其关键词为宪法、国家性质、政治制度、民族关系、经济制度、所有制、人民代表大会、国家机构、权力机关、行政机关、审判机关、检察机关、公民基本权利、公民基本义务等十多个。再看当时有代表性的宪法学读物，情形也差不多，如李达编写的评介“五四”宪法的读物就是一例。[②] 此书章节目录的关键词为宪法、国家制度、社会制度、人民代表大会、国家机构、国家权力机关、行政机关、审判机关、检察机关、公民基本权利、公民基本义务等十来个。我国宪法学教材或读物中的国家性质、政治制度、民族关系实际上就是苏联国家法教程中的阶级构成、政治基础和国家结构。国家制度则大体上是苏联国家法教程中所说的社会结构。我国当时出版的宪法学教材和读物部头较小，章节目录中出现的关键词较少，但从它们体现的范畴架构看，与苏联国家法学的范畴架构基本一样，具体安排大同小异。

20世纪50年代后期至70年代后期，由于种种原因，宪法学研究基本上处于半停顿或完全停顿状态，原有的范畴架构自然不会有什么改进。

在20世纪，从70年代末起，宪法学研究在我国开始重新启动，80代产生了一批宪法学教材和论著。它们努力适应着新的历史时期建设法治国家的需要，功不可没。但又不能不指出，它们基本上都沿用了50年代初我国从苏联国家法教科书中拿过来的范畴架构。我对20世纪80年代以来三本广泛使用的宪法学教材[③]和四本系统讨论宪法现象的有一定代表性的

---

① 中央政法干校国家法教研室编：《中华人民共和国宪法讲义》，法律出版社1957年版。

② 李达编：《中华人民共和国宪法讲话》，人民出版社1956年版。

③ 分别指肖蔚云主编《宪法学概论》，北京大学出版社1982年版；吴家麟主编《宪法学》，群众出版社1983年版；许崇德主编《中国宪法》，中国人民大学出版社1989年版。

宪法学论著[①]的章节目录中的关键词进行了统计。统计表明，这七本书的目录第一、二级标题的关键词综合起来主要是如下 30 余个：宪法、宪法起源、宪法结构、宪法实施、宪法监督、宪法规范、宪法分类、宪法修改、人民主权、宪制（或民主宪制）、国家性质（或国体）、经济制度、所有制、经济成分、公民基本权利、公民基本义务、国家结构形式、政体、政权组织形式、国家机构（或国家机关）、国家制度、选举制度、政党制度、文化制度、地方制度、法治、专政、国家元首、人民代表机关、行政机关、司法机关、人民代表大会、单一制、联邦制、一国两制、精神文明。

拿苏联 20 世纪 40 年代的国家法教程、我国 50 年代初的宪法学教材和读物同 70 年代末以来的宪法教材作一对比，我们可以发现，这近 50 年来本书称之为传统宪法学范畴架构的系统发生了不少变化，但没有根本变化。变化表现在三个方面：一是更确切或更为学科化，如将经济基础发展为经济制度、国家性质提炼为国体；二是实现了本土化和适应了我国的情况，如苏维埃换成了人民代表大会，增加了一国两制、精神文明等概念；三是增加了体现时代精神和我国法治建设进展的概念，如法治、宪制等。说没有根本变化，主要是指传统宪法学的范畴构架的形成套路、最重要范畴的基本定位和整个范畴架构的逻辑档次等根本方面，同当初比均无甚新发展。

如何评价既有宪法学传统体系的范畴架构呢？

毫无疑问，宪法学传统体系的范畴架构是有不少合理性和对社会、经济现实一定程度的适应性的，尤其是经过了宪法学界许多年的完善之后。我们也应该看到，这种在以阶级斗争为中心的时代形成的、主要着眼于为建立和巩固政权服务的范畴架构，在今天按充分体现当代中国基本情况和合理性的要求来衡量，是有很多不足和不少需要克服的弊病的。具体地说，主要有如下几方面：

1. 宪法学传统范畴结构所侧重反映的是宪法现象的阶级内容而不是其经济属性，因而难以适应以现代化建设为国家根本任务的时代要求，难以

---

① 它们分别是：王向明编著：《宪法若干理论问题的研究》，中国人民大学出版社 1983 年版；张光博：《宪法论》，吉林人民出版社 1984 年版；何华辉：《比较宪法学》，武汉大学出版社 1988 年版；张庆福主编：《宪法学基本理论》，社会科学文献出版社 1994 年版。

在宪法学的学科体系上体现对社会主义的本质的全新认识，因为这一本质首先和主要的就是解放生产力、发展生产力。现有的宪法学范畴架构，侧重反映有关宪法现象的阶级属性而非经济属性。这有多种表现。首先，几乎所有基本概念的内涵都指向它所反映的宪法现象后面的阶级内容，一旦抛开了它的阶级内容，这些概念差不多就成了单纯表征有关宪法现象的符号；其次，这个范畴架构侧重反映公共权力及其物质载体，体现着在阶级斗争尖锐激烈的条件下把夺取政权和巩固政权作为核心问题看待的思路；再次，也许更值得注意的是，几乎所有基本概念都没有揭示出相应宪法现象后面的物质内容。这种状况使得人们不可能用宪法学范畴这一思维形式考虑和讨论经济建设和经济生活问题，即使主观上决心要考虑或讨论经济内容，那也只能运用宪法学范畴之外的思维形式，而这又必然使这一过程不具有宪法学的专业特点从而更像谈论经济学或其他相应学科的问题。

2. 整个范畴结构的逻辑档次偏低，各个范畴的发育程度大都处于常识概念或从常识概念向科学概念过渡的阶段。概念按其逻辑发育程度可分为常识概念和科学概念两大类，其中科学概念按发育水平由低到高的顺序进一步区分为科学抽象概念和辩证概念两种。学术界通常认为辩证概念只有具体概念一种，但也有学者认为辩证概念中在具体概念之上还有一个更高的档次，即立体概念。[①] 我赞同后一种意见。严格按逻辑学的要求说明它们的不同特征很困难，这里只对它们作最一般的区分：常识概念是那种虽有内涵，甚至可能在一定程度上揭示了对象的本质，但相互之间没有内在联系、缺乏逻辑同一性的概念，而科学概念则是既能表现对象的本质属性，全部概念又形成了整体联系和具有逻辑同一性的概念。在科学概念中，主体的认识活动从感性具体向一般提升过程中形成并作为其结果的概念是科学抽象概念，主体的思维从科学抽象向理性具体提升的过程中形成并能够反映对象多种规定性和多方面联系的统一的概念是具体概念，在此基础上能够反映对象多级本质并能模拟和预测对象运动、发展过程的概念为立体概念。

作为基本概念，宪法学重要范畴最起码的功能是要揭示相关宪法现象的实质，即找出隐匿在宪法相关现象背后对其起决定作用的东西。如果做不到这一点，这些概念就只是原始常识概念。即使做到了这一点，但若概

---

① 刘英：《立体概念与历史唯物新论》，安徽人民出版社 1993 年版，第 37 页以下。

念间没有建立内在联系和整体性，它们也还是常识概念，只不过其发育程度比起原始的常识概念高一些而已。在我国宪法学论著中，许多范畴，其中包括最为重要的几个范畴，如公民基本权利、公民基本义务、国家权力，都还处在原始常识概念阶段。之所以下这个断语，是因为除有的论著从法权分析的角度作过尝试外，还没见有论著透过这些宪法现象说明它们归根结底是什么、它们背后是什么？我充分注意到，即使新近的专门探讨宪法学基本范畴的文章，在集中论述这些范畴时，也只是在现象层面进行归纳或交代它们的外部联系，似乎尚没有想到有必要涉及它们归根结底是什么的问题。

我也注意到，宪法学传统体系中的国家、宪法等少数范畴，对相应现象的反映比较深刻。之所以显得较深刻，主要是因为引用和发挥了马克思主义创始人关于“国家的本质特征，是和人民大众分离的公共权力”①、宪法等法律实质上“体现了阶级斗争中各种力量的实际对比关系”，② 以及他们关于国家和宪法作用的其他论述，而不是宪法学的研究活动本身赋予它们以深刻性。真实的情况正好相反，由于这些概念从马克思主义理论体系中移到宪法学后，没有经过一个必要的宪法学化的过程，没有按照宪法学形成合理范畴架构的要求进行重新定位，从而它们与其他范畴并未形成整体联系，实际上是孤立的，是亚里士多德和黑格尔都曾说过的那种从身体上割下来的，按照实质来说已不是手的手。③ 也就是说，这些在原有的体系中本来是有较高发育档次的概念，来到宪法学中后立即就自动降低到了常识概念的档次。因为，宪法学从来没有按照宪法现实形成概念的辩证法，任何其他学科或理论体系中的科学概念来到宪法学中后，注定不能在按辩证方法定位的坐标系中找到自己的位置，因为宪法学还没有建立这种坐标系。

3. 整个范畴结构不是按马克思说的那种“显然是科学上正确的方法”④ 展开的，各个范畴之间缺乏逻辑同一性基础，从根本上看彼此并不

① ［德］恩格斯：《家庭、私有制和国家的起源》，《马克思恩格斯选集》第4卷，人民出版社2012年版，第132页。

② ［苏］列宁：《社会革命党人怎样总结革命，革命又怎样给社会革命党人作了总结》，《列宁全集》第17卷，人民出版社2017年版（增订版），第320页。

③ ［德］黑格尔：《小逻辑》，贺麟译，商务印书馆2017年版，第407页。

④ ［德］马克思：《〈政治经济学批判〉导言》，《马克思恩格斯选集》第2卷，人民出版社2012年版，第18页。

相通，只反映出了宪法现实在现象层面的联系。哲理宪法学的范畴架构应当是一个从唯一的基点出发，经严密推导而形成的既有同一性而又协调统一的整体。从唯一基点出发，意味着虽然推导出的各个范畴离这个基点的距离有远近之分，各自的相对位置也互不相同，但它们的根都在这个基点上，这个基点就是整个范畴架构的逻辑同一性基础，它表现为核心范畴。协调统一，则是指范畴架构各层次各环节间在结构、功能上应有的整体性，每一个范畴都来自一定的逻辑行程，有明确的逻辑定位，这种定位从根本上说是由有关范畴的表现对象在现实的宪法关系中的位置决定的。

传统宪法学的范畴架构在这方面的缺陷，主要是由于苏联国家法学范畴架构的总体设计思路不恰当，传入我国后又未来得及予以修正造成的。确切地说，就是当初虽选择了马克思主义哲学为哲学层次的方法论，但却没有真正找到或至少是没有真正重视那种被马克思认为是正确的并称之为“从抽象上升到具体的方法”[①] 的思路。这种方法是马克思在研究政治经济学时应用的，但这种既凝结着德国古典哲学的认识成果，又经过马克思予以唯物主义改造的方法，本身是一种对社会科学各学科具有普遍意义的研究方法，但长期以来法学界甚至没有论著从正面上提到它。结果造成了本意要高扬马克思主义，实际上却无形中忽略了其中对本学科较有效、较适用的研究方法的运用的局面。这一局面反映到宪法学的范畴架构上就是一系列不可能通过局部努力所能克服的缺陷。缺陷之一是没有一个能够作为其他所有范畴逻辑同一性基础的抽象概念，结果宪法学虽有数十个也许是上百个范畴，但每一个范畴都孤立和散漫地存在着，不能形成一个有内在联系的统一整体。缺陷之二，是整个范畴架构都不是按照辩证的逻辑顺序推导出来的，而是由分别孤立地反映宪法现象的孤立的概念人为地堆砌在一起的，其排列顺序组合直接依据的是人们对它们所反映的对象在社会现实中的重要程度的感觉或直觉，完全谈不上用概念的辩证法反映宪法现实。

4. 宪法学传统范畴架构无法精神地再现社会现实，从而也就不能合理解释法现象或宪法现象。首先，它们无法促使宪法学再现宪法现象的历史。恩格斯说：“历史从哪里开始，思想进程也应当从哪里开始，而思想

---

① ［德］马克思：《〈政治经济学批判〉导言》，《马克思恩格斯选集》第 2 卷，人民出版社 2012 年版，第 19 页。

进程的进一步发展不过是历史过程在抽象的、理论上前后一贯的形式上的反映。”① 例如，在原始状态下，权利与权力原本是一个混沌的整体，表现为原始的“权”，后来它们才作为一个统一体中相互矛盾的对立面在法律上区分开来，从此权利与权力、此种权利与彼种权利、一种权力与另一种权力，才开始了漫长的由简单到复杂的相互关联、相互作用的过程，直到形成目前这种纷繁多样的宪法现实。对这一个历史过程，宪法学传统范畴结构完全没有再现或复制功能。其次，历史是过去的现实，现实是将来的历史，宪法学传统范畴架构既然不能在法的层面再现社会的历史，它就必然不能在精神上模拟宪法现实。这不仅是理论推导，也是活生生的事实：对于发生在现实生活中的权利与权力，一种权利与另一种权利，此种权力与彼种权力的相互之间的相通、对立和转化关系，传统的宪法学范畴结构显然不能确切而深入地多侧面地再现和解释，只能在现象层面予以记录和说明。

5. 对社会主义市场经济条件下建设法治国家的实践缺乏学理引导功能。建设法治国家须发挥多种精神因素的引导功能，其中一是政治意识形态和立国、建国的根本理论，二是政策，三是法学尤其是其中的宪法学理论。这三者在法治实践中的作用应当是相互配合、协调统一的。宪法学理论的核心是它的范畴架构。在这方面，虽然我们历来强调唯物主义认识论的指导作用，强调要适应社会主义市场经济的特点，为国家现代化建设这个国家的中心工作服务，但我们在理论上始终未能用相应的范畴反映出权利、权力、义务等重要或最重要宪法现象确切的经济内容，未能用范畴架构揭示这些宪法现象与利益、财产之间确切的、量化的对应关系，因而也说明不了发展生产力对于扩充权利的决定性意义和对于权力的各种影响。而这些就足以使得宪法学以传统范畴架构及由此延伸出的各种命题为内容组成的相对贫乏的理论无法具有对建设法治国家的实践进行正确导向的功能。

由于以上种种缺陷，宪法学传统范畴不是小修小补就能够得到更新的，在旧思路中循环不会有出路，得有新思路、得运用新方法对其进行革命性改造。

---

① ［德］恩格斯：《卡尔·马克思〈政治经济学批判·第一分册〉》，《马克思恩格斯选集》第2卷，人民出版社2012年版，第43页。

（二）宪法学新的范畴架构的设计方法和要点

宪法学的研究方法可分为四个层次，其中关键是第一、二两个层次，即哲学层次的方法论和学科基本分析方法，第二层次的方法是在特定学科贯彻第一层次方法的结果和表现。

设计宪法学新体系的范畴架构，首先得解决第一个层次的方法论问题。有学者可能会认为这是老早就解决了的问题。其实不然。迄今为止，我们运用马克思主义指导宪法学研究，实际上主要是运用了一些历史唯物主义原理，对于马克思在一个具体学科（政治经济学）中加以运用并在《资本论》等著作的写作过程中取得了巨大成功的方法论原则，法学界一直很少注意。这些方法论原则笼统地说就是黑格尔所首创、马克思加以唯物化改造的从抽象上升到具体的方法。法学界包括宪法学界对这种辩证方法在构建本学科的范畴架构、理论体系等方面的方法论意义和要求重视不够，是造成现在的法学理论思辨性差、甚至贫乏浅薄的最大主观方面的原因。毋庸讳言，当今我国包括宪法学理论在内的法学基本理论体现的哲学层次的方法论水准，从总体上说仍然停留在发现客观辩证法和形成主观辩证法之前的时代。

在宪法学新的范畴架构的设计中，唯物辩证法给我们提供的最有效的工具也是由抽象上升到具体的方法。这种方法在黑格尔那里被看作是“绝对方法”。恩格斯说过，是马克思的研究“从黑格尔逻辑学中把包含着黑格尔在这方面的真正发现的内核剥出来，使辩证方法摆脱它的唯心主义的外壳并把辩证方法在使它成为唯一正确的思想发展形式的简单形态上建立起来。马克思对于政治经济学的批判就是以这个方法作基础的，这个方法的制定，在我们看来是一个其意义不亚于唯物主义基本观点的成果”。[①] 用马克思自己的话来说，“其实，从抽象上升到具体的方法，只是思维用来掌握具体、把它当作一个精神上的具体再现出来的方式”。[②] 其基本逻辑行程是，从感性具体或表象中的具体达到抽象，然后又回过来从抽象达到思维（或理性、精神）具体，即形成愈来愈具体的概念。

---

① ［德］恩格斯：《卡尔·马克思〈政治经济学批判·第一分册〉》，《马克思恩格斯选集》第2卷，人民出版社2012年版，第43页。

② ［德］马克思：《〈政治经济学批判〉导言》，《马克思恩格斯选集》第2卷，人民出版社2012年版，第19页。

将从抽象上升到具体的方法运用于宪法学新的范畴架构设计，本书特别强调遵循两个原则。第一个是主观辩证法与客观辩证法相一致的原则。这一原则要求，概念的产生、联系和矛盾运动要反映宪法现实的矛盾运动及其规律，并接受宪制实践的检验。第二个是逻辑与历史相一致的原则。马克思主义创始人从政治经济学角度对此有不少论述。在恩格斯看来，由于发展是“从最简单的关系进到比较复杂的关系”，所以“大体说来，经济范畴出现的顺序同它们在逻辑发展中的顺序也是一样的”。[①] 马克思在研究经济范畴的发展时也说，“历史发展总是建立在这样的基础上的：最后的形式总是把过去的形式看成是向着自己发展的各个阶段”[②]。从某种意义上说，是否达到了这两方面的要求，可以作为衡量宪法学新的范畴架构合理性多少的标准之一。要形成合理而实用的宪法学范畴架构，具体解决哲学观层次的方法论问题只是第一步。

第二步必须走的路是提炼出逻辑档次足够高的概念作为思维形式。从展开宪法学全部新范畴的要求看，运用从抽象向具体上升的辩证方法就能够办到，对此我从展开宪法学新体系的角度曾作过必要论证。但是，按这种方法我们能得到的还只是抽象概念和具体概念这两种平面反映宪法现象的概念，因而其再现宪法现象乃至表达对宪法现象的正确认识的功能都很不够。本来，如果仅仅探讨宪法学新范畴应该有哪些、是什么样的结构，有抽象概念和具体概念就足够了。但我们研究这个问题的目的远不止这些，至少其中还包括要在新的范畴架构的基础上展开整个理论体系并合理解释全部宪法现实的目标。因此，设计宪法学范畴架构得按照实现这一目标的要求，设法提高范畴的逻辑档次。

说到这里，可能有学者提出怀疑：有没有必要如此强调概念的逻辑档次？绝对有必要。证明这一点的关键在于具体说明不同档次概念的功能。现以本书一直主张作为宪法学核心范畴的法权概念为例来看看它在不同逻辑档次的功能差别：作为原始常识概念，法权只能孤立地反映个人权利和公共权力这两个有着密切联系的宪法现象结成的统一体；作为发育程度较高的常识概念，它反映了个人权利和公共权力及它们体现的法定利益即社

---

① ［德］恩格斯：《卡尔·马克思〈政治经济学批判·第一分册〉》，《马克思恩格斯选集》第2卷，人民出版社2012年版，第43页。

② ［德］马克思：《〈政治经济学批判〉导言》，《马克思恩格斯选集》第2卷，人民出版社2012年版，第706页。

会整体利益这个共同本质，但它本身不是一定逻辑过程的产物，与其他概念没有内在的和逻辑的联系；当人们将它从个人权利和公共权力这两种感性具体中当作一些最简单的规定抽象出来，以它为新起点向具体概念上升并形成一个内在统一的完整的范畴架构时，在这个范畴架构和总体联系中反映着权利和权力及其背后的整体利益的法权概念就成了科学的抽象概念，以它为起点向理性具体上升而产生的其他概念都是具体概念。在经过上述逻辑程序形成的整体性范畴架构中，不论抽象概念还是具体概念，都能够被进一步提升为立体概念，成为能够在空间上和时间上动态反映宪法现象的法学范畴。被提升为立体概念后，法权就成了能够同时在宪法现象、利益和财富三个层次，并从条件、前提与背景三个侧面同时对个人权利和公共权力加以透视和反映的宪法学范畴。① 立体概念有多方面的学理优势，其中并非最重要的、但很值得注意的是它在容纳内容和表达内容方面的优势。例如，个人权利与公共权力的分配、相应利益的分配和相应财产的分配三个层次的内容，用“法权分配”四个字就能完全概括。

同样，当我们说“法权分配”时，也同时包括了三个层次的分配的内容。这种容纳和表达功能是平面反映宪法现象的概念所不具有的。

如何获得立法概念呢？这首先是一个对最基本宪法现象的认识深度问题。我认为，在从最基本宪法现象中抽象出了它的一级以上的本质属性后，再以相对固定这种属性的概念为起点，按主观辩证法与客观辩证法相一致的原则，在从抽象上升到具体的逻辑行程中产生的所有概念都具有立体概念的主要特征。在宪法学新的体系构想形成的初期，权利和权力这两种最基本宪法现象的两级同一性基础，同时也是两者的共同本质，即社会整体利益和归属已定之财产，就得到了确切的揭示。所以，在这些已有的认识成果的基础上，只要遵循从抽象上升到具体的逻辑行程展开，我们得到的抽象概念和具体概念就都是具有立体概念主要特征的科学的抽象概念和具体概念。

在确定了哲学层次的方法论和对思维形式的要求后，我们再转入学科专门分析方法的层次来讨论宪法学新体系范畴架构的设计。但需强调说明，当哲学层次的方法论具体运用到宪法学研究中来时，在与宪法学的具体内容实现有机结合后，它就应转化成宪法学的学科专门分析方法或其中

① 参见本书“宪法学新体系的核心范畴”一节。

的一个组成部分。因此，从抽象上升到具体的方法运用到宪法学新体系中后，它也就转化成了宪法学法权说的组成部分，尽管它是其中的逻辑上的主导部分。

按照从抽象上升到具体的思路，法权说展开宪法学新的范畴架构的逻辑行程应当分为两大阶段，第一阶段从感性宪法具体到抽象，第二阶段从抽象到理性宪法具体。

完成逻辑行程第一阶段得经过几个必不可少的步骤。第一步是找到最基本的宪法现象。根据实际情况，在宪法学中这个造成开端的具体的总体就是作为完整表象的法定之“权”，其中最基本的、主要的是个人权利和公共权力。“作为这样的总体，在它本身中，就具有进行和发展的开端”。[①] 因为作为具体物，它自身中有区别和差别。第二步，从最基本宪法现象中找到其本质一般。黑格尔说：“差异、判断、一般规定的出现。本质的东西是：绝对的方法是在普遍东西的本身中找到并认识了它的规定。”[②] 这种规定就是一般或普遍性。辩证的认识方法，要求从同一中看到差别和对立，从差别和对立中看到同一，同时强调透过现象看到实质。个人权利和公共权力作为最基本的宪法现象尽管有这样那样的差别，但它们都是法律承认和保护的利益的体现，并且归根到底都以归属已定的那部分财产为其物质承担者，在这两级本质上它们都是无差别的存在。从个人权利和公共权力中抽象出无差别的宪定利益，是从对立或差别中发现同一性和在现象中抽取本质这两个过程的统一。第三个步骤是确认从个人权利和公共权力两者中发现的同一和抽取的本质，将其作为一种最简单的规定、一般或普遍性，相对稳定在一个名词中，形成概念或范畴。宪法学体系用以稳定从个人权利和公共权力这两种感性具体中抽象出的宪定利益和归属已定之财产内容的名词是法权。这个步骤完成后，第一阶段的逻辑行程就终结了。这个行程产生的唯一思维成果就是法权这个能够作为宪法学范畴的抽象概念。

上述逻辑行程第一阶段的结束意味着第二阶段即从抽象上升到思维具体阶段的开始，展开宪法学新的范畴架构的工作主要体现在这一阶段。严格地说，这个阶段在可以预见的未来是不会完结的。因为它是对现实辩证

---

① ［德］黑格尔：《逻辑学》下卷，杨一之译，商务印书馆 2017 年版，第 536 页。
② ［德］黑格尔：《逻辑学》下卷，杨一之译，商务印书馆 2017 年版，第 536 页。

法的精神模拟，现实的运动不完结，这个本质上是人的认识运动的过程也不会停止。不过，我们构建宪法学新的范畴架构的任务是特定的，只要完成了既定任务，这个过程也就可以算终结了。在这一阶段，“绝对的认识方法完全单独地在其开始的普遍的东西里，找到它的以后的规定”。[①] 其大致步骤如下：第一步；确认反映社会整体利益和归属已定之财产两级本质的法权这一抽象概念为向具体概念上升的起点。第二步，法权开始自己的辩证运动。“两个相互矛盾方面的共存、斗争以及融合成一个新范畴，就是辩证运动。”[②] 法权从其内涵的对立面的矛盾即个人利益与公共利益、私有财产与公共财产的矛盾中产生个人权利和公共权力两个基本范畴；从其包含的法定全部利益、归属已定之财产与剩余利益、归属未定之财产的对立和融合中形成权范畴；从其包含的法定全部利益、归属已定之全部财产与社会全部利益、社会全部财产的差别中产生剩余权范畴；从其所包含的各种法定利益、归属已定财产的对称面、对应面、对立面中确立各种义务范畴；从人们对其进行分配和运用的行为、过程的盾冲突中解说宪法乃至宪法学范畴。第三步，已经得到的范畴本身追随客观辩证法再进一步运动，产生一系列更为具体的范畴。这种运动通常采取分解和派生两种形式，其中分解是主要的。例如，从个人权利范畴中分解出基本权利、非基本权利、人身权利、财产权利、经济权利、政治权利和社会权利等范畴，派生出劳动权、休息权乃至人权等范畴；从公共权力中分解或派生出国家、国家机关、公权力、立法权、行政权、监察权、审判权、检察权等范畴，从个人权利与公共权力的结合中派生出经济制度、选举制度等范畴。如此前后，直到从精神上、逻辑上穷尽宪法现象和法律现象。这个过程所企求的效果，就是要像马克思说的那样，“正如从简单范畴的辩证运动中产生出群一样，从群的辩证运动中产生出系列，从系列的辩证运动中又产生出整个体系”。[③]

关于从抽象上升到具体的辩证方法的运用结果，马克思从政治经济学角度作过评估：“把这个方法运用到政治经济学的范畴上面，就会得出政

---

① ［德］黑格尔：《逻辑学》下卷，杨一之译，商务印书馆 2017 年版，第 537 页。

② ［德］马克思：《哲学的贫困》，《马克思恩格斯选集》第 1 卷，人民出版社 2012 年版，第 144 页。

③ ［德］马克思：《哲学的贫困》，《马克思恩格斯选集》第 1 卷，人民出版社 2012 年版，第 141 页。

治经济学的逻辑学和形而上学，换句话说，就会把人所共知的经济范畴翻译成人们不大知道的语言，这种语言使人觉得这些范畴似乎是刚从纯理性的头脑中产生的，好像这些范畴仅仅由于辩证运动的作用才互相产生、互相联系、互相交织。”① 在宪法学的范畴上和经济学的范畴上运用这种方法的结果是一样的。因此，有必要结合将这一方法运用于宪法学的特点对马克思的上述评估的含义作三点说明：第一，这一方法运用的过程是一种思维过程，得出的是“逻辑学和形而上学”，是精神产品；第二，它必不可免地要改变人们熟知的概念而换上一些人们不熟悉、不习惯的概念；第三，这些范畴“似乎”是纯理性的头脑产生的，“好像”只是辩证思维的作用才相互产生、联系和交织。其实不是这样，它们是由客观的辩证法决定的，并且应当按实践标准检验，在实践活动中修正其中与实际不相符的地方。

关于宪法学新的范畴架构的设计方法和要点，还有一个重大问题要解决，那就是我们按法权说展开的范畴架构到底是一种什么样的社会内容。讨论和正确解决这个问题对于建立宪法学合理的范畴架构十分必要。因为，只有解决好这个问题，我们才能从较深刻的层面上确定宪法学的研究对象从而确定其范畴架构的反映对象，才能在较深刻的内容上而不仅仅是从逻辑上找到整个范畴架构的基点和同一性基础。作为唯物主义者，我们所确定的宪法学范畴的反映对象应当有客观的内容。宪法学范畴的反映对象首先应当是社会的利益关系，更进一步说，则应当深入经济关系乃至作为其集中表现的财产关系层次，并且应当使这种分析在一定程度上具有真正经济分析的定量化特征。过去宪法学作为学科专门分析方法使用的阶级分析方法，实质上也是一种利益分析和经济分析的方法，只不过它在目标定位上偏重利益关系和经济关系的阶级属性而已。这在特定历史条件下有其合理性。时过境迁，我们今天需要的是全面的、实事求是的利益分析、经济和经济关系分析，并且要用合乎逻辑的范畴架构透过宪法现象把它们以及它们的运动、发展再现和模拟出来，把对宪法现象、利益和财产的分析在三个层次上统一起来。

此外，设计宪法学新的范畴架构的直接目的也是应当明确的。这个目

---

① ［德］马克思：《哲学的贫困》，《马克思恩格斯选集》第1卷，人民出版社2012年版，第141页。

的就是，形成一个由低级到高级、由抽象到具体、由简单到复杂、有层次和有秩序排列的范畴架构。

（三）从宪法学的核心范畴到其他基本范畴

宪法学新体系的基本范畴包括核心范畴，核心范畴是基本范畴之一。如果把宪法学新体系的所有范畴分为基本范畴和一般范畴两部分，基本范畴亦可称为重要范畴，一般范畴是基本范畴之外的范畴。我们按将所有范畴分为两部分的做法，先集中讨论宪法学的基本范畴。

宪法学基本范畴由哪些概念构成？如何具体确定宪法学基本范畴？这是逻辑性极强的工作，绝对不可以凭主观感觉找点似是而非的理由随意宣告。根据上文已确定的宪法学新范畴体系的设计方法的要点，重要范畴的组成必须同时满足以下两个方面的条件：

第一，重要范畴的确定必须符合由当代生产力和科技文化发展水平所决定的客观的宪法现实及其发展趋势。从形式上看，重要范畴似乎都应该是在从抽象上升到具体的逻辑行程中最先出现因而也是抽象程度最高、在历史上最早形成的一批范畴。实际上不能这样。范畴形成的逻辑顺序和历史应一致，但它们不会同由现存的经济关系决定的宪法现实或对这种现实的期求一致。宪法学范畴架构内部层次划分应当考虑准确反映现存的经济关系的要求。这方面的理由，马克思在研究经济范畴时说得很明白："把经济范畴按它们在历史上起决定作用的先后次序来排列是不行的，错误的。它们的次序倒是由它们在现代资产阶级社会中的相互关系决定的，这种关系同表现出来的它们的自然次序或者符合历史发展的次序恰好相反。问题不在于各种经济关系在不同社会形式的相继更替的序列中在历史上占有什么地位，更不在于它们在'观念上'（蒲鲁东）（在关于历史运动的一个模糊的表象中）的顺序。而在于它们在现代资产阶级社会内部的结构。"①

第二，它们应当体现新的范畴架构透过宪法现象全面反映利益关系和经济内容、经济关系的需要，并让人们能够以它们作为有效思维工具，在宪法现象、利益和财产三个层次上对宪法学的研究对象进行全面的同步分

① ［德］马克思：《〈政治经济学批判〉导言》，《马克思恩格斯选集》第2卷，人民出版社2012年版，第25页。

析。为了满足第二个条件，重要范畴的内涵结合在一起必须能够按相应的分类同时穷尽利益、财产和与其对应的宪法现象。

考虑到这两个条件，所以本书《再论用法权说重构宪法学体系》一节就说过，除理论上推导出来的五个范畴外，从实际情形看，宪法学的基本范畴的范围还应当略有扩大，以便能够照顾到展开宪法学体系的其他方面的要求。

单纯按照上述第二个条件，宪法学的重要范畴有法权、个人权利、公共权力、剩余权、权等五个就够了。如果将第一个条件考虑进去，那么符合第一个条件同时又不至于同第二个条件相抵触的概念就可以略有增多。首先需要增加的是与以上五种"权"对应的义务概念。原因是，法权等上述五个概念，只是穷尽了利益、财产和各种个人权利、公共权力和剩余权现象。为了能够真正展开正反两个侧面的分析，还必须有一个概念反映它们的反面。这个概念也应当具有立体反映功能，能够既指代与各种"权"对立和对应的各种义务，又揭示出这些义务后面的负利益或代价，还揭示出这些义务体现的相应金钱或财物的耗费。宪法学的义务分宪外义务（或剩余义务）和宪法义务，各种宪法义务归根结底表现为一定劳动时间的支出。另一个需要增加的是宪法概念。法权等五个概念再加上义务概念，用于从正负两方面概括宪法的全部内容，但所缺少的正好是容纳或包裹这些内容的形式或外壳。在现实性上，相对于内容而言，宪法的功能和使命就在于充当这个形式或外壳。加上宪法概念后，可以说宪法学已经通过法权、个人权利、公共权力、剩余权、权、义务和宪法共七个基本范畴，在基础层次上将研究对象从内容要素到形式要素尽收囊中。义务与各种"权"的对应关系是：个人权利对应私义务、公共权力对应公义务、法权对应法义务、权对应义务、剩余权对应宪外义务。

在宪法学新体系的七个基本范畴中，与作为法的一般理论法权说中权利、权力相对应的宪法学基本范畴是个人权利、公共权力。不过，这种区分基本是形式上的，显示学科差异本身不重要，因为，当今中国权利的基本存在形式是个人权利，权力的存在形式是公共权力，法律上的表现为国家权力。在确定了上述七个概念为宪法学新体系中的重要范畴后，我们再进一步将这七个重要范畴区分为核心范畴和其他基本范畴两部分。如果只考虑这几个范畴出现的历史的、自然的顺序，它们中应当以权为核心范畴，并依次以法权、个人权利、公共权力、剩余权、义务和宪法为其他基本范畴，但按照准确反映现实宪法关系的需要，则应该将法权调整为核心范畴，将权放到其他基本范畴之一的位置。

1. 核心范畴。本章上一节已集中论述过宪法学新的核心范畴，所论证的要点包括：按照从抽象上升到具体的思维方法，核心范畴为法权，并将法权概念重新作了表述，认定它是从宪法学角度认知的、有关国家的宪法承认和保护的整体利益，它以归属已定之财产为本源，表现为各种形式的个人权利和公共权力。对此，本书不多做复述。以下只是根据全面充分地展开本书主题的需要，在原有的基础上补充一些新内容。

首先应当说明，对于哲理性往往很强的法学二级学科，包括宪法学和法理学，法权这个人们还不习惯的概念极为重要，没有它做核心范畴，宪法学的理论研究和对宪法现象、宪法价值、宪法关系等较具体问题的认识将很难深入。概念既是主体的认识成果，又是认识进一步深入的工具，在特定的学科中特定的概念能不能被发现和运用，往往关系到整个学科的前途。在这方面，马克思对价值概念的历史所作的一段考察及其结论对我们应当有所启发。马克思说，在历史上亚里士多德最早分析了价值形式，他指出了：5 张床 = 若干货币，并且认识到没有等同性，就不能交换，没有可通约性，就不能等同。但亚里士多德只看到了货币这个一般等价物在现象层面的作用，却不能发现它体现的等同关系“实际上”是什么，也没有继续研究下去。对此，马克思评论说：“亚里士多德自己告诉了我们，是什么东西妨碍他作进一步的分析，这就是缺乏价值概念。”① 接着马克思还极为深刻地揭示了价值概念被发现的社会历史条件：“价值表现的秘密，即一切劳动由于而且只是由于都是一般人类劳动而具有的等同性和同等意义，只有在人类平等概念已经成为国民的牢固的成见的时候，才能揭示出来。而这只有在这样的社会里才有可能，在那里，商品形式成为劳动产品的一般形式，从而人们彼此作为商品占有者的关系成为占统治地位的社会关系。”②

同样，法权概念出现在当代中国也具有其必然性：从抽象向具体提升的辩证方法本来是黑格尔首创的，但在封建军事专制色彩很浓的普鲁士社

---

① ［德］马克思：《资本论》第1卷，《马克思恩格斯文集》第5卷，人民出版社2009年版，第75页。

② ［德］马克思：《资本论》第1卷，《马克思恩格斯文集》第5卷，人民出版社2009年版，第75页。

会，在国家主义的政治法律价值取向主导下，黑格尔顺理成章地把国家看作“绝对自在自为的理性的东西”，认为“由于国家是客观精神，所以个人本身只有成为国家成员才具有客观性、真理性和伦理性”。[①] 这样，黑格尔本人和后来继承了其国家主义精神的新黑格尔主义法学派的人们就不可能将权利与权力放在平等地位和同一个层次上加以抽象。至于西方后来的一些法学流派，似乎根本就没有耐心去读黑格尔那些晦涩难懂的书，而对于唯物辩证法，那就更不会去下功夫了；在社会主义国家，由于过去长期实行计划经济，公共权力主导和压倒个人权利，法学学者也不可能把它们放在平等地位加以抽象。所以，法权概念在某种意义上说只能出现在日益注重个人权利保障、重视用个人权利监督和平衡公共权力的社会主义市场经济条件下。

其次，法权概念是法律承认和保护的全部利益和这种利益的物质承担者财富以及由它们转化到法律层面的各种个人权利和各种公共权力的理论表现，因此，以法权概念为核心范畴，表明了新的范畴架构的现实的同一性基础。这个现实同一性基础是彼此相通、能够相互转化的三个层次的内容的统一体：在实在法层次表现为作为一个整体的各种宪定之权；在利益层次表现为社会整体利益；在物质内容层次表现为归属已定之全部财产，也可以说是有法定归属的全部使用价值。宪法学范畴架构建立在这样的现实同一性基础上，客观上预示着一系列现实的价值取向，其中主要是：在区分政治上的、本源性的个人权利与法律上的、过程性的个人权利的基础上，在确认国家的一切权力属于人民的前提下，确认了在宪法上平等看待个人权利和公共权力，承认它们同等重要和对它们给予平等保障以及两者间实现平衡的必要性；在理论上确认个人利益和公共利益的同等地位，在法律上不应当有什么抽象的两者谁优位、谁劣位的问题，有关法律条款的制定和适用都应当按有利于最大限度保存和增殖社会整体利益的标准进行具体的利益衡量；在理论上确认私人财产和公共财产地位平等，宪法对两者如何加以保护，得根据有利于最大限度保存和增值社会的全部财产的需要来确定。

以利益，财产和个人权利、公共权力三层次内容的统一体为宪法学新

① ［德］黑格尔：《法哲学原理：或自然法和国家学纲要》，范扬、张企泰译，商务印书馆2017年版，第289页。

的范畴架构的现实同一性基础，意味着明确主张当今宪法学主要应研究这个统一体内部的纵横交错的矛盾运动。

再次，法权概念作为宪法学新的范畴架构的逻辑同一性基础，是该架构现实同一性基础的理论反映。而且，从核心范畴开始的从抽象上升到具体的自我运动，只不过是对应的客观事物矛盾运动的理论缩影。作为新的范畴架构上一个个环节的具体概念，都只是宪法学者按照一定的思路分析和综合的结果，是认识的产物。但整个范畴架构中的其他全部范畴，在逻辑上都应最终立足于法权概念，在其中找到自己的根或连接点，以它为中心形成整体。

最后，以法权为宪法学核心范畴，意味着形成这样一个理论体系，它研究的起点是作为一个整体的“权”的表象，而历史的起点则是原始的“权”，即原始的个人权利、公共权力混沌状态，因而逻辑与历史是统一的。马克思主义创始人和不少民族学家、历史学家都承认，在国家、法律等现象出现前，存在过一个相当长的、从法律的观点看是个人权利与公共权力不分、“权”作为一个混沌的整体的时期。在那个时期，与这种状态相对应并且对其起决定作用的是个人财产和公共财产不分、个人利益和公共利益不分的状况。可以说，那就是法权原始的、纯粹的形态。后来原始的“权”之所以从内部分裂为个人权利和公共权力两个主要部分，直接的原因是人们之间获得生存资料的竞争和利益上的冲突，导致财产区分为私有财产和公共机关所有之财产，利益也区分为个人利益和公共利益。在遥远的未来，随着财富的充分涌流和精神文明的发展，个人权利和公共权力在现象层面上也会在新的基础上以某种新的形态回归于类似于原始的“权”的状态。这表明，一切法现象包括宪法现象都是历史地产生的，也将历史地消失。以法权为核心范畴，实际上从逻辑上承认和肯定了法的历史发展以“权”这种个人权利与公共权力的混沌状态为起点，然后还将在新的基础上回到权利权力无差别的状态这个起点，反映了否定之否定的辩证法。

2. 其他基本范畴。对于核心范畴之外的其他基本范畴，过去十余年间曾先后有学者在传统的宪法学教科书体系的基础上作过一些专题的探讨。其中有的学者倾向于以使用频度为标准将宪法学范畴区分为常用的和非常用的两种，并将常用的视为基本范畴。根据这个标准，被选作基本范畴的概念有宪法、国体、政体、国家区域结构、法制、国家机构、权利和义务等8个。[①] 另有学者借鉴其他学科某些论著中成对使用基本范畴的做法，分别论述了民主与法制、权利与义务、国体与政体、单一制与联邦制、国家权力与国家机构、人民与公民等6对共12个范畴。[②] 后来，他又与其他学者一起对原先确定的基本范畴略作调整，改为宪法与宪制、主权与人权、国体与政体、基本权利与基本义务、国家权力与国家机构等5对共10个范畴。[③] 这三套先后确定的基本范畴都在一定程度上反映了当今我国宪制实践中一些起主导作用的因素和关系，综合了学术界一些已有的认识，不足之处是各个范畴都未进入逻辑过程，也没有确立现实的和逻辑的同一性基础，不少概念还只是揭示了有关对象的外部特征和联系，构成其组合分子的概念的选定和数目安排随意性也显得过大，从列举的数目中更换三五个或增加七八个似乎都可以。这种状况应当有所改变。

与传统范畴架构中的情形不同，本书主张的宪法学新的范畴架构中的全部七个基本范畴都是沿着从抽象上升到具体的逻辑道路、从作为核心范畴的法权概念上升而来的。这条逻辑道路只不过是以理论上浓缩的形式再现了原始的“权”分裂为法权和剩余权，法权分解为个人权利和公共权力，以及个人权利和公共权力相互之间、两者内部各构成因素相互之间矛盾运动并不断分解或派生出新现象的历史。

这样形成的七个基本范畴有明确的同一性基础。具体地说，其现实同一性基础是作为核心范畴的法权概念的内涵所体现的事物，即利益层次的全部宪定利益和财产层次的归属已定之财产，而它们的逻辑同一性基础则是作为核心范畴的法权概念本身。因此，各个基本范畴以宪定全部利益进而归属已定之财产为核心形成它们的内在特征和联系，构成基本范畴组成分子的概念完全根据对利益关系进而财产内容进行宪法学分析的最低限度需要而定。因而，法权说主导下的宪法学各基本范畴的定位非常清楚，总数十分确定。

对于包括核心范畴在内的宪法学基本范畴，本书已经有了较多论述，下面只做些必要补充。

（1）在宪法学上要正确认识个人权利及其与其他宪法现象的关系，应

① 张光博：《宪法学基本范畴的再认识》，《法学研究》1987年第3期。

② 李龙：《宪法基础理论研究》，武汉大学出版社1994年版，第73页以下。

③ 李龙、周叶中：《宪法学基本范畴简论》，《中国法学》1996年第6期。

对以下几种情况有足够认识。第一，个人权利、公民权利都不同于人民权利。过去，学术界由于对两者未加严格区分而造成了一些理论上的矛盾。要说清楚这一点，首先得明白，人民在当代中国表示国民整体，是一个集合概念，在一定意义上可以说是中华民族概念甚至工人阶级概念的延长。而权利的基本主体“公民”则只表示人民中的一分子，是个单数概念，最具体地表示一个人同国家的法的联系。① 人民同公民的法律地位是有根本区别的，他们对于国家权力的相对地位也完全不同。所以，卢梭将人民称为主权者，将公民称作与之对应的臣民。他说：“假设一个国家是由一万名公民组成的。主权者只能是集体地并作为共同体来加以考虑的；但是每个个人以臣民的资格，则可以认为是个体。于是主权者对臣民就等于一万比一，也就是说，国家的每一个成员自己的那一部分只有主权权威的万分之一，尽管他必须全部地服从主权。”②

由此可见，人民权利指的是一国的全体公民作为一个政治共同体的权利，公民权利指的是公民作为一个法律上的个人的权利。区分了这一点，公法领域的理论问题就较好解决了，比如行政法领域平衡论与控权论之争就是一例。实际上，从政治上看，人民的权利应控制公共权力包括行政权力；从法律上看，个人权利、公民权利与国家权力包括行政权力应当维持平衡。政治上人民权利控制不了公共权力就谈不上民主，法律上公民等个人的权利与公共权力不平衡则会因偏重一方而造成不同的弊端。宪法和公法领域应坚持政治上人民权利控制包括国家权力在内的公共权力和法律上包括公民权利在内的个人权利与公共权力平衡两个方面的统一。

第二，理论上应对人民权利作本源性权利与过程性权利之区分，并将法律权利视为过程性权利。所谓本源性权利，是指直接基于一定的物质力量，以一定的经济关系为土壤形成，同时又先于法律和权力、权利的资格。通常本源性权利的一部分得以通过公民经由选票的形式委托给公共机构转化为公共权力，另一部分人民自己保留，而其中绝大部分又会经法律确认转变为过程性权利即个人权利。在这一条件下，本源性权利中转化为公共权力和个人权利的两大部分也能够还原为本源性权利。本源性权利的存在及其转化—还原的情况在革命推翻了一个旧政权而新政权又尚未建立

---

① 张光博：《权利义务要论》，吉林大学出版社1989年版，第110页。

② ［法］卢梭：《社会契约论》，何兆武译，商务印书馆2017年版，第74页。

的时期，以及建立新政权的过程中和人民不满反动政权统治奋起革命等特殊历史时期表现得最清楚。以美国建国前后为例，北美 13 州实际上摆脱了英国统治而又尚未建立国家这段时期，全体居民的权利就是现实的本源性权利，他们委托或认可某些政治人物集会立法、建立联邦国家，就是将一部分本源性权利转让了出去。而当初 13 州居民在英国统治下本来有一些法定权利，他们发动革命后实际上享有的权利就可视为是从法定权利还原而来的本源性权利。在法治社会，人民的本源性权利一部分以公共权力的形态存在，它们只在国家机关依法改选的时候以选举权之类形式向本源性权利作短期的、部分的还原。只有弄清了这些关系，才能理解人民权利、个人权利在历史上和现实中的许多错综复杂的表现。

第三，权利的总量取决于属于公民等社会的个体的财产的总量，两者间是对应关系。个人权利、公共权力、剩余权相互之间以及一种个人权利与另一种个人权利之间，都是可以相互流动、相互转化的。这种流动和转化，不过是利益相应地转移和财产流动、改变形态、改变归属等内容的法律表现。

（2）要充分认识公共权力的本质特征，也得在理论上将其分解为本源性公共权力和过程性公共权力。所谓本源性公共权力，是指相对而言处于原始形态的政治结合体以其自身的物质属性和组织结构为基础的、客观上由人民的本源性权利转化而来的一种享有公共权力的资格，属于政治权力范围而非法律权力范围。本源性权力决定和派生出实在法，而不是相反。这点在历史上新兴政治力量通过革命夺取政权，通过立法建立新的法律秩序的过程中，表现得最清楚。在这种时候，制宪者或立法者行使权力没有也不需要任何实在法根据。当年美国大陆会议、制宪会议，1789 年、1791 年法国国民议会和 1949 年中国人民政治协商会议第一次全体会议，所行使的权力都是由人民的本源性权利转化而来的本源性权力。所谓过程性权力，是指本源性权力的主体通过宪法和法律在国家机构体系内配置的、由不同国家机关和官员掌握和运用的权力。本源性权力与过程性权力之间也存在着转化和还原关系。

有关政治主体运用本源性权力建立了新国家、形成了新的法律秩序后，除一部分以政治权利的形态存在于公民手中外，本源性权力应当融化在法律中，通过法律规范来自我表现。一个国家在多大程度上做到了这一点，就在多大程度上是法治国家，做不到这一点就算不得法治国家或只是法治化程度很低的国家。本源性权力一旦通过法律规范获得了表现，就转化成了过程性权力，其现实表现是国家机构的职权和权限。在法治社会，本源性权力以其本来面目直接显现出来并发挥作用是特殊的或例外的情况，即非常态。在某些特殊的时期，尤其是国家从一个发展阶段向另一个发展阶段过渡且变化巨大时，过程性权力的决定性部分得在一定时期内还原为本原性权力以发挥过渡功能。例如，1982 年我国五届人大五次会议行使修改宪法的权力就十分典型地属于这种情况。修宪时除受宪法关于修宪程序的限制外，一般不受其他条款的限制，即使是修宪程序本身，也是可以修改的。

（3）剩余权概念对宪法学乃至整个法学都是必要的。从社会的全部利益中减去法权所体现的利益后还有一个余额，即剩余利益，它以归属未定之财产为本源，表现为各种宪外或法外之权。本来，按“法不禁止即自由”原则推论，法律没有禁止而事实上人们在行使的那些权利也是合法权利，纳入“宪定”的范围也并非绝对不行；另一方面，国家只应拥有宪法授予之权力，宪法未授予而国家行使了的权力都是非法权力。这样看来，似乎无所谓剩余权问题。其实不然，剩余权的存在是一个历史的现存的事实，我们可以找到许多法律未规定而公民实际享有了某些权利的例子，也出现过不少法律未授权而国家机关行使了后来又被作为合法权力予以承认的事例，如美国联邦最高法院曾确认的所谓“默示权力”等。所以，有必要将剩余权作为宪法学的一个分析单元。

之所以在理论上将剩余权看作法权之外的另一种“权”，最重要的根据是它们体现的利益和财产内容与权利和权力具有同质性。剩余权的一级本质是法律没有纳入其范围的那一部分利益，其二级本质是社会中归属尚不确定的那部分财产，如人们可自由饮用的山间清泉水，不在国家保护范围的飞禽走兽，等等。剩余权与权利、权力在一定条件下也是可以相互转化的。例如，某种资源，当人人可以自由获取、法律不加干涉时，它就表现为剩余权，某特定公民取得对它的所有权时，它就转化成了特定公民的权利，而若国家依法将其收归国家机关掌控时，它就会转化为一定形式的权力。

（4）权应该理解为法权与剩余权之和，它的一级本质是社会的全部利益，包括法定的和非法定的利益两部分，其二级本质是社会的全部财产，也分为归属已定的和未定的财产两部分。从宪法学上看，它是以法权为主体，加上剩余权后构成的一个分析单元。这个分析单元不常使用，但却肯定是必要的。就其容纳的对象的广泛性而言，它超过了法权，并且实际上包容着法权范畴所反映的全部对象，但由于其中有一部分对象处于实在的宪法之外，因而按宪法学的标准看，它不是最重要的范畴，其学科地位低于法权、权利和权力等范畴。这是局部地和人为地调整逻辑顺序后的安排。

（5）从利益内容和财产内容看，法义务是法权的负面形式。法义务是与法外义务对称的，学术界的惯例是将法义务简称为义务，只有在讲到法外义务或包含着法义务和法外义务两个因素的义务概念时才加以特别的说明以示区别。本书从惯例，一般将法律义务简称义务。对于义务，我国有相当代表性的看法是这样几种：第一，义务指“由法律规定和作为法律关系主体即义务主体或承担义务人应这样行为或不得这样行为的一种限制或约束”；[①] 第二，“义务是指法律所规定的义务人应当按照权利人要求从事一定的行为或不行为，以满足权利人的利益的法律手段”；[②] 第三，义务“是国家设定的，权利相对人应当适应权利主体的正当要求而作为或不作为的约束机制”[③]。这些看法都在一定程度上回答了义务是什么的问题。但从另一方面看，也有其不足，主要是没有涉及义务的深层本质，有的尚只在现象层面进行描述，而且往往限于与权利相对应的义务，看不到有与权力相对应的义务。与我国学者的看法相比，国外有的学者对义务的如下界定方式有其特点：“义务源于拉丁语的债务和法语的责任一词，是指负有或应支付他人而又必须履行的一种法律上的不利条件。”[④] 这种界定方式的可取之处是更多地涉及了义务背后潜藏着的价值属性。

事实上，义务不仅是与权利相对的，也是与权力相对的。正确理解义务的前提是真正认识权利和权力的客观内容。既然权利、权力的一二级本质和物质属性分别是社会的整体利益和归属已定之财产，那么相应的义务的属性就比较清楚了。显然，义务相对于社会全部利益而言，其核心内容是形成社会的全部利益所付出的代价，相对于归属已定之财产而言，实质

---

① 《中国大百科全书·法学》，中国大百科全书出版社2006年版，第621页。

② 孙国华主编：《马克思主义法理学研究》，群众出版社1996年版，第363页。

③ 张文显：《法学基本范畴研究》，中国政法大学出版社1993年版，第91页。

④ ［英］戴维·M. 沃克编：《牛津法律大辞典》，北京社会与科技发展研究所译，光明日报出版社1988年版，第276页。

上主要的或从根本上说是创造出这些财产所支出的劳动和相应数量的劳动时间。

准确地说，义务的一级本质是与转化为法权的全部利益绝对值相等但表现为负数的东西，即相应数量的牺牲和代价，它的二级本质则是与转化为法权的财产的价格的绝对值相等但表现为负数的东西。义务是比权利和权力更难直接把握的东西，可以说，不仅在法现象、宪法现象层次难以准确把握义务，即使在其与利益对称的因素上要准确把握义务也非常困难，因为利益是一个表达关系的概念，过于抽象，没法直接定量，因而其对称因素必然也是这样。要真正认识义务，必须深入到更深的层次。在义务的二级本质层次，由于与其对称的本质内容是归属已定之财产，而财产是有价值和价格的，在理论上大都可以还原为一定量的社会必要劳动时间，在社会生活中可以还原为一定的市场价格。这个社会必要劳动时间的量和一定的市场价格的量的负数，就是义务，用以计算取得相应的财产内容已付出、应付出多少社会必要劳动时间或多少钱物，等等。由于法权和各种权利、权力的物质承担者是财产，而财产本身是一定量的使用价值，其中虽然绝大多数包含着价值，却显然会有一些东西并不包含价值，只有价格。所以，权利、权力和剩余权等现象也好，义务也好，其所包含的经济内容的衡量尺度应当是以正数或负数表示的价格而不可能是价值。

如果没有深入地把握义务的经济内容即第二层次的本质，权利与义务、权力与义务的关系实际上都是不可能说清楚的，一定要硬着头皮说，也只会根据似是而非的印象得出一些似是而非的结论。我相信，不少人说或跟着说的话，如“权利义务不可分”“权利义务紧相连”等话语就属于这种情况。

需要说明，本书不将义务作为核心范畴之一，而是一反学术界通常的做法，将其降至宪法学基本范畴之一的位置，既是从方法上考虑，着眼于使利益分析单纯化，也是实事求是地评估义务的宪法地位和学科地位的结果。本书将义务放在这一学科位置的理由很简单，即在法权与义务两者中只有法权是利益和财产的法律转化形式，因而也只有它是人们社会经济政治活动的追求目标，义务则不是。在实在的宪法中，义务的重要性也不及权利和权力。这不仅体现为我国宪法在结构上将公民基本权利置于公民基本义务之前，也表现为各个国家的宪法通常都主要着眼于权利和权力的分配，很少甚至基本不正面规定义务的分配。我逐条对美国宪法[①]的用语作过统计，在包括26条修正案在内的全部条文中，权利、权力、特权、豁免权、管辖权、立法权等指称“权”的名词出现81次，而义务、责任两个词总共只出现12次，而在1868年第十四条修正案通过前在美国实施约80年之久的宪法文本（指美国宪法第十四条修正案之前的全部条款）中，仅一个地方提及义务，那就是该宪法第一条第四款中提到的“契约义务”一词。同样，对于我国现行宪法有关用词的统计也表明，义务远不及权利、权力常见。我国2018年公布的《中华人民共和国宪法》宪法全文中，权利范畴的“权利”出现30次，“自由”13次，共43次；权力范畴的“权力”出现12次，“职权”14次，“权限”6次，共32次；而属义务概念范围的“义务”出现15次，“职责”5次，“责任”2次，共22次。这些数据十分直观、生动地表明，宪法集中关注和分配的对象是法权而不是义务。

（6）宪法宜表述为分配法权并规范其运用行为的根本法。用根本法的形式分配法权并规范其运用行为需要一定的经济、文化和政治条件，这些条件通常只有到了资本主义兴起的时期才开始逐渐具备。对于哲理性法学来说，认识宪法的一个关键问题是确认其本质（或实质）。对此，宪法学界传统上是根据列宁1909年与社会民主党人论战时说的这样一段话予以阐释的，即“宪制的实质在于：国家的一切基本法律和关于选举代表机关的选举权以及代表机关的权限等的法律，都体现了阶级斗争中各种力量的实际对比关系”。[②] 这几句话是深刻而有道理的，但要正确理解却不容易。这里得区分宪法一般的、普遍的本质和这种本质特殊的、阶段性的存在形式。宪法学作为一门学问，它在这方面的任务应当是首先确认宪法一般的、普遍的本质，然后再考察这种本质的阶段性存在形式及其产生差异的原因。列宁这段话是在阶级斗争尖锐激烈的历史条件下着眼于政治斗争的需要而说的，讲的是宪法本质在当时历史条件下的具体存在形式。因此，列宁当时那样论述宪法实质是有道理的，但我们无条件地将其拿到社会主义初级阶段来说明宪法的本质就不那么妥当了。

有些学者可能会说，既然从阶级力量对比关系入手说明宪法实质不

---

① ［美］杰罗姆·巴伦、［美］托马斯·迪恩斯：《美国宪法概论》，刘瑞祥等译，中国社会科学出版社1995年版，附录。美国宪法的其他中文译本与此译本都差不多。

② ［苏］列宁：《社会革命党人怎样总结革命，革命又怎样给社会革命党人作了总结》，《列宁全集》第17卷，人民出版社2017年版，第320页。

妥，那我从政治力量对比、社会力量对比上来说明宪法实质总可以吧。我认为同样不妥。原因有二：政治力量、社会力量本身对于宪法学来说都是它面对的一些现象层面的东西，反映这些现象的概念不可能深刻地说明宪法的实质，此其一；其二，更为重要的是，着眼于“力量对比”，实际上就是着眼于从“斗争”“较量”的角度看问题，而斗争和较量又都是为了取得胜利。所以，这样看问题实际上还是着眼于斗争的老思路。近几年来在这个问题上较有新意的提法是“宪法的实质是分权”。[①] 但可惜在有关作品中，这个“权”的含义从文章中看不太确切，不知是只限于权力，还是也包括权利，或是既包括权力又包括权利。但从上下文看，似乎只限于国家权力，这就显得不够全面了。

宪法的本质是客观的，宪法学的任务在于实事求是地将其揭示出来。宪法实质上或本质上是从总体上分配法权并规范其运用行为的工具。这就是说，宪法一般的、普遍的本质有两级，第一级是分配社会全部利益并规范其享有行为的工具，第二级是分配社会的全部财产并规范其运用行为的工具。这两级本质都是通过宪法在社会生活中分配各种“权”并落实有关分配方案等形式来实现的。当然，分配法权并规范其运用行为，不论从实质上看还是从现象上看，其中阶级力量对比、政治力量对比和社会力量对比的因素总是有的，但始终只会是分配法权的过程中的一种状况，这种状况是比较易变的，而宪法作为分配法权并规范其使用行为的工具这一实质是稳定的，不论在哪个历史时期都一样，只要有宪法。

认识宪法的另一个关键问题是确认其根本功能。对宪法功能的认识是由宪法本质的认识决定的。在社会主义初级阶段，如果对宪法本质的认识有偏差，在理论上和实践上就都容易出问题。例如，如果我们从力量对比来把握宪法实质，我们就势必将斗争、较量并最终取胜作为考虑问题的中心环节，从而就难免从根本上将宪法看作巩固胜利成果和进行斗争取得更大胜利的工具。又如，如果我们只看到一些现象层面的东西，看不到宪法包含的深刻的利益内容和财产内容，那也就谈不上在实践中让宪法和宪法研究活动为国家的现代化建设服务。在这方面，从法权概念上升而来的宪法概念显然包含着这样的功能观：宪法最根本的功能是按照一定的正义标准分配各种“权”，其中首先是各种权利和权力，并对其获取和运用行为

① 李龙：《宪法新论三则》，《法学研究》1994 年第 3 期。

进行原则性的规范，归根结底是从总体上对社会的全部利益和财产进行分配。据此，我们还可以说，宪法的现实价值就在于最大限度地保存和增殖法权总量，即最大限度地保存、增殖利益的总量和归属已定之财产的总量。这样，建设有中国特色社会主义理论的要点，就大都很自然地从宪法学上体现了出来。

（四）宪法学新体系的普通范畴

普通范畴是指宪法学中除核心范畴和其他基本范畴之外的那些范畴。普通范畴都是由基本范畴分解而来或直接间接派生出来的，因此，归根结底它们都是以法权范畴为根基的。在新的范畴架构第二层次的基本范畴中，除根据表现现实宪法关系的需要被人为地调整了排列顺序的权外，其他五个基本范畴都具有分解或派生出普通范畴的功能。

基本范畴分解和派生出普通范畴的过程，理论上应当怎样理解呢？

从逻辑上看，基本范畴向普通范畴分解和派生，仍然是从核心范畴开始的概念的规定性自我运动过程的组成部分，只不过是总体顺序上靠后一些的部分而已。一方面，它们表明了经核心范畴自我否定和扬弃，向更新的概念推演和转化的过程；另一方面，它们又表现为法权这个作为核心范畴的概念在经历了一个从逻辑始项经逻辑中项到逻辑终项的周期后，又以上一个周期的逻辑终项为逻辑始项开始新一个周期的从抽象上升到具体的运动。历史地看，基本范畴向普通范畴的分解和派生，不过是在原有基础上从宪法学理论上更为详细、更为切近地再现各种法定之权，从原始的“权”中分离出来后在矛盾对立中向当代运动发展的过程中形成的一系列关系和事实。这就是说，原本已有核心范畴和基本范畴反映出了这一漫长历史过程中先后出现的一些最为重要的关系和事实，形成了一些最主要的标志，但还不详细、不具体。基本范畴向普通范畴派生或转化，实际上是用逻辑的方法、按历史发展的顺序将一些较为重要的关系和事实表现出来。当然，作为表现的结果，普通范畴的排列顺序也不会完全按它们在历史上出现的先后排列，而是必须按表现现实宪法关系和事实的需要予以适当调整。按照法权说的思路，宪法学新的范畴架构中普通范畴的构成情况大致如下：

1. 从权利中分解或派生的普通范畴。其中主要是：基本权利，非基本权利，人权，公民权利，人身权利，财产权利，经济权利，政治权利，社会权利，平等权，选举权，被选举权，罢免权，创制权，复决权，言论、集会、结社、游行、示威自由，文化教育权利与自由，宗教信仰自由，迁徙自由，等等。从这些范畴中还可以分解或派生出各种更为具体的范畴。但对于宪法学来说，这个过程应当适可而止，否则就列举到别的部门法学的范畴中去了。

2. 从权力中分解或派生出的普通范畴。其中主要是：国家、资本主义国家、社会主义国家、主权、国家制度、国家权力、国家权力所有权、国家权力行使权（或治权）、国家标志、国体、政体、君主制、君主立宪制、共和制、国家机构、国家机关、元首权、立法权、行政权、军事领导权、监察权、审判权、检察权、立法机关、行政机关、军事领导机关、审判机关、检察机关、国家形式、政权组织形式、总统制、内阁制、半总统制、人民代表大会制、国家结构形式、单一制、联邦制，等等。

3. 从剩余权中分解或派生的普通范畴。剩余权能够分解或派生的普通范畴很少，但可分为两个去向。一是派生出法外权利、习惯权利、道德权利等普通范畴；二是派生出法外权力，如或确认前实际已存在的默示权力、固有权力等普通范畴。

4. 从义务中分解或派生的普通范畴。其中主要是：法义务、剩余义务、公民基本义务、公民非基本义务、国家基本义务、国家非基本义务、法人义务、社会经济组织的义务、习惯义务、道德义务，等等。

5. 从“宪法”中分解或派生出的普通范畴。其中主要是：宪法起源、宪法类型、资本主义宪法、社会主义宪法、刚性宪法、柔性宪法、宪法惯例、宪法规范、宪法原则、宪法规则、宪法制定、宪法修改、宪法变迁、宪法结构、宪法实施、宪法适用、宪法遵守、宪法监督、宪法解释，等等。

在五个具有分解或派生出的普通范畴功能的基本范畴中，它们通过相互结合还能够派生出一些普通范畴。例如，权利和权力结合能够派生出经济制度、政党制度、选举制度、文化制度、法人和其他社会、政治、经济组织的权利等范畴；权力与宪法结合派生出违宪、合宪等范畴；权利、权力和宪法结合派生出宪制、法治范畴，等等。这些范畴可以分解或派生出其他更具体的范畴。但这种列举也应当适可而止，因为，过于具体就超出宪法学的范围了。

本书所列举的基本范畴与普通范畴之间的对应关系只是大体上的，因研究尚不够深入，包含的主观认定成分较多，不一定能很准确反映相关事物之间的客观联系。而且，有些普通范畴到底应当认定为哪个基本范畴派生或转化而来的，往往也并非易事。例如主权，从来源说，它是人民权利的组成部分，可算作权利范畴的派生范畴，但就内容而言，它实际上与国家权力是全同的范畴，似应作为权力的下位范畴，而从其内容的构成要素看，它一部分以权利的形态存在，另一部分以国家机构的职权、权限等形态存在，故似又可将其作为权利和权力共同派生的范畴。如何更好处理这类问题，适于留待日后研究。

在宪法学新的范畴架构中，普通范畴都是核心范畴和其他基本范畴分解和派生的产物，故这三个层次的范畴在内容上和逻辑上都有同质性。这主要是指质上的利益、财产属性和逻辑上的立体性质。研究普通范畴进一步要做的工作，是按法权分析的思路对这些范畴逐一进行考察和界定，用定义将对它们的认识成果分别记录下来，使它们成为人们真正能够加以利用的思维形式。在这个过程中，既须充分揭示出不同普通范畴之间的差别，又应保持每个普通范畴对其上位范畴的内容和逻辑属性的继承性。满足第二方面要求的最好办法是以核心范畴为定义项关键词直接说明普通范畴，或用基本范畴为定义项关键词间接实现核心范畴对普通范畴的界定。

第二章

法权说中关乎根本法的基本理念

［**导读**：对一国的全部法律，各国法学传统上做私法和公法二元划分，但随着合宪性审查制度的普遍设立，宪法作为根本法成为与私法、公法平行的一个类型已是客观事实。当代日文法学一般做私法、公法、社会法三元划分，本书采用私法、公法、根本法（或宪法）三元划分。本章论述了根本法的若干原理，其中的一个突出特点，是贯彻了对法律做私法、公法、根本法三元划分的新分类标准，在学理和逻辑上把有些传统上被视为私法领域的内容如实纳入了根本法主导的范围，如讨论宪法概念、宪法关系纳入了权利在个人间分配和运用的内容。实际上，有些宪法原则，其中特别明显的是“公民在法律面前一律平等”，就既是公法基本原则，又是私法基本原则。］

一　宪法概念的重新界定①

宪法概念的界定，关系到人们对宪法实质和功能的认定，同时也在很大程度上决定了宪法学范畴体系的结构和研究方法的选择，因而不能不给予特别的重视。我感到，现有的宪法学论著中的宪法定义到今天已显得很不合理，应当重新表述。

（一）现有宪法概念之不足

综合起来看，我国宪法学者对宪法概念的界定方式有如下几种：根据宪法在一国法律体系中的地位，指出宪法是治国总章程，是根本法；根据宪法某个方面的功能来界定它，认定宪法是民主制的法律化，是公民权利

---

① 本节原载《法学评论》1994 年第 4 期，标题为《论宪法概念的重新界定》，纳入本书时按全书基本概念统一、基本观点协调的原则作了修订。

的保障书；从宪法与经济基础的关系来说明它，指出宪法是一定经济基础的上层建筑；从阶级关系来说明它，认为宪法是各种政治力量对比的集中表现，是统治阶级意志的集中表现，是集中表现统治阶级意志的国家根本法。[①] 以上这些宪法概念界定方式都在不同层面揭示了宪法的特征。

但是，从我国现在和今后民主法制建设的要求和推动宪法学学术进步的需要看，对宪法概念的上述界定方式都有明显的不足。至少，它们无论单个地还是综合在一起，都无法克服这样一个根本缺陷，即无法在必要的抽象程度上概括出不同历史类型、不同国别的宪法所共同包含的最基本的内容或所要解决的最根本的问题。这个缺陷在我国宪法学教学和研究领域最直接而明显的表现是，现有的宪法学和比较宪法学论著没有哪一本中有一种能直接贯穿全书成为其各个章节共同论述对象的事物，或者说从来没有找到一条贯穿宪法学各个范畴的使它们形成内在联系并排列有序的基本线索。因此，研究宪法规范时，无外乎是参照几个主要国家的宪法文本的内容归类进行注释性研究，如果是研究中国宪法则直接依我国宪法的先后顺序排定章节加以释论。而宪法学基本理论研究往往只是为进行宪法规范的归类注释作些必不可少的铺垫，如介绍和分析一下宪法含义、宪法史、宪法分类以及国体、政体、国家政权组织形式等概念。

也许有人会说，我国的宪法学研究是以马克思主义为指导，以分析社会阶级关系贯彻始终的。不错，我国宪法学研究是以马克思主义为指导的，但若说是以分析社会阶级关系贯彻始终就不符合事实了。应当说，许多学者的确是试图以分析阶级关系为基础将宪法学各个范畴串联起来的，但这种努力没有也不可能成功。之所以如此，是因为阶级关系客观上并不是一切有宪法存在的社会（如当代中国）贯通人们共同生活一切领域的最基本、最普遍的社会关系，从而也就不可能是宪法的实质方面和宪法学的基本研究对象。现有的任何宪法学论著都没能通过直接分析阶级关系成功地将各个章节从头至尾串通成一个整体就是很好的证明。

一个学科，如果有了范畴体系却尚未确定它所要研究的最基本的东西是什么，那么它就像一个仪表堂堂却没有灵魂和精神支柱的人一样，是不可能有主见有作为的，只能听凭别人摆布。我国的宪法学从根本上说处在

---

① 分别归纳自肖蔚云、许崇德等先生编写的宪法学教材和何华辉先生专著《比较宪法学》的有关部分。

这种窘境中。很显然，我国的宪法学，在其所论及的基本理论、基本原则及诸如国家形式、选举制度、国家机构、公民权利、经济制度、政党制度、立法制度、司法制度等范畴之间，虽然能找到这样那样的关联，却无论如何找不到它们所直接涉及或处理的共同对象，因而实际上是散乱的。我国宪法学没能找到它最根本的研究对象，没有结合当代中国实际认识宪法实质的落后状况在学理上的集中反映，就是没能给宪法下一个合理的、富有时代精神的定义。我们讨论如何重新界定宪法概念，真正目的在于给上述诸问题的解决找到一个合理的着眼点和着手点。

（二）宪法概念之重新界定

我主张这样界定宪法概念：宪法是分配法权并规范其运用行为的根本法。

数十年来，社会主义国家宪法学界表述宪法概念所使用的关键词基本上可归结为两个，即阶级和根本法，现在看来这是不妥或不够的。过去通常的做法是，或者只简单地说宪法是根本法，也就是只从宪法不同于其他法律的外部特征加以界说，或者在基本法这一语词前以某种形式再加上一个从阶级关系上对其加以限制的语词，用以说明宪法的实质。问题在于，只指出宪法是根本法是远远不够的，从阶级关系着眼对其加以限定则遮盖了宪法更深刻、更广泛、更基本的内涵。

重新界定的宪法概念最显著之点是引入了一个标志权利权力统一体或法定之权的关键词——法权。引入法权这一语词，用它和根本法一词相结合界定宪法概念，既可克服迄今为止的各种宪法定义的缺陷，揭示宪法的实质，又能包容和扩充现有的宪法定义的可取之处。其具体做法是，仍沿用根本法一词来说明宪法的外在特征，但却用法权取代阶级作为定义项关键词来说明宪法的实质。对采用根本法一词的必要性，许多学者都作过论证，以下着重阐述一下引进法权取代阶级作为另一个关键词的主要理由。

其一，法权关系是政治社会最普遍、最基本的社会关系。国家权力与个人权利的关系是政治社会最基础的、最重要的法权关系，它派生、主导并制约着其他各个层次、各种类型的法权关系或法律关系。这种最基本、最重要法权关系的表现形式从不同的角度分别归结为宪法学中的主权归属、政体和国体问题。第二层次的法权关系分两个方面。第一种是权力的分配和运用关系。这一方面的法权关系体现为权力在一国国家机构体系中横向和纵向的分配、运用关系，即宪法学中的国家政权组织形式和国家结构形式问题。同一层次另一方面的法权关系体现为权利在社会成员间的分配和运用，可归结为宪法学中公民等个体总体上享有多少权利以及根据什么原则分配权利和行使权利等问题。第三个层次的法权关系涉及的则是各个政权机关在内部如何分配权力、按何种程序运用权力的问题，即国家的立法制度、行政制度、司法制度等具体制度；在公民方面涉及的则是每个个体在何种情况下具体享有何种权利，按什么程序行使权利等问题。还可以作许多具体列举，如果必要的话。

其二，从另一方面看，任何宪法的产生和存在，实质上都是为了分配法权并规范其运用行为。无论是1215年的英国《自由大宪章》、1789年的美国宪法、1791年的法国宪法，还是1918年的苏俄宪法、1982年的中国宪法，也无论是其中的原则性宣告还是具体宪法规范，所涉及的都是法权的分配和运用。不仅任何宪法原则、宪法规范都不能不以法权关系为调整对象，而且仅仅只有这种关系能够成为一切宪法原则和规范的共同的、直接的调整对象。人们通常注重的阶级关系是没有这种地位的，事实上，阶级关系在法治社会只是法权关系的一部分，而且最终还得以法权关系即法关系的形式获得表现。

其三，宪法学只有以法权关系为基本研究对象，才能摆脱目前这种各个范畴之间缺乏内在联系的散乱状态，获得整体性。将分配法权并规范其运用行为确定为宪法的根本功能和实质，同时也就为宪法学找到了每个范畴都可以从特定的侧面直接间接地予以反映的基本对象，而只有找到了这种基本对象，宪法学才不至于像目前这样类似餐桌上的一个拼盘。目前我国的宪法学所研究的不外乎是这样一些范畴：宪法、国体、政体、经济制度、政权组织形式、国家结构形式、法制、公民基本权利与义务、国家机构，以及立法机关和立法制度、司法机关和司法制度等。其实，通过对法权的分解或通过对法权关系的分析，不仅可以将现有的宪法学所有的范畴都统一和谐地组合起来，还能够大大拓宽宪法学的领域和加大宪法学研究的深度。

可以说，只要逐层地分解法权，就自然地展示了现有的宪法学范畴并必然引导出现有范畴所无法包容的丰富内容。这点只要我们按分解法权的思路顺理成章地提出问题就能得到证实。这些问题是：法权属于谁，其归属在实质上和形式上是否一致，如果不一致是什么原因造成的；法权总量是固定不变的还是随社会生产力的发展而变化的，是趋于增大还是减少，它是怎样分配和再分配的；法权结构中权利与权力各占多大比例，孰为主导的方面，主导的方面是否随社会形态的变化而变化，如果发生变化是什么原因造成的，这一结构的变化展现出什么样的历史趋势，循什么规律，为什么循这一规律；权利与权力之间是什么关系，两者中谁处于主导地位、谁处于从属地位，两者的关系有哪些类型，什么条件下发生转换；属于个人的权利在社会个体间是如何分配的，法定的分配原则与实际的分配状态是否一致，如果不一致，原因何在，能否以及怎样消除不一致；权力在国家机构体系中是如何分配和运用的，掌握此权的政权机构应当如何组织，是合一的好还是分立好，权力的分配和运用在特定国家的国家机构体系中横向上有什么特点、纵向上有什么特点，其发展的历史趋势如何，是否有规律可循；权力应当分解为哪几种职权，怎样组织行使各种职权的机关，它们按什么程序行使这些职权才能符合权力所有者的根本利益和意愿；公民应当享有哪些权利，实际上能够享有哪些权利，行使权利必须遵循什么原则，等等。我们看到：法权总体上属于谁归结为古典自然法学派那种意义上的主权所在问题；法权的分配和再分配归结为制宪和修宪问题；权力实质上属于谁归结为国体问题；权力在法律上（或形式上）属于谁归结为政体问题；权力的横向分配和运用讨论的是国家政权组织形式问题，而在纵向上则表现为国家结构形式问题；行使权力的机关体系是国家机构；制定法律具体分配权利和权力并规定运用程序的制度是立法制度；裁判各种权限纠纷并制裁越权、侵权行为的制度是司法制度；甚至经济制度，也不过是国家经济权力和个人经济权利的分配形式，如此等等，恕不赘述。上述各种问题中，凡不能被纳入现有宪法学范畴体系的就属宪法学应当研究而尚未展开研究的那部分领域。

其四，引入法权这一关键词，使其与根本法一词结合起来界定宪法概念，有利于合理判断什么应当、什么不应当是宪法规范，从而为较科学地确定宪法和其他部门法的界限及宪法学的研究对象奠定学理基础。因为这样界定表明，判断是否宪法规范，应该根据被判断对象的实际功能和地位来决定；写进了宪法典中的行为规范，如果不是调整法权关系的根本性法律规范，就不是真正的宪法规范。从学理上看，宪法学完全可以不研究它，从实践上看大可不必将其写进宪法；即使未写进宪法，如果某个实际存在的行为规范具有调整法权关系的根本法的实际功能，那么它也应当被看作宪法规范，成为宪法学的研究对象，如不少国家处理政党与国家关系的一些习惯就可视为不成文宪法规范；应该成为宪法学的研究对象。

（三）重新界定宪法概念之意义

引入法权作为关键词之一重新界定宪法概念，在理论和实践上都有重要意义，其中尤其值得指出的有如下几个方面：

1. 将法权或法权关系作为宪法学研究的最基础的范畴对待，有可能建立起宪法学科的专业基础理论体系。我国宪法学最大的缺陷莫过于缺乏将本学科与其他学科明显区分开来的、能贯穿于本学科整个范畴体系的专业基础理论。宪法学现有的那点理论基本上是从几个相邻学科各拉进一点拼凑而成的，有的学者很恰当地将现在的宪法学形容为“理论学科的大混合，学理方法的大杂烩”[①]。本来，各学科相互影响是无可厚非的，拿别的学科一点东西为己所用未为不可，但自己本身也决不能没有一点能维系自身统一并借以独立地安身立命的东西。笔者主张，以法权或法权关系为最基础的范畴，通过对它们的分析来建立宪法学独有的专业基础理论体系。从上文已经论述过的、分析法权必然会涉及的广泛的社会政治生活领域来看，这是完全可能的。此处我也充分注意到其他学者的有见地的看法。如有的学者认为，公民权利与国家权力的关系问题是宪法学的基本问题，对这个问题的研究，不但可以使我们认识过去和现在的宪法、宪制精神，而且还可以指导我们预测未来的发展趋势。[②] 还有的学者主张以公民权利与国家权力及其相互关系作为宪法学的基石范畴和理论支点。[③] 笔者承认这些看法基本把握了宪法学的核心问题。但是，从理论上、方法上乃至技术上看，如果要确定宪法学的核心范畴和理论支点，还是选用法权或法权关系更合适一些。因为，首先把握法权，并以其为分析的逻辑起点，然后再将其分解为权利与权力，最后再分别分层次地推导和展开，视野要宽广得多。

---

① 梁忠前：《宪法学理论体系更新论要》，《法律科学》1993 年第 1 期。

② 刘惊海：《公民权利与国家权力》，《吉林大学学报》1990 年第 6 期。

③ 文正邦主编：《走向 21 世纪的中国法学》，重庆出版社 1993 年版，第 169 页。

比较而言，这样做的优点至少有三个：第一，确认法权是权利和权力组成的共同体，表达了对后两者共性的深层认识，有利于说明后两者之间既相互区别，又相互联系、相互作用、相互平衡和转换等极复杂的关系；第二，可以将权利和权力及其相互关系问题的研究回溯到史前社会、前瞻至遥远未来的理想境界；只有对法权及其结构作这样的大纵深考察并掌握其发展变化的历史总趋势，才能真正说明它们的各种阶段性表现形式，包括说明权利、权力及其相互关系的过去、现在和未来；第三，以法权或法权关系为核心范畴，更能丰富宪法学范畴体系，更能扩充所欲建立的专业基础理论的包容性，因为以法权或法权关系为分析起点较之以公民权利和国家权力为分析起点所涉及的社会经济政治生活的内容要广泛得多，几乎可以无所不包，有关现象之间可找到的联结点也多一点。

2. 以法权为关键词说明宪法实质，能促使宪法学理论从以研究阶级关系为重点转向以研究如何合理分配法权并规范其运用行为为重点，从而使宪法学从长期为阶级斗争服务彻底转变到为社会主义民主法制建设，为解放生产力、发展生产力和搞经济建设服务上来。引入法权作为关键词重新界定宪法概念，实际上就意味着要改变宪法学研究的重点和服务方向。这是建设有中国特色的社会主义、坚持以经济建设为中心的实际而迫切的需要。

3. 对宪法概念的新界定方式有利于较科学地解决宪法学领域一些长期争论不休或虽有结论但其可靠性很值得怀疑的重大理论问题，为规划民主法制建设的远景提供科学的理论依据。在我国宪法学领域，有许多重要课题既没能科学地解决，也没有引起足够的重视。其中包括这样一些极重要的问题：在法权结构中，权力或权利所占的比例到底是应该愈来愈小还是愈来愈大，什么样的比例关系是较适当的，较适当的比例关系是由什么决定的，是静态的还是动态的；社会主义条件下权力的配置是合一好还是某种形式的分置好，掌握不同权力的国家机关之间到底应不应该有一定形式的平衡和制约；权力纵向分布的历史趋势是中央集权还是地方分权、自治，单一制是否一定优于联邦制，联邦制真的只是一种向单一制过渡的形式吗，等等。这些问题所以长期未能得出实事求是的结论，原因固然是多方面的，但从主观方面看，主要的原因却是宪法学界一直习惯于简单化地、片面地从阶级和阶级斗争的角度看问题，而没有将法权的分配和运用作为宪法的根本问题看待。

不仅如此，人们甚至还十分普遍地把从分配法权并规范其运用行为的角度研究宪法学问题的尝试看作离经叛道的行为，看作立场问题。例如，我们在如何对待权力分立和制约平衡原则这类问题时，就时常表现得阶级意识有余而民主、科学精神不足。实际上，即使我们充分肯定这个原则对于不同类型民主的普遍意义，也不等于完全接受对这一原则的西方式解释，更不等于主张全盘照搬三权分立那一套，我们完全可以有符合我国国情、不背离人民代表大会制度的体现方式。对这类问题，如果我们从重新界定宪法概念入手，肯定分配法权并规范其运用行为是宪法的实质，实际上就是从学理上肯定了它们是科学问题而非阶级立场、政治态度问题，因为宪法学毕竟以宪法为研究对象。所以，通过重新界定宪法概念来修正人们对宪法实质认识上的偏差，的确是实事求是地看待宪法学中许多重要问题的先决条件。

4. 用法权作为界定宪法概念的关键词用以说明宪法的实质符合实事求是的精神。这里涉及阶级分析方法的地位问题。阶级分析方法是马克思主义的，但马克思主义并不等于阶级分析方法。马克思主义是由许多基本原理构成的整体，但其最根本的或称为活的灵魂的，是具体问题具体分析，实事求是。用法权作关键词界定宪法概念，正是马克思主义有关基本原理（包括阶级分析原理）结合宪法特点综合运用的结果。从法权关系的角度看待宪法的实质并没有否定其阶级内容，因为阶级内容是寓于法权分配的过程和结果的。长期以来，正是由于人们对这个道理认识不充分，才造成了对宪法本质片面和浅层次的理解。在综合运用马克思主义原理分析问题、确定事物的实质方面，邓小平给我们作出了极好的榜样。他在表述社会主义的本质时，丝毫没有那种无条件采用阶级作为关键词的教条主义学风，而是从“解放生产力，发展生产力，消灭剥削，消除两极分化，最终达到共同富裕”[①] 这个最根本的层次上加以说明的。这种实事求是的态度不仅对于重新界定宪法概念，而且对于重新界定许许多多政治法律概念都有普遍的、革命性的指导意义。我重新界定宪法概念的尝试，就是直接从中得到教益的。

---

① 邓小平：《在武昌、深圳、珠海、上海等地的谈话要点》，《邓小平文选》第3卷，人民出版社1993年版，第373页。

二　宪法及其基本原则的新解说[①]

近几十年来，解说宪法及其基本原则的作品很多，其中较早的基本上贯彻的是阶级分析的思路，这已无助于人们在新的历史条件下正确理解宪法及其基本原则，而新近的作品则往往表现出欠缺统一理论套路的迷惘，而且资料显得较陈旧。为克服诸如此类的缺陷，以下试按法权分析的思路对宪法及其基本原则进行重新阐释。

（一）宪法一词的来源

对于这个问题，不同时代不同国家的人有不同的看法。在欧美人中，有的认为宪法“是规定政府的主要机构的组成、权力和运作方式的规则以及政府机构与公民之间关系的一般原则的文件”[②]；有的将宪法视为“国家的系统而根本的法律，可以是成文的，也可以是不成文的”[③]；还有的对宪法作了广、狭两种意义上的区分，在狭义上将其看作“一种特别神圣的法律文件，该文件规定政府组织的框架和主要职责，并宣告这些机构必须遵守的原则”，在广义上将其看作“整个政府体制，设立、调整和治理政府机构的规则和总和”[④]。在我国，人们对宪法的看法也不尽相同，但一般来说大都承认宪法是国家的根本法，是人民（在不同历史类型的国家有不同的内容）利益和意志最集中、最全面、最准确的体现，因而也是国家整个法律制度的基础和法制统一的基础。

宪法和民主密不可分。民主的本意是人民的权力、人民的统治。就当代民主和宪法的关系而言，人民的统治集中表现为宪法的统治。更准确地说，是人民通过宪法进行统治，宪法是民主的制度化、法律化。

在西方，宪法的观念可以追溯到古希腊和古罗马。古希腊文中的

---

① 此节是作者根据其为《中国大百科全书·法学》撰写的相关宪法学词条改写而成，成文时补充了不少原文所没有的资料。

② ［英］艾沃·詹宁斯：《法与宪法》，龚祥瑞、侯健译，生活·读书·新知三联书店 1997 年版，第 24 页。

③ Henry Campbel Black ed. , *Black's Law Dictionary*, St. Paul: West Publishing Company, 1979, p. 282.

④ E. C. S. Wade et al. , *Constitutional and Administrative Law*, London: Longman Group Limitted, 1977, p. 1.

πολlεiα 一词就在不小程度上具有了今天宪法的含义，一般在汉语中被译为政治或宪法。对比古希腊著名学者亚里士多德关于城邦政治的著作的原文，英文译文和汉语译文可以清楚地看到这一点。亚里士多德当时谈论的“雅典宪法”，所指的已是规定国家机构的组织和权限的法律。古罗马时代，则已有了与行政长官可自行变更的普通法律不同的、须有保民官参与其事才可变更的关于国家的根本组织的法律。这些情况是与一定民主事实的存在相联系的。

近代西方的宪法一词，源于拉丁文中的 Constitutio 一词，此词原本为组织、确立、规定的意思，但到了罗马帝国时代，它又被用来指称皇帝的“诏令”“谕旨”“敕令”等，以区别于市民会议通过的法律文件。可以说，在历史上的这个时期、这个地域，已出现了初具根本法特征的法律文书，以及与之相适应的根本法观念。到中世纪，欧洲社会的根本法观念继续存在，并出现了早期的代议制。1215 年 6 月，在大贵族的胁迫下，英王约翰颁布了《自由大宪章》，使国王在征税、司法等方面的一些重要权力受到贵族议会的限制。此后，英国的代议制逐步形成并为其他欧洲国家和美洲国家所仿效。由于当时英国人将代议制称为 Constitution，人们便把规定代议制度的法律称为 Constitution，即汉语所说的宪法。

在中国古代文献中，也有“宪法”“宪”之类的说法，如《尚书》中的“监于先王成宪”，《国语》中的“赏善罚恶，国之宪法”，《管子》中的“故能出号令，明宪法矣”，《康熙字典》中的“悬法示人曰宪”，都是例证。不过，这类“宪法”或“宪”，都只有治国的规范或普通法规的意思。19 世纪 60 年代明治维新时期，西方宪法观念传入日本，日本学者最初将 constitution 译为建国法、政规法典或国家法。到 1873 年，日本著名学者箕作麟祥才将法文 constitution 译为“宪法”，所译之文本为 1852 年公布生效的法兰西第二帝国宪法。[①] 19 世纪 80 年代，中国近代改良派、维新派人士郑观应、康有为先后提出了“立宪法”“设议院”“开国会”等主张。要求改君主专制政体为君主立宪制政体。到 1908 年，清王朝颁布了《钦定宪法大纲》。在这个时期，宪法一词在中国开始有了根本大法的含义，但当时尚未形成宪制。

① 『仏蘭西法律書：憲法』，［日］箕作麟祥译，东京：文部省 1873 年版（日本国会图书馆影印本），“宪法目录”及所附之“志”，第 1—4 页。

同 Constitution 关系密切但又有所不同的一个词组是 Constitutional law，汉语一般将其译为宪法性法律或宪法法规。在不成文宪法的国家，它包括宪法惯例、宪法判例和一切属于宪法内容的制定法。在成文宪法的国家，它指属于宪法内容的普通法律，我国称为宪法相关法，如关于选举的法律，关于国家机构的法律，关于保障公民基本权利的法律等。

宪法的出现比法律晚，历史上是商品货币关系普遍化和资本主义生产方式发展壮大的产物，是资产阶级革命的结果。

在奴隶制时代的西欧虽曾出现过初具根本法特征的法律文书，但毕竟没有发展为宪法。从历史运动的一般规律来看，当时也不可能产生宪法。这有多方面的原因：首先是生产力水平较低下，强制劳动和封闭的自给自足的生产是社会普遍的经济形式；其次，由上述经济特征所决定，政治上公开承认少数人特殊的身份地位和基于血缘、门第等因素的特权，君主专制成为当时社会典型的统治方式，专制君主不需要也不允许有一部权威高于他们意志的、对一切人都有同等约束力的根本大法存在；最后，法律出现的时间不长，法律形式还很简单，往往诸法合一，各种法律的效力及制定和修改程序没什么区别。

到资本主义生产方式兴起的时代，尤其是资产阶级革命后，以上情况在欧美国家率先发生了变化。以资产阶级革命为契机，宪法最先在这些地区获得了形成和发展的机遇。历史上最早出现的宪法是 1688 年前后基本形成的英国不成文宪法。英国不成文宪法是当时资产阶级与封建贵族争夺政权并相互妥协的产物，由一系列限制王权和保障公民基本权利的宪法性法律和一些宪法惯例、司法判例构成。其中的宪法性法律包括 1215 年颁布、但按资本主义民主和法治原则重新进行了解释的《自由大宪章》以及《权利请愿书》《人身保护律》《王位继承法》《国会法》等制定法。历史上最早出现的成文宪法是美国独立战争胜利后 1787 年通过的美国宪法，稍后还有法国资产阶级革命过程中先后出现的、包括 1789 年《人和公民的权利宣言》在内的 1791 年宪法和 1793 年宪法。自那时以来，宪法有了多方面的发展变化，其中尤以三个方面最为基本、最为引人注目。1918 年产生了社会主义类型的宪法，形成了资本主义、社会主义两种类型宪法并存和竞争的格局，这是第一个方面的发展变化。第二个方面的变化是近代宪法发展为现、当代宪法。近代宪法注重的是人身权利和政治自由。现、当代宪法则突出了政治权利和社会经济文化权利，并十分强调人的价值、人的尊严和人权保障。1919 年德国的魏玛宪法、第二次世界大战后从法西斯专制暴政下获得新生的国家的宪法，如联邦德国基本法、意大利宪法等，大致上构成这种区分的分水岭。第三个方面的变化是国际化和相互影响的趋势日益加强。其中国际化表现为越来越多的国家的宪法或宪法性法律承认国际法原则、准则或国际条约具有与它们同等的效力；而相互影响包括相同历史类型宪法之间和不同历史类型的宪法之间的相互影响。

（二）当今宪法有哪些种类，它们有些什么特点

当今世界的宪法，可以作多种多样的分类。按历史类型，可分为资本主义宪法和社会主义宪法；从时间上，可分为近代宪法与现代宪法，后者指 20 世纪初叶以来制定的宪法；按制定主体的不同，可分为钦定宪法、民定宪法和协定宪法；以国家权力在法律上属于谁为标准，可分为立宪君主制宪法和共和制宪法；按国家权力行使权在中央国家机构内的横向配置的不同，可分为议会制（或内阁制）宪法、总统制宪法和半总统半议会制宪法；按国家权力行使权在国家机构内纵向配置的不同，可分为单一制宪法和联邦制宪法；按文本是否得到实施为标准，可分为规范宪法与名义宪法，前者指合法制定并得到实施的宪法，后者指只是做摆设而不起多少实际作用的宪法；以宪法的作用的不同，可分为纲领性宪法、确认性宪法和中立性宪法；按采取的文书形式的不同，可分为成文宪法与不成文宪法；按制定机关和制定程序的不同，可分为柔性宪法和刚性宪法，如此等等。

在以上多种分类中，成文宪法与不成文宪法、柔性宪法与刚性宪法的区分最为人们所重视。成文宪法又称文书宪法、制定宪法，是指将应由宪法规定的内容有系统地集中规定在一起而形成的往往是单一的基本书书法典。世界上绝大多数国家，包括中国在内，采用的都是成文宪法。如果应由宪法规定的内容并不集中于单一基本书书法典，而是散见于多种法律文书和以惯例的形式存在，则这些法律文书和惯例可称为不成文宪法。世界上采用不成文宪法的国家极少，主要是英国、新西兰，以色列宪法通常也被认为是不成文的。柔性宪法是由普通立法机关按普通立法程序制定、修改的宪法；由特别机关或按不同于普通立法的特别严格的程序制定、修改的宪法为刚性宪法。世界各国除英国、新西兰等极少数国家外，均采用刚性宪法，典型的、高度刚性的宪法是美国宪法，中国宪法也是刚性的，属于中度刚性的那一种。

至于宪法的特点，我们应看到，今天人们所说的宪法的特点是相对于宪法之外的法律而言的，但宪法之外的法律有两大类，即尚没有宪法的时代的法律和有了宪法之后依据宪法制定的法律。尚没有宪法的时代的法律，主要是奴隶制时代和封建制时代的法律，除个别地区的个别时期外，这些法律都是专制统治者单方面制定并强加给被统治者的。

相对于尚没有宪法的时代的法律，宪法有两个特点。第一个特点是与一定的民主事实相联系，是民主的表现。美国革命时期的思想家潘恩说过，“一国的宪法不是其政府的决议，而是建立其政府的人民的决议”①；毛泽东也提出，“世界上历来的宪政，不论是英国、法国、美国，或者是苏联，都是在革命成功有了民主事实之后，颁布一个根本大法，去承认它，这就是宪法”。② 宪法应当是民主制度的法律化。没有基本的民主事实，就不会有宪法，即使形式上有一个被称为宪法的文件，那也是不会真正付诸实施的、是假的。因为，没有民主事实的专制统治不需要宪法，有宪法只会妨碍专制统治者的手脚，他们必欲去之而后快。第二个特点是直接限制着掌握统治权的最高统治者或最高统治组织行使权力的范围和方式。在专制制度下，法律是统治者压迫人民，维护一己之私利的工具；在民主制度下，宪法从根本上说是人民自己的协议，国家机关的权力来自人民的委托，国家机关有多少权力，如何行使权力，都必须根据宪法的规定来确定。对这方面的道理，潘恩也讲得很透彻。他说，“一切管理国家的权力必定有个开端。它不是授予的就是僭取的。此外别无来源。一切授予的权力都是委托，一切僭取的权力都是篡夺”；“政府如果没有宪法就成了一种无权的权力”。③ 所谓“无权的权力”，即没有宪法根据的非法权力。

同根据宪法制定、位阶低于宪法的普通法律相比较，可以看出宪法的另外一些特点。这些特点可大致概括如下：

1. 内容方面的特点。宪法所规定的内容主要是或主要应当是：（1）主权在整体上属于谁，即主权所在问题，这时的主权实际上指的是以一定的

---

① ［美］托马斯·潘恩：《人权论》，《潘恩选集》，马清槐等译，商务印书馆 1981 年版，第 146 页。

② 毛泽东：《新民主主义的宪政》，《毛泽东选集》第 2 卷，人民出版社 1991 年版，第 735 页。

③ ［美］托马斯·潘恩：《人权论》，《潘恩选集》，马清槐等译，商务印书馆 1981 年版，第 250 页。

社会物质生活条件为基础的、属于社会全体成员固有的全部本源性权利；(2) 法权在公民等社会个体与国家之间的划分问题，决定其中哪些由社会成员作为权利自己保留，哪些委托给相应地建立的国家机关作为权力（职权）行使，以及委托的具体方式；(3) 权利在公民等社会个体间分配和运用的基本原则；(4) 权力在法律上属于谁，以及权力在国家机构体系内横向配置的原则、纵向配置的原则，即政体、政权组织形式和国家结构形式问题；(5) 权利与权力之间的关系，即公民等社会个体行使权利与国家机关行使权力的关系。宪法规定的这些内容，是国家的根本制度和根本原则。

与普通法律相比，宪法是根本法，是国内其他一切立法的基础，其他一切立法都只是贯彻落实宪法的规定。当然，宪法仅仅是根本法，不能代替普通法律，也不是法律汇编。

2. 效力方面的特点。从法理上说，宪法是国民的根本利益和意志最全面、最集中、最权威的反映，一切国家机关的建立和运作都必须以宪法为根据。不言而喻，宪法本身的权威高于由宪法所产生的机构的权威。所以，宪法是一国法律体系中位阶最高的法律，制定普通法律必须以宪法为依据，其内容必须符合宪法，与宪法内容抵触的法律无效。对此，实行成文宪法的国家通常都由宪法本身或经由宪法惯例予以确认。日本《宪法》第 88 条规定："本宪法为国家最高法规，凡与本宪法相违反的法律、命令、诏敕及有关国务的其他行为之全部或一部，一律无效。"俄罗斯《宪法》在其第 15 条中也明定，"俄罗斯联邦宪法在俄罗斯全境具有最高法律效力、直接起作用并适用。俄罗斯联邦通过的法律和其他法律文件不得同俄罗斯联邦宪法相抵触"。中国《宪法》在序言部分和第 5 条中也分别明确规定："本宪法以法律形式确认了中国各族人民奋斗的成果，规定了国家的根本制度和根本任务，是国家的根本法，具有最高的法律效力"；"一切法律、行政法规和地方性法规都不得同宪法相抵触。"在美国，《宪法》本身没有关于最高效力的直接规定，但联邦最高法院在《宪法》生效不久（1803 年 2 月 24 日）就通过对马伯里诉麦迪逊案的判决解决了这个问题。这份由联邦最高法院当时的首席大法官马歇尔代表该院制作的判决书毫不含糊地宣告："违反宪法的立法机关立法不是法律"；"所有制定成文宪法的人都将其视为国家基本的和至高无上的法律，因此，每个这样的政府的理论都必须是，立法机关制定的违反宪法的法律无效"；"宪法地位高于立法机关制定的任何普通法律。”① 此外，政府的行政行为也不能违反宪法。由政府违宪引起的纠纷和冲突叫作宪法危机。

在采用不成文宪法的国家，宪法性法律与普通法律在形式上没有区别，与宪法性法律相抵触的法律也是法律，此时的解决冲突的原则是以后法取代前法，或后法优于前法。在不成文宪法下，会给宪制体制带来真正挑战的是违反宪法惯例的违宪形式，若发生这种情况就会形成政治危机，其解决途径只能是政治的而不能是法律的。例如，在当代英国，如国王拒绝内阁解散下院的请求、拒不提名下院多数党领袖组阁，或拒不签署议会通过的法案等任何一种情况出现，就都会因违反宪法惯例而引发政治危机。

3. 制定和修改程序方面的特点。除实行不成文宪法的极少数几个国家外，当代世界各国制定和修改宪法的程序都在不同程度上比制定普通法律严格和复杂。这样规定的主要目的是树立宪法的权威、维护宪法的稳定。制定和修改宪法较之制定普通法律困难和复杂，主要表现在提出修宪动议、通过宪法或宪法修正案所需要的特殊资格要求和特别的赞同比例要求上。对于普通法律，世界各国一般是经立法机关全体成员 1/2 以上或出席成员 1/2 以上赞同即可制定或修改；而对于宪法，则要求高得多：有的国家须组织专门机关才能制定和修改，有的国家还要由全民进行公决，并且大多数国家都要求有制宪机关全体成员 2/3 以上多数赞同。如日本《宪法》第 96 条规定，“本宪法的修订，必须经各议院全体议员 2/3 以上赞成，由国会创议，向国民提出，并得其承认。此种承认，必须在特别国民投票或国会规定的选举时进行投票，必须获得半数以上赞成。”② 中国《宪法》第 64 条规定：“宪法的修改，由全国人民代表大会常务委员会或者 1/5以上的全国人民代表大会代表提议，并由全国人民代表大会以全体代表的 2/3 以上多数通过。”此外，有些国家对宪法的修改还有特别的限制，如法国《宪法》第 89 条中规定，“国家领土完整遭受危险侵犯时，任何修改程序均不得启动或继续。政府共和政体的形式不得作为修宪的主题。”③

制定和修改宪法采用特别的程序或给予特别的限制，主要目的在于树

---

① Jess H. Choper et al., *Constitutional Law: Cases, comments, questions*, St. Paul: West Publishing Company, 2011, pp. 6 – 7.

② 孙谦、韩大元主编:《世界各国宪法·亚洲卷》，中国检察出版社 2012 年版，第 499 页。

③ 孙谦、韩大元主编:《世界各国宪法·欧洲卷》，中国检察出版社 2012 年版，第 282 页。

立宪法的权威和维护宪法的稳定性。但这种稳定性是相对的，宪法必须适应变化着的社会生活各个方面的需要。在不修改宪法社会经济政治生活就不能发展进步的情势出现而又没有其他办法克服障碍时，宪法就应当修改。所以，对于修改宪法的程序上的限制或其他方面的限制，宽严须适度。

除以上主要特点外，宪法相对于普通法律的一些其他特点也是中外法学界常常关注和谈论的，如文字的简洁性，规范的无制裁性，内容的广泛性、稳定性，对于社会经济政治生活变化的敏感性，反映对立要求时的折中妥协性，条文的原则性，等等。从这些方面来说明宪法之所以是宪法，也或多或少有一些合理性。

（三）今天应该如何看待宪法关系和宪法实质

宪法关系是指由宪法规范所调整的社会关系，是最根本的法律关系。过去，人们往往将宪法关系表述为权利义务关系，现在看来，这有过于简单化之嫌。从主体上看，宪法关系主要包含以下几对关系：人民与国家的最基本政治关系，如中国宪法第 2 条各款所确认的关系。公民与国家机关的关系，如中国宪法第二章所调整的关系；公民与公民的关系，如中国宪法第 33 条所调整的关系。该条规定，中国公民“在法律面前一律平等。任何公民享有宪法和法律规定的权利，同时必须履行宪法和法律规定的义务”；[①] 国家机关与国家机关之间的关系，包括上级国家机关与下级国家机关之间、各级国家机构的不同国家机关之间的关系，如中国宪法第 3 条中最后两款所调整的关系。从内容上看，这些关系都是宪法承认和保障的各种“权”之间的关系：人民与国家之间是政治上的本源性权利与国家统治权之间的关系；公民与国家机关之间是法律上的权利与权力（职权）的关系；公民之间是权利与权利的协调实现关系，往往外化为权利义务关系；国家机关之间是权力与权力关系，其现实形态表现为不同职权之间的协调实现关系，可外化为权力义务关系。由于法权都表现为各种个人权利或公共权力，所以，宪法关系表述为法权关系最为恰当。法权关系表面上是个人权利与公共权力的关系，归根结底是个人利益关系与公共财产之间的关系，以及不同个人之间、不同公共机关之间的利益关系和财产关系。

---

① 《中华人民共和国宪法》（2018 年修正、通过）第 33 条。

再看宪法实质问题。宪法实质指隐蔽在宪法这种法现象后面而又直接决定着它的东西，所要回答的是宪法归根结底是什么的问题。

从现象层面看，宪法的作用首先在于将本源的、政治意义上的人民或国民的全部权利分为法权和剩余权（法外之权）两部分，然后在明示或默认法外之权全部由人民（或国民）保留的同时，进一步将法权区分为由个人直接行使的和由个人委托给国家机关行使的两个部分，其中前一部分表现为宪法确认和保障的公民等个人的权利，后一部分表现为宪法赋予国家机关的各种权力，再往后，则是确立在公民等个人之间划分权利及个人运用权利的准则，以及确立在各级各类公共机关之间划分权力及公共机关运用权力的准则。所以，在现象层面，宪法通常表现为一个以人民的名义划分或配置社会的全部权，尤其是其中的法权的根本规则。

对于宪法实质，准确认定的关键是找出全部权背后，特别是其中的法权背后起决定作用的东西。历史唯物主义原理和无数的事实表明，一切权，不论是其中的法权还是剩余权，也不论是个人权利还是权公共权力，实际上都是利益的表现。所不同者在于：法权后面是法律承认和保护的全部利益，剩余权后面是法外利益；法律上，个人权利后面是公民等私人的利益，而公共权力后面则是法律确认和保护的公共利益，等等。但是，利益还不是权的最深刻的本质，因为，利益最终体现为物质利益，而物质利益还是归根于物质财富或财产。

上述原理表明，全部权进而全部利益的物质承担者是社会的全部财产；全部法权进而法律确认和保护的全部利益的物质承担者是法律上归属已定之全部财产；个人权利进而个人利益的物质承担者是私有财产；公共权力进而公共利益的物质承担者则是公共财产，等等。所以，从最深刻的意义上说，宪法实质上是社会据以从总体上分配全部利益，进而分配全部财产并规范主体相关行为的根本性或权威性规则体系。

当然，这个从总体上分配法权或权及相应利益和财产并规范其享有主体相关行为的根本性规则体系有一个主要反映哪部分社会成员、社会集团或阶级的意志，对哪些人更为有利的问题。这一个规则体系首先和主要的是一国中居于主导地位的社会集团的意志的反映，并且对它们有利。至于宪法到底在多大程度上反映居主导地位社会集团的意志，在多大程度上对它们有利，则取决于他们同其他社会集团综合实力的对比。

(四) 当代宪法有哪些基本原则，是什么内容

当代每个国家的宪法，都遵循着一定的原则，它们反映出有关国家各自不同的基本情况。若把各国宪法所遵循的大大小小的原则加以汇总，少说也有上百种。但原则有根本的与一般的、一国特有的和各国或多国共有的之分。"当代宪法"是一个集合名词，所以，当代宪法的基本原则，应当限于当代宪法都一致承认的、直接体现宪法根本目的的那些原则。按这个标准，当代宪法的基本原则大体上有三条。

1. 保障基本人权原则。人权即人之作为人都应该享有的权利，基本人权原则的内容就是尊重和保障基本人权。保障基本人权是民主的最起码要求。在历史上，人权最初是资产阶级针对封建特权提出来的一个争取平等权利的口号。它实质上是在商品货币关系普遍化、资本主义生产方式成为占主导地位的生产方式的历史条件下，与这种生产方式相联系的社会集团，针对既得利益者提出的利益要求和财产要求。基本人权的内容在理论上的集中反映是近代自然法学派的自然权利学说。在当时的欧洲，基本人权被概括为几种自然的和不可剥夺的权利，它们是自由权、财产权、安全权和反抗压迫权；在后来的北美殖民地，新教徒移民们根据本地的实际情况将其改成"生命权、自由权和追求幸福的权利"；实际上其中"追求幸福的权利"不过是财产权和反抗压迫权这个旧大陆的要求在新大陆的翻版。在资产阶级革命时代，人权要求被写进了政治宣言。1776 年美国《独立宣言》提出："我们认为这些真理是不证自明的：所有人生而平等，他们都从他们的造物主那里被赋予了某些不可转让的权利，其中包括生命、自由和追求幸福。"① 1789 年的法国《人权宣言》宣告："人生而自由平等，终其一生"；"任何政治结合的目的都在于保护人的自然、永存的权利。这些权利即自由、财产、安全以及反抗压迫的权利。"②

稍后，美国宪法、法国宪法都确认了这些基本权利，后继的其他资本主义宪法大都以不同的形式确认了这个原则。社会主义国家同样承认享有充分的人权是长期以来人类追求的理想，并将促进人权的发展，努力达到

---

① Melvin I. Urofsky and Paul Finkelman ed., *Documents of American Constitutional and Legal History*, Volume I, New York, Oxford: University of Oxford, 2002, p. 55.

② 孙谦、韩大元主编：《世界各国宪法·欧洲卷》，中国检察出版社 2012 年版，第 283 页。

社会主义所要求的实现充分人权的崇高目标作为长期的历史任务和奋斗目标。社会主义宪法通常不抽象地使用保障人权的字眼，但通过对公民权利的确认具体地体现了基本人权原则。

中国《宪法》规定："国家尊重和保障人权。"[①] 自1980年以来，中国不仅通过了数量可观的人权保障方面的法律，还先后签署、批准和加入了十来个国际人权公约。其中最重要的是1997年10月签署的《经济、社会和文化权利国际公约》和1998年10月签署的《公民权利和政治权利国际公约》。这一切都表明了中国促进人权、保护人权的坚强决心。

基本人权是一个内涵逐步丰富的社会历史概念，其具体内容受各国历史、社会、经济和文化等条件的制约。在世界范围内，基本人权的发展经历了一个从主要注重人身自由、政治自由到政治、经济、社会、文化和发展的权利并重，从单纯注重个人的权利到个人权利与集体的权利、民族和人民的权利并重的过程。

2. 人民主权和有限政府原则。这两个宪法原则，尤其是其中的人民主权的内容，是民主政治最根本、最直接的体现。人民主权与有限政府的原则是密切相关的，但各国宪法往往只明确规定人民主权原则，而对有限政府原则却一般未予提及，所以，有限政府成为宪法原则，只是人民主权原则的逻辑延伸部分。

先看人民主权原则。主权概念是16世纪的法国学者布丹首创的。在他那里，主权的本意是统治臣民而不受法律限制的最高权力，应属于国王，因而他实际上主张的是君主主权论。人民主权论是17—18世纪资产阶级革命时期的启蒙思想家们倡导的，主要代表人物为法国的卢梭，其理论基础是自然权利说和社会契约论。美国《独立宣言》在历史上第一次将人民主权确定为基本政治原则，它写道："为了保障这些权利（即生命、自由和追求幸福——引者），才在人们中间成立国家机构。而国家机构的正当权力，系得自被统治者的同意。无论何时，任何形式的国家机构如果变得损害这些目的，人民就有权利来改变它或废除它，建立新的国家机构"。[②] 法国《人权宣言》更加明确地肯定了这个原则，它宣布："所有主

① 《中华人民共和国宪法》（2018年修正并通过）第33条第3款。

② Melvin I. Urofsky and Paul Finkelman ed., *Documents of American Constitutional and Legal History*, Volume I, New York, Oxford: University of Oxford, 2002, p. 55.

权的原则在于其本质上属于国民，任何团体、个人均不得行使未明确授予的权力。”①

当今世界各国的宪法，一般都以这种或那种形式体现着人民主权原则：美国《宪法》是以人民的名义制定的；法国《宪法》第 3 条规定，“国家主权属于人民，并由人民通过其代表或通过公民投票的方式行使”；西班牙《宪法》第 1 条第 2 款宣布，“国家主权属于西班牙人民，国家权力源于此”；意大利《宪法》第 1 条中规定，“主权属于人民，人民在宪法所规定的形式和范围内行使主权”；俄罗斯联邦《宪法》第 3 条确认，“俄罗斯联邦多民族的人民是俄罗斯联邦主权的载体和权力的唯一源泉。/人民直接地并通过国家权力机关和地方自治机关行使自己的权力。/全民公决和自由选举是人民权力的最直接的体现”；日本《宪法》序言写道：“兹宣布主权属于国民”；“国政本源于国民的郑重委托，其权威来自国民，其权力由国民的代表行使，其福利由国民享受。”② 中国《宪法》也以有自己特色的方式确认了人民主权原则，并规定了人民行使主权的形式：“中华人民共和国的一切权力属于人民。人民行使国家权力的机关是全国人民代表大会和地方各级人民代表大会。人民依照法律规定，通过各种途径和形式，管理国家事务，管理经济和文化事业，管理社会事务。”③

正确认识人民主权原则的关键是正确理解主权。主权就是作为整体的权力。在民主制度下，主权决不仅仅指由国家机构掌握和运用的权力，甚至主要不是这种权力。那种把主权仅仅理解为由国家机构掌握和运用的权力，或者只将其看作国家机构掌握和运用的全部权力中处于最高地位的那一部分的观点是不正确的。因为，这种观点实际上把主权看作是属于国家机构的，否认了人民是主权的主体。事实上，主权或作为整体的权力包含着两种权能，一是主权所有者的权能或权力所有者的权能，二是主权行使者的权能或权力行使者的权能。民主制度下主权所有者的权能或权力所有者的权能只能由全体人民享有和运用，法律上表现为全体公民的选举、罢免、创制、参加复决、参加公决和参与其他公共事务的权利之总和。

与人民主权在逻辑上有因果关系的另一个基本宪法原则是有限政府或

---

① 孙谦、韩大元主编：《世界各国宪法·欧洲卷》，中国检察出版社 2012 年版，第 283 页。

② 分别见孙谦、韩大元主编《世界各国宪法·欧洲卷》，中国检察出版社 2012 年版，第 268、690、746、212 页；《世界各国宪法·亚洲卷》，中国检察出版社 2012 年版，第 493 页。

③《中华人民共和国宪法》（2018 年修正并通过）第 2 条。

受限制的政府原则。它的含义是，国家的一切权力都是属于人民的，国家机关的权力来自人民的委托，并且只限于人民委托的范围，不享有任何不是来自人民委托的权力。所以，宪法不仅是人民权利的保障书，也是人民向国家机关委托权力的委托书，任何超越宪法和法律规定的范围行使权力的行为都构成对人民权利的侵害，都是非法的和无效的。有限政府原则在法治化程度较高的国家贯彻得比较好，在其他国家差一些，甚至完全被忽视了。

有限政府原则也是我国宪法规定的国家一切权力属于人民原则的逻辑延伸部分。在我国，人们似乎还没有充分认识到，有限政府是落实国家一切权力属于人民原则的客观要求。在实践中，非国家机关直接行使公共权力、国家机关超越宪法和法律许可的范围行使权力的情况都并不少见。这些都有违国家的一切权力属于人民原则或有违有限政府的原则。

3. 法治原则。从字面上看，法治是指法的统治。但法治不是一般的法的统治，而是由人民亲自或经由其代表制定的法的统治，不具备人民的立法权这个特征，就无所谓法治。法治是与人治根本对立的。所以，作为统治方略，法治与专制制度不能相容，但却注定是民主的最好实现形式。人们普遍承认，法治与人治的分界线不在于是否重视法的作用或是否重视人的作用，而在于当法律与掌权者的意志发生冲突时，是法律权威高于掌权者的意志还是掌权者的意志凌驾于法律之上；法律权威高于掌权者的意志是法治，反之则是人治。作为两种截然不同的治国方略，人治与法治的对立和关于孰优孰劣的争论在中国和外国都可以追溯到两千多年前。自那时以来，尤其是近代以来，无数事实证明，法治优于人治，人治是国家周期性动乱、生产力周期性大破坏的主要社会原因，从根本上说只有法治才能保证国家长治久安和生产力持续增长。

在近代，法治首先是作为自由、平等、保障人权、反对特权的要求由欧洲启蒙时代的先进思想家提出来的。在当代，法治原则具体地体现在各国的宪法规范和宪治实践中，主要表现为关于人民参与立法、严格依法办事、权利的平等保障、宪法的最高法律效力等内容。实现法治并不是一件容易的事，尤其在民主法制传统少的国家。实现法治最常见的要求有这样几点：形成以宪法为基础的较完备的法律体系，作为实现法治的前提；法律真正具有至高无上的权威，任何组织和个人都没有超越宪法和法律的特权，这是实现法治的关键；制定的法律得到切实的实施，审判（司法）独立或法院独立行使审判权，上上下下形成守法的习惯和风尚，等等——这些是实现法治的基本保障。

以上三条原则作为当代宪法基本原则，得到了普遍的认同，尽管在实践中和内容上它们表现出这样或那样的不同。

除以上三条原则外，还应当提到分权（或权力分立，下同）原则。分权原则能否作为当代宪法的基本原则，这在法学界、政治法律界还没有完全达成共识。

所谓分权，是指将公共权力按一定标准划分为相对独立的若干部分，由相应的机关分别依法掌握和运用并在这一过程中相互制约、相互平衡，使权力不致因过分集中而危害公民的权利与自由的一种制度化措施。公共权力分立从来不是目的本身，而是一种防止公共权力腐败、保证公共权力不过分集中，并借以维护民主的一种手段和方法。从公共权力所有权与权力行使权分离或主权所有权与主权行使权分离的观点看，所谓公共权力分立，从来都只是公共权力行使权或主权行使权的分立，不是公共权力所有权或主权所有权的分立，因而也不宜简单化地说成是国家权力分立或主权分立。

公共权力分立的思想可以追溯到中世纪以前的时代，但现代意义的公共权力分立理论产生在资产阶级革命时代。在当时的英国，洛克把权力分为立法、执行和对外三种。他认为，“如果同一批人同时拥有制定和执行法律的权力，这就会给人们的弱点以绝大诱惑，使他们动辄要攫取权力，借以使他们自己免于服从他们所制定的法律”①。

稍后，法国的孟德斯鸠说得更明确：“当立法权和行政权集中在同一个人或同一个机关之手，自由便不复存在了”；“如果司法权不同立法权和行政权分立，自由也就不存在了”；“如果同一个人或是由重要人物、贵族或平民组成的同一个机关行使这三种权力，即制定法律权、执行公共决议权和裁判私人犯罪或争讼权，则一切便都完了”。②

资本主义国家的宪法普遍体现了权力分立原则，其具体表现是都以某种形式规定了立法权、行政权和司法权分别由不同机关掌握，相互之间制约平衡的制度。在历史上，权力分立曾经表现为阶级分权，也有过中央与

① ［英］洛克：《政府论》下篇，叶启芳、瞿菊农译，商务印书馆1964年版，第89页。
② ［法］孟德斯鸠：《论法的精神》上册，张雁深译，商务印书馆1961年版，第156页。

地方分权的含义，但总的看来它只是一个在国家机构体系内规范权力横向配置方式的原则。由于权力分立不是主权所有权的分立，只是主权行使权的分立，不是国家权力所有权的分立而仅仅是国家权力行使权，即国家机关职权的分立，所以，从根本上说它并不妨碍主权的统一或国家权力的统一。不仅如此，还有无数经验的事实证明，适当形式的权力分立对于实现人民的权利，对于防止权力过分集中、权力滥用和权力腐败，是十分必要的。从这个意义上说，社会主义民主并不排斥分权与制衡原理，我们所反对的只是不顾我国基本情况照搬照抄西方国家的三权分立与制衡模式。

在权力的纵横向配置方面，社会主义宪法奉行的基本原则是民主集中制原则。一般认为，马克思、恩格斯在创建共产主义者同盟时，就提出了民主集中制的思想，只是没有明确提出“民主集中制”概念。列宁于1906年第一次明确使用了“民主集中制原则”的提法，十月革命后，它顺理成章地成了社会主义国家机构的组织和活动原则。苏联1977年《宪法》第3条规定：“苏维埃国家的组织和活动，实行民主集中制原则。”1992年越南《宪法》第6条规定：“国会、各级人民议会和国家其他机关都按照民主集中制原则进行组织和活动。”①

社会主义国家确认民主集中制的宪法规范不尽相同，但有一点是共同的，即归根结底是少数人服从多数人，多数人决定问题。这个共同点一般通过三种具体关系体现出来，其中一是人民与国家机关的关系，二是国家机构内的横向权力（主要表现为职权、权限）配置关系，三是国家机构内的纵向权力配置关系。在这方面，中国《宪法》第3条的规定有代表性，其内容是：“中华人民共和国的国家机构实行民主集中制。全国人民代表大会和地方各级人民代表大会都由民主选举产生，对人民负责，受人民监督。国家行政机关、审判机关、检察机关都由人民代表大会产生，对它负责，受它监督。中央和地方的国家机构职权的划分，遵循在中央的统一领导下，充分发挥地方的主动性、积极性的原则。”②

此外，还有人认为，同一类同一级国家机关内部和同一类不同级国家机关之间的工作制度（前者如权力机关实行的合议制、行政机关实行的首

---

① 分别见孙谦、韩大元主编《世界各国宪法·欧洲卷》，中国检察出版社2012年版，第253页；《世界各国宪法·亚洲卷》，中国检察出版社2012年版，第913页。

② 《中华人民共和国宪法》（2018年修正并通过）第3条。

长负责制，后者如各级法院之间的监督被监督关系制度、各级检察院之间的领导被领导关系制度，等等），也是民主集中制的具体表现。不过，宪法界和宪法学界采用此说的人不多。

三 宪法的现实世界与观念世界[①]

恩格斯说过："在抽象思维这个十分崎岖险阻的地域行猎的时候，恰好是不能骑驾车的马的。"[②] 抽象思维是有一定难度的，对行为者在所受训练方面有其特殊的要求。与做应用性研究相比，宪法学者做基础性研究较容易犯错误，其中最典型的一类错误是混淆宪法的现实世界与观念世界，致使表达方面出现问题。感谢《宪法学理论体系的反思与重构》[③]（以下简称《反思》）作者对我直接、间地表达过的学术观点的关注，并真诚地欢迎对这类观点的批评。但读后我遗憾地发现，虽然此文表现出的理论探索勇气可嘉，其中却也出现了较多的将宪法的现实世界与观念世界相混淆的问题。本着实事求是精神和对宪法学应有的责任心，下面拟以《反思》一文为例证，对混淆宪法现实世界和观念世界这类典型错误及其后果做些剖析，试指出其很可能会有的危害性，供同行和《反思》作者参考。

（一）混淆两个世界的几种较常见情形

在理解宪法的现实世界与观念世界及其相互关系方面，做基础性研究的人们往往会犯几种常见的错误。《反思》中出现的较常见错误为数不少，大体上可归纳为以下四种：

1. 混淆宪法现象和宪法学概念。概念是思维的最基本形式，思维的其他形式实际上都源于概念的展开和推演。深入了解概念与其所反映的对象的关系，是正确理解和运用概念之关键，历来为学者们所重视。中国春秋时期就展开了"名实之辩"，欧洲中世纪的唯名论与唯实论之争，都主要

---

① 本节基于《宪法的现实世界与观念世界》（《法学研究》2002 年第 2 期）一文修订而成。原文当年由笔者提出基本观点并执笔，刘茂林教授、梁忠前先生针对部分文字提出修改意见，最后三人共同署名发表。此文纳入本书时，只选用了观点和文字全部由笔者独立完成的部分，但仍然感谢刘茂林教授、梁忠前先生惠允笔者作出这一安排。

② ［德］恩格斯：《卡尔·马克思〈政治经济学批判·第一分册〉》，《马克思恩格斯选集》第 2 卷，人民出版社 2012 年版，第 41 页。

③ 周叶中、周佑勇：《宪法学理论体系的反思与重构》，《法学研究》2001 年第 4 期。

是讨论这种关系问题。一个人不论做哪个学科的研究，这种基本关系理不顺就不可能合逻辑地思考和表达。对于宪法学者来说，正确理解宪法现实与宪法学概念的关系，是有成效地展开宪法学理论研究的首要主观条件。

很可惜，《反思》首先犯的就是将宪法现实与宪法概念混淆在一起、将二者等量齐观的错误。最明显的一个实例是，《反思》将宪法学基础理论“应该研究”的内容分为两部分，并郑重提出要“对各种最基本的宪法现象如宪法的概念与渊源、宪法的产生与发展、宪法的基本原则与基本范畴、宪法的结构和宪法规范、宪法的价值和宪法关系、宪法观念与宪法文化等进行理论抽象”。从这句话中，人们可以很清楚地看出，《反思》作者不明白宪法现象或宪法现实与相应宪法学概念之间的关系的性质并将两者混为一谈的情况。众所周知，所谓宪法现象，就是宪法实在、宪法现实、客观对象，所以，《反思》列举的“宪法现象”中，至少“宪法的概念”“基本范畴”不是宪法现象而是反映宪法现象属性、范围或其他某些特征的思维形式。宪法现象属于现实世界，“宪法的概念”“基本范畴”属于观念世界；宪法现象是宪法学的认识客体，而“宪法的概念”和“基本范畴”等则是记载主体认识宪法现象的结果的思维形式。宪法学在研究具体宪法现象时虽然也会考察前人概括该现象的属性与范围的概念，但仅仅是将其作为前人对相应现象进行认识的成果而不是作为宪法现象本身对待的。因为，以“宪法的概念”“基本范畴”等观念世界的东西为对象，归根结底也还是以它们所反映的现实（如宪法权利、权力等）为对象。而且，《反思》要求对基本宪法现象进行“理论抽象”本身就意味着要严格区分宪法的现实世界和观念世界，因为抽象的任务是研究前者以形成后者。但“宪法的概念”和“基本范畴”这类本身就属于人们认识宪法和基本宪法现象的思想成果，它同将要形成的宪法学理论体系均同属观念世界，本身就是抽象的结果，将它们看作宪法现象、将它们同真正的宪法现象放在一起进行“理论抽象”，是思维和逻辑混乱的表现。甚至将“宪法的概念”与宪法学的“基本范畴”并列，也反映了《反思》作者对两者关系的不甚了然，因为在宪法学中，宪法的概念是公认的宪法学基本范畴之一，把它们作为并列的思维形式相提并论在逻辑上说不过去。

这些都只是例子，实际上，《反思》中不少文字符号在特定上下文中到底是标志的宪法现实还是对某种宪法现实进行抽象的结果也是不清楚的。例如，“人民主权不仅是人权与主权逻辑与历史的协调统一，也是公民权利与国家权力关系这一基本宪法现象的高度抽象”这类说法，在《反思》中就有不少，但其中“人民主权”“人权与主权”的逻辑定位都很模糊。如“人民主权”，若将其定位于宪法现实，它就不能是“公民权利与国家权力关系这一基本现象的高度抽象”；若将其定位于从“公民权利与国家权力关系”这种宪法现实中抽取的根本属性构成的概念，却又不符合实际，因为它们之间并无抽象与被抽象的关系或可能。同样，上文中的“人权与主权”也不知到底是属于“逻辑”还是属于“历史”，如属于“逻辑”，它们就是观念世界的东西，如属于“历史”，它们就是现实世界的宪法现象，而最不好理解的是，不知它们是以概念的身份还是以现象的身份被“统一”到了“人民主权”中，以及为何作者只宣告而不证明这种“统一”。

混淆宪法现实与宪法概念的关系还表现为误解范畴与相应概念、现实之间的关系。例如，对于范畴，《反思》提出了“权利制约权力是宪法内容的核心范畴”的命题，并用了300余字来证明这个命题。但细看有关内容，原来《反思》的作者并不了解在一个学科中范畴指的是该学科的基本概念，也不了解宪法学范畴乃是反映相关宪法现象根本属性和普遍联系的思维形式。而且，由于“范畴”一词除上述含义外，只在日常生活意义上有一个“范围”的意思，所以，《反思》提出并花不少气力证明的那个命题严格地说并没有表达出任何一种确定的意思。

2. 将社会现实的矛盾、宪法矛盾和宪法学中的矛盾混为一谈。《反思》写道：对各种基本宪法现象进行抽象，“目的在于进一步说明宪法和宪法学的基本问题和基本矛盾是公民权利与国家权力的关系问题”；“毛泽东曾经指出：‘科学研究的区分，就是根据科学对象所具有的特殊的矛盾性。因此，对于某一现象领域所特有的某一种矛盾的研究，就构成某一门科学的对象’。同样，宪法学作为一门不同于其他部门法学的独立学科，它的研究也应当根据其研究对象的特殊的矛盾性即宪法学的基本矛盾来展开”；在列举了重构宪法学起点之争的三种观点后，《反思》总结道：“所谓宪法学理论体系的重构，就是按照宪法学的基本矛盾这条主线，对宪法学理论研究的总体框架及其具体内容进行重新构造设计。只有以宪法学的基本矛盾为突破口，才能实现对现存宪法学体系的根本性更新。”《反思》全文说到宪法基本矛盾或宪法学基本矛盾的地方有数十次。但须知，这些提法本身已明白显露了此文作者的重大认识错误。

为什么说宪法基本矛盾、宪法学基本矛盾的提法包含重大认识错误呢？理由很简单，宪法现象领域、宪法中和宪法学中分别都有矛盾，但这三种矛盾有根本的区别，不能混淆，而《反思》恰恰把三者搞混了。宪法现象领域有其基本矛盾，这种矛盾实际上就是立宪社会现实生活中的基本矛盾，即权利与权力（或公民权利与国家权力）的矛盾。而作为人的有意识的活动的产物，宪法虽然是社会现实的反映，但它是经过“歪曲”了的反映。因此，任何一部宪法（以及以其为基础形成的法律体系）内部都应当是和谐统一的，不应该相互矛盾，即使事实上因制宪者的认识错误或其他原因而造成一定程度的自相矛盾，但这种矛盾是应该彻底消除的。同理，宪法学虽然也会反映宪法现象领域的矛盾，但也是经过“歪曲”了的，宪法学的内容不能自相矛盾，必须自圆其说，如果它的内部有矛盾，那是不正常、不能容忍的，应设法彻底消除。而且，既然宪法的矛盾、宪法学的矛盾都是因种种错误形成的，是应当彻底消除的，那么，《反思》的上述基本主张应该接受什么样的命运安排也就不言而喻了。

这里还应说明，《反思》所援引来作为自己基本论点原始依据的那些话原本都是正确的，但《反思》却误读、误解了那些话。例如，在《反思》直接引用、本书前面间接引用的毛泽东说的那段话中，毛泽东讲的矛盾是“科学对象所具有的特殊的矛盾性”，“某一现象领域所特有的某一种矛盾”，都是现实世界的矛盾，并没有某一门科学内部的矛盾的说法。但读者可以看到，《反思》作者在引用了毛泽东的话后开始谈宪法学问题时，紧随引文后的第一句话就以一个“即”字为转折，将宪法学对象世界的矛盾说成了宪法学本身的矛盾。又如，《反思》提出“宪法学的基本矛盾”所依据的其他学者的有关论述，所讲的原本都是现实世界的矛盾，这一点从《反思》评述“权利权力关系论”即“第二种观点”时所直接间接引用的文字中可以看得很清楚。但那些话一经《反思》作者按以下方式转述和评论，就由正确的变成错误的了：“可见，第二种观点虽然正确地认识到了宪法学的基本问题或基本矛盾是公民权利与国家权力的关系问题”，云云。其中，“基本问题”是别人原有的提法，是正确的；“宪法学……基本矛盾”这种错误陈述则是《反思》误解别人本意的产物。

或许有读者会问，为什么一定要严格区分立宪社会现实生活中的矛盾、宪法矛盾和宪法学矛盾呢？宪法、宪法学难道不是立宪社会现实生活的反映吗，怎么立宪社会现实生活的矛盾在宪法、宪法学中被“歪曲”、消除了？这涉及较复杂的理论问题。拿社会经济生活中的矛盾与法的关系来说，前人似乎早已预见到后人对这类问题不易理解，从而给予了相当有针对性的说明："在现代国家中，法不仅必须适应总的经济状况，不仅必须是它的表现，而且还必须是不因内在矛盾而自相抵触的**一种内部和谐一致的**（黑体字是原有的——引者）表现。而为了达到这一点，经济关系的忠实反映便日益受到破坏。法典越是不把一个阶级的统治鲜明地、不加缓和地、不加歪曲地表现出来（否则就违反了法的概念），这种现象就越常见。1792—1796 年时期革命资产阶级的纯粹而彻底的法的概念，在许多方面已经在拿破仑法典中被歪曲了，……但是这并不妨碍拿破仑法典成为世界各地编纂一切新法典时当作基础来使用的法典。"①

很显然，法典"歪曲"经济关系、包括在法典中消除经济关系中的矛盾，目的是让法典统一集中地体现社会中居主导地位的集团（在阶级社会通常表现为统治阶级）的意志或利益要求，并使之对社会经济生活起反作用。所以，上述引文的作者紧接着前文写道："这样，'法的发展'的进程大部分只在于首先设法消除那些由于将经济关系直接翻译成法律原则而产生的矛盾，建立和谐的法的体系，然后是经济进一步发展的影响和强制力又一再突破这个体系，并使它陷入新的矛盾（这里我暂时只谈民法）。"②

当然，陷入新的矛盾后又要运用立法手段或其他相应手段消除这些新的矛盾，让其重新和谐一致起来，如此循环往复，直到不存在法或不需要法的那一天。宪法是法的一部分，立宪社会现实生活基本矛盾或现实经济关系基本矛盾与宪法之间的关系当然也是这样。故而，"宪法的基本矛盾"的提法完全是错误的。

立宪社会现实生活的矛盾与宪法学的关系，基本上同这种矛盾与宪法的关系是一样的。所以，像宪法各部分之间不能相互矛盾一样，宪法学体系内部也不能有矛盾，至少不能有明显的矛盾，否则这种宪法学体系就该废弃或变革了。因此，"宪法学基本矛盾"的提法也是错误的。

3. 不了解作为思维活动的抽象所具有的地位、作用以及被抽象对象与抽象结果之间的关系。抽象一词源自拉丁文，本义是"抽取"或"抽

① ［德］恩格斯：《恩格斯致康拉德·施米特》（1890 年 10 月 27 日），《马克思恩格斯选集》第 4 卷，人民出版社 2012 年版，第 610—611 页。

② ［德］恩格斯：《恩格斯致康拉德·施米特》（1890 年 10 月 27 日），《马克思恩格斯选集》第 4 卷，人民出版社 2012 年版，第 611 页。

引"，实为认识过程中的一个环节，通常指在思维中主体抛开客体的非本质方面而抽取其本质方面的过程，也可以指主体根据特定需要把客体某一非本质的方面抽取出来的过程。抽象与感性直观是对立的，一切日常的和科学的概念或范畴（有时也可以是感性的几何图形或理想化模式）都是抽象的结果。《现代汉语词典》认定的抽象一词的含义与逻辑学上的解释基本上一样。① 在抽象的问题上，对德国古典哲学和马克思的哲学缺乏必要了解的学者做宪法学基础性研究时往往最容易犯两个方面的错误：不十分明白什么叫抽象；不懂得抽象是人认识宪法现实的活动。

这两个方面的错误，《反思》都给人们提供了供剖析的例证。我们看看《反思》在提出和论证一个具体命题过程中是如何理解抽象和抽象过程的："宪法学逻辑起点是对宪法学基本矛盾的高度抽象"；"人民主权……是公民权利与国家权力这一基本宪法现象的高度抽象"；"人民主权是公民权利与国家权力关系这一基本宪法现象的高度抽象。……人民主权经宪法规定之后，人民成了主权的所有者或国家的主权者，并由此派生出国家权力。既然人民主权是人权与主权相统一的逻辑必然，而公民权利是人权的法律化和具体化，国家权力是国家主权的派生权力，那么人民主权实际上就是公民权利与国家权力关系这一基本宪法现象的高度抽象。"类似的"高度抽象"还有多处。

这些文字清楚地表明，《反思》作者对于什么是抽象以及这一认识过程的特点都不甚清楚。因为，文中的"宪法学逻辑起点"与"宪法学基本矛盾"（姑且假定真有这种矛盾，后同）之间，"人民主权"与"公民权利和国家权力"（有时又被《反思》说成是"公民权利与国家权力关系"，到底是什么不甚确定，这本身就是严重问题，下同）之间，并没有抽象与被抽象关系。原因是：

首先，如果存在抽象被抽象关系，作为被抽象对象的一方应属于宪法现实，而作为抽象结果的一方应属于宪法的观念世界，而上述两组排列中任一组的两边都没有这种区别。

其次，如果存在抽象被抽象关系，"宪法学逻辑起点"应该是一个反映从各种"宪法学基本矛盾"（这种说法本身就是一种认识错误的产物）

① 根据该词典的认定，抽象的另一重意思是"笼统的""空洞的"，但本书显然不是在这层含义上使用"抽象"一词。

中抽取的本质特征的抽象概念；确切地说，若真有这种关系，“人民主权”应当是一个反映从“公民权利与国家权力”中抽取的本质特征的抽象概念，但实际上不是。

最后，完全看不出《反思》作者或其认定的其他任何人曾从“宪法学基本矛盾”“公民权利与国家权力”中抽取过什么根本的、共同的属性并将其分别作为“宪法学逻辑起点”和“人民主权”概念的内涵。前文直接引语中，《反思》作者论证“人民主权实际上就是公民权利与国家权力关系这一基本宪法现象的高度抽象”这一看法的那段话，直接表明了《反思》尚不清楚什么叫抽象，以及抽象在人认识客体的过程中起什么作用以及如何起作用。

4. 不懂得什么是抽象力以及如何运用抽象力去把握宪法现实，形成必要的概念。这是一个与以上情况有关联但又相对独立的另一个问题。

对于宪法学基础性研究乃至一切哲理性法学而言，理解和运用抽象力极为重要，但往往也最为困难。《反思》中的不少文字表明，其作者对抽象力及其作用尚不能理解，倾向于根本否定运用抽象力把握到的宪法现实的客观实在性。例如，《反思》作者借其他学者 1995 年初讲过、后来又遭遇到数次反批评的话，对迄今仍正在向前推进的法权宪法理论提出了这样的批评：“这种所谓的‘社会权利’（即后来的法权——引者）既非从宪制实践中归纳而来，也不可能从宪法理论中推演出来，而是自己创造出来的一个‘根本不存在’的概念。因此，‘把一个既不属于社会存在又不属于社会意识，充其量不过是一种个人意识，实际上并不存在的社会权利充作基石范畴和逻辑起点来重构宪法学体系，无异于把高楼大厦建立在沙滩上’”，“以虚构的‘社会权利’作为宪法学的逻辑起点，显然也难以成立”。

这段话的要义是否定法权（“社会权利”是其早期的称谓）概念的真实性和合理性，但也恰恰是这段话显露出《反思》作者理解不了用抽象力把握宪法现实并形成相应概念是怎么回事，以致将真实的东西看成是虚假的，结果造成了对自己所批评的东西的误判。其实，所谓法权，也就是法律上各种“权”的统一体，法权概念是一个很真实的概念，它真正是抽象的结果：被抽象的对象是现实生活中法律承认和保护的各种“权”（包括自由），从各种“权”中抽取出的第一级的共同的、本质的属性是法定利益，第二级的共同的、本质的属性是各种归属已定之财产（财富）。完成了这个抽象过程，用法权这个语词将各种法定之“权”的这些根本属性相对固定下来后，一个有着明确内涵和外延的新概念就产生了，这没什么奇怪的。表达这个新概念的语词最初是“社会权利”，后来又改用更为恰当的“法权”二字。实际上，这个标志法定之权即权利权力统一体的新概念本身从来没有什么问题（这一点有关学者已多次证明过），曾经有过的问题仅仅是一度没找到很适当的语词来表达它。而这个问题现在也解决了。随着研究的深入，一个事物需要改换名称十分正常。恩格斯说得好：“一门科学提出的每一种新见解都包含着这门科学的术语的革命。化学是最好的例证，它的全部术语大约每二十年就彻底变换一次，几乎很难找到一种有机化合物不是先后拥有一系列不同的名称的。”[①] 既然在化学中化合物“先后拥有一系列不同的名称”很正常，为什么各种法定之“权”或权利权力的统一体不可以先后拥有两个名称呢？《反思》作者否定这个概念的真实性，是因为他们还不理解抽象力以及它在认识宪法现象过程中所能发挥的作用。

应当说，像《反思》这样理解不了抽象力及其作用的情形在中青年一代的宪法学者中有一定代表性，应引起法学教育者的适当关注。在新生代中，不少人只能理解靠感观直觉把握得到的东西，或只敢接受一些虽看不见摸不着但已由前人用抽象力把握到而又被人们普遍认同的东西（如价值、剩余价值、万有引力、黑洞等），不仅自己没有练就运用抽象力把握未知事物的能力，甚至对别人运用抽象力把握事物的活动感到莫名其妙。这种状况颇令人担忧。马克思在讲到经济学研究时说过，“分析经济形式，既不能用显微镜，也不能用化学试剂。二者都必须用抽象力来代替”。[②] 在宪法学基础性研究领域，情况也是这样。一种宪法现实，有些人“看”得见它，有些人“看”不见它，这很正常，因为前者形成了看它的“眼”，而后者尚没有形成这种“眼”。对于《反思》作者否定的法权之有无这类问题，我能说的也就这些。

（二）混淆两个世界的一些较深层问题

当研究工作涉及宪法现实世界与观念世界相互关系的一些深层内容

---

① ［德］恩格斯：《资本论》英文版序言，《马克思恩格斯文集》第5卷，人民出版社2009年版，第32页。

② ［德］马克思：《资本论》第一版序言，《马克思恩格斯文集》第5卷，人民出版社2009年版，第8页。

时，人们往往更容易出错。《反思》在这方面犯的错误或许能给人们提供一些教训。

1. 对“从抽象上升到具体”的方法的种种误解。“从抽象上升到具体”是马克思的辩证逻辑的一个重要方法，《反思》一文的几个十分重要的部分都用到了这个方法，但几乎每一个地方都用错了，因而对文章内容造成了大面积的毁坏。

我们先看看《反思》是怎么说的。为了证明“人民主权：宪法学之逻辑起点”这个命题，《反思》写道：“人民主权不仅是人权与主权逻辑与历史的协调统一，也是公民权利与国家权力关系这一基本宪法现象的高度抽象。它充分体现在各种具体的宪制制度和宪制机制之中，因此以之为逻辑起点展开宪法学的理论体系，体现了‘从抽象上升到具体’……这一马克思主义辩证逻辑方法论的观点。”在用了2000多字的篇幅论证这些看法后，《反思》这样做了总结：“可见，作为宪法与宪制的逻辑起点，人民主权是对公民权利与国家权力关系这一基本而具体的宪法现象的高度抽象，同时它又具体体现于各种宪制制度和宪制机制之中，充分体现了从具体到抽象再到具体这一辩证逻辑思维发展过程。”紧接着，《反思》又按照自己所理解的“从抽象上升到具体”的方法花了近1700字的篇幅对“公民权利与国家权力：宪法学之基本矛盾”这个命题做了论证。另外还有一些文字也是按这个思路写的。

为什么说《反思》对其所运用的从抽象上升到具体的逻辑方法的理解和运用出了错呢？回答这个问题先得大体弄清从抽象上升到具体的方法是怎么回事。这个方法与绝对精神（绝对理念）这个概念有关，其渊源要追溯到德国哲学家F. W. J. 谢林，而将绝对精神概念发展成为一种“绝对方法”，则是黑格尔所做的工作。绝对方法的要点是，认定绝对精神这个最抽象的精神实体（实为最基本概念）的“存在是一个自我演化的过程，在自然界和人类社会产生之前，它是纯粹逻辑概念的推衍过程；之后外化为自然界；再后又自我否定，转化为精神并返回自身”。[①] 我赞成将这种方法看成“是对一切近代经验方法论的扬弃，是一种辩证的历史的科学方法论”。[②]

---

① 这是哲学界有代表性的看法，见《中国大百科全书·哲学》，中国大百科全书出版社2002年版，第386—387页。

② 孙乐强：《重新理解〈资本论〉的哲学意义及其历史地位》，《哲学研究》2012年第11期。

后来，马克思将这种“绝对方法”进行了唯物化改造，被改造后一般称为从抽象上升到具体的方法。马克思对这一方法有经典的表述，原文是：“具体之所以具体，因为它是许多规定的综合，因而是多样性的统一。因此它在思维中表现为综合的过程，表现为结果，而不是表现为起点，虽然它是现实的起点，因而也是直观和表象的起点。在第一条道路上，完整的表象蒸发为抽象的规定；在第二条道路上，抽象的规定在思维行程中导致具体的再现。……从抽象上升到具体的方法，只是思维用来掌握具体、把它作为一个精神上的具体再现出来的方法。”① 马克思的《资本论》是运用这个方法形成范畴体系的范例。就从抽象上升到具体的逻辑行程来看，像马克思说的那样，是分为两个阶段的。

以《资本论》为例，第一阶段即“在第一条道路上”，完整的表象是指人获得的对于作为现实具体的千差万别的商品的感性印象，蒸发为抽象的规定是指千差万别的商品所具有的共同的、本质的特征（无差别的人类劳动的凝结）被抽取出来，形成了价值这个抽象概念；在第二阶段即“在第二条道路上”，“抽象的规定”指抽象的价值概念，“在思维的行程中导致具体的再现”是指价值概念由于其内部包含的矛盾性（个别价值与社会价值的矛盾，必要价值与剩余价值的矛盾）而自我运动，形成具体乃至更具体概念（如资本、利润、利息、地租、工资等范畴）的过程和结果，其中的“具体”是指再现现实具体的精神具体即具体概念，它们属于观念世界。这些都是马克思主义哲学中比较常识性的东西。

根据这些道理，我们认真分析以上引自《反思》的关于“从抽象上升到具体”的全部文字，所得出的一个总体结论是，其作者完全误解了自己所要遵循的这种“马克思主义辩证逻辑方法论”。这有四个方面的具体表现。

第一，“从抽象上升到具体”是科学抽象概念的形成和自我运动，形成范畴体系的过程，是思维借以把握和再现现实具体的过程，用到宪法学理论研究中，只能是指从完整的表象出发形成最抽象概念后，该概念因其内部包含的矛盾性而向具体、更具体概念的自我运动，这实际上是宪法的观念世界内部的运动，而《反思》误将其理解为“人民主权”具体体现到现实的“宪制制度和宪制机制”之中的实践活动或现实过程。《反思》甚

---

① ［德］马克思：《〈政治经济学批判〉导言》，《马克思恩格斯选集》第 2 卷，人民出版社 2012 年版，第 18—19 页。

至完全颠倒宪法现实与宪法学观念世界的正常关系，说人民主权“具体体现于各种宪制制度和宪制机制之中”这一现实过程“充分体现了从具体到抽象再到具体这一辩证逻辑思维发展过程”，似乎逻辑过程先于宪法现实过程存在并决定着宪法现实过程。

第二，《反思》不懂得现实具体与精神具体的根本差别，将所有原本处于精神具体位置的“具体”一概理解成了现实具体。这一点集中表现在对“从抽象上升到具体”这个短语里“具体”二字的错误体认中。按这种错误体认方式，“人民主权”这种“高度抽象”被认为“充分体现在各种具体的宪制制度和宪法机制之中”。在这句话中，“具体的宪制制度和宪法机制”显然是现实具体。错误就出在这里。可惜“具体”不是精神具体而是现实具体，那么短语中的“从抽象上升”就应改为“从抽象下降”了。在这个语境中，具体是精神的具体、理论的具体或概念具体，这在哲学、逻辑学界是尽人皆知的普通知识。

第三，“逻辑起点”是相对于形成概念体系乃至理论体系的逻辑行程而言的，宪法和宪制并无所谓“逻辑起点”问题。《反思》不明了这一点，于是既在观念世界中谈论“宪法学的逻辑起点”，又在现实世界的领域内谈论“宪法和宪制的逻辑起点”，并将它们都归结为“人民主权”，这就很有些离谱。而且，即使没有这类问题，《反思》得出的这样一些结论仅从文字上看就难免让人理解起来感到莫衷一是：按《反思》的说法，宪法、宪制和宪法学都以人民主权为“逻辑起点”，这是不是主张宪法从人民主权写起，宪制从人民主权开始建设起，宪法学从人民主权开始研究起？人民主权那么抽象，什么都从它开始，人们该如何着手呢？在这三个方面，《反思》全文都没给读者以如何着手的具体提示，看来《反思》作者同我们读者一样，心里其实并不真正明白这篇文章中有关话语的具体含义。

第四，退一步说，即使《反思》没有误解“从抽象上升到具体”的方法，“人民主权”也不能做宪法学理论体系（在《反思》的语境中应该是宪法学范畴体系）的逻辑起点。对于用“从抽象上升到具体”的方法展开范畴体系的逻辑起点，我国哲学界有两种不同的理解。一种理解方式是将构成该方法的两个逻辑阶段（即马克思所说的两条道路）看作一个统一过程，将“逻辑起点”定位于某种现实具体的完整表象（如《资本论》中的“商品”），但至少要求它能构成研究对象的基本单位，能包含事物整个发展过程中一切矛盾的胚芽（在“商品”中是私人劳动与社会劳动的矛盾、个别价值与社会价值的矛盾)，[①] 而“人民主权”显然不具备这些条件。第二种理解方式是，将上述逻辑行程中的“第一条道路”（即从反映某种现实具体的“完整的表象”到抽象）看作是整个逻辑行程的次要部分，而将从抽象上升到理性具体的“第二条道路”看作整个逻辑行程的核心部分，因而把从“完整的表现”中“蒸发”出来的抽象概念作为从抽象上升到具体的逻辑起点（在《资本论》中是“价值”)。按这种理解，“逻辑起点”必然同时就是“第一条道路”的逻辑终点。“人民主权”在《反思》中并没有真正进入逻辑行程，不是抽象的结果，无所谓做“第一条道路”逻辑终点的问题，因而从形式上看它就不可能成为“第二条道路”的“逻辑起点”。所以，不论怎么看，“人民主权”都无缘于宪法学范畴体系或理论体系中“逻辑起点”的位置。

2. 对“逻辑与历史相统一”的方法的误解。这种方法也是源于德国古典哲学，由马克思加以改造了的辩证逻辑方法之一。《反思》作者自称采用了这种方法，实际上始终未明白这种方法的内容。

先看《反思》的说法。《反思》写道：“人民主权不仅是人权与主权逻辑与历史的协调统一，也是公民权利与国家权力关系这一基本宪法现象的高度抽象。它充分体现在各种具体的宪制制度和宪制机制之中，因此以之为逻辑起点展开宪法学的理论体系，体现了……‘逻辑与历史相统一’这一马克思主义辩证逻辑方法论的观点”。《反思》作者紧接着提出了“人民主权是人权与主权逻辑与历史的协调统一”的观点，并回顾了主权、人权、人民主权观的历史发展，最后总结道：“可见，只有人权与主权的协调统一，才能催生出人民主权；而人权与主权及其关系这一客观事物的历史发展及其逻辑再现，也必然会生成人民主权。人民主权正是人权与主权相统一的逻辑必然。”

为了能看清《反思》对此方法的误解之处，我们不得不看看这个方法到底是什么以及它有哪些基本特征。恩格斯在评论马克思的政治经济学范畴体系时对这个方法有经典表述，原文是：“历史从哪里开始，思想进程也应当从哪里开始，而思想进程的进一步发展不过是历史过程在抽象的、理论上前后一贯的形式上的反映；这种反映是经过修正的，然而是按照现实的历史过

---

① 参见《中国大百科全书·哲学》，中国大百科全书出版社2002年版，第108页。

程本身的规律修正的”。[①] 在这里，“历史的”指客观现实的历史发展过程，“逻辑的”指客观现实的历史发展在思维中概括的反映。“逻辑与历史的统一的方法要求人们在科学研究和在建立科学理论体系时，要揭示对象发展过程与认识发展过程的历史规律性；在安排理论体系各个概念、范畴的逻辑顺序时，必须符合被考察对象历史发展的顺序。”[②] 可见，这个方法运用到宪法学中要解决的只能是宪法现实世界与宪法观念世界之间的关系问题，主要涉及在宪法学理论体系中如何合理安排范畴的先后顺序。

按上述道理衡量，《反思》关于“逻辑与历史相统一”的说法，既是误解“逻辑”，又是误解“历史”的结果。我们看到，在《反思》中，“人民主权”与“人权与主权”两者之间实际上是平行的关系，都是宪法现实。“人民主权”与“人权与主权”之间并不存在抽象与被抽象的关系，也不涉及宪法学范畴与宪法现实之间的关系，更不涉及“人民主权”作为一个宪法学概念在宪法学范畴体系中先后秩序方面的具体定位。所以，将“人民主权”说成是“人权与主权逻辑与历史的协调统一”，说它“体现了……‘逻辑与历史相统一’这一马克思主义辩证逻辑方法论的观点”，是完全无从谈起的事情。至于欲以此为根据证明宪法学理论体系应以“人民主权”为逻辑起点，则只不过凑凑字数而已，这两者之间根本就不相干。

这些分析是以假定《反思》对宪法学有关理论问题的讨论进入了逻辑的与历史的关系的领域为前提的。从实际情况看，《反思》在文字上虽多次强调“逻辑的与历史的”这类语词，但从涉及的内容看，其中的有关论述并未真正进入逻辑的与历史的关系领域，全部文字基本上是基于一种误解形成的。所以，对明眼人来说，以上我们围绕“逻辑的与历史的相统一”讲的这许多话，原本都是多余的。

3. 脱离宪法现实理解宪法学理论体系，终致将其误解为宪法学教材章节顺序安排。一个学科或领域的理论体系，实为解释和影响各该学科或领域面对的种种现实的一套内部协调的观点（思路、进路）体系。任何一种理论体系都是长期、逐步地在解释或解决本学科、本领域内的一个个具体现象、具体问题的过程中形成的。所以，理论体系的出现往往先于记录它

---

① ［德］恩格斯：《卡尔·马克思〈政治经济学批判·第一分册〉》，《马克思恩格斯选集》第2卷，人民出版社2015年版，第43页。

② 《中国大百科全书·哲学》，中国大百科全书出版社2002年版，第551页。

的著作，甚至先于记录它的有关论文或其他任何文字形式，当然更先于以记录和转述它为主旨的有关教科书。譬如，孔子是儒家学说的创始人，是公认有思想理论体系的，但他的理论体系形成于讲学过程中，是零零碎碎口头发表的，《论语》不过是他死后门人对其言论的整理记录。可见，孔子的理论体系的出现早于有关著作、论文和其他任何相关文字。这些一般道理，对于理解宪法学理论体系来说也是完全适用的。

《反思》的基本认识错误之一，是不明白什么是宪法学理论体系，甚至误以为宪法学理论体系就是宪法学教材中的章节目顺序，从而误将相关研究活动看成是讨论如何合理安排这种顺序并编写出宪法学教材。读者可以看到，《反思》整个第三部分的标题是“宪法学理论体系的重新构建与设计”，其中第一自然段这样概括地提出了“重新建构与设计宪法学理论体系”的设想：“以公民权利与国家权力关系为主线的宪法学理论体系，应当包含四个相互联系的基本构成部分：宪法基础论、公民权利论、国家权力论和宪制运行论。”对其中的第一个构成部分，《反思》还特别强调：“今后宪法学教科书中应当列专章来研究宪法的理论基础，分别研究宪法的道德基础、社会基础、逻辑起点和基本矛盾。”对其中第二个构成部分，《反思》强调，“我们认为，在宪法学理论体系的安排上，应当将‘公民权利论’置于‘国家权力论’之前，‘以保障个人基本权利作为国家机关职权的确立和执行的底线’，也有利于促进宪法学界对公民基本权利的研究和重视”。《反思》对另外两个构成部分的排列和所应包括的内容，也都详细做了安排。

总之，《反思》第三大部分的全部内容表明，《反思》实际上做的是宪法学教科书体系的设计工作。能够表明这一点的另一方面的证据是，它的全部论述都是在排列组合现有的宪法学知识而没有关注各种宪法现实，也没有致力于把握并解决法律生活中的宪法问题本身。甚至它将编写宪法学教科书的性质定位于“研究”这一做法，也能从旁佐证我们的以下判断：《反思》的确是将构建新的宪法学理论体系理解为重新安排宪法学教科书的章节顺序。

由于《反思》作者并不真正明了什么是宪法学理论体系，所以，他们也体悟不出宪法学理论体系研究方面取得的任何新进展。就以法权分析理论为例吧。在这方面，《反思》写道：有关学者将法权分析方法的思路“作为贯彻构建宪法学体系始终的主线，因而决定着其在构建宪法学理论体系过程中必然会误入歧途，按照这种观点也必然无法将宪法学理论体系真正建构起来。事实也是如此。”谈论法权分析方法最终能否创造出宪法学新的理论体系现在为时尚早。至于法权分析论者是否“根本就没创造出什么新体系”，则要看人们怎么理解。

我们以为，按实事求是的精神，似乎这样说比较恰当：完整的理论体系尚未创造出来是事实，但很可能已为这个体系创造出了若干必要环节也是难以否认的，这已有不少基础性研究的成果（包括以法理形式出现的）为证。我们并不否认，法权分析论者写的那篇《用社会权利分析方法重构宪法学理论》的文章，只是提出了一个新想法，的确并不包含多少实质性的新东西。但《反思》作者因局限于宪法学教科书编排体系而无法理解的是，当法权分析论者着眼于深化宪法学研究的需要，对一个个具体的法现象或宪法现象做了较具创新性的研究，并试图使它们前后协调起来的时候，情况就不一样了。

这时，每一个具体的问题的解决，都意味着新的宪法学理论体系中一个环节的形成或初步形成。譬如，法权分析理论的倡导者近两年来一直在致力于否定权利本位、确证法权中心，任何明眼人都会看到，这个工作如果完成，他就在新的基础上解决了宪法以什么为中心或本位的问题，而这也同时就意味着拟议中的宪法学理论体系又构建出了一个新环节；而如果他不能确证法权中心，那么他为自己心目中的理论体系构建一个新环节的尝试就失败了，得再做生产这个环节的新尝试。

上述例子有助于说明《反思》作者尚不明白的三个方面的道理：

第一，形成一个理论体系是非常艰难的，每一年或两年能成功完成其中一两个环节的建造就很不容易了，那种以为胡乱找几条理由将一本宪法学教材的章节目顺序重新安排一下就会形成一个新理论体系的想法是幼稚可笑的。

第二，新的宪法学理论体系不是对现有宪法学知识做新的排列组合能搞得出来的，而是要靠对基本宪法现象和法律生活基本问题进行创新性研究，要以在这个过程中取得的新成果为建筑材料。可以说，没有对具体宪法问题、宪法学问题的创新性研究，就不会有宪法学新理论体系。这一点今天比以往任何时候都更加明显。

第三，讨论、谈论构建宪法学理论体系并不是在新的基础上形成这种体系的必要条件，完全有可能，一个从来不提体系二字的学者通过一系列的创造性研究在人们不知不觉中形成了全新的体系，而天天空谈体系的人却很可能一辈子生产不出这种体系的任何一个环节。所以，构建宪法学理论新体系的功夫在谈论“体系”之外，在于对宪法学各种基础性课题做创造性研究并拿出像样的成果。还有一个宪法学理论体系与宪法学教材编排体系（主要涉及章节目的顺序）的关系问题需要予以理顺。

这里所牵涉的是《反思》混淆了的宪法的观念世界内部的关系问题。在这种关系中，可以说宪法学理论体系是内容，宪法学教材编排体系是表达形式。在理论体系没有创新（严格地说是对基础性的研究没有创新）的情况下，教材编排体系不论怎么变都意义不大。

（三）混淆两个世界必然会造成的后果

对宪法现实世界与宪法观念世界的联系和区别了然于心，对它们二者的相对位置摆放自如，无论思想进程多么曲折微妙，始终不乱二者之关系，是做宪法学基础理论研究的一项基本功。这恰如电器工程师布线，虽万绕千缠，纵横交错，却往往无一处短路一样。以电器工程师的工作为参照，我们可以做这样一个比拟：宪法学者在思维过程中对宪法现实世界与观念世界的关系每混淆一次，思维过程就发生一次“短路”，其结果表现在文字上就是一次逻辑“短路”。我们评论的《反思》一文，正是其作者的宪法学思维发生许多次“短路”，从而逻辑也相应形成许多次“短路”的结果的记录。这许多次的思维和逻辑“短路”很大程度上毁坏了这篇文章本身的结构、内容和意义。我们不妨看看这种以“自毁”为特征的过程的若干片段。

1. 首尾脱节。例如，《反思》在第三部分一再强调构建宪法学理论体系要以“人民主权”做逻辑起点，但到第三部分真正“构建”时却将“人民主权”和“逻辑起点”都丢弃得无影无踪。《反思》写道：“只有科学地确定宪法学的逻辑起点，才能构建科学、严密的宪法学理论体系。我们认为，宪法学的逻辑起点应当是人民主权。”为了证明“人民主权：宪法学之逻辑起点”这个命题，《反思》作者投入了2700字的篇幅，不可谓下功夫不大。但令我们惊讶的是，《反思》在其最为核心、作为全文落脚点的“宪法学理论体系的重新构建与设计”部分，用4500字的篇幅详述了“构建宪法学理论体系的基本思路”，但其中再没有一处提到“人民主权”这个词，连“逻辑起点”这个词也没再出现一次。从作者“构建宪法学理论体系的基本思路”的细节看，其中也找不到能与“人民主权”有直接联系的内容。每一个细心的读者都难免会暗忖：既然如此，《反思》作者又何必要花2700字去论证一个派不上任何用场的“逻辑起点”。作者将科学地确定“逻辑起点”的作用和意义强调到极致，可实际构建的“体系”中怎么压根儿就没有任何“逻辑起点”，这是怎么回事？

2. 前后不能相继。例如，《反思》花大力气论证了一个“宪法学基本矛盾”，将其奉为重构宪法学理论体系的“主线”与“红线”，但到真正“构建”时却并没有真正贯彻这种“主线”或“红线”，到头来只好又将其丢弃掉了事。实在地说，对“公民权利与国家权力”（后来已被有些学者改进为“权利与权力”）的矛盾或关系做宪法学定位的设想，差不多十余年前就已提出，宪法学界早已取得基本共识，宪法学基础性研究事实上也已超越了这个阶段。从这个意义上说，再花力气论证“宪法学的基本矛盾”这种子虚乌有的东西已完全没有必要，要紧的是如何通过一项项的专题研究落实宪法学界已取得共识的理路。反观《反思》全文，虽然其作者在文章的第一、第二部分前后共用去 2000 多字的篇幅证明“公民权利与国家权力：宪法学之基本矛盾”这类本身就是不正确的提法（因为本无所谓“宪法学基本矛盾”），但作者在具体“构建与设计”宪法学的理论体系时，却基本上没有具体讲到公民权利与国家权力是如何发生矛盾，以及这种矛盾是如何发展演变的，更没有讲到这种原本属于宪法现实世界的矛盾的形成和发展与属于观念世界的宪法学理论体系之间是一种什么关系。

本书所想要指出的是，《反思》从语言上强调的东西同它的具体写作过程及其结果是脱节的。《反思》写道：“构建宪法学理论体系的基本思路就应该以公民权利与国家权力关系问题为主线。我们认为，以公民权利与国家权力关系为主线的宪法学理论体系，应当包含四个相互联系的基本构成部分：宪法基础论、公民权利论、国家权力论和宪制运行论。”从这些话中我们可以看到，《反思》强调的是“关系”，即公民权利与国家权力之间的相互关系、相互矛盾，但其构建的“宪法学理论体系”中“四个相互联系的基本构成部分”并没有贯穿它所强调的“关系”，单从“公民权利论”“国家权力论”之类标题，我们就可看到它只是在分别论述两种不同宪法现象。我们原以为“宪制运行论”部分会讲到上述关系，但细看也没有这方面“关系”的实质内容，这点从它下面的四个小标题中就可以看出来，这四个小标题分别是：宪制；宪法创制与宪法修改；宪法实施与宪法解释；宪制程序与宪法诉讼。

3. 分类混乱，逻辑顺序颠倒。例如，《反思》设计的“宪法学理论体系”，“包含四个相互联系的基本构成部分：宪法基础论、公民权利论、国家权力论和宪制运行论”，其中“宪法基础论”所研究的是“宪法的理论基础”和“宪法的基本现象”。《反思》这一部分首先有一个对宪法基本现象定位不当的问题，其中将“宪法的概念”“基本范畴”等作为宪法基本现象看待的错误前文已有过评析，此处不再论。这里要说的是，《反思》强调以公民权利与国家权力关系为主线构建宪法学理论体系，故其最为看重的宪法现象是“公民权利”“国家权力”，所以，它们不仅应该是宪法的基本现象，而且应该是其中首先的和最基本的。但《反思》却把“公民权利”“国家权力”排斥到“宪法的基本现象”之外，在考察了不包含公民权利和国家权力的“宪法的基本现象”后，再分别以研究此二者为对象安排出与“宪法基础论”平行的“公民权利论”与“国家权力论”两大构成部分。

以上做法仅从分类角度看就说不通。“宪法基本现象”与“公民权利”“国家权力”之间是属种关系，“公民权利”“国家权力”是“基本宪法现象”的首要构成分子，研究“宪法基本现象”不能人为地将“公民权利”“国家权力”排斥在外。只要按正常属种关系让“公民权利”“国家权力”回归于宪法基本现象，《反思》构建的“体系”的中间两部分就很自然地消失了，从而这个“体系”也就坍塌了一半。又如，既然以公民权利与国家权力（或权利与权力，下同）及其相互关系为宪法学最基本问题，宪法学核心理论及整个体系就应该主要是研究公民权利和国家权力本身及它们两者之关系的结果而不是其开端。可《反思》却在研究它们之前就设定了一个统帅一切的“宪法基础论”，这就从根本上颠倒了正常的逻辑顺序。

4. 杜撰各种关系和联系。宪法现实中的关系是客观的，宪法学者不应将自己的主观想象作为客观现实来描述，否则就成了杜撰。实际上《反思》第二部分即“重构宪法学理论体系的基础性研究”部分论证的全部四个命题所设定的关系都是杜撰的。《反思》在说到“宪法学的基本矛盾”时提出：“要对这一问题作出科学而又理性的回答，必须首先正确解决宪法学的道德基础、社会基础及其逻辑起点等问题。”[①] 作者以此为研究起点先后杜撰出四种关系。

第一种杜撰的关系是“人性的至尊与弱端：宪法学的道德基础”。本

---

① 在《反思》中，“宪法学”和“宪法”两种分属不同世界的东西是混淆在一起的，所以，“宪法学的”道德基础、社会基础和逻辑起点有时又被说成“宪法的”道德基础、社会基础和逻辑起点。这种情况固然表明了《反思》之缺乏定见，但是也给我评说此文带来了特殊困难。我无法猜度《反思》不同处理方法的真实用意，故一概按原文理解，不做猜测。

来，宪法学作为一门学科，谈不上有什么道德基础问题，《反思》本身也没有能够说明宪法学的道德基础。就内容看，《反思》实际上讲的是人的一部分自然属性与宪法的关系，且不说从人的自然属性出发看待问题，在方法论上只是简单地步了古典自然法学派的后尘，仅就人的自然属性而言，它与道德也是两回事。应当说，宪法（不是宪法学）是有道德基础的，但这是从道德和宪法同是一种社会规范的意义上说的，所以，道德与宪法的关系，也就是法理学上常说到的道德与法的关系的一部分，道德与人的自然属性根本不是一回事。至于给宪法学这个学科弄出一个“道德基础”并认为宪法学“建立在抽象人性观的道德基础之上”，其逻辑和理论上的正误我们相信读者们凭常识就能做判断。

第二种杜撰的关系是“国家与社会二元化：宪法学之社会基础”，即认定前者是后者的社会基础。《反思》写道：“宪法学不仅仅是建立在抽象人性观的道德基础之上，它还有着深刻的社会基础，这就是国家与社会的二元化。”实际上，宪法学并不存在一个以国家与社会二元化为社会基础的问题。严格地说，宪法学以宪法的存在为前提，不论国家与社会的关系如何，所以，通常被认为国家与社会合一化程度较高的苏联有宪法学，情况相反的欧美国家也有宪法学。如果一定要说宪法学的社会基础，那么它归根到底是宪法的社会基础。而在构成宪法社会基础的全部要素中，根本的、起决定作用的是经济关系，国家与社会关系方面的任何表现都只是由既有经济关系造成的一种较为表面化的情况。所以，即使要讲宪法学的社会基础，这种基础也应该由特定经济关系而不是国家与社会“二元化”来担当，此其一。

其二，国家自产生后，就从来没与社会完全合一过，也从来不曾完全分离，国家总是一定社会中的国家，与此同时，社会在很大程度上也是由国家来组织或代表的。就拿当今世界来说，私法公法化和公法私法化现象，在各国都普遍存在，它们的存在就证明国家与社会没有截然分开。实际情况是，自国家产生以来，它与社会总会有一部分是重合的，问题只在于重合部分大小的不同。所以，它们两者之间并不存在是否“二元化”和是否“相互独立”的问题，因而也就不存在做宪法学的“社会基础”的问题。需说明的是，我并不否认社会与国家相对区分和相对独立，但相对独立与“相互独立”有实质性区别。

其三，《反思》将市民社会与政治国家的关系同社会与国家的关系混为一谈，不时以“市民社会”“政治国家”替换或取代“社会”“国家”，这在理论上是很大的误解，说明作者对自己所谈论的东西不甚了然。[①] 此外，将由经济发展所引致的市民社会与政治国家的分离理解为一种不明主体的意志推动的结果，也很不合适。按这种说法，“市民社会与政治国家之所以分离，是为了防范不受限制的国家权力对私人领域的侵犯”；“国家独立于社会是为了实现对社会的管理，而社会独立于国家则是（为了？——引者）实现对国家的控制”。其中，“为了”所表达的意志关系也是随意杜撰的，它丝毫无助于证明宪法学以国家与社会“相互独立”为社会基础。

第三种杜撰的关系是“人民主权：宪法学之逻辑起点”。对于“人民主权”与“宪法学之逻辑起点”之间关系的虚构性质，前文已多有评析，且《反思》在构建与设计“宪法学理论体系”时将其完全弃置一边，也证明了两者之间不存在后者以前者为逻辑起点的问题，故此处不再补充证明。顺便说一下，《反思》这部分文字中有一句并非不重要的话表达的意思似乎恰好颠倒了真实的关系，其原文是：“人民主权经宪法规定之后，人民成了主权的所有者或国家的主权者，并由此派生出国家权力。”这句话传达的意思是，宪法的有关规定在先，人民成为主权的所有者或国家的主权者在后，有前者然后才有后者。这是不正确的，实际情况是人民成为主权者在先，制定宪法在后。因为，“不论英国、法国、美国，或者是苏联，都是在革命成功有了民主事实之后，颁布一个根本大法，去承认它，这就是宪法”。[②] 所谓“有了民主事实之后”，也就是人民将主权控制在自己手中，成了主权的所有者之后。

第四种杜撰的关系是“公民权利与国家权力：宪法学之基本矛盾”。在这里，由于“宪法学之基本矛盾”的提法不能成立，所以，它与“公民权利与国家权力”的关系自然就成了一种虚无。即使将“宪法学之基本矛盾”理解为“宪法之基本矛盾”，也是不能成立的。对此前文已有较详细证明。

5. 逻辑“短路”导致许多句子、段落乃至整个结构性板块实际上失去了确定的内容和意义。《反思》中的逻辑“短路”表现为这样几种情

① “市民社会”与“社会”的含义有根本的区别。市民社会的本意是指以财产关系为核心的社会关系，后来指从物质生产和个人交往中产生和发展起来的一切社会关系和组织。在马克思的理论中，市民社会基本上是指资本主义经济基础。迄今为止，不论人们在哪种意义上使用“市民社会”一词，它都不是“社会”的同义语。

② 毛泽东：《新民主主义的宪政》，《毛泽东选集》第2卷，人民出版社1991年版，第735页。

形：混淆宪法现象与宪法学概念，如将宪法学基本范畴当作宪法现象；误解“逻辑起点”的地位、属性和作用，在宪法、宪制实践和宪法学三个性质不同的领域不加区分地讨论“逻辑起点”问题；将立宪社会的基本矛盾误解成宪法和宪法学基本矛盾；误将宪法的道德基础、社会基础与宪法学的“道德基础”“社会基础”混为一谈；误用从抽象上升到具体的方法、逻辑与历史相一致的方法，等等。这些问题在《反思》中往往一一多次乃至数十次地出现，破坏了许多句子、段落的内容、结构和连贯性，甚至使《反思》整个第二部分所欲证明的论点无一能够成立。这些都在很大程度上自毁了全文的内容和价值。

因逻辑“短路”等问题，《反思》不仅没能为宪法学的基础性研究增加理论积累，反而有损于已有的理论积累。《反思》写道：“重构宪法学理论体系，必须抓住宪法学的基本矛盾这个突破口。……宪法学的基本矛盾只能是公民权利与国家权力的关系问题。……这是近年来宪法学界研究宪法学理论体系的一种理论积累。”认真对待理论积累，我们很赞成，但有必要明确三个情况：

第一种情况，将公民权利、国家权力的矛盾视为立宪社会现实生活的基本矛盾，将公民权利、国家权力及其相互关系看作宪法学的基本问题，这是人们十余年前就已提出并在20世纪90年代初就已基本取得的共识。它是宪法学研究的理论积累，但不是“近年来”的理论积累。将它说成是“近年来”的，不仅不符合实际，也全盘否定了自20世纪90年代初以来宪法学者在这方面所做的工作及其成果。

第二种情况，将“公民权利与国家权力”的提法修改为“权利与权力”的提法，[①] 并在深入研究权利、权力本身的基础上从中抽取出它们共同的、本质的属性，形成抽象的法权概念，再通过法权概念向具体、更为具体的概念的自我运动来形成反映宪法现象之网的宪法学范畴之网等做法，既承接着将公民权利、国家权力及其相互关系作为宪法学基本问题的共识，又远远超越了这种共识。这才真正是“近几年”增加的“理论积累”。后来的研究者可以批判这些内容，但不应绕开它们或故意视而不见。须知，绕开新的东西

① 这一修改虽只是技术性的，但有着重要理论意义。这首先是因为“公民权利”“国家权力”两个概念涵盖不了许多权利、权力，使得运用它们进行探讨和研究在内容上缺乏必要的周延性；其次，文字不够简练，运用起来不方便。改成权利、权力的提法既保留了原有的优势又克服了原来的缺点。

或对其视而不见，只会造成绕开者或视而不见者本身的研究离学术前沿越来越远。[①]《反思》所承接的宪法学研究的内容，基本上是20世纪90年代初的或其后人们对90年代初达成的共识的转述。这就注定了它即使没有种种逻辑“短路”发生，也不大可能形成有价值的学术积累。

第三种情况，20世纪90年代初宪法学达成的共识原本是：公民权利与国家权力及其相互关系（或公民权利与国家权力的矛盾）是宪法学的基本问题，但《反思》却几乎处处将其说成“宪法学的基本矛盾”或“宪法的基本矛盾”，而这两种所谓“矛盾”原本就是不该存在的，是错误的提法。所以，从这个角度看，《反思》实际上会毁掉此前存在于宪法学中的这一部分理论积累，如果其他学者不及时予以澄清的话。

或许人们以为，《反思》构建的框架虽不能容纳宪法学理论体系，做宪法学教科书编写体系总可以吧。这个问题离开了本书的主旨，此处不便深谈。但我们想说，对于教科书，我国以“宪法学”命名的教科书应以让学生充分了解当代中国宪法制度及其运作状况为宗旨，按实际需要和一定顺序陈述宪法学研究已经取得的成果，包括宪法学的基本知识和基本理论。所以，没有必要过多地在改变教科书编写体例或章节顺序上下功夫，尤其不可以将编教科书当成做研究（做研究强调创新、突破，允许标新立异；编教材要求采用较稳妥、经过了较充分论证和较长时间检验的观点，需要学界有一定程度的共识），否则教科书将越编越乱，很可能今不如昔。对宪法学教科书问题，方便时我们将另行撰文评说。

四　“法无授权不可为”的宪法学展开[②]

早在2014年，国务院总理李克强曾强调：对政府，“法无授权不可为”。[③]

---

① 我们注意到，《反思》似乎并不了解“近几年”宪法学研究的新发展。例如对法权说的评论，就停留在此论形成初期（1995年前）其所受到的批评的时段上，而对此后法权说者的回应和法权说的新发展，似乎就一无所知了。

② 本节原载《中外法学》2018年第3期，标题亦为《“法无授权不可为”的宪法学展开》，但纳入本书时按全书基本概念统一、基本观点协调的原则作了修订。

③ 李克强：《在国务院第二次廉政工作会议上的讲话》（2014年2月11日），新华网，http：//www. xinhuanet. com//politics/2014 -02/24/c_ 119460787_ 3. htm，2021年1月28日；《让市场“法无禁止即可为”让政府“法无授权不可为”》（2014年3月13日），人民网，http：//lianghui. people. com. cn/2014npc/n/2014/0313/c382531 -24626203. html，2021年1月28日。

后有网媒将国家机关"法无授权不可为"解说为"法无授权即禁止"。[①]上述两个提法内容并无实质不同，它们所反映的是立宪国家都奉行的宪法原则。时至2017年底，法学界在讨论国家机构改革相关问题的过程中，又因对其有不同理解而产生了一些争议。笔者在重温宪法学研究常识和学术规范的文章中，曾附带地简要论说国家机关"法无授权不可为"的正当性，[②] 但讨论的周延性和深入度都很不够。为在我国进一步确立和巩固对国家机关"法无授权不可为"的认知，促进宪法的全面有效实施，笔者特撰此文做进一步论说。

（一）"法无授权不可为"原则及其来龙去脉

国家机关"法无授权不可为"是相对于普通公民"法无禁止即可为"而言的。这里的"法"指法律，其中首先和主要是宪法。人们常常说，要把权力关进笼子，而国家机关"法无授权不可为"就是法律之笼的一根基础性支柱。

要理解国家机关"法无授权不可为"，先要解说"授权"这个名词。民主立宪国家的所谓授权，在宪法学层次上指的是人民（国民）通过制宪会议或其代表机关创制宪法，在其中具体列举统治组织和统治权的种类，形成国家机关清单和国家机关权力清单。在中国宪法中，"中华人民共和国的一切权力"分别具体表现为国家机关的"职权"和"权限"——绝大多数情况下称为"职权"，在讲到地方国家机关职权范围的极个别情况下称为"权限"，[③] 其意思是权力的限度或范围。

国家机关"法无授权不可为"，是实行共和制的国家公认的宪法原则，也是中国权威性社科辞书记载的法学常识。《中国大百科全书》法学卷写道："中国宪法第2条以有自己特色的方式确认了人民主权原则"；[④] 在实行人民代表大会制的中国，"国家的一切权力都是属于人民的，国家机关的权力来自人民的委托，并且只限于人民委托的范围，不享有任何不是来

---

① 《法无禁止即可为，法无授权即禁止》，百度百科，https：//baike. baidu. com/item，2021年1月28日。

② 童之伟：《宪法学研究须重温的常识和规范》，《法学评论》2018年第2期。

③ 沈宗灵：《权利、义务、权力》，《法学研究》1998年第3期。

④ 《中国大百科全书·法学》，中国大百科全书出版社2006年版，第423页。中国《宪法》第2条第1款规定："中华人民共和国的一切权力属于人民。"

自人民委托的权力。所以，宪法不仅是人民权利的保障书，也是人民向国家机关委托权力的委托书，超越宪法和法律规定的范围行使权力的任何行为都构成对人民权利的侵害，都是非法的和无效的。"[①]

政法院校本科生宪法学教材多数从交代代议关系和权力委托关系的角度确认国家机关权力的有限性，有一些讲得清楚明白，其中一本写道："中国同其他立宪国家一样，宪法并未使用'有限政府'的字眼。有限政府原则其实是暗含在国家的一切权力属于人民原则或人民主权原则中的"；"按照人民主权和有限政府的原理和原则，……国家或政府的权力需要宪法、法律授予和列举，它们不能做宪法、法律未授予、未列举的任何事情。这是民主宪制的公理，政治文明的基础，在社会主义民主制下尤其是这样。"[②]

成文宪法授予国家机关权力，通常采用的是法律人称为"列举"的一种古老技术，即通过一一列举事权或职权的方式来授予国家机关以权力。反映欧洲立法技术的拉丁格言之一是："明示其一，排除其他"，或"列举为排斥"。[③] 所以，起源于欧美的法律创制和宪法创制传统，无论对于国家机关的权力还是对于个人的基本权利，在列举时都受这种法文化制约，因而制宪者（或立法者）在列举权力或权利时都非常谨慎。

对于个人或公民的基本权利，出于充分保护的考虑，欧美制宪者一般不具体做正面列举，即使要列举，也限于两者方法：（1）设基本权利的负面清单，做禁止性列举。如《德国基本法》（即宪法）第 18 条规定："滥用观点表达自由，特别是出版自由（第 5 条第 1 款）以及滥用教学自由（第 5 条第 3 项），集会自由（第 8 条），结社自由（第 9 条），通信、邮政与电信秘密（第 10 条），财产权（第 14 条）或避难权（第 16a 条）来攻击自由民主之基本秩序的人，丧失相应的基本权利。基本权利之丧失和丧失程度由联邦宪法法院宣布。"[④]（2）表示着重强调某项或某些基本权利，但在这种情况下，宪法会特别申明这种强调式列举不排斥其他权利。例

① 《中国大百科全书・法学》，中国大百科全书出版社 2006 年版，第 422 页。

② 童之伟、殷啸虎主编：《宪法学》，上海人民出版社、北京大学出版社 2010 年版，第 25、26 页。

③ 郑玉波：《法谚》（一），法律出版社 2007 年版，第 217 页。原文为："The expression of thing is the exclusion of another"。

④ 孙谦、韩大元主编：《世界各国宪法・欧洲卷》，中国检察出版社 2012 年版，第 180 页。

如，美国宪法正文并未列举任何个人基本权利，就是其制定者遵循传统列举原理的表现。这部宪法获批准前，民众普遍要求确保一些权利，因而只好在宪法修正案中做了一些着重式列举，但为避免误用，同时单列了一条修正案（第9条），规定“本宪法对特定权利的列举，不得被解释为否认或贬抑由人民保留的其他权利”。[①]

对于中国来说，宪法是近代以来基于本国基本情况和需要向欧美学习的成果，中国现行宪法与欧美宪法虽属两种不同历史类型，但仍然有不少共性。国家机构的权力以宪法规定的为限，就是两者的共性之一。所以，若欲全面、精准地理解中国宪法中的各个国家机关职权或权限条款，需要对宪法形成和得以扩展的欧美法文化和法传统有必要了解，其中包括获得这样一些认知：（1）国家机关“法无授权不可为”这一后生的宪法和公法原则，[②] 起源和植根于较深厚的私法土壤。按照罗马法，“受委任人不得逾越委任权限。例如某人委托你在一百金币限额内购买土地，或为铁提作保，你不得超过这一限额而购买或作保，否则你对他不享有委任诉权”。[③]下面这些拉丁法律格言的存在可以进一步为上面的论点作证：“派生之权力，不能较其所由发生之权力为大”，犹如“子不能大于母，乃理之当然”；“无任何人只要不为无权去做之事，即不生损害”，意谓“无权所做之事，应不去做，若竟为之，势必侵害他人之权利，而负损害赔偿责任，结果等于自己发生损害”[④]。（2）古罗马的公法对后世影响不大，但从今人能接触到的一些著作看，至少在它的共和国时期，制度上的统治组织之间权力显然是做了划分和受限制的，如百人团民众会议、执政官与裁判官之间的关系所显示的那样。[⑤] 这或许可以算作有利于形成国家机关“法无授权不可为”观念的早期公法环境。历史上也确有内容与之相适应的拉丁

---

① Jess H. Choper et al. , *Constitutional Law*: *Cases*, *comments*, *questions*, St. Paul: West Publishing Company, 2011, p. 1767.

② 此处之所以将宪法同公法并列，是因为本书作者主张用三分法对法律做分类，即将一国之全部法律分为根本法、私法和公法，其中根本法即宪法，与公法、私法并列。

③ ［古罗马］查士丁尼：《法学总论——法学阶梯》，张企泰译，商务印书馆2017年版，第182页。

④ 郑玉波：《法谚》（二），法律出版社2007年版，第59、202页。这个格言中的权力一词，书中的汉译是权利，实际上应译为权力，因为其给出的对应拉丁名词 potestas 和英文名词 power，在法律上都是权力之意。

⑤ ［意］朱塞佩·格罗索：《罗马法史》，黄风译，中国政法大学出版社1994年版，第177—191页。

法谚，如“权力应严格解释”。因为“有权力者最容易滥用权力，所谓滥权是也。为防止滥权，则对权力之本旨及其范围，应加以严格解释”[①]。（3）启蒙时代欧洲兴起的近代自然法思想，尤其是其中关于人民主权、社会契约、代议制民主和受限制的政府等学说，都间接或直接包含着公权力组织“法无授权不可为”的要求。或许，有人会说自然状态、社会契约等状况，皆为资本主义时代的人们凭空想象或主观假定的产物。确实如此。但同时也应看到，承认主权（或国家的一切权力）属于人民、实行代议民主制、确认国家机关的职权和权限乃受委托的权力，对于资本主义和社会主义两种类型国家都是一样的。

上前述三方面的情形或许可大体解释现代社会法律生活中主权与“派生之权”，本权与“被授予之权”，以及“委任人授权”与“受任人”处理委任事务之权这三重关系原理形成的历史根由。这三重关系及其原理，最初主要存在于私法领域，它们转化或扩大到宪法上的国家机关等公权力组织“法无授权不可为”的代议民主原则，是以三个划时代事件为主要标志的。第一个事件是1215年英国《大宪章》的出现。《大宪章》中贯彻的一条主线，是国王享有的统治权及其范围，须基于臣民的同意。如其中第12条写道：“朕除下列三项税金外，不得征收代役税或贡金，唯全国公意许可者，不在此限：1. 赎回朕之身体时所需者；2. 朕之长子受封武士时所需者；3. 朕之长女出嫁时所需者。为以上3项之目的所征贡金之定额务求适当，关于伦敦市之贡金，应依同样规定办理。”[②] 第二个事件是美国独立战争，具体说来是《独立宣言》发表和美国宪法获批准生效。1776年7月发表的《独立宣言》在宣告人人生而平等，“造物主”赋予人们若干不可剥夺的权利后写道：“为了保障这些权利（即生命、自由和追求幸福——引者），才在人们中间成立国家机构。而国家机构的正当权力，系得自被统治者的同意。”[③] 在这里，“同意”是授权、委托、授予的同义词。1789年获批准生效的美国宪法具体体现了这种精神。第三件事是1789年法国大革命和《人和公民的权利宣言》宣布并成为制宪大纲融入法国宪法。《人和公民的权利宣言》第3条写道：“所有主权的原则在于其

① 郑玉波：《法谚》（二），法律出版社2007年版，第45页。

② 孙谦、韩大元主编：《世界各国宪法·欧洲卷》，中国检察出版社2012年版，第762页。

③ Melvin I. Urofsky and Paul Finkelman ed., *Documents of American Constitutional and Legal History*, Volume I, New York, Oxford: University of Oxford, 2002, p. 55.

本质上属于国民，任何团体、个人均不得行使未明确授予的权力。”①

上述宪法性文件中的“臣民的同意”“被治理者的同意”，以及国民“授予的权力”等规定，表明原来罗马法等古老民事法律中传统的权利委托与受托关系的原理，以启蒙运动时期的自然状态、自然权利、约定放弃自然权利走入政治社会建立政府并获得法律权利为主要内容的古典自然法学说为中介，经政治革命转化成了代议民主制下的宪法原理和原则。这就是现代民主立宪制国家或民主立宪君主制国家通常所说的国民（人民）主权和权力受限制的政府（limited government），其中“权力受限制的政府”是政府“法无授权不可为”原则的宪法学表达。附带说明，传统立宪国家的所谓政府取广义，实际上等于中国宪法文本中的“国家机构”，即各级各类国家机关的总称。因此，他们话语体系中“国民（人民）主权和权力受限制的政府”，用中国宪法的语言说，可谓“国家一切权力属于人民和权力受限制的国家机构”。

国家机关的权力以宪法列举的为限，宪法列举权力通常首先列举立法机关的权力，因而宪法限制权力也首先限制立法机关的权力。不仅资本主义代议民主制下是这样，社会主义代议民主制下也是这样。美国宪法从第1条第8款开始列举联邦权力，第一句话就以“国会有权”开头，这同时就意味着对权力的限制从国会开始。中国宪法列举国家机关权力，最开始就是列举全国人民代表大会的职权，同时也是要求立法不得超出列举的范围。中国多数已经作古的老一辈宪法学家，当年出于对最高国家权力机关的尊重和照顾计划经济体制的权力经济特点，一般不大愿意直接讨论最高国家权力机关职权的限度和对这些职权的限制，但他们其实有非常明确的包括最高国家权力机关在内的公权力主体“法无授权不可为”意识的。

在这方面，肖蔚云教授在《制定法律必须坚持以宪法为根据》一文中的有关论述比较有代表性，他说：“宪法明确列举了国家机关的职权”；“但有的起草者却不顾宪法规定的职权，任意扩大某些机关的职权。赋予某些机关以更大权力，势必损害国家机关职权的合理划分和各司其职，使国家机关难以正常运转，造成国家机关之间的不协调和混乱状态，损害中

① 孙谦、韩大元主编：《世界各国宪法·欧洲卷》，中国检察出版社2012年版，第283页。

国人民民主专政的国家制度。”① 这里，肖先生显然是坚持以“法无授权不可为”为衡量标准，批评有关法律草案赋予某些国家机关的职权超出了宪法“明确列举”的范围。其实，肖蔚云教授还没有指出的另一种情况也很可能同时存在，即法律赋予某些国家机关的职权如超出了宪法“明确列举”的范围，很可能同时损害公民的基本权利。

（二）理解“法无授权不可为”宪法含义须把握的要点

社会主义立宪民主制同资本主义立宪民主制虽属不同历史类型，但在国家机关“法无授权不可为”这一点上要求是相同的。之所以如此，从根本上说，还是因为两者都实行立宪制和代议民主制。更具体说，社会主义宪法不言而喻包含国家机关“法无授权不可为”的要求。要真正理解这个道理，必须较全面地把握以下主要知识点：

1. 国家一切权力属于人民原则决定了国家权力受宪法限制

在宪法学上，民主指宪法确认并保障国家的一切权力属于人民或主权在民。社会主义民主与资本主义民主的社会性质不同，但在总体上都实行代议民主制，即由国民或人民通过选举代表组成代议机关来行使国家权力，这些权力以国民或人民委托（亦称授予）为限。这一点，马克思在研究和总结世界历史上第一个工人阶级政权巴黎公社的经验教训时已经意识到。他在《法兰西内战》第二稿中写道：“公社必须由各区全民投票选出的市政委员组成（因为巴黎是公社的首倡者和楷模，我们应引为范例），这些市政委员对选民负责，随时可以罢免。其中大多数自然会是工人，或者是公认的工人阶级代表。它不应当是议会式的，而应当是同时兼管行政和立法的工作机关。”② 这些话表明，马克思认可代议民主制，但反对议会制。在马克思笔下，巴黎选民与公社政权之间是被代表与代表关系，也可以说是权力委托与受托关系，仍然服从代议民主的原则和逻辑。至于立法机关与行政机关的关系怎么处理，那是性质不同的另一个问题。

关于社会主义国家只能实行代议民主制，列宁比马克思前进了一步，讲得更加清楚明白。他在《国家与革命》一文中写道：“摆脱议会制的出路，

① 肖蔚云：《制定法律必须坚持以宪法为根据》，《论宪法》，北京大学出版社 2004 年版，第 794 页。

② ［德］马克思：《法兰西内战》，《马克思恩格斯选集》第 3 卷，人民出版社 2012 年版，第 222 页。

当然不在于取消代表机构和选举制，而在于把代表机构由清谈馆变为‘工作’机构。”他在讨论巴黎公社经验教训时还说，“在公社用来代替资产阶级社会贪污腐败的议会的那些机构中，发表意见和讨论的自由不会流为骗局，因为议员必须亲自工作，亲自执行自己通过的法律，亲自检查实际执行的结果，亲自对自己的选民直接负责。代表机构仍然存在……没有代表机构，我们不可能想象什么民主，即使是无产阶级民主”。[①] 代议民主制事实上将国家权力分解为所有者权能和使用者权能，代议机关等国家机关只拥有国家权力的使用者权能，国家权力的所有者权能仍然留在人民或国民手中。因此，国家机关手中的权力，包括最高国家机关的权力，在理论和实践上都只能是国家权力的一部分，必须也只能是有限的或受限制的。

国家一切权力属于人民和国家机关权力受宪法限制，是一个事情或过程的两个不可分割的方面。中国《宪法》第 2 条规定：“中华人民共和国的一切权力属于人民。人民行使国家权力的机关是全国人民代表大会和地方各级人民代表大会。人民依照法律规定，通过各种途径和形式，管理国家事务，管理经济和文化事业，管理社会事务。”这就是说，在实行人民代表大会制的中国，人民拥有一切权力，但会将其中的一部分委托给全国人大和地方各级人大代表他们行使，其余他们保留。委托与受委托，代表与被代表关系的性质决定了委托出去的权力须以列举的为限。这里的关键是要理解代议民主制中的“代议”二字。在中国的人民代表大会制度下，国家机关权力受限制集中表现为全国人大及其常委会必须在宪法规定的职权范围内，按宪法和法律规定的程序行使权力。在中国宪法中，权力表现为职权或权限。

2. 宪法的出现和存在本身即国家机关权力受限制的表现

宪法来到世间以及当今仍然需要宪法，很重要的一点都是因为要限制公共权力和保障基本权利，这点从外国到中国都是一样的。当代一本欧美常用法学辞典这样界定宪法：“一国根本的和组织性的法律，它确立政府的制度和机构，界定政府主权权力的范围，保障个人的权利和自由。”[②] 其中“政府”相当于中国宪法中的国家机构。中国当今最有代表性的通用宪

---

① ［俄］列宁：《国家与革命》，《列宁选集》第 3 卷，人民出版社 2012 年版，第 151、152 页。

② Bryan A. Garner ed., *Black's Law Dictionary*, Eighth Edition, St. Paul: West Publishing Company, 2004, p. 330.

法教材是这样给宪法下定义的："宪法是确认民主事实，集中反映一国政治力量对比关系，通过规范国家权力保障公民基本权利的国家根本法。"①所谓"规范国家权力"，当然是为国家权力划定范围和行使程序的意思。可见，中外法学界对于包括最高国家机关职权在内的权力要受宪法限制这一点，意见并无不同。

历史地看，宪法来到世间，其所起的最基本法律作用之一，就是限制国家机关权力，其中首先是限制最高国家机关的权力。在世界范围内，包括最高权力在内的国家机关的权力，有一个从绝对的、不受限制的到受宪法限制的历史转变过程。其间，1215 年的英国《大宪章》的出现是一个里程碑，尽管英国此前并未形成绝对君主专制制度。王权是英国当时的最高权力，作为不成文宪法中最早的宪法性法律，《大宪章》中有许多限制王权的条款，除前引第 12 条外，此处再抄录摘引几条作为论据："对于服务于武士采地或其他自由保有地之人，不得强迫其服额外之役"（第 16 条）；"民事诉讼不向国王法庭提起，应于指定地点受理之"（第 17 条）；"凡关于'强占土地'、'收回遗产'及'最后控诉'等诉讼之陪审裁判案件，除在土地所在地之郡法院外，不得举行之。每郡应由朕派遣法官 2 人，每年 4 次，如朕不在国内，则由大法官代派，会同每郡所推举之武士 4 人，于郡法院指定之日及地点举行前项审判"（第 18 条）；"执行吏、巡察吏、检验吏或管家吏不得受理刑事诉讼"（第 24 条）。② 至于历史上第一部成文宪法，《美国宪法》第 1 条第 8 款给联邦国会列举了 18 项权力，也就是将联邦政府的权力限制在此 18 项权力的范围内，同时还提出了包括数十项内容的针对联邦政府及其官员的权力负面清单。这点后文会详细叙述。

中国现行宪法同样限制包括最高国家权力机关职权在内的权力，这点不言而喻。中国《宪法》序言最后自然段和第 5 条分别规定："全国各族人民、一切国家机关和武装力量、各政党和各社会团体、各企业事业组织，都必须以宪法为根本的活动准则"；"一切国家机关和武装力量、各政党和各社会团体、各企业事业组织都必须遵守宪法和法律。一切违反宪法和法律的行为，必须予以追究。任何组织或者个人都不得有超越宪法和法律的特权。"这里读者须特别留意：（1）中国宪法文本中的"一切国家机

① 《宪法学》编写组：《宪法学》，高等教育出版社、人民出版社 2011 年版，第 26 页。

② 孙谦、韩大元主编：《世界各国宪法·欧洲卷》，中国检察出版社 2012 年版，第 762 页。

关”，首先和主要指最高国家权力机关，“任何组织”也理所当然包括作为最高国家权力机关的国家政权组织。(2) 不在宪法国家机关清单中的“国家机关”不是宪法上的国家机关，全国人大没有为它制定法律的权力。(3) 不在宪法上全国人大职权清单中的“职权”不是全国人大合宪的职权，全国人大无权行使，全国人大若行使这种权力就超越了宪定职权范围。(4) 在人民代表大会制度下，“法无授权不可为”之首先和主要的宪法内容，是全国人大及其常委会不可超越其职权清单列举的范围制定法律；宪法也限制其他国家机关的权力，但这种限制是相对次要的，因为立法权是源头，行政权、审判权、检察权等都只是其“流”，主要限于执行法律，很少或完全不直接适用宪法。这在大多数像中国这样实行制定法制度的立宪国家都一样。

3. 列举国家机关及其权力是宪法限制国家机关权力的基本方式

限制国家机关等公权力组织的权力和保障个人权利，是宪法的基本功能，这在中外法学界是历史悠久的主流共识。但宪法怎样限制权力呢？基本的方式就是列举：首先列举掌握和运用权力的主体，即国家机关；限制权力首先要有效限制权力主体，任何组织和个人不得任意增减行使公权力的国家机关等公共组织；然后列举各国家机关享有权力的具体内容，即限定其行使权力的范围，规定各级各类国家机关运用其权力的程序，等等。这些基本方式从近代到当代，从外国到中国，宏观的套路往往十分相似，尽管遵循的原则和具体安排有时有根本差别。

立宪主义的基本要求是，宪法没有列举的国家机关不得设立，宪法没有列举的权力，包括国家机关在内的任何主体都不得行使，因而也不存在制定法律规范宪外国家机关的设置和宪外权力运用程序问题。所以，近代以来严格实施宪法的国家，其国家机关的种类和国家机关的正当权力，莫不以宪法规定的为限，不会出现宪法规定的国家机关之外的“国家机关”及其权力。宪法上正当的权力一般是明示的，但有个别国家的宪法解释机关承认附属于明示权力的“默示权力”的存在。所谓“默示权力”，从美国的情况看，指的是宪法“没有列举，但为了执行明示权力所必需的政治权力”①。其依据是《美国宪法》第 1 条第 8 款第 18 项的规定，即国会有

---

① Bryan A. Garner ed., *Black's Law Dictionary*, Eighth Edition, St. Paul: West Publishing Company, 2004, p. 1207.

权“制定为行使上述各项权力和由本宪法授予合众国政府或其任何部门或官员的一切其他权力所必要和适当的法律”。这种权力是美国联邦最高法院 1819 年审理麦卡洛克诉马里兰州案所做的判决中确立的。①

任何国家的统治组织或君主，如果不是被逼无奈，他们是决不愿意其绝对权力被列举到宪法中去的。因为，对于他们来说，未列举的权力是无限权力，被列举后必为有限权力，即使列举得再多再详尽，仍然是有穷尽的，远不如宪法不列举时的权力来得多来得大。历史上的君主之所以普遍不愿立宪，之所以直到实在顶不住各方面的巨大压力才同意接受立宪和用宪法列举权力，原因皆出于此。中国晚清政府于 1908 年 8 月颁布的《宪法大纲》是中国历史上第一部宪法性文件，它将“大清皇帝统治大清帝国，万世一系，永永尊戴”和“君上神圣尊严，不可侵犯”写进去，另外用其全部 21 个条款中一半以上的条款（12 条）规定“君上大权”，竭尽概括列举之能事，②此时的皇权确实够大，但显然不再是无限权力，已从登峰造极的高度后退了关键的一步。真正登峰造极的权力是完全不具体列举范围的授权，具体列举权力就意味着限制权力的范围。这就是宪法列举国家机关清单、国家机关权力清单的奥妙所在，亦是宪法学的一个基本常识。

英国实行不成文宪法制度，其通行的宪法原则之一是议会主权，因而英国宪制对最高国家机关权力的限制比成文宪法国家复杂得多。1215 年《大宪章》产生后，在好几个世纪中英国掌握最高权力的其实还是国王，那时英国不成文宪法“列举”国家机关及其权力的方法，可以用《大宪章》等宪法性法律认可当时已经存在的国家机关及其权力（包括王权）的理路来回答。但近代随着民主程度的加深，英国逐步形成议会主权原则后，用列举来解释议会权力的范围确有困难。因为，正如英国宪法名家戴雪在 19 世纪中叶所言，“根据英国宪制，恰如其分地说，议会主权原则意味着国会有权制定或废止任何法律，而且，没有任何个人和组织可合法推翻或搁置国会的立法”。③

---

① See Melvin I. Urofsky and Paul Finkelman ed. , *Documments of American Constitutional and Legal History*, Volume 1, New York, Oxford: University of Oxford, 2002, pp. 201 – 209.

② 上海商务印书馆编译所编：《大清新法令（1901—1911）》点校本第 1 卷，商务印书馆 2010 年版，第 118—120 页。

③ A. V. Dicey, *Introduction to the Study of the Law of the Constitution* (1885), quoted from Colin Turpin and Adam Tomkins, *British Government and the Constitution*, Seventh Edition, London: Cambridge University Press, 2011, p. 58.

但是，英国的议会主权现今事实上受多重限制。根据英国国会网站介绍，这些限制包括：向诸如苏格兰议会和威尔士议会这样的机构下放权力；1998 年人权法；2009 年设立英国最高法院的决定，这个决定终止了上院的司法终审权；英国加入欧盟，虽然现正在退出，但却不会退出《欧洲人权公约》。该官方网站还说："这些发展并没有从根本上破坏议会主权原则，因为，至少从理论上看，国会可以废除造成这些变化的法律。"[①] 但理论归理论，事实上有些法律是不会真正被废止的，如基于《欧洲人权公约》加强人权保障的那些立法，首先是 1998 年人权法。因为，议会主权固然是英国宪法的基本原则，保障基本人权原则和法治原则其实是比议会主权原则历史更悠久和至少是同样强有力的两个宪法原则。它们既存在于传统、习惯中，也存在于宪法性法律中，非常牢固，理论上可被废止，事实上不可能被废止。

从保障基本人权原则和法治原则本身是英国宪法的一部分这个意义上，可以说这两个原则与议会主权原则现在是并存和相互制约的，议会已无权废止这两个原则。议会行使权力受这两个原则限制，实际上就是受法律限制。

4. 形成权力清单乃宪法限制国家机关权力的基础性方法

前面主要讲了宪法限制国家机关、国家机关权力的方式，这里讲的是宪法限制权力的方法。宪法限制权力或将权力关进宪法之笼的基础性方法，是设置国家机关清单和国家机关权力的清单。成文宪法通过逐一列举形成的这类清单，既表示人民或国民通过宪法向相关国家机关委托或授予权力，但同时也限定了行使权力的主体和行使权力的范围，表示行使权力的机关和权力的范围以这个清单为限。我们可将宪定国家机关及其权力范围清单比拟为限约权力的宪法网笼之经纬结构中的经绳。

美国宪法是历史上第一部成文宪法，它是以联邦国会为首要对象列举联邦机构中三个机关的权力并形成清单的：（1）关于立法权的行使主体和范围："国会应有下列权力：规定和征收直接税、间接税、进口税与货物税，以偿付国债、提供合众国共同防御与公共福利，但所有间接税、进口税与货物税应全国统一；以合众国的名义借贷款项；管理合众国与外国

---

① 英国国会网站，https：//www. parliament. uk/about/how/role/sovereignty，2021 年 1 月 28 日。

的、各州之间的以及与印第安部落的贸易；制定全国统一的归化条例和破产法；……制定为执行以上各项权力和依据本宪法授予合众国政府或政府中任何机关或官员的其他一切权力所必要的和恰当的法律。”（2）行政权的行使主体和范围：“行政权属于美利坚合众国总统。”关于行政权的具体范围，美国宪法具体做了一些列举，包括军队统帅权、缔约权、人事任命权等。行政权实质上是法律执行权，其范围主要取决于国会立法权涉及的事务的范围，因而不是宪法限制的重心所在。（3）司法权的行使主体和范围：“合众国的司法权属于最高法院以及由国会随时下令设立的低级法院”；“司法权适用的范围如下：一切基于本宪法、合众国法律以及根据合众国权力所缔结的及将缔结的条约而产生的普通法的及衡平法的案件；……但叛国罪犯公民权的剥夺，不得影响其继承人的权益，除剥夺公民权利终身者外，不得包括没收财产。”[①] 司法权本质上是裁判权，更不是宪法限制的中心所在。

上文所述只是一个宪法通过逐项列举限制国家机关权力的清单的实例。任何人如果了解以上清单对美国联邦政府权力的基础性限制作用，以及联邦政府在这个网笼中为了扩展权力同各州进行两百多年拉锯争夺的历史，他/她就一定懂得国家机关及其权力清单对限制国家权力的基础性意义。以美国宪法第 1 条中的商业条款为例，其中仅涉及联邦管理各州之间贸易的权力之扩展和限制的纠纷的案子，联邦最高法院就审理了许多，包括很著名的 1824 年 *Gibbons v. Ogden* 案，还有 1935 年的 *A. L. A. Schechter Poutry Corp. v. United States* 案和 2005 年的 *Gonzales v. Raich* 案，都是围绕权力限制的边界展开的。联邦政府希望逐步扩大管理权范围，各州则竭力将联邦管理权扩展尝试顶回去。[②] 说到底，这些争议涉及的都是联邦宪法权力清单对联邦授权或禁止的微观变化。

中国宪法文本中备有完整的国家机关清单和国家机关权力清单。国务院总理作为最高国家行政机关首脑，近年来多次言及权力清单，强调行政机关只能行使清单中的权力。但遗憾的是，社会上不少人士包括相当一部分法律和法学工作者，据此以为只有国家行政机关才有权力清单、行使权

---

① 孙谦、韩大元主编：《世界各国宪法 · 美洲大洋洲卷》，中国检察出版社 2012 年版，第 616—618 页。

② See Edwin Meese Ⅲ et al., *The Heritage Guide to the Constitution*, Washington: Regnery Publishing, Inc., 2005, pp. 101 - 107.

力不能超出清单范围，以为宪法对其他国家机关没有相同要求。这是错误的认识。

实际上，中国《宪法》第62条所列举的，是全国人大的权力清单："全国人民代表大会行使下列职权：（一）修改宪法；（二）监督宪法的实施；（三）制定和修改刑事、民事、国家机构的和其他的基本法律；（四）选举中华人民共和国主席、副主席……（十五）应当由最高国家权力机关行使的其他职权。"全国人大是中国的最高国家权力机关，是宪法授权的第一重点，因而其职权是宪法限制的首要对象，不可超越清单范围行使职权。

中国《宪法》第67条所列举的，是全国人大常委会的权力清单："全国人民代表大会常务委员会行使下列职权：（一）解释宪法，监督宪法的实施；（二）制定和修改除应当由全国人民代表大会制定的法律以外的其他法律；（三）在全国人民代表大会闭会期间，对全国人民代表大会制定的法律进行部分补充和修改，但是不得同该法律的基本原则相抵触；（四）解释法律；……（二十一）全国人民代表大会授予的其他职权。"全国人大常委会是中国最高国家权力机关的常设机关，是宪法授权的第二重点，因而其职权也是宪法限制的第二位的对象，行使职权不可超越清单范围。

中国《宪法》第89条所列举的，是国务院的权力清单："国务院行使下列职权：（一）根据宪法和法律，规定行政措施，制定行政法规，发布决定和命令；（二）向全国人民代表大会或者全国人民代表大会常务委员会提出议案；……（十八）全国人民代表大会和全国人民代表大会常务委员会授予的其他职权。"国务院是中国最高国家权力机关的执行机关，其职权相对于全国人大及其常委会的职权具有从属的性质，但这份清单同时也是其行使职权的限度。

需要说明，中国宪法中的监察机关、审判机关和检察机关都是单功能国家机关，所以，宪法只要列举到了其单项职权就算形成了清单。如宪法第127条规定："监察委员会依照法律规定独立行使监察权，不受行政机关、社会团体和个人的干涉。"《宪法》第131条和第136条分别规定人民法院、人民检察院依照法律规定独立行使审判权、监察权，不受行政机关、社会团体和个人的干涉。

还需要说明，中国宪法中的行政机关的权力清单之所以不能像美国宪法中的行政权（总统权力）那么简短，是因为美国实行联邦制，联邦与州之间划分的是事权，代议机关针对联邦管理的事务立法后，行政机关执行法律就好。中国实行单一制，中央与地方之间划分的是职权，中央和地方之间管理的事项很多是重叠的，因此，国务院执行法律就复杂一些。另外，美国国会开会时间长、法律制定得仔细，中国全国人大及其常委会开会时间短，法律制定一直循宜粗不宜细原则，所以国务院还得进行行政立法，这也增加了行政机关工作的难度。

但是，相对而言，在构筑网笼限制权力方面，中国宪法中限制国家机关、国家权力的清单承担的“任务”，比美国宪法文本中同类性质的条款承担的任务多许多、重许多。之所以如此，第一位的原因是中国宪法文本中几乎没有或极少有针对全国人大及其常委会的权力负面清单（下面马上会论及），因而权力清单承担了限制最高国家机关权力的全部重担。第二位的原因，是中国经济上以公有制为主体，国家机关尤其是其中的行政机关承担较多的经济建设职能，经济资源较多集中于行政机关手中，因而权力尤其是行政权的体量和强度，相对而言比美国大得多，权力也更难限制。

为较为全面系统地解说国家机关清单和国家机关权力清单，仅仅介绍成文宪法的做法还不够，还须大致了解不成文宪法是如何设置这种清单的，虽然不成文宪法制度不是近代以来世界上普遍的立宪形式。在英国的不成文宪法制度下，国家机关清单和国家权力清单最初表现为宪法性法律对此前已经存在的国家统治机构及其权力的默认、承认或同意。到后来列举也是常见的做法，如 1998 年人权法对一些“公共机构”及其职能的列举。

5. 形成权力负面清单是宪法限制国家机关权力的次重要方法

宪法限制权力或将权力关进宪法之笼的第二种基本方法，是设置权力负面清单。宪法一般不设国家机关负面清单，只设国家机关权力负面清单。在限制权力方面，权力负面清单辅助国家机关清单和权力清单，两者一起发挥作用。国家机关权力负面清单好比关权力的宪法网笼经纬结构中的纬绳。我们找几个比较典型的立宪国家，看看其国家机关权力负面清单的设置情况。国家机关权力负面清单的运用在各国宪法中很广泛，但运用程度有所不同。在同一部宪法中，所用语词表达负面的程度或强度也很不一样，较常见的是专门针对国家或国家机关使用“不得”“禁止”等语言。

在宪法性法律中为国家机关权力设定负面清单，应该算是英国《大宪章》开的先河。《大宪章》在这方面的情况，前文已经有所列举，此处不再赘述。

美国宪法文本中针对国家机关的权力负面清单分布非常广泛。《美国宪法》第1条第9款针对国家的负面清单比较长，试摘要列举几条："根据人身保护令享有的特权，除非在发生叛乱或遭遇入侵，公共治安需要停止此项特权时，不得中止"；"不得通过公民权利剥夺法案或追溯既往的法律"；"对于从任何一州输入的货物不得征收直接税或间接税"；"除依据法律规定拨款外不得从国库支款；一切公款的收支报告和账目应不时予以公布"；"合众国不得授予贵族爵位；在合众国担任任何信任职位或高收益职位者，未经国会许可，不得接受任何外国君主或国家所赠予的任何礼物、酬金、官职或爵位。"美国宪法修正案中国家的权力负面清单更长，试摘要列举几条作为例证："国会不得制定关于下列事项的法律：确立国教或禁止宗教活动自由；剥夺言论或出版自由；剥夺人民和平集会和向政府诉冤请愿的权利"；"人民持有和携带武器的权利不得侵犯"；"士兵在和平时期，非经房主许可不得驻扎于任何民房；在战争时期，除依照法律规定的方式外亦不得进驻民房"；"人民保护其人身、住房、文件和财物不受无理搜查扣押的权利不得侵犯；除非有合理的根据认为有罪，以宣誓或郑重声明保证，并详细开列应予搜查的地点、应予扣押的人或物，不得颁发搜查和扣押证"；"不得索取过多的保释金，不得处以过重的罚金，或施加残酷的、非常的刑罚"；"本宪法对某些权利的列举不得被解释为否定或轻视人民保有的其他权利"；等等。美国宪法权力负面清单中最末一项在其第27条修正案中，内容是："变参议员和众议员服务报酬的法律，在众议员选举举行之前不得生效。"[①] 另外，美国宪法权力负面清单中还有不少是针对各州的。

法国宪法针对国家的权力负面清单的内容，主要存在于作为宪法组成部分的《人权和公民权宣言》中。例如，"任何团体或任何个人皆不得行使国民所未明白授予的权力"；"凡未经法律禁止的行为即不得受到妨碍，而且任何人都不得被强制去从事法律所未规定的行为"；等等。[②]《法国宪

---

① 孙谦、韩大元主编：《世界各国宪法·美洲大洋洲卷》，中国检察出版社2012年版，第616—621页。

② 姜士林主编：《世界宪法全书》，青岛出版社1997年版，第894页。

法》正文也有属于权力负面清单的内容，如第 16 条规定，“国民议会在总统行使紧急状态权期间，不得解散”；第 26 条规定，“议会议员在行使其职权期间所发表的言论或所进行的投票，不受追诉、搜查、逮捕、拘留或者审判。议会的任何议员非经其所属议院秘书处的批准，不得因刑事或违警察事件被实施逮捕、剥夺或限制自由的措施”；第 28 条规定议会每年自行召开两次常会，“会期都不得超过 120 日”；第 62 条规定，“宪法委员会宣告违宪的法律不得公布，也不得适用”；第 66 条规定，“任何人不得被任意地拘留”。①

《俄罗斯宪法》针对国家的权力负面清单的内容也是比较丰富的，其中较引人注目的有这样一些：其第 13 条规定，“任何意识形态均不得被规定为国家意识形态或必须遵循的意识形态”，“任何宗教不得被规定为国教或必须信仰的宗教”；第 15 条规定，“法律应予以正式公布。未经公布的法律不得予以适用。任何涉及人和公民权利、自由和义务的规范性法律文件，未经正式公布并未为公众所知的，不得予以适用”；第 16 条规定，“宪法的本章条款，是俄罗斯联邦宪法制度的原则，非依照本宪法规定的程序，不得予以修改”，“本宪法的其他任何条款，均不得与俄罗斯联邦宪法制度原则相抵触”；第 40 条规定，“任何人都不得被任意剥夺住宅”；第 47 条规定，“任何人均不得被剥夺在依照法律规定有管辖权的法院内，由法院的法官审理其案件的权利”；第 50 条规定，“任何人均不得因同一犯罪行为而被重复判刑”，“在行使司法权时，禁止使用以违反联邦法律的方式而获取的证据”；第 64 条规定，“本章条款是俄罗斯联邦个人法律地位的原则，非经本宪法规定的程序，不得予以修改”。②

中国宪法也设置有国家机关权力负面清单，但是相对而言数量比较少。中国《宪法》设置国家机关权力负面清单的条款主要有：第 5 条规定，“任何组织或者个人都不得有超越宪法和法律的特权”；第 10 条规定，“任何组织或者个人不得侵占、买卖或者以其他形式非法转让土地”；第 36 条第 2 款规定，“任何国家机关、社会团体和个人不得强制公民信仰宗教或者不信仰宗教，不得歧视信仰宗教的公民和不信仰宗教的公民”；第

① 孙谦、韩大元主编：《世界各国宪法·欧洲卷》，中国检察出版社 2012 年版，第 271、275、276 页。

② 孙谦、韩大元主编：《世界各国宪法·欧洲卷》，中国检察出版社 2012 年版，第 212—217 页。

40 条规定，“任何组织或者个人不得以任何理由侵犯公民的通信自由和通信秘密。”第 67 条第 3 项规定，在全国人大闭会期间，其常委会可以补充修改全国人大制定的法律，“但是不得同该法律的基本原则相抵触”；第 66 条规定“委员长、副委员长连续任职不得超过两届”；第 87 条、第 124 条、第 129 条和第 130 条分别规定国务院总理、副总理、国务委员、监察委员会主任、最高人民法院院长、最高人民检察院检察长均“连续任职不得超过两届”。

6. 国家机关和权力均不超越宪定清单是正常立宪国家都恪守的原则

这里所谓不超越宪定清单，包括不在宪法的国家机关清单之外设置国家机关，不在宪法规定的权力清单之外行使权力，不违反权力负面清单的禁止性规定。不超越宪定权力清单历来是世界各正常立宪国家的常态。

一个立宪国家，为设立新的国家机关而制定法律，是否需要修宪，以及立法要不要根据宪法之类问题，其实无须发生文字的或口头的争议。关注这类问题的学者若有足够国际视野，只要运用把法治国家处理同类问题的方式找些出来简要梳理一遍就应该能获得比较恰当的答案。当代公认的诸多立宪国家是否有宪法外组织行使宪定国家机关的权力，是否有国家机关超越其本国宪法相应清单的范围行使权力，以及相应国家的主流社会对有关做法的评论等，都是中国处理相应事务应参考的指标。宪法学是非常具有可比性的社会科学门类。

（三）国家机关“法无授权不可为”应是宪法学者维护的价值标准

中国宪法学者应该把公权力组织“法无授权不可为”作为价值标准来维护。这里所谓维护，包括两方面内容，一是坚持正确的宪法信念，即不在宪法文本规定的国家机关序列的公共组织不应行使根据宪法应由宪定国家机关行使的权力，二是适格的国家机关行使权力不超越宪法列举的范围。学者们在学理上守住这个底线，会有助于人们识别并摒弃损害正常宪法秩序的各种缺乏学理根据、逻辑混乱的提法和做法。

坚守“法无授权不可为”，中国宪法才能真正成其为宪法，否则它将实际上丧尽宪法的限权功能。宪法是通过设定权力行使主体、划定权力的范围和规范权力的行使程序来限制权力的。其中，设定权力行使主体、划定权力范围是前提，规范权力的行使程序只能是其后续发展。中国宪法与其他所有正常立宪国家的成文宪法一样，限制权力首先是通过形成国家机关权力清单（其中首先是国家机关清单，下同）和国家机关权力负面清单来实现的。对于限约权力的宪制网笼来说，这两种清单中的内容分别构成网笼的经绳和纬绳。因此，在有了国家机关权力清单做限约权力网笼的经绳后，国家机关权力负面清单的每一项内容，都构成该网笼的一道纬绳。国家机关权力负面清单内容越多，纬绳越密；反之则是越稀疏。

只有坚守"法无授权不可为"这个原则，国家机关权力清单才能起到限制权力的网笼作用。反之，如果立法机关可以超越宪法列举的国家机关权力清单限制，在清单之外任意立法设立国家机关和赋予其权力，那宪法限制权力的基础性措施就会完全失去功能。

严格实施宪法，确保立法不突破宪法设置的国家机关权力清单，并形成限制权力的网笼，对中国而言，有较其他国家更为重要的意义。这主要是因为，宪法限制权力客观上需要国家机关权力清单和权力负面清单从纵横两方面协调配合相辅相成，同时起作用。中国宪法的国家机关权力清单比较完善，而国家机关权力负面清单却极为稀松，这是我们须面对的一种宪法现实。下面不妨简要比较一下这方面的数据。以"百度百科"的网络版为基准，我做了搜索：《大宪章》总共6894个汉字，其中体现权力负面清单最常见的词语"不得"一词，总共出现39次，而且基本上都是针对王权为代表的公权力的。这表明，这部宪法性法律设定的权力负面清单的内容比较多。美国宪法文本中针对国家的权力负面清单分布亦较为广泛，包括修正案但不包括签名的美国宪法汉译本，字数不足11000字。经查找，其中"不得"共出现80次，所针对的对象几乎都集中于权力主体和权力，包括联邦政府、州政府及其权力，以及担任公职或谋求担任公职的人，没发现单纯针对公民个人及其基本权利的情况。

相比较而言，中国2018年的宪法文本，包括修正案，电脑显示的汉字数为26665字，查找发现"不得"仅27次。在这27次中，专门针对国家机关的次数很少：针对全国人大的次数为0，针对全国人大常委会的1次，即《宪法》第67条第3项规定，在全国人大闭会期间，其常委会可对全国人大制定的法律进行部分补充和修改，但是不得同该法律的基本原则相抵触。有10次针对官员的任期。其余都要么针对官民各方，要么单纯针对公民的权利及其运用行为。后者如《宪法》第51条、第54条，这两个条款分别规定："公民在行使自由和权利的时候，不得损害国家的、社会的、集体的利益和其他公民的合法的自由和权利"；"公民有维护祖国的安全、荣誉和利益的义务，不得有危害祖国的安全、荣誉和利益的行为。”

如按同美国宪法文本一样的标准计算，现行中国宪法文本出现“不得”的次数应当在194次左右；反过来也可以说，若按中国宪法文本的标准，美国宪法文本出现“不得”的次数应当只有11次略强。所以，折算下来，美国宪法文本运用“不得”的频率是中国宪法文本的约7.2倍。① 这只是一种技术性指标的对比，不涉及宪法的性质和总体上的优劣。如果美国宪法文本的这类技术性安排值得参考，那么我们可以说，上述针对国家机关权力的禁止性话语的分布状况表明，中国宪法文本中限约权力网笼的经绳即国家机关权力清单虽比较完备，但网笼的纬绳即国家机关权力负面清单内容明显过少。

上述指标还表明，在中国宪法文本中国家机关权力负面清单内容太少，限制约束公权力长期片面依靠国家机关权力清单起作用的情况下，若再不强化而是削弱国家机关“法无授权不可为”原则，我国宪法对公权力的限制约束作用很可能进一步削弱。

所以，正确理解中国宪法限制权力的方式和运用国家机关权力清单限制权力的方法，对于法治中国建设具有特别重要的意义。中国《宪法》序言规定：“全国各族人民、一切国家机关和武装力量、各政党和各社会团体、各企业事业组织，都必须以宪法为根本的活动准则”。在这里，宪法用语非常有力，但做到这一点的前提性的和基本的要求，是国家生活不突破宪法确定的国家机关权力清单，包括国家机关清单。《宪法》还规定：“一切国家机关和武装力量、各政党……都必须遵守宪法和法律。一切违反宪法和法律的行为，必须予以追究。任何组织或者个人都不得有超越宪法和法律的特权。”其中“遵守宪法”的基础性内容，其实正是尊重宪法确定的国家机关权力清单，包括国家机关清单；而“违反宪法”“必须予以追究”的行为，必然首先是损坏国家机关清单和超越国家机关权力清单的越权行为；而“不得有超越宪法”的特权，首先是不得有超越国家机关权力清单行使权力的特权。

《中国共产党章程》规定，“党必须在宪法和法律的范围内活动”。其

---

① 另外，笔者注意到，《中华人民共和国宪法》中使用“禁止”一词14次，但基本都是针对官民等所有法律关系主体，并没有专门针对国家机关行使权力的情形。

重要含义之一就是党主动承诺尊重宪法规定的国家机关权力清单。把权力关进制度的笼子，宪法上主要靠坚守国家机关权力清单，包括国家机关清单，这是大节，其他措施，包括拟议中的推进合宪性审查工作等，其重要性相对而言都显得稍低一些。

鉴于国家机关权力清单包括国家机关清单的重要性，我们有充分理由说，中国如果毁弃国家机关“法无授权不可为”原则，实际上就近乎毁掉限约“权力”的网笼。果若如此，至少在运用国家机关权力清单限制公权力方面，中国从此将有宪法等于无宪法。

显然，面对这种状况，中国宪法学者应做的事情不是毁弃而是强化国家机关“法无授权不可为”意识，并以此为基础和前提，弥补国家和国家机关权力负面清单内容严重欠缺的格局。对这种宪法要素有所欠缺的格局，中国在宪法实施过程中该如何补救？从宪法逻辑上说只有不多的几个办法可供我们选择，其中包括：一是在今后的宪法发展进程中逐步充实国家机关权力负面清单的内容，但这得有足够耐心，须假以岁月；二是强化权力清单对权力主体和权力本身的限制约束作用，内容是确保非宪定主体不得行使国家权力，和国家机关不得行使宪法未授予的权力。第一个选项只有长线意义，第二个选项从长线还是从短线角度看都有价值。

或许有学者会提出这样的批评：没必要太看重国家机关权力清单的作用，没有了它们，我们可以推进合宪性审查制（或宪法监督制度、违宪审查制度，下同）建设，用后者的效用取代权力清单的功能。笔者以为，这类看法是完全错误的！宪法本身限制权力的方式方法是非常有限的，从直接起作用的意义上说，限制权力首先靠设置国家机关权力清单和权力负面清单，并使之在宪法实施过程中能够得到尊重。如果这两个清单被事实上弃之不顾，限制约束权力的网笼就等于完全被拆毁了。从世界范围看，在限制权力方面，国家机关权力清单、权力负面清单起基础性作用。合宪性审查的出现和发挥作用，须以上述两个清单的存在和发挥限约权力的效用为前提和基础，只是对两个清单限制权力效用的一种补充。国家机关权力清单和权力负面清单若不能存在并正常起作用，合宪性审查制度不可能建立，建立了也不能正常发挥效用。因为，在限制约束权力方面，合宪性审查只能在两个清单起作用的前提下拾遗补阙，不可能替代两个清单发挥限约权力的功能。

从滤除违宪现象这个意义上可以说，国家机关权力清单、权力负面清单交织在一起构成网格粗壮的筛子，合宪性审查是细网格细密的筛子，没有前者首先对重大违宪现象进行拦阻和过滤，后者就会直接被重大违宪现象本身的冲击力砸得稀烂。所以，合宪性审查只是基于两个清单制度而形成的更高级、更细密、更精致的限约国家机关权力、保障公民基本权利的制度。在历史上和现实世界中，我们还找不到国家机关权力清单和权力负面清单都失却权力限约功能而合宪性审查体制能正常存在和有效运作的先例。

中国宪法学之所以必须坚守“法无授权不可为”的底线，还因为另有一些很现实的需要。限于文章篇幅，对这些需要下面只做简单叙述：

1. 若欲维持中国宪制平衡发展，形成良好宪法秩序，得保证由宪定国家机关在宪法列举的范围内行使权力。宪制平衡发展和良好宪法秩序的形成端赖处理好四个方面的关系：（1）法定之权与法外之权的关系。宪法通过授予国家机关权力的方式，客观上将一国或特定社会的全部“权”划分成了两部分，其一为法定之权，简称法权，其二为法外之权，亦称剩余权。法权是由法律分配和规范其运用行为那部分“权”，剩余权从法的角度看属自由获取的领域，但实际上分配结果往往由道德或以实力为基础的丛林规则来决定，法权与剩余权会形成一定的比例结构。[①]（2）法律权利与权力的关系，这是一国之内基础性的法律关系。在立宪国家，法权必然被划分为国家机关权力和公民基本权利两个基本部分。通过宪法列举授予各级各类国家机关的那部分法权称为权力，权力之外的那部分法权构成公民的基本权利，两者间客观上有或应该有比例。（3）中央国家机构与地方国家机构之间的权力纵向配置关系，和各级国家机构内不同国家机关间的权力横向配置关系，权力的这两种配置客观也是有或应该有比例的，虽然我们很难将其量化。（4）执政党组织机构的领导行为与国家机关职权衔接、互动关系。

“法无授权不可为”是宪法一切权力属于人民原则的必然逻辑延伸，前者可理解为后者的一个必要组成部分。坚守“法无授权不可为”价值底线，是按宪法的规定和精神理顺以上四方面关系的基础。反之，若弃守“法无授权不可为”的价值底线，现实的宪法法律秩序几乎不可避免地会受到不同程度的损害：（1）通过权力扩张增加法权体量，从而压缩剩余权

① 参见本书“宪法学新体系的范畴架构”一节对权、法权和剩余权的论述。

的比例，尤其是压缩其中由公民等私权主体通常应该能够享有的不由法律来认定和保护，而是由道德等另类社会规范调控的那部分权利或自由。其表现，通常会是法律管控的范围过宽，过于苛严，不利于公民等社会个体的自由发展。（2）按权力扩张的本性，它一定会更加畅行无阻地自行扩张，挤压公民能享有的法律权利的空间，降低法权结构（权力/权利）中权利的比重并提升权力的比重，危及原本已极为脆弱的法权结构平衡。（3）会像肖蔚云教授所说的那样，某些主体会"不顾宪法规定的职权，任意扩大某些机关的职权"，在纵向横向上打乱国家机关之间的权力配置平衡。（4）在执政党和国家机关关系方面，若放弃"法无授权不可为"的价值底线，则几乎一定会损害党章关于"党必须在宪法和法律的范围内活动"的规定及其遵守状况。

2. 深化市场经济体制的改革不仅要求落实"法无授权不可为"，将权力严格限制在宪法列举范围内，而且要求在宪法的权力负面清单中添加更多内容。宪法规定中国实行社会主义市场经济体制，让市场这只"看不见的手"取代政府"看得见的手"在社会经济资源配置方面起决定性作用，这意味着权力主体应该由计划经济体制下那种万能的"主宰者"转变为"配角"。因此，政府"看得见的手"（即权力）应该大幅度退出市场，只保留宏观调控和监督的职能。现行宪法的国家机构和国家机关权力条款，几乎全部是1982年通过的，而当时从理论到实践，中国都是实行计划经济。

因此，宪法当时规定的国家机关职权，原本就是适应计划经济体制的需要做的配置。按政治法律生活与经济生活相一致的原则，20世纪90年代初，中国决定实行社会主义市场经济后，宪法的国家机关职权负面清单中，就应该同时显著地增加新内容。这原本应是弥补中国国家机关权力负面清单中内容太少的一大契机，但可惜当时没有抓住。知难行易，明白了相应的道理，亡羊补牢，犹未为晚。

现在中国国家行政机关的不少部门在实行权力清单制度，设立职权的正面和负面清单，这当然非常必要。但与此同时，我们一定要认识到，中国的国家权力首先和主要地是由最高国家权力机关及其常设机关掌握和体现的，所以，要从总体上减少国家对经济活动的干预，尤须在宪法中设置针对最高国家权力机关职权的负面清单并充实其内容。

针对最高国家行政机关的宪定职权设置负面清单也很重要，但重要性排位尚在其次。落实宪法规定的市场经济体制，可以成为充实宪定国家机关权力负面清单内容的一个重要增长点。

3. 改善公民基本权利保障状况，也应该考虑从落实“法无授权不可为”原则和在宪法层面增加权力负面清单中的内容着手。一个国家的民主法治建设状况如何，宪法实施状况如何，可以确定很多指标进行衡量，但最基本的衡量指标只有一个，那就是公民基本权利的保障状况。基本权利保障状况好则可谓民主法治建设状况好，反之则一定不好。一个国家或社会对公民基本权利的侵害通常来自两个方面，来自其他个人的侵害和来自国家机关的侵害。中国许多年来的基本情况是，法制在防止个人对个人的侵害方面的状况比较令人满意，但在防止公权力侵害个人权利和自由方面，往往相对显得无能为力。

所以，改善公民基本权利保障的基本进路，应该是防止公权力体量过大和因过于集中而难以制约，同时创造条件让公民运用基本权利与公权力的运行达致某种平衡。在维护“法无授权不可为”原则的同时，针对国家机关增添权力负面清单，两种做法相辅相成，是一个值得考虑的加强公民基本权利保障的办法。这里说的应针对其增加权力负面清单的国家机关，主要指行政机关。

对于宪法学者来说，确立和维护国家机关“法无授权不可为”的价值标准，也应该是其实现职业价值乃至人身价值所不可缺少的品质。统治组织从任意设置到被限制在宪法列举的清单之中；最高国家权力、国家机关的权力从绝对、不受限制到受宪法列举范围限制；权力从只受宪法权力清单限制到同时受其中的权力负面清单限制；社会从人治到法治；国家从极权专制到立宪民主制，个人从受奴役到逐渐获得自由发展的条件——所有这些话语看似内容不同，其实都只对政治和法制进步这个相同历史走向的不同描述。承认和维护国家机关“法无授权不可为”原则，是法律学者在法治中国建设实践中发挥正面作用所不可缺少的认知前提和道义基础。

五　宪法与民法典关系的四个理论问题[①]

在宪法与各部门法的关系方面，宪法与民法的关系最近十余年来似乎

① 本节原载《政治与法律》2020 年第 5 期，标题亦为《宪法与民法典关系的四个理论问题》，但纳入本书时按全书基本概念统一、基本观点协调的原则作了修订。

一直是最受法学界关注的话题。宪法与《民法典（草案）》的关系是这一话题的新近呈现形式。作为宪法学教学研究人员，最近仔细通读草案全文，又查阅了不少民法史资料，还对照阅读了多国的现行民法典，感到草案在处理与宪法的关系的某些环节，还是留下了一些值得进一步研究或商榷的空间。考虑到现在正值全国人大审议和讨论草案前夕，宪法学工作者仍有机会为完善该草案提供自己的意见。所以，我这里不揣浅陋，说出自己对宪法与民法典关系方面四个理论问题的看法，供参与草案审议的人士和关注相关方面发展的法学界同行参考。

（一）基本民事主体表述为"公民"还是"自然人"更合适

所谓民事主体，是指具有民事权利能力，依法享有民事权利、承担民事义务的行为者。而基本民事主体，则是指在两种或多种民事主体中，处于居首的、最重要的位置的那一种。《民法典（草案）》第 2 条规定："民法调整平等主体的自然人、法人和非法人组织之间的人身关系和财产关系。"显然，"自然人"被表述为基本民事主体。我国 1986 年《民法通则》认定的民事主体是"公民"和"法人"，其中"公民"是基本民事主体，而 2017 年的《民法总则》和随后的《民法典（草案）》认定的民事主体则是"自然人、法人和非法人组织"，其中"自然人"取代原来的"公民"成为基本民事主体。

现在似乎一般认为，基本民事主体定位于"公民"还是"自然人"更合适，已经不是问题，理由显然是《民法典（草案）》第 2 条已经写上了，不容易改变。实际上没有这么简单，草案即使通过了，成为法律，相关的选择作为学术问题也可以继续讨论，何况它还没成为法律。

"公民"与"自然人"是什么关系，民法典有什么必要将"公民"改写为"自然人"？这是一个即使在民法学界也并不是真正形成了共识的问题。用"公民"还是"自然人"，"不同的用语承载着不同的制度价值，具有不同的政治思想和法律思想的底蕴"。[①] 1804 年《法国民法典》之所以率先以"人"为标题规定民事主体制度，皆"由于法国民法典奉行绝对的自由主义"，在那里，"人被用作专门的私法术语，以与公法用语相区别"。[②] 后来

---

① 孔祥俊：《民法上的人·自然人·公民》，《法律科学》1995 年第 3 期。

② 孔祥俊：《民法上的人·自然人·公民》，《法律科学》1995 年第 3 期。

有学者把这个问题上升到主义的高度，认为公民是不适当地与社会主义绑定的术语，倾向于解除绑定："从苏联民法到俄罗斯民法，民事主体的立法表述经历了由'公民'向'自然人'的转变。而我国民事立法仍然充斥着'公民'之表述，这不得不使我们思考是否应当在'公民'与'自然人'之间作出选择与取舍，以契合民法观念的当代发展"。① 但也有学者证明社会主义解体后的俄国民法仍在使用公民概念。② 民法学者徐国栋教授力排众议，主张继续使用公民概念。他说，"《民法通则》使用公民一语52次，自然人一语两次。2016年7月5日的民法总则草案使用公民一语0次，自然人一语22次。从前者到后者，正好30年多一点。30年的历史，是公民一词在民法中的消亡史和自然人术语的发达史"。为什么这样？他说："清末，我国继受德国法，自然人的概念来到了中国，引起人们的过度联想。"③

对上面的讨论，徐国栋教授的结论是："从上下文来看，自然人多数情况下指的就是一国的公民。我提倡使用公民的概念，但自然人的概念并非不可用，可以用在涉外的地方。"④ 从宪法角度看，徐教授的看法比主张使用自然人一词的看法要有根据得多。对此，读者从后文中会看到相关的、进一步的论证。

可以说，以自然人为基本民事主体，谈不上是民法学界的共识。查阅相关学术论文的理据，可明显感到，支持将民法主体从民法通则的"公民"改为在民法总则、民法典中表述为"自然人"，理由和根据还是欧洲启蒙时代以个人和自然权利为核心的那些论述。而那些论述又都是在世界范围内宪法还仅仅表现为公法，没有成为与其区分开来的根本法的时代的思想认识。

以上两个时代的分水岭，主要是违宪审查制度是否在世界范围内确立，时间大体在20世纪50年代左右。此前，行之有效的违宪审查制度只存在于个别国家，此后则在世界范围内形成，宪法随之普遍地成为区别于公法和私法的根本法。在宪法名副其实地成为位阶高于公法和民商法的根

---

① 王春梅：《走过历史："公民"与"自然人"的博弈与启示》，《华东政法大学学报》2015年第4期。

② 张力：《公民、自然人，抑或其他》，《河北法学》2007年第3期。

③ 徐国栋：《我国民法总则制定中的四个问题》，《暨南学报》（哲学社会科学版）2017年第2期。

④ 徐国栋：《我国民法总则制定中的四个问题》，《暨南学报》（哲学社会科学版）2017年第2期。

本法之前，将民事主体表述为“人”“自然人”有其必然性，但这仍然是法治发展水平较低（主要表现为因缺乏违宪审查制度支撑，还不成其为真正的根本法）的表现。当宪法在世界范围内成为实至名归的根本法后，仍坚持将民事主体表述为“人”“自然人”，一般来说都会因为其脱离宪法的规定而成为理论上过时、法律上违背宪法的选择。之所以用“一般来说”限定以上观点的适用范围，是因为有例外情况：如果某国宪法（如《德国基本法》）确认的基本权利的首要主体是“人”而不是公民或国民，那个国家的民法典确实可以而且应当将民事主体表述为“人”或“自然人”。

我国民法典将基本的民事主体表述为“自然人”，对法治实践也许不会有明显阻碍，但从法律体系应以宪法为基础形成内部和谐统一整体的客观要求看，肯定是不合适的。因此，我国民法典最好在采用“自然人”概念的同时，基本的民事主体表述为“公民”。这在技术上很好安排，可采用“公民和其他自然人”并举的说法。

我注意到，在网络讨论中，有学者提出：宪法的主体与部门法主体，在部门法立法中是可以进行话语转换的，如公民转换为法官、检察官、村民等；公民在民法中隐身，是民法立法逻辑的需要；严格来说，私法处理“私民”问题，或者是换了马甲的“公民”。这种解释有相当的道理，但此说仍不足以说明《民法典“草案”》文本完全不提自然人与“公民”关系具有正当性。这方面，就以法官法、检察官法、村民委员会组织法为例看看这些法律的主体与宪法主体之一公民的联系。法官法、检察法规定的法官、检察官任职资格之一，都是有公民身份。至于村民委员会组织法，其第 13 条规定选举前应当登记列入参加选举的村民名单的条件之一是“户籍在本村并且在本村居住的村民”或“户籍不在本村，在本村居住一年以上，本人申请参加选举，并且经村民会议或者村民代表会议同意参加选举的公民”。户籍是中国公民才有的，所以，该法以直接、间接两种方式规定了“村民”须有公民身份。

不错，民事主体是“私民”，但他们无论在哪国事实上都是以宪法上的公民资格扮演“私民”（自然人）角色的。故前台表演的虽应是“私民”，“公民”应隐身到了幕后，但“公民”应是在有旁白示明“私民”做他的替身的背景下“隐退”到幕后，否则观众就会误解剧中一些根本性的关系。我国民法典草案虽然可以而且应当用自然人概念，但不能完全不提公民与自然人（“私民”）的法律上的联系。就说换“马甲”吧，“马甲”通常是穿在内衣外边的，“马甲”可换，但它总得套在内衣上边，内衣总是有的，因为，一般不存在赤膊穿“马甲”、赤膊换“马甲”的问题。当然，硬要赤膊穿“马甲”、赤膊换“马甲”，那确实在某种程度上是个人意思自治范围的事情，不一定受惩罚，但其行为肯定属于不合交易场所常规的情况。在这里，公民、自然人、宪法及它们三者间的关系，可比拟为内衣、马甲、交易场所常规及其三者的关系。

综上，可以说将基本民事主体表述为“公民”比表述为“自然人”更合适。为了进一步说明这个道理，下面再做三个方面的补充论述：

1.《民法典（草案）》对基本民事主体的表述与宪法相关内容脱节

《民法典（草案）》第1条至第9条，每条都包含“民事主体”的规定。在中国宪法框架下，民事主体中的自然人首先和主要的是公民，但草案全文没有“公民”二字或实际上指代公民的名词（如本国人），甚至也没有同公民或本国人形成对照的“外国人”之类的名词。所以，从外观上看，这些条款就不是根据中国宪法形成的。为什么这样说？这里关键是要理解宪法基本权利中人身权利的主体（公民）与民法典中民事权利的基本主体应该是重合的，非基本主体（外国人、无国籍人、法人等）是比照基本主体由法律认可或拟制的人格。因此，如果是根据中国宪法编纂民法典，其中民事主体首先和基本的部分应该是本国公民，如此才能与我国《宪法》第二章“公民基本的权利与义务”合理衔接。这也就是说，《宪法》第二章决定了我国民法典在表述民事关系主体时应该使用“公民”二字，否则就偏离了宪法第二章的相关规定或精神。

就主体和内容而言看，宪法保障的公民人身权利、财产权利在范围上涵盖了民法保障的人身权利、财产权利。要明白这一点，关键在于合理理解宪法、公法和私法在一国法制体系中的分工。基于权利与权力的划分，一国法律体系中的全部法律可相应地分为三类，由此形成不同于法律二元分类传统的法律三元分类：(1) 宪法（或根本法），它是公法和私法共同的根本法，从制定法制度的国家立法的角度看，它在很大程度上相当于公法和私法的立法大纲。(2) 单纯调整人身和财产领域具体权利—权利关系的法律，即私法或曰民商法。(3) 既调整具体的权力—权力关系，又调整除人身和财产方面的具体权利之外的其他具体的权利—权力关系的法律是公法（宪法的相关法、刑法、行政法、经济法、诉讼法等）。

基于上述分类，理所当然应“将法律分类由两极化划分改为三元划分。所谓三元化划分，是指在对全部法律做分类时，把宪法单独拿出来，作为与公法、私法并列的一个类，称为根本法”。[①] 这三类法律处在两个层次，下层是私法和公法，两者平行；上层是宪法（根本法）。采用与传统的法律二元分类法不同的法律三元分类法，对合理说明当代很多法现象，尤其是宪法与部门法关系方面的现象非常重要。因为，一国的全部法律，无外乎分别调整三种关系：（1）权利—权力关系，即个人权利与从中央到地方各级各类国家机关之间的权力关系。其中个人指公民、法人等私法关系中的主体，或《民法典（草案）》所表述的作为“平等主体的自然人、法人和非法人组织”；国家机关包括事实上行使公权力的准国家机关。（2）权力—权力关系，指一个国家机构内各级各类国家机关的权力之间的关系，或一个国家机关的权力与另一国家机关的权力之间的关系。（3）权利—权利关系，指不同个人的各种权利之间的关系，或曰一个人的权利与另一个人的权利之间的关系。

对法律做二元分类还是做三元分类，不是简单的法律分类方法的差别，而是人们对宪法、私法、公法三者关系的两种截然不同的认识的反映。相对而言，三元分类法代表的认识因在全球范围内将行之有效违宪（或合宪，下同）审查制度纳入了分析视野而更贴近当代宪法、私法、公法三者关系的客观实际。与法律三元分类法相反，法律二元分类法将全部法律分为公法与私法，将宪法划归公法，实际上否定了宪法的根本法地位：既否定了宪法是民商法的根本法，也否定了宪法是宪法的相关法、刑法、行政法、经济法、诉讼法等法律的根本法。不仅如此，它还将私法即民商法与宪法对立起来，好像民商法不是宪法的下位法——这完全是脱离当代绝大多数制定法国家实际情况的虚幻想法。

法律二元分类法是与有宪法但无行之有效违宪审查制度的时代相适应的，如日本法学家美浓部达吉撰写和发表《公法与私法》[②] 的 20 世纪 30 年代。因为，在没有广泛、有效实行违宪审查制度的时代，宪法的根本法地位不可能现实地显现出来，以致往往有宪法等于无宪法。但是，在广泛实行违宪审查制度之后，情况就有了根本改观，宪法审判或宪法监督机关

---

① 童之伟：《宪法民法关系之实像与幻影》，《中国法学》2006 年第 6 期。

② 此书我国现今有中文版，见黄冯明译，中国政法大学出版社 2003 年版。

只要有一个判例根据宪法判定民法或商法的一个条款违宪并发生效力，宪法相对于民商法的根本法地位就在法律上、事实上和逻辑上同时确立了。同样，只要有一个判例根据宪法判某个国家机关组织法或刑法、刑事诉讼法等公法的某一个条款违宪无效，宪法区别于公法和对公法处在根本法地位的状况就在法律上、事实上和逻辑上同时确立了。

我们不妨秉持法律三元分类观以民事权利中的人身权利为例，来说明法治社会里正常的分工。我国宪法保障的公民人身方面的基本权利至少包括：第 37 条保障的“人身自由不受侵犯”，第 38 条规定的“公民的人格尊严不受侵犯。禁止用任何方法对公民进行侮辱、诽谤和诬告陷害”，第 33 条规定国家尊重和保障的“人权”中的对应部分。秉持法律三元分类观看人身权利保障，三类法律的分工一目了然：宪法确认公民人身权利保障的根本原则，这些原则（即相应的宪法条款）在大陆法系或制定法国家相当于私法和公法共同的立法大纲；私法（民商法）从私法角度对人身权利从身份权和人格权两方面提供相应的具体保护；宪法相关法、刑法、行政法、诉讼法等公法为人身权利提供私法保护方式之外的具体保护。所以，宪法、私法、公法三者保护的人身权利的主体和内容都是一样的，只是在保护时充任的角色、方式等有所不同而已。

因此，宪法保障的人身权利的主体如果表述为“公民”，民事权利中人身权利的基本主体就应该表述为“公民”；同理，宪法保障的基本权利的主体如果表述为“人”，民法典中民事权利的基本主体就应该表述为“人”或“自然人”——德国宪法（基本法）与当今德国民法典就是按这个原则配套的。宪法保障财产权利与私法、公法保障财产权利的关系的原理也是如此，宪法从根本上原则上保障公民财产权利，私法和公法分别从细部上各以自己的方式具体保障个人的财产权利。如果中国民法学者看不到这一点，编纂民法典时简单化地追随德国民法典，其后果极可能是纸面上写着编纂民法典以本国宪法为根据，客观上却以德国宪法做了根据而不自知。

关于民事主体的种类，这里还想顺便提出，《民法典（草案）》继受 1986 年《民法通则》的做法，对法人只做营利法人、非营利法人和特别法人的分类，不区分公法人与私法人，这种做法与我国宪法是很不匹配的。先将法人区分为公法人与私法人，然后再对法人做其他区分，可谓实行制定法制度国家的民法典采用的通常做法。《民法通则》是在实行计划经济的 1986 年通过的，当时回避私法人和公法人的分类可以理解，但在经 1993 年修宪、实行社会主义市场经济已二十多年后的 2020 年还回避私法人和公法人的分类，就让人难以理解了。回避私法人和公法人的分类，其主要缺憾是同 1993 年通过的《宪法》第 7 条修正案关于“国家实行社会主义市场经济”的规定的精神不相吻合。市场经济应以市场为配置社会经济资源的基础性机制，必须充分注意和防止国家机关作为公权力行使者和市场主体（即民事权利主体）一身二任给市场主体身份平等和等价交换造成破坏，而这恰恰需要民法典首先严格区分私法人和公法人。将法人区分为公法人和私法人，才便于对公权力机关在市场上的地位和作用作出严格的规定并进行监督，防止市场经济正常发挥作用的机制受到破坏。其次，回避私法人和公法人的分类也与我国宪法的结构不相吻合。从宪法结构看，我国宪法总共四章中，第 2、3 两章的标题分别确定了宪法关系两个基本主体，即公民和国家机构。民法典作为宪法下位法，对法人做分类宜顺应宪法结构将法人首先区分为私法人和公法人。

2. 将基本民事主体表述为公民有现实必要性

《民法典（草案）》产生上述宪法性瑕疵的关键，是其第 2 条将民事主体的范围或种类简单表述为“自然人、法人和非法人组织”，未对自然人、法人做宪法角度的细分。如果能将这一条表述为“民法调整平等主体的公民、法人和非法人组织之间的人身关系和财产关系”，并进一步规定“外国人、外国法人享有同公民和本国法人一样的民事权利能力，但法律另有规定的除外”，那就很好了。如此改变，民法典就既继承了 1986 年《民法通则》第 1 条、第 2 条的优点，又维持了现有“草案”第 1 条、第 2 条的革新，当属很好。

或者，第 2 条维持原状，再在该条增设这样一款也很好：“外国人、外国法人享有同公民和本国法人一样的民事权利能力，但法律另有规定的除外”（以下简称“除外条款”）。将基本民事主体表述为公民非常必要，对此，我们可以从以下两方面来认识。

首先，将基本的民事主体定位于公民并对自然人做公民与其他自然人（外国人、无国籍人）、本国法人与外国法人之区分，能杜绝民法典可能遗留的后患，避免今后可能出现的被动局面，有利无弊。因为，如前所述，世界上实行制定法制度的有代表性国家的民法典，大多对自然人、法人做公民与外国人、本国法人与外国法人之类区分。因此，国际民商事交往中很可能出现某外国的法律并不对等地承认我国在该国的公民、法人具有同该国公民、法人一样的民事权利能力的情况。若别国做这类区分而我国不区分，我国公民、法人与别国的公民、法人就处于不平等民事法律地位。再说，中国有中国不同于他国的情况和需要，因此，即使其他有的国家不区分，也不妨碍我国做区分。特别要注意的是，本书并不主张一定要限制外国人在中国的民事权利能力，今后事实上一般也不用限制，但民法典做了法律可予限制的规定后，今后处理问题就获得了一些弹性空间。而且，如此修改后的草案条款并不违反大多数制定法国家民法典的通例。本书前面援引过的一些外国民法典的相关条文即可大体证明这一点。不错，我国有 2011 年生效的《涉外民事关系法律适用法》，但该法第 11 条只规定："自然人的民事权利能力，适用经常居所地法律。"这项规定并不能解决本书担心的问题。

其次，以"自然人"为基本民事主体而又不做公民和其他自然人的区分，是民法典草案文本设计受"宪法是公法，民法是私法"这一落后、错误观念误导的表现。这种落后、错误观念把宪法和民法放在相同的效力位阶上，认定两者平行不相交，让两者对称和对立，是一个从根本上否定宪法根本法地位和最高法律效力的错误说法，它在法学上的反映，就是前文说到的法律二元分类法。能正确反映法律体系内部应然关系的是法律三元分类法：宪法（根本法）；私法或民商法；公法，即宪法相关法、刑事法、行政法等。对法律做二元分类还是做三元分类，不是简单的法律分类方法的差别，而是人们对宪法、私法、公法三者关系的不同认识的反映。

最后，特别需要说明，从 19 世纪初的《拿破仑法典》，到 20 世纪末的《俄罗斯民法典》，再到马上要通过的中国《民法典》，都是公权力机关制定的，都是公权力介入的产物和后果，绝非私人、自然人之间"意思自治"的产物和后果。这就是说，民事立法本身不是意思自治的过程，而是公权力行使过程的结果。同理，民法典不是也不可能是意思自治的产物，只能是公权力行使的结果。因此，在首要民事主体的认定方面以"私民"（自然人）意思自治为理由来否认"私民"本身只能是基于公民身份的"私民"这个逻辑和事实，是没意义和站不住脚的。从立法角度看，民法与刑法、行政法等一样，无所谓公法私法之分，可以区分的只是民法调整的社会关系的主体和内容不同于刑法、行政法等其他部门法。

3. 宪法差异决定中国民法典表述民事主体不能学德国

学术直觉告诉我，《民法典（草案）》对自然人不区分本国公民和外国人的做法，一定是深受某个既有民法典模式影响的结果。于是我到处查找资料，最后将注意力锁定在现行《德国民法典》。现今我国治宪法学、民法学的很多学者服膺德国同行，这个可以理解。但在论及我国《民法典（草案）》与德国民法典的关系时，我得说，虽然德国民法典确实很少对人做本国人和外国人的区分，但并没有像我们现在的草案这样根本不做区分。对此，前文已经援引德国民法典的条文证明过了。

更为重要的是，德国宪法（基本法，下同）与中国宪法不同，在德国宪法中，“人”是基本权利的首要主体，其次才是公民。德国《宪法》第1条、第2条分别规定：“人的尊严不可侵犯，尊重及保护此项尊严为所有国家权力的义务。为此，德意志人民信奉不可侵犯与不可转让的人权是所有人类社会以及世界和平与正义之基础”；“……人人有自由施展其人格的权利。人人享有生命和身体之不可侵犯的权利。人身自由不可侵犯。只有依据法律才能介入此类权利。”① 第2条后还有很多条款的主语也是“人”“德国人”“人人”“任何人”“所有人”，而且几乎找不到用德国人称为“公民”的宪法条款，至少我阅读的德国宪法中文译本是如此。正因为在德国宪法中，“人”是基本权利首要主体，德国民法典才可以不对自然人做本国人与非本国人的区分。

与德国宪法不同，中国宪法基本权利的首要主体是“公民”，这从中国宪法第二章的标题“公民的基本权利和义务”这几个字就能看出来。在中国宪法中，“人”不是基本权利的主体。不错，宪法中有“人权”“任何人”“外国人”，但对这些词语做具体分析就会明白：“人权”在宪法相关条款中是名词作宾语，这个“人”不同于德国宪法中的“人”；“任何人”虽是相关句子的主语，但后面的谓语+宾语是否定结构；“外国人”就更不用说了，不可能是基本权利的主体。因为这些宪法原因，作为中国宪法下位法的中国民法典，从按宪法要求和合逻辑角度看，都只能把“公民”作为首要民事主体。因此，我国《民法典（草案）》将“自然人”作为首要民事主体与宪法有抵牾，不可以。退很多步说，如果一定要用自然人做首要民事主体，那也必须将自然人区分为本国公民与外国人（包括无国籍人）。或许比较可行的折中办法是，草案把自然人划分为本国公民和外国人后，在各个确认民事权利能力的具体条款中，都以“公民”而不是

① 孙谦、韩大元主编：《世界各国宪法·欧洲卷》，中国检察出版社2012年版，第178页。

“自然人”做主语。

不必讳言，《民法典（草案）》在民事主体范围的安排上，由于追随德国民法典以自然人为中心的做法，实际上使得与该草案对接的宪法并不是中国宪法的第2章“公民的基本权利和义务”，而是德国宪法的第1章“基本权利”。最近读到人民大学法学院院长王轶教授写下的这样一段令人感触极深的文字：“《民法总则》是民法典编纂的开篇之作，中华民族通过民法典编纂想要表明的对一系列基本问题的立场和看法，也初见端倪。在这一系列基本问题中，最根本的问题是：如何看待人，怎么对人进行定位，对人表述什么样的期待？……法人、非法人组织等这些非生物学意义上的‘人’，除了服务于自然人的需要外，无其他存在的正当理由，因而在各类‘人’中，居于核心地位的非自然人莫属。”[①] 这段话说得非常理性、豪迈，单纯就内容而言我完全同意。我也注意到，《民法典（草案）》确实准确反映了王教授所表述的把自然人放在核心地位的思想。

但是，从与中国宪法相联系的视角看王教授表达的思想和《民法典（草案）》的具体安排，情况就完全不同了，因为，它们不能与中国宪法对基本权利主体的规定对接。“草案”总则部分民事主体“自然人”应当改为“公民”（中国人），从而回到我国宪法的效力范围内来。我相信，民法学者们并不是要故意舍中国宪法，而是因为不加辨别地追随德国民法典而不幸让民法典偏离中国宪法的“接口”，结果像德国民法典一样，对上了德国宪法的“接口”。

（二）若表述为自然人，应否将其区分为公民和其他自然人

退一步说，如果主导《民法典（草案）》编纂的人士不愿意接受上述宪法逻辑，坚持在民法典中将一般人格表述为自然人，那么，将外国人纳入自然人中，由民法总则规定，而将特殊人格针对外国人，由民法分则（或特别法、特别规范）来做例外性的规定，应该也是可以的，只是理论和逻辑上的整体性、协调性会差一些。但问题是，即使这样安排民法典，也应该在总则部分区分本国人与外国人，并明确规定“外国人、外国法人享有同公民和本国法人一样的民事权利能力，但法律另有规定的除外”等。可惜现《民法典（草案）》总则部分没做这种区分和规定，分则部分

---

① 王轶：《秉持人文关怀理念的权利宣言书》，《人权》2018年第1期。

也没有做相应规定。

《民法典（草案）》第 4 条规定："民事主体在民事活动中的法律地位一律平等。"按现在通行的解释，民事主体的法律地位一律平等首先体现为自然人的权利能力一律平等。如果不做公民与外国人的区分，那就是说公民与外国人（包括无国籍人，后同）民事权利能力完全一样。可是，这并不符合今天的实际情况。如果没有"除外条款"，很难消除将来民法典与现实之间的不一致性。

徐国栋教授曾证明，我国法律法规中下面"这些规定证明外国人的权利能力与内国人不平等，从而证明自然人权利能力一律平等的规定错误"。他概括了几方面的法规和事实，证明法律上"外国人（含无国籍人）承受的能力限制"，而对中国公民则不存在这些限制：外国人不能当引水员的经典例子；外国人在内国无购买土地甚至房屋的权利能力；外国人劳动的权利能力受到限制。他列举出来证明这种状况的法律法规有 1996 年的《外国人在中国就业管理规定》第 5 条、第 8 条、第 34 条；2013 年 7 月实施的《出境入境管理法》第 43 条、第 80 条等。①

又如，我国现行《政府采购法》第 10 条有规定："政府采购应当采购本国货物、工程和服务。"就中国法人来说，其作为民事主体相对于外国人、外国法人，此时就享有权利能力优势。这显然属于不承认外国人、外国法人与中国公民、中国法人权利能力完全平等的条款。

《民法典（草案）》为什么应该对自然人、法人做公民、外国人、中国法人和外国法人的区分呢？这应该从民法典编纂的主权属性来解释。梁慧星教授用"国家的政治行为"来描述民法典编纂。他先是引用王泽鉴先生就这个观点的论述，然后直接提出："民法典体现的是国家的意志，当然也体现人民的意志，而不是体现某个学者个人的意志，因此只能由国家立法机关编纂民法典。"② 今天读来，梁先生这话说得令人信服。正是因为这个道理，我国民法典应该与其他实行制定法制度的国家的民法典一样，对自然人做公民与外国人的区分，不应完全无保留地赋予所有自然人平等的民事权利能力。

---

① 徐国栋：《我国民法总则制定中的四个问题》，《暨南学报》（哲学社会科学版）2017 年第 2 期。

② 梁慧星：《对民法典编纂若干理论问题的思考》，《河南社会科学》2017 年第 4 期。

但是，电脑显示，现有《民法典（草案）》总共106319字，全文没有出现过一次“公民”“本国人”之类意思的名词，这不是实行制定法制度的国家编纂民法典通常的做法。资料表明，民法典（草案）这样的安排在当代实行制定法制度的较知名国家的民法典中是找不到先例的，也与我国宪法不甚相符。因为，《民法典（草案）》没考虑所有自然人（乃至法人）在当今和可以预见的将来都只能生活在不同的主权下、不同的国度中、有不同国籍等实际情况。我国宪法第2章的标题是“公民的基本权利和义务”，宪法这一章中规定的基本权利是有主体或有归属的，民事权利能力不过是宪法基本权利主体资格在民法上的具体表现，不能假定它不受宪法基本权利条款约束。但《民法典（草案）》的基础性条款、特别是其中前4条的规定，实际上否定了公民整体上作为宪法基本权利的主体在中国民法保障的民事权利体系中相对于外国人和无国籍人应有的任何一丁点资格优势，包括潜在的和可能的资格优势。这是非常不妥当的。

当然，上文并不是否认在中国的外国人可以比照中国公民依法享有民事权利能力，只是说对外国人在中国享有的民事权利能力应该比照其他多数法治国家的做法，在民法典总则中设置“除外条款”做必要保留，即规定外国人可享有与中国公民一样的民事权利能力，但法律有限制的情况除外。

比较外国法律在确认和维护本国公民民事权利能力时，细心的读者可能会想起不久前发生的华为美国子公司在其注册地得克萨斯州向美国联邦地区法院起诉美国政府侵犯其“宪法权利”的案子。该案原告方起诉书要求判决《2019财年国防授权法》对其做销售限制的第889条违宪无效。此案涉及的“宪法权利”，其实不过是华为美国子公司与美国公法人做买卖的资格，也就是我国民法意义上的权利能力。2020年2月19日，该案宣判，当地联邦地区法院的Amos Mazzant法官在判决中宣称：“与联邦政府签合同是一项特惠（privilege，亦译特权——引者），不是宪法保障的权利。”[①] 其中“特惠”是谁享有的特惠？当然是美国公民或美资法人！美国是判例法国家，这个判例的当事人如果不上诉，判决不被上级法院否定，它确立的规则就是相应地域范围内的法律。

---

① Campbell Kwan, “*US District Court dismisses Huawei lawsuit that federal ban is un-constitutional*”, ZD Net (Feb. 19, 2020), https://www.zdnet.com/article/us-district-court-dismisses-huawei-lawsuit-that-federal-ban-is-unconstitutional.

或许有人会以为，我国《民法典（草案）》不对自然人做本国公民和外国人的划分，是因为受罗马法传统的影响。但法学史资料表明，罗马法并无这种传统。历史上最先制定民法典的是古罗马人，《法学总论——法学阶梯》就是古罗马的民法典。这部民法典第一卷第一篇写道：私法涉及个人利益，“私法，包括三部分，由自然法、万民法和市民法的基本原则所构成”。接着它在第二篇里又写道：“每一民族专为自身治理制定的法律，是这个国家所特有的，叫作市民法，即该国本身特有的法。至于出于自然理性而为全人类制定的法，则受到所有民族的同样尊重，叫作万民法，因为一切民族都适用它。”① 显然，根据这些规定可知，我国《民法典（草案）》中的自然人不分本国人和外国人，不是罗马法的传统。

近现代大陆法系国家的民法典对民事主体，如自然人，都是区分本国人和非本国人的。易言之，我国民法典（草案）不区分本国公民与外国人，并不是沿用其他大陆法系国家的成熟做法的结果，而是某种另类。《拿破仑法典》总则部分规定：“关于个人身份与法律上能力的法律，适用于全体法国人，即使其居住于国外时亦同。”该民法典在第 1 篇“人”的第 8 条、第 9 条分别规定：“所有法国人都享有民事权利”；“外国人在法国所生的子女，得于其成年后之一年内，请求取得法国人资格”。该民法典还以目标题这样写道：“因丧失法国人资格而丧失民事权利”②。可以说，《拿破仑法典》是特别强调“民事主体”中自然人的公民资格的民法典。

查阅《世界著名法典选编（民法卷）》中的《日本民法典》《德国民法典》和《苏俄民法典》，发现它们都采用了将自然人区分为本国公民和外国人的做法。《日本民法典》第 1 章第 2 条、第 36 条分别规定：“除法令和条约禁止的场合以外，外国人享有私权”；“外国法人除国家、国家行政区以及商业公司外，不准许成立，但根据法律和条约批准的不在此限。根据前项规定批准的外国人，享有在日本同类法人同样的私权。但外国人不得享有的权利以及法律和条约中特别规定的不在此限。”③ 可见日本明治时代制定的这部民法典不仅将自然人区分为本国人和外国人，还将法人也

① ［古罗马］查士丁尼：《法学总论——法学阶梯》，张企泰译，商务印书馆 2017 年版，第 6—7 页。

② 《拿破仑法典（法国民法典）》，李浩培等译，商务印书馆 1979 年版，第 1—3 页。

③ 萧榕等主编：《世界著名法典选编（民法卷）》，中国民主法制出版社 1998 年版，第 559、561 页。

区分为本国法人和外国法人。1896 年公布，4 年后开始实行的《德国民法典》对于将自然人和法人的区别是淡化处理的，但淡化并不是不区分。例如，这部法典在第 1315 条和第 1937 条中分别规定："外国人，依邦的法律须有许可或证明书始得结婚者，如无此项许可或证明书，不得结婚"；"被继承人如系不属于任何邦之德国国民，则以德国国库为其法定继承人。"① 这两句引文出自德国民法典较早的版本，现在的德国民法典已对第一句的内容作了些修改，但还是区分本国人与外国人的。② 1922 年公布，次年开始实施的《苏俄民法典》在"权利主体"那一章开宗明义就规定："苏俄为了发展国家生产力，给予全体公民以民事上的权利能力；但是被法院限制权利的人除外。"③ 这里不仅区分了本国公民和外国人，同时还将享有权利能力的主体限定为本国公民。

草案对自然人完全不做公民与外国人之区分的做法，也不合乎中国有民法以来的传统。我国 20 世纪 20 年代末民国时期制定的民法，虽然总则未将自然人区分为本国人和外国人，但其《民法总则施行法》做了区分，例如，其第 2 条规定"外国人于法令限制内，有权利能力"，第 12 条第 1 款规定："经认许之外国法人，于法令限制内，与同种类之中国法人有同一之权利能力。"④ 这些规定表明，那时民法里自然人和法人都分本国的和外国的。而法学界众所周知，1986 年我国《民法通则》将民事主体确定为公民和法人，也包含了区分本国公民和外国人的内容。

（三）民事主体内部是公共权力关系还是个人权利关系

一国法律体系或法制体系所使用的术语体系应该是和谐统一、层次分明的。这个术语体系的基础，应是本国的宪法。按此要求来衡量，《民法典（草案）》中有的用语明显与宪法的规定和精神不相符，其中尤其引人注目的是用"权力机构""职权"来描述法人内部组织的地位和功能的做法。"权力"与"职权"是相联系的，前者主要通过后者在宪法、法律中

---

① 萧榕等主编：《世界著名法典选编（民法卷）》，中国民主法制出版社 1998 年版，第 940、982 页。此版本是德意志帝国时代的，现在的德国民法典已删去了此处两句引文中的第一句，但第二句没变。

② 《德国民法典》，杜景林等译，中国政法大学出版社 1999 年版，第 303—304、454 页。

③ 《德国民法典》，杜景林等译，中国政法大学出版社 1999 年版，第 1016 页。

④ 黄荣坚等编：《月旦简明六法》，（台北）元照出版有限公司 2005 年版，第 3—12 页。

获得具体表现。

1. 用“决策机构”取代“权力机构”可补救与宪法不兼容的缺憾

《民法典（草案）》总共在 8 个条款中出现了 10 次“权力机构”一词。如第 61 条、第 80 条中分别有如下规定：“法人章程或者法人权力机构对法定代表人代表权的限制，不得对抗善意相对人”；“营利法人应当设权力机构。权力机构行使修改法人章程，选举或者更换执行机构、监督机构成员，以及法人章程规定的其他职权。”

“草案”中 10 次出现的“权力机构”，都与我国宪法的规定和精神不相符合。在我国宪法中，权力实际上是《监察法》或人们日常所说的“公权力”的同义词，是以各级财政预算等公共资源支撑的公共利益在宪法上，从而法律上的表现形式。宪法第 2 条规定：“中华人民共和国的一切权力属于人民。人民行使国家权力的机关是全国人民代表大会和地方各级人民代表大会。”如果民法典称股东会之类组织为“权力机构”，那么，它的“权力”就是“一切权力”的构成部分，是属于人民的，而在人大制度下，人民由全国人大和地方各级人大等国家权力机关代表。所以，从宪法角度看，股东会之类组织根本不享有任何权力，“草案”将股东会之类组织称为“权力机构”会扰乱宪法与民法典的正常关系，不利于国家健全法治秩序的形成。

此外，民法典调整作为平等主体的公民、其他自然人、法人和非法人组织之间的人身关系和财产关系，民事主体虽包括机关法人，但机关法人到了民事关系中，地位与公民、法人是平等的，都是私法关系的主体，只能拥有人身权利和财产权利，并无“权力”的存在空间。所以，民事主体及其权利，无论是不同权利主体做组合还是不同权利做组合，都是“私”的组合，不可能产生代议民主、人大制度等“公共”意义上的权力主体和权力内容。《民法典（草案）》中“权力机构”的提法给人一种在私权利的世界中无来由地冒出一个公权力孤岛的印象。

在民法领域用“权力机构”来描述民事主体中的内部组织，也不符合汉语的表述传统和习惯，最好将“权力机构”全部改称“决策机构”或“全权机构”。沈宗灵先生说：“在我国汉语词汇和法律规定中，权利和权力，特别是公民权利和国家权力是有严格区分的。”[①] 欧美语文如英文，也

① 沈宗灵：《权利、义务、权力》，《法学研究》1998 年第 3 期。

区分权利（right）与权力（power、authority 等），而且区分逐渐趋于严格。但另一方面，欧美法学历史上确实有不严格区分权利和权力的传统，而且习惯于根据强制力度来区分权利与权力，因而难免存在一个权利与权力难以明确区分的灰色区域。在这个区域中，对同一种现象，不同的人，在不同的时间，用“权利”还是用“权力”，有较大的随意性。由于这个原因，欧美法确实往往用 power 或 authority 来为股东会之类企业内部机构做法律定位，并将其规定为公司内的最高决策机构。我国 1993 年通过的《公司法》将股东会规定为“权力机构”，当初显然是受了欧美公司法用词和翻译的不合适影响，没有充分注意到与以我国宪法为基础的中国法制体系的话语系统接轨的问题。

编纂民法典，是我们坚持本国法制体系的话语系统和民族语言的立场，消除民法条文中违逆我国具体情况的域外影响的一个良好的契机。《公司法》草案起草者当年如果充分考虑到中国宪法的规定和精神，以及在同一个问题上中国语言不同于欧美的特点，原本是可以避开“权力机构”这个名词，采用“决策机构”或“全权机构”的说法的，但可惜没有，好在现在补做这项工作还不迟。实际上，《民法典（草案）》第 89 条已使用了“决策机构”一词描述事业单位法人的理事会，用它来指称公司股东会之类组织应该也没有问题。

还要看到，即使在美国宪法、法国宪法、日本宪法这些典型的外国宪法中，权力（power）也都是以公共资源为支撑的公共利益的宪法表现，[①] 并不用来指称民事主体的人身权利和财产权利。从这个角度看，以英语为基准，这些国家的私法用权力（power）来定义股东会也是不恰当的。如果选用在这种场合意义基本相同但又与宪法中“power”略有差别的“authority”来定义股东会，将其描述为“the organ with supreme authority”或“the most authoritative organ”（最高决策机构），他们的公司法之类法律与其本国宪法的搭配情况会好得多。

2. 有些情况下用“职能”“职位优势”比用“职权”合适

《民法典（草案）》有 7 个条文，总共出现了 8 次“职权”。“职权”的使用可分为三种情况。

---

① 如美国宪法对国会授予的权力（power），原文是：“The Congress shall have power to lay and collect taxes，duties，imposts and excises” and so on。

“职权”使用的第一种情况表现在《民法典（草案）》的5个条款中，其中如第71条、第80条分别规定：“法人的清算程序和清算组职权，依照有关法律的规定”；“执行机构行使召集权力机构会议，决定法人的经营计划和投资方案，决定法人内部管理机构的设置，以及法人章程规定的其他职权。”由此可见，草案各条中的“职权”，实际上是民事主体的一种私权利，不具备宪法文本规定的权力或职权的公共属性，因而不应称为职权。

从我国宪法中职权与权力的关系的角度看，“职权”是国家机构的权力即公权力的具体存在形式之一，不适合用来表述民事主体所属的组织机构的职能，因为后者的属性仍然是民事权利，不是公共权力，尽管它表现为个人的财产权的聚合组织、并且在组织内部发挥管理作用。在我国宪法文本中，职权是由“职能”（function）和“权力”（power）两个在特定场合的近义词叠加而成的名词，它与“权限”（authority）一起，在宪法上承担了将“权力”做具体化表述的主要使命。[①] 对此，已故沈宗灵教授在本书前引论文中也曾予以论述。这就是说，我国宪法上属于人民的“一切权力”，在经过宪法程序进入国家机构后，表现为或基本表现为各级各类国家机关的职权或权限。所以，像“权力”一样，“职权”一词的使用也具有排他性，即排除在民事主体享有的各种“权”的范围之外。

我感到，在上面的情况下，最好用“职能”取代“职权”，这样既可以消除有关条款中“职权”一词的国家机关权力或公权力色彩而又不妨碍准确表述意思。做这样的修改后，相应条款中的“清算组职权”“其他职权”“职权范围”相应地变为“清算组职能”“其他职能”“职能范围”，修改后的有关条文文字工整、内容明晰，法理和逻辑上都很顺畅。另外，还可考虑用“权限”，因为“权限”可表述“权力的限度内”和“权利的限度内”两种意思。

“职权”使用的第二种情况表现在《民法典（草案）》第259条中，该条规定：“履行国有财产管理、监督职责的机构及其工作人员，应当依法加强对国有财产的管理、监督，促进国有财产保值增值，防止国有财产

---

① 全国人大对外公布的《中华人民共和国宪法》的英文文本将“职权”译为“function and power”，将公权力色彩较淡的“权限”译为“authority”，可以为这个判断提供必要证明。参见《中华人民共和国宪法》（英文版），中国人大网，http：//www. npc. gov. cn/englishnpc/constitution2019/201911/1f65146fb6104dd3a2793875d19b5b29. shtml，2021年1月28日。

损失；滥用职权，玩忽职守，造成国有财产损失的，应当依法承担法律责任。”此处的“职权”属我国宪法中“职权”，同时也属于监察法中“公权力”的范围。这是因为，“履行国有财产管理、监督职责的机构及其工作人员”，一般来说都应该属于国家机关工作人员序列，他们“滥用职权”中的职权，是我国宪法所规定的权力和职权的构成部分。“职权”用在这里是必要而恰当的。

“职权”使用的第三种情况表现在《民法典（草案）》第1010条中，该条规定：“机关、企业、学校等单位应当采取合理的预防、受理投诉、调查处置等措施，防止和制止利用职权、从属关系等实施性骚扰。”这里所说的“职权”，有可能是我国宪法中的“权力”“职权”或监察法中“公权力”的一部分，如广义党政机关、国有企业事业组织中的领导工作人员；但同时它也可能不是宪法、法律意义上的任何职权，如在民企和民办学校工作的人员，还有虽在国有企事业组织工作但处于非领导岗位的人员，如普通职工、教师等。所以，草案这一条中的“职权”一词不能准确地、合法合理地概括其所欲涵盖的公私性质兼有的全部“权”，应该找其他的用语替代。

或许“职位优势”是取代“职权”一词的最恰当选项。如果做这样的置换，民法典（草案）原来的条款就会这样表述：“机关、企业、学校等单位应当采取合理的预防、受理投诉、调查处置等措施，防止和制止利用职位优势、从属关系等实施性骚扰。”这就克服了原有的宪法瑕疵，能妥帖地适用于不同民事主体。顺便说明，“职位优势”与“职务优势”相比，前者比后者更合适，因为前者的适用范围更广。

冰冻三尺非一日之寒，上面讨论的问题在原《民法通则》和《公司法》中都能找到根源。《民法通则》第38条规定：“依照法律或者法人组织章程规定，代表法人行使职权的负责人，是法人的法定代表人。”代表法人行使的“权”，不论被称为什么，其本身是民事主体的权利的一部分。所以，《民法通则》中的“职权”，原本就不应该如此表述。《公司法》第36条规定：“有限责任公司股东会由全体股东组成。股东会是公司的权力机构，依照本法行使职权。”《公司法》沿用《民法通则》中“职权”的提法，还推出了“权力机构”的提法。编纂民法典，如果有可能，这些术语应基于宪法一并理顺才好。

上述问题，看似名词术语运用之争，好像是小事，实则涉及我国法制体系统一的原则问题。《宪法》第 5 条要求，“国家维护社会主义法制的统一”。在社会主义法律体系初步形成的今天，立法时使用与宪法中的概念有实质性冲突的术语，对社会主义法律体系的统一难免造成一定程度的实际损害。

（四）宪法之下人格权利与公共权力如何平衡

在宪法与民法关系方面，一些法学界人士在自媒体上对人格权利与公共权力之间的关系表现出两种不无矛盾的认识倾向，对此，我们亦可结合《民法典（草案）》的审议做讨论，争取达成共识。一种认识倾向认为，“草案”规定的有些内容（如人格权保障）在宪法规定的公民基本权利部分找不到足够的依托；另一种认识倾向是认为，草案受宪法相关条款约束似乎失去了一些作为民法典应有的私法特性。① 我感觉，只要正确理解宪法，并且在技术上处理得当，就不会有宪法妨碍民法典充分保障民事权利和宪法使得民法典失却民法特性的问题。下面针对几个具体的问题分别做些讨论。

1. 关于民法典充分保障人格权的宪法根据

关于人格权保障，《宪法》第 38 条只规定：“公民的人格尊严不受侵犯。禁止用任何方法对公民进行侮辱、诽谤和诬告陷害。”那么，《民法典（草案）》可否将人格权保障做大范围扩充？提出这个问题是可以理解的，但草案在这方面的安排看不出有什么明显问题；如果说有欠缺，那只能是保障得还不够充分、不够具体，离有的法治发达国家的民法典还有点儿距离。为什么说可以理解呢？首先，毋庸讳言，我们奉行的经典法理、宪理与我国民法原则一直是存在脱节情况的，这使得我国读者往往在看不到民法条款后面的法理、宪理支撑。如“草案”第 13 条、第 14 条规定，“自然人从出生时起到死亡时止，具有民事权利能力”；“自然人的民事权利能力一律平等”。人生而平等，享有某些与生俱来、不可转让、不可剥夺的权利，是历史上欧洲人在启蒙时代首先表述的法律思想，通过 18 世纪末的美欧两个著名政治宣言转化为宪法原则，再然后才转化为民法原则。在法、德等欧洲制定法国家，法理、宪法、民法在权利保障方面具有同源

① 相关的讨论往往是在不那么正式的学术场合（包括自媒体上）进行的，因而没有正式的论文等可供参考，但这并不意味着我们讨论民法典修改可以忽略这些场合表述的看法。

性，内部融合程度比较高。从20世纪20年代开始，社会主义国家的民法把欧洲民法的这个原则移植过来了。这很有必要，但是包括我国在内的社会主义国家的经典法理、宪理和宪法从来不包括“人生而平等，具有某些与生俱来的、不可转让、不可剥夺的权利”等内容。所以，我们的民法原则与宪法原则及其支撑性法理不具有同源性。这点不能忘记，有关问题要通过发展中国特色社会主义理论来逐步解决。

其次，与以上状况相联系，社会主义国家的宪法（包括我国现行宪法）列举公民基本权利的性质往往并不十分明确。如果假定个人本源性的基本权利是先于宪法、与生俱来的，只是通过选举、制宪把个人权利的一部分转让给了国家机构，那就很清楚，宪法列举的只是强调个人权利中的一部分、表示国家愿对这一部分权利承担保障义务。所以，列举并不否认未列举的权利，只要有可能，国家愿意尽可能多地承担保障它们的义务。但如果不承认个人本源性的基本权利与生俱来，将基本权利认定为制宪者通过在宪法中以列举的方式授予个人的东西，那么，基本权利就只能以宪法列举的为限。若奉行上述第一种基本权利观，基于我国《宪法》第38条，或者即使根本就没有宪法这一条款，《民法典（草案）》通过第990条的规定保障民事主体享有“生命权、身体权、健康权、姓名权、名称权、肖像权、名誉权、荣誉权、隐私权等权利”和“自然人享有基于人身自由、人格尊严产生的其他人格权益”，那就是完全正当的。甚至我们还有理由认为“草案”的这种保障还不够，离当今有的法治发达国家还有些差距，如果将其与德国司法实践中承认的一般人格权的范围做比较的话。[①]然而，如果我们奉行上述第二种基本权利观，结论就得完全反过来，只能在很大程度上否定“草案”第990条确定的大部分人格权利或人格权益。

但是，由马克思主义和社会主义的民主性所决定，我国只能基于上述第一种基本权利观来看待现行宪法及其与民法典中人格权保障条款的关系。因此，民法典保障人格权不会有超越宪法容许的范围的问题。宪法保障的公民基本权利不以列举的为限，只要是宪法没有禁止个人享有的人格权，民法典都可以给予保障。从这个意义上说，王利明教授关于“人格权独立成编具有充分的实践基础和价值基础，而且能够解决我国人格权保护

① 王锴：《论宪法上的一般人格权及其对民法的影响》，《中国法学》2017年第3期。

的现实问题”的观点，是站得住脚的。[①] 但同时我也想提出，王教授另一篇文章[②]认可的“基本权利的民事化”“民事权利的基本化”[③] 的提法明显不正确，因为此说所反映的是将宪法和民法平行看待的将法律做二元分类的陈旧、错误观念，完全不符合法律生活的实际。在任何意义上都谈不上“民事权利的基本化”。

2. 宪法并不要求民法典承担公法功能

现有《民法典（草案）》主要有 3 个隐蔽地向国家行政机关授予征收、征用的权力或职权的条款，即第 117 条、第 243 条和第 245 条。它们的性质主要在于授予国家行政机关征收、征用和处理相应善后事宜的权力，很大程度上不属于民法条款，或许放在某部宪法相关法或行政法中比较合适。为了说明问题，这里不妨看看其中有代表性的第 243 条前 3 款的原文：“为了公共利益的需要，依照法律规定的权限和程序可以征收集体所有的土地和组织、个人的房屋以及其他不动产。/征收集体所有的土地，应当依法及时足额支付土地补偿费、安置补助费以及农村村民住宅、其他地上附着物和青苗等的补偿费用，并安排被征地农民的社会保障费用，保障被征地农民的生活，维护被征地农民的合法权益。/征收组织、个人的房屋以及其他不动产，应当依法给予征收补偿，维护被征收人的合法权益；征收个人住宅的，还应当保障被征收人的居住条件。”

“草案”第 243 条这前 3 款，已足以反映出将征收、征用规定如此置于民法典中的不适当处。就第 1 款而言，谁“可以征收集体所有的土地和组织、个人的房屋以及其他不动产”？显然只能是国家行政机关。但为什么把对行政机关进行授权的条款写在民法典中呢，总不至于让国家行政机关以机关法人的名义出面征收组织、个人的不动产吧？机关法人是民事主体，依法是不能从事征收征用的。“草案”第 2 款和第 3 款也只能是针对征收、征用者即国家行政机关提出的要求，都不适合放在民法典中。

退许多步说，上述 3 处涉及征收征用组织、个人的不动产的条款，即使不得不置于民法典中，也应切实体现《民法典（草案）》第 4 条、第 6 条规定的“民事主体在民事活动中的法律地位一律平等”和民事主体从事

---

① 王利明：《论人格权独立成编的理由》，《法学评论》2017 年第 6 期。

② 王利明：《民法典人格权编草案的亮点及完善》，《中国法律评论》2019 年第 1 期。

③ 石佳友：《人权与人格权的关系——从人格权法的独立成编出发》，《法学评论》2017 年第 6 期。

民事活动应当遵循“公平原则”等要求。无论如何，应当防止地方政府利用征收集体土地赚取差价等不平等、不公平的做法。在这些方面，民法典无论写上多少“公平、合理”之类抽象要求都是没有意义的，因为，在这类规定下是否公平合理事实上只能由国家机关单方面说了算。民法典制定者如果想拿出“公平、合理”的解决方案，就应该具体规定被征收的不动产在若干年内价格增值后的分享比例，或者在国有和集体的土地的使用权有偿转让方面规定平等上市权，如此等等。无论如何，应该不给地方政府垄断土地使用权一级市场留空间。

3. 民法典宜在宪定人格尊严保障方面更有作为

在数字化时代，个人隐私权保护面临历史上从来没有遇到过的来自公权力部门、其他组织和其他个人的严峻挑战。但是，现有《民法典（草案)》保护隐私权的主要条款对个人隐私权保护的力度似乎应对不了当今的这种挑战。“草案”第1032条规定：“自然人享有隐私权。任何组织或者个人不得以刺探、侵扰、泄露、公开等方式侵害他人的隐私权。/隐私是自然人的私人生活安宁和不愿为他人知晓的私密空间、私密活动、私密信息。”“草案”第1033条进一步规定，除权利人明确同意外，任何组织或者个人不得实施一些行为，其中包括以进入、窥视、拍摄他人的住宅、宾馆房间等私密空间，拍摄、录制、公开、窥视、窃听他人的私密活动，拍摄、窥视他人身体的私密部位，收集、处理他人的私密信息。

《民法典（草案)》上述条款对隐私权保护力度不够，首先表现为将“隐私”的外延界定得比较狭窄，只限于“私密空间、私密活动、私密信息”。私密在汉语中指私人秘密，所以，私密的范围小于隐私。《世界人权宣言》第12条规定，“任何人的私生活、家庭、住宅和通信不得任意干涉”。其中，“私生活”英文原文即隐私（privacy)。什么是privacy？这个词有两重含义：一是某人不受干扰的独处状态；二是某人的秘密(secrecy)。生活中人们对中文“隐私”一词的理解也对应于英文privacy，是双重的。国外在法律上使用privacy（隐私）一词，偏重第一层含义，如《布莱克法律辞典》给的定义是：“个人的行为和决定不受公众关注或干扰的状况或状态。”① 读者可以看到，相对而言，《民法典（草案)》对“隐

① Bryan A. Garner ed., Black's Law Dictionary, Eighth Edition, St. Paul: West Publishing Company, 2004, p. 1233.

私”是基于其第二重含义（即秘密）来定义的。如此一来，就将一些不受干扰的独处状态排除出了人格权保护范围。说到这种差别，我们不妨回到现实生活中来看看。有相同经历的人或许能想到坐某些公司的出租车的情况：上车即自动录音，从多角度自动录像，而且这些音像资料不知会保留到什么时候。如果“草案”按“隐私”的第一重含义（即独处状态不受干扰）来定义“隐私”，出租车公司这样做显然不合法；但如果草案按“隐私”的上述第二层含义（即秘密）来定义“隐私”，出租车公司的做法就不能算不合法，因为你的独处状态不是秘密！这就是差别。可惜的是，“草案”却正如人们担心的那样，是从“隐私”的第二重含义即秘密的角度来定义“隐私”的。这就使得打扰个人独处状态的做法合法化了。这不太妥当，应按隐私一词的第一层含义来定义人格权中的“隐私”权。

此外，同样重要的是，今天人们生活在各种各样的摄像、录影和人脸识别设备的镜头下，人格权受到的威胁前所未有。因此，对于这些数字设备的使用，《民法典（草案）》原本可以从其拥有主体、使用的空间范围和保留个人影像资料的时间长度等多个方面，从民法角度做些必要的限制和规范。但很遗憾，“草案”在这些方面都没有作出应有的努力。

4. 民法典应促进民事主体发展权利的实质平等

《民法典（草案）》第206条在规定了“坚持公有制为主体、多种所有制经济共同发展的基本经济制度”前提下，在第3款规定：“国家实行社会主义市场经济，保障一切市场主体的平等法律地位和发展权利。”这非常好，但需要关注的是，草案几个后续条款对财产关系的处理，似乎仍然留有一些计划经济时代公有财产受特殊保护的痕迹，不尽合情合理。公有财产受特殊保护的痕迹在“草案”中的主要体现是，其第318条、第319条分别规定：“遗失物自发布招领公告之日起一年内无人认领的，归国家所有”；“拾得漂流物、发现埋藏物或者隐藏物的，参照适用拾得遗失物的有关规定。法律另有规定的，依照其规定。”“草案”还在第1127条和第1160条分别规定：“遗产按照下列顺序继承：（一）第一顺序：配偶、子女、父母；（二）第二顺序：兄弟姐妹、祖父母、外祖父母”；“无人继承又无人受遗赠的遗产，归国家所有，用于公益事业；死者生前是集体所有制组织成员的，归所在集体所有制组织所有。”

这里需要注意的是，“公有制为主体”已经体现在宪法、法律将全社会基础性的和最重要的经济资源都划归国家所有的制度中，属于公民私人所有的财产在财产总量中的比例本来就相当低。在此状况下，国家有没有必要在漂流物、埋藏物、隐藏物、个人遗产等小事上居于比个人更优越的获取地位？就拾得漂流物、发现埋藏物或者隐藏物而言，如果所涉财产不是特别巨大，不是具有重要文物价值，而拾得者、发现者又比较贫困，那么基于民事主体法律地位平等和发展权利平等的原则，法律为什么不能规定漂流物、埋藏物、隐藏物归拾得者、发现者个人所有呢？试想，一个靠拾荒度日的贫困老人如果拾得1万元钱而到期又无人认领，或发现价值1万元钱的埋藏物，那这笔数目不大的财产归拾荒老人得了该多好，算是雪中送炭吧，应该没有必要交给国家锦上添花。这样处置合情合理，反之则会让人难以思议，觉得不合常理、人情。至于遗产继承，国外民法典多有规定三个、四个顺序继承人的（如德国民法典），而我国《民法典（草案）》只规定两个顺序法定继承人，没人继承就归国家，似乎显得过于匆忙了些。如果法律规定堂兄弟姐妹、表兄弟姐妹或他们的父母子女可作为第三、第四顺序继承人，或许显得对私有财产的保护力度更大一些，更符合民事主体法律地位平等和发展权利平等原则。

总之，就事情的性质而言，宪法与民法相互契合互动的过程是无止境的，在宪法引导下审议和完善民法典（草案）只不过是其中一个有较多现实性的环节。民法典（草案）中有些不尽如人意的地方，不是靠人们的主观努力就能够在短期内解决的。因此，民法典（草案）经过审议和完善最终在2020年春夏之交获通过，仍不失为我国法律生活中一件值得企盼的大事和喜事。

第三章

法权的根本性分配和调整

［**导读：**法权的根本性分配，首先指内部法权与剩余权的分配比例，在实践上表现为法律和法外规则的管辖范围或比例划分问题；其次指法权内部权利与权力各自所占的比例划分，所占比例不同形成不同的法权比例结构；再次指权力在国家机关等公共机构内的纵横向配置和权利在不同个人内的分配两个平行的方面。由权和法权的性质所决定，法权的根本性分配归根结底是利益和财产的根本性分配。法权的调整，可谓法权的局部再分配。］

一　发展市场经济与优化法权结构①

宪制亦称民主宪制，是指以宪法为依据，以保障人权为宗旨，按照民主、法治原则和方法运作的政治形式。宪制受经济体制的强烈影响。计划经济的基本特征和最大弊病是国家用行政手段配置几乎一切社会经济资源、权力高度集中。在世界范围内历史地看，计划经济主导下的宪制之路显然早已走进了死胡同，我国也不例外。在我国，以党的十一届三中全会为起点的市场导向的经济体制改革打破了计划经济的一统天下，使宪制建设的前景露出令人欣慰的曙光。但是，迄今为止，我国的宪制发展仍未完全走出由计划经济造成的某些困境。党的十四大提出社会主义市场经济，在理论上给我国宪制建设标识了走出困境的方向和途径，在实践上则必将给宪制发展提供强大的内在动力和难得的历史机遇。充分认识社会主义市

① 本节是在《论发展社会主义市场经济的宪制意义》（《法学评论》1993 年第 6 期）和《社会主义市场经济对我国社会权利结构的优化作用》（《法学》1993 年第 7 期）两文的基础上，按全书基本概念统一、基本观点协调的原则改写而成。原文当年由本书作者执笔完成，其间周叶中教授提出了有益的意见，二人共同署名发表。这里感谢周叶中教授惠允本人将此文做修订后收入本书。

场经济发展对于宪制建设的意义，对于人们在实践中顺应社会主义市场经济的客观要求，主动推进宪制建设，使经济体制改革与政治体制改革相互促进、良性互动和协调发展，是十分必要的。这里所谓法权结构，指的是法权总量中权利要素和权力要素两者间的比例。一个国家的法权结构应当均衡，但是否均衡，并无固定不变的比例标准，而是要看在特定的社会经济和文化发展水平上，哪一种比例结构更有利于促进法权总量最大限度的保存和增殖。

（一）发展社会主义市场经济必然改变原有法权结构

实行社会主义市场经济，不仅是我国经济管理体制和经济运行机制上的一场革命，同时也必然给我国的宪制带来深刻的影响。这种影响的一个重要内容将是促进我国法权结构的优化，从而有利于充实和保障公民权利。现代宪制体制，不论属于哪一种类型，至少在法律上都承认一切权力（或主权）属于人民，人民是一切权力的本源性主体。但是，在实际政治过程中，人民总得或多或少地将一些权力委托给国家机构行使，他们自己则直接行使未委托给国家机构行使的那部分权力并监督国家机构的活动。因此，在现实生活中，法权依其直接行使者的不同和利益内容、财产内容的差别，采取了个人权利和公共权力两种表现形式。由国家机关等公共组织行使的那部分法权表现为公共权力，它在民主体制下表现为全体人民经其代表机关实行的统治，公民必须服从，国家也因此取得了派生权力主体的地位；由公民等个人直接行使或保留的那部分法权表现为个人权利，它表明个人相对于国家的独立自治地位和公共权力对人民权利的从属的性质。

同样，个人在宪制体制下也具有双重身份：在一国范围内，个人是拥有一切权力或拥有主权的人民之一，同时人又是处于公共权力治下或主权保护下的公民。从一个国家或一个社会的特定时间点上看，法权总量应该被视为既定的，因此，国家权力的扩张膨胀必然减损和侵夺个人的权利、自由，反之亦然。各国的宪制史表明，能否适当地将法权划分为公共权力和个人权利，使两者实现基本平衡，乃是一国宪制能否存在和发展的关键。

若个人保留的权利太少，公共机构掌握的权力太大，公民等个人就不可能对公共权力的行使过程进行有效的监督控制，个人也无力抗拒公共机关及其官员侵犯自己的或他人的权利的行为。这样，宪制就难免受到来自公共机构及其官员方面的破坏。若个人的权利太多，公共机构权力太少，国家无力将个人的行为约束在民主、法治的秩序下，宪制易于遭到来自个人方面的破坏。前一种破坏宪制的形式表现为形形色色的专制主义，后一种破坏宪制的形式表现为各种无政府主义。权力和权利的分布状况体现为法定的或实然的法权结构，因此，优化法权结构就是优化公共权力和个人权利的划分状况，使两者趋于平衡。

在计划经济下的社会经济政治生活中，我国法权结构在形式上的特点是公共权力多、个人权利少，而个人权利中又是以被动服从的方式享有的多，以主动选择的方式行使的权利（即自由）少。这表明公共权力和个人权利的配置严重失衡，公共权力的过度膨胀使个人权利受到过度压缩。这种易于造成自上而下地危害社会主义宪制的法权结构改革开放以来虽然得到了很大程度改善，但并未能从体制上解决问题。因为，产生这种不平衡法权结构的基础是权力高度集中的计划经济体制，是国家对劳动要素和社会生产过程的行政性控制。所以，要改造这种不符合社会主义本质要求的法权结构，有待于摒弃计划经济实行市场经济。

社会主义市场经济的发展应该可以形成促使原有的法权结构优化，使公民权利、自由能在较大程度上平衡公共权力的客观物质条件。这是由社会主义市场经济的下列特征决定的。

1. 不仅在所有制结构上是多种经济成分并存，而且单一国有或集体所有的公有制企业的资产管理形式也会向以公有制经济为主导的复合型所有制即股份制转变。这一转变同国有资产所有权与经营权分开等改革措施结合，势必促进平等竞争的多元利益主体格局的形成，结束国家对社会经济资源和生产过程的垄断性控制。这种控制是形成公共权力过度集权、个人权利、自由稀微的不平衡法权结构的物质前提。

2. 按劳分配为主、多种分配方式并存的分配原则和企业分配自主权的行使，将结束国家对个人消费品分配的垄断。过去，这种垄断使个人在公共机构及其工作人员面前完全丧失了自主自立的可能性。

3. 劳动力将作为商品进入市场依法自由地买卖，劳动力资源将不再由政府用行政手段配置，而是由市场配置。劳动力的所有者是个人，尊重劳动力的商品属性，就没有任何理由再要求公民心甘情愿地充当“螺丝钉”，将其固定在国家指定的位置上。对于个人来说，他的劳动力是否出卖，愿意卖给谁，或者他是否购买别人的劳动力，愿意买谁的，完全是他个人的事情。劳动力自由地买和卖，在社会主义条件下对于个人自由和生产力的解放，仍然具有决定性的意义。但是，只有在市场经济条件下劳动力的自由买卖才是可能的。

4. 社会主义市场经济法则客观上要求由市场这只“看不见的手”来主导经济过程，这就必须限制政府这只“看得见的手”在经济过程中的作用。哪些问题由市场决定，哪些问题由公共机构决定，必须划清界限。该由公共机构管的他们未管好或不管是失职，依法不应由国家管的他们管了则是越权，造成了损失必须承担相应的法律责任。市场经济需要的只是一个权力受限制的政府，即宪法学者常称道的“有限政府”，在社会主义条件下也是如此。1992 年 7 月 23 日国务院发布的《全民所有制工业企业转换经营机制条例》中的许多条款明确限制了政府管理经济的权力，并规定了越权的法律责任。这个行政法规是表明市场经济要求受限制的政府的一个较早的显例。只有公共权力受限制，个人权利才有保障。随着社会主义市场经济的发展，与计划经济相适应的、公共权力无限制的那种集权政府应成为历史的陈迹。

以上经济特征表明，在社会主义市场经济条件下，公共权力在社会经济生活的许多领域会大大向后退缩。在公共权力退出的地方，个人权利与自由将取代它并以自己的方式发挥社会经济功能。原有的以公共机构对个人行使权力、个人被动地履行义务为基本特征的社会经济管理模式将转变为以个人广泛地行使权利、公共机构依法进行监督为基本特征的模式。在社会经济活动领域是如此，在政治文化等活动领域也会是如此。待到现行经济体制完全实现了向市场化的转轨后，我国的法权结构将在总体上实现平衡，经济体制中从前存在的那种随时可能将政治体制抛出宪制轨道的异己力量将由于其产生根源被铲除而基本消失，现实生活中主人与“公仆”错位的现象也会变得十分罕见。

特别值得说明的是，社会主义市场经济的发展及其引起的法权结构的优化，对于实现宪制的宗旨有着直接和现实的意义。这种积极意义表现在两个方面：一是由于它们适应了解放生产力、发展生产力的需要，因而直接满足着公民实现生存权等包含财产内容的权利的要求，间接地也有助于公民在社会政治文化教育等领域的权利的实现；二是由于实现了法权结构的优化并限制了公共权力，因而可望减少国家机关及其领导者破坏民主和法制、侵犯个人权利与自由的可能性，而国家机关及其领导者破坏民主和法制历来是我们这种受封建专制主义影响深的国家建设民主宪制的最大障碍。

（二）社会主义市场经济的法权分配原则改善功能和民主政治促进功能

此处所说的法权分配原则，首先和主要的是指民主集中制原则。认定民主集中制原则为我国法权分配的基本原则，其根据是，它既为处理个人权利与公共权力的关系确立准则，又为处理同一级国家机构的不同国家机关间、中央国家机构与地方国家机构间的权力—权力关系确立准则。迄今为止，新中国先后适用过的一部临时宪法和四部正式宪法，都将民主集中制规定为国家机构的组织和活动原则，其中以现行宪法规定的内容最为详尽和严密，结构上也显得更加合理。党的章程也规定民主集中制是党的组织和活动原则，但从实践上看，不论是宪法还是党章中规定的民主集中制，也不论其文字表述有何不同，它们在现实政治生活中发挥作用的价值取向在很大程度上都不能不受到经济体制及其相应运行机制的决定和制约。这足以解释何以在新中国成立以来的数十年中，尽管不同时期宪法确认的民主集中制在表述上并无多大差别，但在具体实施过程中体现出的实然的价值取向却有很大的不同。

新中国宪法的命运，向人们揭示了两者之间密切的相关性：民主集中制在宪制实践中的价值取向大体上随经济体制中计划经济因素和市场经济因素间构成比例的变化而变化，集中较多地体现计划经济因素的要求，而市场经济因素的壮大则要求与之相适应的日益丰富的民主形式。

同时，不少事例也显示，发展和壮大市场经济因素，是消解与计划经济相适应的权力过度集中的体制的有效途径。1980年，邓小平在《党和国家领导制度的改革》一文中指出，在社会主义建设时期，“党的中心任务已经不同于过去，社会主义建设的任务极为繁重复杂，权力过分集中，越来越不适应社会主义事业的发展。对这个问题长期没有足够的认识，成为发生‘文化大革命’的一个重要原因，使我们付出了沉重的代价。现在再也不能不解决了”。[①] 此后经过十多年的改革，权力过分集中的问题在一定

① 《邓小平文集》（第二卷），人民出版社1994年版，第347页。

程度上得到了解决，民主集中制的两个基本构成方面已大致取得了平衡。这是我国宪制逐步完善的表现。

这一平衡怎么实现的呢？从经济上看，主要应归功于多种经济成分并存、市场经济因素的壮大。在我国以市场经济为取向的经济体制改革进一步深化的过程中，权力集中的程度应该会进一步消解，民主方面应成为民主集中制基本的和起主导作用的方面。因为，发展社会主义市场经济的过程本身就是经济民主化和经济经营管理权分散、下放的过程，在这个过程达到一定深度和完成后，社会经济生活将发生许多不同于现在的变化，其中包括：市场对社会经济资源起基础性配置的作用；企业成为自主经营、自负盈亏、自我约束的法人实体，在平等的市场竞争中求发展；个人自主择业、自主决策、自担风险，在竞争中求生存、求发展；企业和个人取代政府成为社会经济活动的主体，等等。这表明，随着社会主义市场经济体制的建立，社会经济活动的主体、权利和决策风险都要逐步下移，国家保留的经济权力主要只是进行宏观调控、制定行为规则并监督其实施，为经济活动的主体服务。在这种新经济体制下，片面强调民主集中制的集中方面是背离社会经济发展要求的，应该明确认定，民主是民主集中制基本的和主导的方面。就民主与集中的关系而言，民主是集中的出发点和归属，既是目的又是手段，集中是民主的工具或方法。

在某种意义上可以说，民主是市场的政治法律表现，集中则是计划控制的标志。集中虽是实现民主所不可或缺的手段，但过多则必会排挤民主，这在经济上也就是以计划排挤市场。民主集中制的价值取向在受到市场经济影响而更加趋于合理化的同时，它的两个基本构成方面自身也会发生变化。以广泛、主动的参与为特征的民主形式将成为目前基本是代议制的民主形式的日益重要的补充，以政策和行政命令为主要体现形式的集中将逐渐转变为由法律为主要体现形式的集中。这个问题涉及国家机构组织和活动的多方面关系，故未来民主集中制的具体实现形式不能简单地认定，需要在实践中逐步试验和探索。

没有民主就没有社会主义，我国宪制建设的主要内容之一是民主建设，而民主建设的根本在于人民代表大会制度建设。社会主义市场经济发展对于人民代表大会制度建设的积极影响表现在三个方面。

其一，社会主义市场经济有助于在实然意义上确立人民代表机关在国家机构体系中的核心地位。计划经济是主体一元化和利益一元化的经济。

在计划经济体制下，国家机构体系的核心从宪法上看虽是人民代表机关，但实际上是由掌握行政权的机关在国家机构体系中起主导作用。党的十一届三中全会以来，随着各级人民代表机关地位的提高，这种情况已经发生了重要变化。但在市场经济因素迅猛壮大的条件下，进一步提高人民代表机关的地位、完善人民代表大会制度仍然是迫切的需要。因为，此时处于不同阶层、地区、行业和收入水平上的公民的利益关系比计划经济下复杂得多。这种利益关系只有由各种利益主体的代表在一个合议制的决策机关中通过平等协商、充分讨论、民主表决等方式才能较好地处理。在我国，承担这一任务的只能是各级人民代表机关，而不能是以行政层级和领导服从关系为基本工作环节的行政机关。所以，计划经济向多种主体、利益多元的市场经济转变必然在实然意义上引起国家机构体系核心从行政机关向人民代表机关的回归。

其二，社会主义市场经济的发展有助于增强人民代表机关的代表性。在计划经济下，几乎无所不包的经济计划是由中央或上级国家机关根据对当时和未来一定时期内社会经济需要的预测作出的，具有很大的主观性。而这种计划一旦制定下达，又往往是指令性的，公民个人、企业和国家机关的一切活动都必须适应计划的要求。这就构成了计划经济的一大特点，即要求本来是活生生的、无限多样性的社会经济生活和个人活动服从固定化的计划。这一经济特点决定了国家在政治生活中不能不追求形式上的高度集中统一。为了适应这一要求，让各级人民代表一个声音讲话和一致行动，选举人民代表时往往就采取变相指派的做法，候选人之间无必要的竞争，选民对候选人也没有选择的余地。结果必然造成各级人民代表机关缺乏代表性的状况，其应有权威也难免因此受到损害，以致实际上承担不起宪法赋予它的宪制功能。这些做法和后果实际上是计划经济法则的政治表现形式。随着市场取向的经济体制改革的深化，社会个体和各种经济活动主体在市场上自我表现、自主选择和相互竞争不仅是可能的，而且是必要的，长期主导政治生活的计划经济法则将逐渐完全被市场法则所取代。候选人有机会相互竞争、自我展示和选民有较宽泛自主选择余地的人民代表选举制度的建立和完善已是指日可待的事情。这无疑将大大提高人民代表机关的代表性，从而为增强其权威、落实其在国家机构体系中的核心地位奠定基础。

其三，社会主义市场经济有利于加强人民代表机关的立法功能和执法、守法保障功能。国有企业所有权与经营权分开后，国家主要靠法律手段建立经济秩序，规范社会经济生活。随着法律的地位和作用的加强，执法和守法的意义也更为重要。执法是国家机关及其工作人员的事，守法则是一切国家机关、政党、社会团体和个人都应尽的义务。守法的关键是掌握和行使国家权力的机关守法。行使立法权并享有对执法和守法全面保障监督权的人民代表机关体系在社会经济政治生活中的主导作用将因为法制重要性的不断增加而逐步提高。

此外，社会主义市场经济有利于加强对个人权利的法制保障。个人权利是通过法制保障的，对法制的破坏必然导致对权利的践踏。中国和其他社会主义国家宪制建设的实践表明：自下而上地破坏法制的行为对宪制的危害总是局部的、短期性的，一个受到人民广泛支持的政府往往能很快恢复宪制秩序；但如果掌握公共权力的组织或其领导人走上了自上而下地破坏法制、践踏权利的道路，则往往造成大规模的、持续时间很长的危害，其危害程度甚至可以使宪制的民主、法治特征荡然无存，从而蜕变为一种仅仅贴着民主标签的非宪制集权政治体制。在世界社会主义宪制史上，许多国家一度出现过的非宪制集权政治体制严重地损坏了社会主义民主的声誉。其实，这种集权体制与社会主义基本制度没有必然联系。

在社会主义宪制史上，造成自上而下地大规模破坏法制现象产生、持续和危害惨烈的原因很多，但最根本的原因是计划经济体制的存在。这首先是因为，计划经济体制使得公共机构及其代理人拥有近乎无限的权力，个人权利被压缩到了极狭小的领域，在现实生活中对经济政治过程没有或很少有合法可行的渠道发挥影响力，不可能对国家机关及其领导人的违宪违法行为进行有效制约，因而破坏法制的现象极易发生，而一旦发生又几乎不可能通过民主、法治的方法予以制止。其次，计划经济的运行法则要求人们的行为高度统一，不允许有选择的权利。因此，在计划经济下，如果国家机关及其领导人破坏法制，普通公民往往不想参与破坏也得被迫参与破坏，或不得不表示赞成破坏，因为反对者会受到来自国家或其他公共机构的各种形式的惩罚。这种情况使得破坏法制的行为很容易形成上下一体、全民参与的性质和规模。显然，在以利益多元、主体多元和平等竞争、优胜劣汰为基本特征的市场经济法则取代计划经济法则后，由于过度的经济集权的消解，自上而下地破坏法制、践踏个人权利的可能性和万一发生这种情况时的破坏强度都会大幅度减小，从而相对地加强了法制对权利的保障作用。

（三）发展社会主义市场经济在改善公共权力配置方面的作用

发展社会主义市场经济在改善公共权力配置方面的作用将主要体现在三个方面。

1. 市场因素的增长有利于创造良好的宪制环境。公共权力高度集中的政治和行政的通病是机构臃肿，层次重叠，人浮于事，办事效率低，互相扯皮等官僚主义弊病严重。官僚主义是实现宪制的巨大障碍。根据实行计划经济的需要建立的政治和行政体制是公共权力集中程度最高的一种类型，官僚主义现象自然十分突出。官僚主义的病因很多，但在我国，其最大的病因是计划经济体制，这种体制造成了公共权力高度集中。为进行高度集中化的管理而建立的庞大行政机构不仅反应迟钝、办事拖拉、运转不灵，而且往往排挤人民代表机关在国家机关体系中的核心地位、压缩人民代表机关的职权范围、规避监督。摒弃计划经济，实行社会主义市场经济，是我国医治官僚主义的根本方法。把原来由政府掌握的配置社会经济资源、直接控制生产过程各个环节的大权拿过来交给市场这只“看不见的手”，许多行政机构和职位就失去了存在的依据，对于官僚主义来说无异于釜底抽薪。

2. 社会主义市场经济将促进公共权力纵向配置方式的完善。首先，它将为我们统一多民族国家的巩固提供进一步的保障。统一多民族国家的形成和巩固是由历史的和现实的多种因素决定的，但能够维系各民族人民团结的最有效黏合剂莫过于共同的经济利益。共同经济利益能促使原来相互独立的民族逐渐走向联合，促使因某些主观原因而分离的各民族不得不重新走向统一，促使历来生活在同一个祖国的各民族人民维护其统一，在实行民族平等政策的社会主义国家尤其是这样。

许多年来，由于受计划经济体制的束缚，商品货币关系和市场不发达，一般行政区域同民族自治区域经济关系中的块块界限迄今并未根本打破。因此，两类区域间以商品货币为媒介、以市场为纽带形成的经济利益关系还比较脆弱、松弛。促进两类区域间的经济联系和共同利益，就是从根本上加强各族人民的团结，发展社会主义市场经济并以此为取向推进经济体制改革，是实现这一目标的基本保障。具体原因有以下两点：第一，社会主义市场经济要求建立商品、资本和劳务得以自由流动的统一国内市场，这将促使民族自治区域丰富的自然资源同一般行政区域较充足的资本和劳动力资源的结合，产生互补优势，促进平等互利关系的发展。统一国内市场和商品货币关系的发展，使两类区域间在微观层次上产生千丝万缕、纵横交错、不可分割的社会经济政治文化联系，从而地域界限和民族界限在社会经济方面的消极作用会逐渐减弱，各族人民间的认同感与亲和力将因此得到加强。第二个原因是，社会主义市场经济应该是平等竞争的经济，各民族经济活动的基本主体是企业和个人，他们实现自己利益的基本方式是平等竞争，而不再是靠行政办法人为地促成的平均，因而有利于激励民族区域自治地方发展生产力，最终实现各族人民事实上的平等。当然，这并不排斥中央政府经由国民收入再分配的方式或其他方式给予民族自治区域以必要的帮助。

其次，社会主义市场经济发展对于实现“一个国家，两种制度”的构想，实现祖国的和平统一的意义也是不可低估的。大陆也好，港、澳、台也好，都是中国不可分割的组成部分，这点决定了它们只能是一个国家，但它们分别实行社会主义和资本主义两种制度却是一个事实。虽然实行不同的制度并不妨碍它们构成统一的国家，但它们之间共同点的多少或相似性的大小却是影响其相互关系的重要因素。一般地说，一国的各个组成部分共同点多、相似性大，对于实现和维持国家统一就会有利些。就内地与港、澳的关系而言，如果内地与它们间的共同点多一些，无疑有利于两地的稳定繁荣和内地全面发展与两地间相互间的合作。从大陆与台湾的关系看，在经济体制上逐渐减小差别，对于两岸接近并最终走向统一也是十分重要的。

3. 社会主义市场经济的发展将促进公民权利意识和公共权力监督意识的提高。宪制是人的活动过程，从社会意识反作用于社会存在的意义上说，有什么样的人就有什么样的政治。逐步摒弃计划经济、发展市场经济的过程是培养公民宪制意识的过程，同时也是建设宪制的过程。市场经济对公民宪制意识的培养，首先表现为促成平等观念的确立。

平等观念是经济生活中自由竞争和商品货币关系的产物。在计划经济体制下，产品价格是国家机关运用行政权力这种超经济强制手段确定的，是普通公民无法染指的因素即权力起作用的结果，因此这种经济现象只能孕育和生产特权意识。市场经济就其本性来说是与超经济强制势不两立的，在市场经济条件下，商品的价值量由生产该商品的社会必要劳动时间决定，商品按价值量等价交换。决定商品价值量的社会必要劳动时间是在各个经济活动主体的市场竞争中自发地计算的。

在价值规律和市场面前，人人都是平等的，任何特权都应该无济于事。所以，市场经济是对社会经济生活领域命令服从关系即超经济强制的特权的否定和对经济活动主体间平等法律地位的肯定。人一旦处在市场关系中，其行为就不能不遵从市场活动法则，其思想观念也不得不随之转变。此外，市场经济也有助于公民培养自由、自主精神和参政意识。计划经济最怕提自由自主，因为个人或经济组织一旦有了自由自主的活动的权利，自上而下制定的那种几乎无所不包的计划就乱了。计划是死的，活的人必须服从或迁就死的计划。所以，计划经济体制对公民的要求就是甘当“螺丝钉”，行政部门把你拧到计划经济体制的哪一个环节就往往要求你钉紧不动，做一个在原地闪亮的好“螺丝钉”。在市场经济条件下，情况截然不同，劳动力资源通过市场配置，劳动力具有商品的属性，在市场上自由买卖。公民在这种情况下即使不愿意自由自主，经济生活的压力和市场法则也要强迫他自由自主，不由他不产生自由自主意识。

在社会主义市场经济条件下，国家主要是通过制定法律、法规和政策并监督其实施来规范和引导社会经济活动的。由于公民之间以及各个经济组织之间利益的分化，同一个法律、法规或政策给不同个体带来的损害或利益是不同的。所以，各个经济活动主体为了维护自身的利益，必然希望通过一切可能的途径影响法律、法规及政策的制定和执行过程，希望能运用自己的权利对国家机关及其官员的行为的合法性、正当性进行有效监督。这就是政治参与意识。而且，由于市场经济的契约经济性质和法治经济性质，它的发展壮大对于增强公民的宪法意识、民主法制观念的作用也是有利的。

最后还须看到，社会主义市场经济的发展对于我国法权结构的上述优化作用只有经过一个较长的历史阶段才能充分体现出来，不可能有什么立竿见影的效果。这个阶段应该是一个根据市场经济发展的需要，按照尊重和保障人权，充分体现民主、法治的要求逐步改革和完善既有宪制形式的过程。在社会主义市场经济条件下优化法权结构、建设民主宪制，这是在历史上没有先例的创造性事业，对待既有宪制形式，既不能搞过激的改革，更不能墨守仅仅与计划经济相适应的那些陈规，抱残守缺。我们应当认真研究世界各国在市场经济条件下建设宪制的成功经验和失败教训，为我所用。

二 个人权利与公共权力对立统一关系论纲[①]

在实际法律生活中，个人权利主要表现为公民权利，公共权力主要表现为国家权力。个人权利与公共权力的关系，亦可以说公民权利与国家权力的关系问题，是一个根本性的问题，有的学者甚至认为它是“宪法学的全部内容”[②]。对这个问题的认识，在很大程度上制约和决定着人们对其他各种宪法现象的认识。

从实践上看，准确、全面地理解个人权利与公共权力的关系，对于整个社会提高宪法意识，把握社会主义宪制精神，推动民主法制建设的健康发展，在当代中国具有特殊重要性。其所以如此，是因为“旧中国留给我们的，封建专制传统比较多，民主法制传统很少”[③]。这种状况在观念上的表现，一方面是牢固的国家本位、权力本位观念，另一方面则是极其淡漠的公民意识、权利意识和过于浓烈的权力崇拜意识。时至今日，这些落后的观念不仅是宪制建设的消极因素，也成了影响社会主义市场经济体制建立和运作的障碍。所以，不论从理论还是实践上看，实事求是地揭示个人权利与公共权力的关系，都是十分必要的。在这方面，本书拟作些尝试。

从宪法学的观点看，在理论分析中往往有可能也有必要将一国的全部权利和权力都归结为个人权利与公共权力两大部分。根据在于，个人权利和公共权力的基本部分毕竟是公民权利与公共权力，其他权利和权力占比例不大，而且都是这两个基本部分以某种形式派生的：境内外国人依法享有的权利是将本国公民一部分权利比照适用到他们身上的结果，可看作个人权利的组成部分；法人和其他社会经济组织的权利是个人权利的必要延伸部分，如此等等。法人的权利和权力有的是由公共权力直接派生或转化的，如我国 2021 年生效的《民法典》第 87 条规定的非营

---

① 本节原载《中国法学》1995 年第 6 期，标题为《公民权利国家权力对立统一关系论纲》，纳入本书时按全书基本概念统一、基本观点协调的原则作了修订。

② 刘惊海：《公民权利与国家权力》，《吉林大学学报》1990 年第 6 期。

③ 邓小平：《党和国家领导制度的改革》，《邓小平文选》第 2 卷，人民出版社 1994 年版，第 332 页。

利法人中的事业单位，他们除了享有民事权利外，往往还行使一些受委托的公共权力。

在宪法学中完全可以将相对于国家的各种组织的权利视为个人权利的一部分或一种存在形式，将相对于公民等个体的一切公共机构的权力都视为公共权力的一部分。这样做对于合理减少分析变项，使分析成为切实可行的过程，有时是十分必要的。本书的个人权利与公共权力实际上包容了法律上各种各样的“权”。基于以上认识，可以将个人权利与公共权力的关系概括为以下八个方面的认识：

（一）个人权利与公共权力对立的根源是社会物质财富相对稀缺

个人权利和公共权力的存在是与历史发展的一定阶段相联系的，它们以劳动者能够提供剩余产品为产生条件，同时又以劳动产品即物质财富不够丰裕为存在基础。作为利益实体的来源，物质财富的相对稀缺决定了社会的各个利益主体之间为了满足自己的需要必然发生竞争和冲突。利益主体中常见的是个人、团体、阶级。在存在着阶级对立的社会，最重要的利益主体是阶级。在历史上，“为了使这些对立面，这些经济利益互相冲突的阶级，不致在无谓的斗争中把自己和社会消灭，就需要有一种表面上凌驾于社会之上的力量，这种力量应当缓和冲突，把冲突保持在‘秩序’的范围以内”[①]。在这里，“表面上凌驾于社会之上的力量”就是公共权力即现实中的国家权力。社会设定公共利益、维持公共权力的目的，是为了缓和、控制各种利益主体间的冲突，以免它们自相毁灭。这是一种对统治者有利、对被统治者不利的秩序。这种秩序稳定的、符合预设目的的实现状态就是法治。

在社会主义初级阶段，阶级矛盾已经不是社会的主要矛盾，但社会个体利益同公共利益之间、两种利益内部在微观层次上的一种主体的利益同另一种主体的利益之间的对立和冲突，却将一直存在。所以，在现实生活中，个人权利与公共权力、此个人的权利与彼个人的权利、这部分公共权力与那部分公共权力，发生竞争和对立是不可避免的，也是正常的。但为了实现社会整体利益，应当通过各种方式协调各方利益，缓和各种冲突，

---

① ［德］恩格斯：《家庭、私有制和国家的起源》，《马克思恩格斯选集》第4卷，人民出版社2012年版，第187页。

将对立和冲突限制在宪制秩序的范围内。

（二）个人权利与公共权力的对立源于它们体现着宪定利益的不同部分

由于物质财富从而利益实体相对稀缺，社会整体利益还不能与个人利益和公共利益取得表现形式上的同一性。在这种情况下，个人利益是公共利益的前提和基础，公共利益是个人利益的一般存在形式和保障手段，因而是内在相通、从根本上统一的。但个人利益与公共利益的区分本身就是利益冲突的结果，而这种区分的存在也就意味着在个人与公共机关这两个基本的利益主体之间不可避免地会有竞争和对立。个人权利与公共权力的关系，只是这种利益上的对立统一关系的法律表现，是受动的和被决定的东西。个人权利与公共权力间对立和冲突的消灭，必须以结束利益实体相对稀缺状态从而结束社会整体利益和公共利益间在现实生活层面的冲突为前提。这是遥远未来的事情。

个人权利和公共权力从根本上说都是社会经济过程的产物。个人权利和公共权力都是由宪法确认的，而且往往表现为通过竞争获取或争取的。这种发生在现实的政治过程中的情形往往给人一种印象，似乎宪法和斗争可以创造个人权利和公共权力，前者是后者的来源。其实这都是表面的、感性的现象。个人权利和公共权力同物质财富的关系表明，宪法也好，斗争也好，绝对不可能创造出任何一个个人权利或公共权力的原子。宪法充其量只能以某种方式更合理地配置个人权利和公共权力，而所谓争取权利，取得或夺取权力，从根本上看也只能是个人权利或公共权力的转移、转化和配置比例的重新确定。新的个人权利或公共权力能否出现，归根结底取决于生产活动能否增值物质财富从而提供新的利益实体和实现利益要求的可能性。

根据这个原理，我们应当能够更好地理解我国社会主义初级阶段坚持以经济建设为中心的深刻政治含义。没有生产力的较快发展和基于这种发展而形成的物质财富的较大规模增长，公民的新的权利要求得到满足的程度也不会很大。因为在法权总量没有增长或增值不明显的情况下，个人扩张权利的要求只能以相应地压缩公共权力所占的比重为代价来实现。但是，维持公共权力在法权总量中的适当比重，却又是现阶段乃至在未来一个漫长历史时期内个人权利得以存在和受有效保护的必要条件。因此，压缩公共权力不是也不可能是扩充个人权利的主要形式。过度地压缩公共权力将会有损于个人权利的保障，造成事与愿违的结果。所以，扩充个人权利的根本手段只能是解放和发展生产力。对于在法权总量一定的情况下扩充公共权力对个人权利造成的影响以及公共权力在量上合理扩充的条件等问题，应当循上述同样思路去理解。

与个人权利根本对立的公共权力不是没有，但这部分公共权力是对自身本质的异化。反映在宪法或法律体系中的整体利益在现实生活中是通过个人权利与公共权力的对立、冲突和协调的反复多样的相互作用过程来实现的，其中首先是制宪、修宪或立法。但是，公共权力本质上是公共机构从个人那里提取财产形成的公共财产。

孙中山曾设问，“在人民和政府的两方面彼此要有一些什么的大权，才可以彼此平衡呢?”[①] 然后他提出，人民应当有选举、罢免、创制、复决四种政治权利，政府应当有行政、立法、司法、监察和考试五种公共权力，“有了这九个权，彼此保持平衡，民权问题才算是真解决，政治才算是有轨道”。[②] 按孙中山的论述，所谓彼此保持平衡，最基本的是权能平衡，即人民的四种权利和政府的五种权力的平衡。其实，这正是个人权利与公共权力平衡的核心内容。孙中山那个时代，人民和作为人民一分子的公民，是没有做明确区分的，对他说的“人民”一词，有时应理解为公民。孙中山的具体说法是否适当另当别论，但他关于个人权利与公共权力应当平衡的思想，无疑反映了宪制的客观要求。在法学家中，德国著名学者耶林对个人权利与公共权力平衡的思想阐发得最为深刻、生动，尽管他是从法理学角度讲的权利与权力的平衡，但实际上指的是本书界说的个人权利与公共权力的平衡。他说：“法不仅仅是思想，而且是活的力量。因此，正义女神一手持有衡量权利的天平，另一只手持有为主张权利而准备的宝剑，无天平的宝剑是赤裸裸的暴力，无宝剑的天平则意味着法的软弱可欺。天平与宝剑相互依存，正义女神挥舞宝剑的力量与操作天平的技巧得以均衡之处，恰恰就是健全的法律状态之所在。”[③] 按罗马法精神，正义就是法的内容，从社会主义法学观点看，正义实际上就是通过宪法表现的社会整体利益，符合这种利益的要求就是正义，违背或损害这种利益就是

① 黄彦编：《孙文选集》上册，广东人民出版社 2006 年版，第 589 页。

② 黄彦编：《孙文选集》上册，广东人民出版社 2006 年版，第 589 页。

③ ［德］鲁道夫·冯·耶林：《为权利而斗争》，胡宝海译，转引自梁慧星主编《民商法论丛》第 2 卷，法律出版社 1994 年版，第 12 页。

不正义。在耶林的话中，天平代表着法律，宝剑体现着法律强制，天平的两端是各种相互对立的利益，总体上看不外乎个人的利益和公共利益。这种利益都是合法和正当的，它们两者的平衡，从法律角度看首先表现为个人权利与公共权力的平衡。这种平衡是实现法律正义和法定或宪定整体利益的要求。平衡的实现状态耶林称为健全的法律状态，其实就是正常的宪制秩序。

（三）个人权利和公共权力从根本上看是一个统一体，统一的基础是宪定全部利益

在某种意义上说，宪法无非是制宪者对由经济关系决定的某种客观利益的主观确认。一个社会或国家中的利益是多种多样的，宪法确认和保护的利益只是其中基本的和主要的部分，这部分利益实际上就是从宪法学的角度来看的一国全部利益。在现实生活中，我们从宪法学角度认定的这种社会全部利益，不是社会全部客观利益的总和，而只是其中由宪法确认和保护的那些利益的总和。

在剥削阶级作为阶级已消灭了的当代中国，宪定全部利益也就是由宪法保护的全中国人民的整体利益，这个整体利益通过权利和权力全部外化到现实生活中来。易言之，宪定全部利益的直接表现形式只有权利和权力两种，公民义务和国家义务不是利益也不直接体现利益。相对于宪定全部利益而言，公民义务和国家义务都只是实现它们的手段，但相对于社会个体利益和公共利益而言，公民义务和国家义务却表现为有关主体享有它们需付出的代价，因而也分别是行使个人权利和公共权力的对价，就像在市场上购买商品需要支付相应的价款一样。所以，从根本上说，个人权利和公共权力都是宪定全部利益的宪法表现，完全是同质的东西，只不过体现着这一整体利益的不同部分、具有不同的外化形式和角色功能而已。个人权利和公共权力的这种深层次联系是它们统一的基础，也是它们可以相互渗透、相互转化的客观依据。

不可否认，个人权利和公共权力在现实生活中有着差异和冲突，但这绝不是对于作为它们内在统一本体的宪定全部利益的否定，相反倒是这种利益的动态的实现形式。

（四）个人权利与公共权力在本源上统一于归属已定的财产

法定利益归根结底是物质利益，即财产（包括知识产权）或其自然形态物质财富，智慧财产也可换算为物质财富。

个人权利和公共权力都以财产或其最终表现形式物质财富为存在基础，都是财产在一定历史条件下的转化形式。个人权利尽管可作这样那样的分类，但简明地说，不外乎分为实体性权利和程序性权利两类。一切实体性权利无不要么是财产的直接或间接转化形式，要么是以财富的一定生产水平、积累程度和相应的生产、分配、交换、消费方式为其产生条件或存在基础，公民的实体性权利如生命健康权、人身权利、政治权利、经济文化和社会生活权利等概莫能外，而所有程序性权利又都是为了落实实体性权利而设定的。财产对公共权力的渊源关系也是如此：国家的机构、官吏、军队、警察、法庭的数量、质量、效率等体现公共权力之有无和强弱的客观指标都是同国家从社会提取的财产的多寡相对应的，只能靠这些财产来维持。没有相应财产作保障，宪法赋予国家无论多少权力都是没有意义的。对此，惯于从法学角度看问题的美国制度经济学派代表人物康芒斯说得好："统治权是从私人交易中抽取的暴力部分，由一个我们称为国家的机构加以独占"；而且，曾几何时，"统治权（或主权）和财产是同一的"。[①] 他的意思是说，公共权力不过是国家以税收等形式从社会提取的财富的转化形式。这不是什么新观点，恩格斯早在 19 世纪就表述过这种思想：国家产生后，"为了维持这种公共权力，就需要公民缴纳费用——捐税。捐税是以前的氏族社会完全没有的"。[②]

个人权利和公共权力都以财产为本源，因此后者决定前者的历史命运和归属。个人权利与公共权力是物质资料生产一定程度发展的产物，但又是物质资料生产不够充裕的表现。具体地说，个人权利与公共权力以劳动者能够提供剩余产品为其产生起点，以劳动者所提供的剩余产品相对不足即财富相对稀缺为存在条件，以财富的充分涌流为其终点。

以归属已定之财产为共同本源，表明个人权利与公共权力具有物质的

---

① ［德］康芒斯：《制度经济学》，于树生译，商务印书馆 1962 年版，第 348—349 页。

② ［德］恩格斯：《家庭、私有制和国家的起源》，《马克思恩格斯选集》第 4 卷，人民出版社 2012 年版，第 188 页。

同一性。认识这种同一性是理解个人权利与公共权力之间在特定时段相互转化、此消彼长现象的关键。根据这个原理，个人权利与公共权力在现实生活中的相互转化，只是财富在公民等个体与国家间分配的比例的局部调整或一定程度波动的法律表现；个人权利与公共权力的此消彼长则表明，在社会现有物质财富总量一定的条件下，公民占有的部分和国家占有的部分在比例上相互消长。个人权利与公共权力物质的同源性，是公民侵害公共权力时，能够适用罚金和没收财产；国家侵害个人权利时能够以金钱赔偿的做法的理性根据，也是公民之间的各种侵权损害得以用金钱赔偿的根本原因。同时，这还是公民的某些权利能够有偿转让，公共权力能被拿去作钱权交易等现象得以进行的客观条件。当然，这些做法有些是合法的，有些是非法的，不能一概而论，但那另当别论。可见，这种在根本存在形态上的同一性，不仅使财产得以直接间接地转变为个人权利、公共权力，而且使个人权利、公共权力在一定条件下可以转化或还原为物质财富。

（五）公共权力来源于个人权利，在政治意义上两者统一于人民的权利

人民权利是包括且不限于全部宪法、法律权利和权力的政治概念。

个人权利和公共权力的利益属性表明，它们终归是物质财富的转化或派生形式。但是，物质资料生产的功能是由个人直接承担的。所以，物质财富首先是以个人劳动成果的形式存在的，然后才由国家这个公共机构加以提取。也就是说，个人权利是公民劳动成果的转化或派生形式，公共权力则是国家以税收等法定形式抽取自公民社会的物质财富的转化形式。所以，公共权力来源于个人权利，因此它应当平等地服务和从属于全体公民即人民或国民的权利，首先是劳动者的权利。但是，在利益对立严重的社会，公共权力平等地为人民的权利服务往往只能徒具形式，实质上主要体现和维护的是占统治地位的社会集团的利益。公共权力是人民权利在深层次上的一种特殊存在形式。在现实性上公共权力统一于人民权利的主要表现从根本上说是公共权力派生于和从属于人民权利。我国《宪法》第 2 条“中华人民共和国的一切权力属于人民”的规定就包含了人民权利主导公共权力的全部含义。

法权概念是对个人权利与公共权力统一体的适当理论概括。国内外都曾有法学家猜测性提出，存在着一种广义的权利，认为“广义的权利即包

括权力在内，权力也是一种权利”；[①] “权力与权利在本源上是一致的”；[②] “权力只是更广泛的‘权利’概念的含义之一。”[③] 严格地说，在法权概念被证成前，中文法学并没有包含权力或公共权力的权利概念，西文法学也从无论著研究和定义过包含权力或公共权力的权利概念，且一直没有一个指代两者的上位概念。法权说的相应贡献在于，在研究的基础上，首先形成了将外延锁定为法定权利、权力，内容锁定为法定全部利益和归属已定之全部财产的法权概念；然后形成了外延涵盖法权和剩余权，内容定位于包含法定利益、法外利益的社会全部利益和归属已定、归属未定全部财产的权概念。因此，法权和权这两个概念，具有了分别同时指代权利、权力和权利、权力、剩余权的逻辑功能。当然，这是从法的一般理论角度做的解说。从宪法学角度，权利和权力应表述为个人权利和公共权力。同理，从宪法学角度看，法权不是一个宪法用语，而是一个用以反映宪法确认和保护的全部利益、全部财产的宪法学范畴。

用法权概括个人权利与公共权力这个矛盾统一体是适当的，因为这个词组可以表明：其一，各种各样的个人权利与公共权力在一定性质的宪定全部利益面前完全是无差别的存在，它们归根结底是同一种利益的不同表现形式，就像使用价值各不相同的商品在价值面前失去了质的差别、是价值这同一内在因素的不同体现一样。其二，法权概念的运用，将全部宪定利益作为一个分析单位纳入宪法学范围，与个人利益和公共利益相对应，扩大了宪法学的视野，同时也给宪法学提供了一个方便的表达工具。

（六）个人权利是法权的基础，公共权力是法权的集中表现

公共权力来源于个人权利，政治上统一于人民权利的法定部分——法权，这是一方面。另一方面，公共权力却具有比公民等个人权利更直接、更强烈的利益属性，包含着更多的实现利益的必然性，而且，个人权利本身的存在和实现，也离不开公共权力的保护。因此，个人权利虽然是法权的构成基础，公共权力却比个人权利更直接、更集中地体现着法权的属性。所以，在财富从而利益实体相对稀缺的任何社会，利益争夺的焦点都

---

① 郭道晖：《试论权利与权力的对立统一》，《法学研究》1990 年第 1 期。

② 文正邦：《有关权利问题的法哲学思考》，《中国法学》1991 年第 2 期。

③ ［英］戴维·M. 沃克编：《牛津法律大辞典》，北京社会与科技发展研究所译，光明日报出版社 1988 年版，第 706 页。

是公共权力，社会成员间权利竞争的关键是对公共权力的控制。在这方面，列宁有十分精辟的论述。在谈到革命这种利益斗争的最高形式时，列宁说："一切革命的根本问题是国家政权问题"；[①] 在谈到政治与经济的关系时，列宁又提出："政治同经济相比不能不占首位。不肯定这一点，就是忘记了马克思主义的最起码的常识。"[②] 因为，对于统治阶级来说，"一个阶级如果不从政治上正确地看问题，就不能维持它的统治，因而也就不能完成它的生产任务"。[③]

（七）个人权利应该对公共权力有所制约

公共权力政治上对于人民权利的从属性质，决定了公共权力应当处于公民权利的制约之下。公共权力在现实生活中具体表现为国家机构及其官员的职权。因此，制约公共权力，就是对公共机构及其官员的职权、权限、公权力、公职特权、公职豁免等公共权力的具体存在形式进行监督和制约，让这些权力形式只能服务于人民权利，只能维护、促进而不是损害宪定整体利益。

公共权力失控于公民权利的严重后果是破坏甚至颠覆宪制秩序。宪制秩序的基础是个人权利对公共权力的有效制约。但是，在政治现实中，公共权力往往表现为相对独立于个人权利之外而存在的、集中运用的物质力量，通常具有分散存在和运用的个人权利所无法比拟的强度。因此，公共权力一旦形成就容易反过来吞噬个人权利，使人民同国家机关及其官员之间政治上的主仆关系在现实生活中换位。这是失控的公共权力损害宪制秩序的第一种基本形式。此外，由于公共权力具有强烈的利益属性和财产属性，极易转化或还原为以金钱为代表的财富。所以，失控的公共权力势必成为腐败之源。腐败是损害公共权力政治合法性从而损害宪制秩序的另一种基本形式。

为了确保个人权利对公共权力的制约，实现和维护预设的宪制秩序，除了应当保持个人权利在法权结构中的足够比重并加强这种权利的建设

① ［俄］列宁：《论两个政权》，《列宁选集》第3卷，人民出版社2012年版，第19页。

② ［俄］列宁：《再论工会、目前局势及托洛茨基同志和布哈林同志的错误》，《列宁选集》第4卷，人民出版社2012年版，第407页。

③ ［俄］列宁：《再论工会、目前局势及托洛茨基同志和布哈林同志的错误》，《列宁选集》第4卷，人民出版社2012年版，第408页。

外，另一个不可或缺的措施就是限制公共权力的强度。不仅应适当分散配置公共权力以控制其强度，同时还应当让公共权力的不同构成部分之间形成一定形式的制约关系以自我抵消一部分强度。这对于在社会主义条件下进行宪制建设是十分必要的。

（八）公共权力必须足以防止个人权利的滥用

在宪制秩序下，公共权力是公共利益的体现，因而也是个人利益的一般存在形式和实现条件。为了实现宪定整体利益，同时也是为了从根本上维护和促进个人的利益，公共权力的规模和强度应该足以防止公民滥用权利，防止出现无政府状态或严重破坏宪法秩序的情形出现。公民滥用权利有多种多样的表现，如妨碍或侵害公共权力，妨碍或侵害他人权利等，其本质特征是个人为了一己之私利危害公共利益和他人利益从而危害宪定整体利益。公民滥用权利的常见表现是共同或个别地从事各种违法、犯罪活动或民事侵权行为。因此，为了有效规范经济生活秩序，保持国家的统一，公共权力不宜过度分散。

但是，公共权力功能性分解和结构性分开既是历史必然趋势，又是有效保障个人权利的条件。社会的经济过程对财富从而利益实体的决定性意义，使公共权力的产生和存在形态注定要受社会经济过程的支配性影响。在经济生活中，随着以科学技术为最重要标志的生产力的发展，生产规模的扩大，分工日趋细密、生产日益专门化，必然逐渐分离出一些新的生产部门和工种。与经济生活中的这种必然性相适应，作为生产过程的产物，公共权力当然也会不可避免地发生功能性分解和结构性分离，即公共权力中功能不同的部分分离开并分别由不同的公共机关掌握和运用。公共权力功能性分解是它结构性分离的前提，而其结构性分离则是其功能性分解的必然结果。对这种由经济关系决定的，发生在政治过程中的客观必然性，我们应当有充分的认识。因为它表明，公共权力的功能性分解和结构性分开能适当降低公共权力的强度，从而为个人权利的有效保障及实现对公共权力的制约、监督创造条件。所以，这种由经济过程推动的规律性变化本身表明了民主、法治在生产力发达的条件下较容易建立。

推动个人权利与公共权力关系社会实践模式变化的根本动力是物质资料生产活动。个人权利与公共权力的实质是稳定的，但两者形成的统一体的内部比例即法权结构却是发展变化的。这种变化的一般顺序是：从原始社会的个人权利与公共权力混沌模式，到最初的政治社会公共权力处于主导地位，个人权利无条件从属于公共权力的模式，再到代议民主制下公民向公共机构委托部分权利形成公共权力，管理公共事务，等等。个人权利与公共权力关系模式的这类已发生或将会发生的规律性变化，都是以物质资料的生产活动即生产力的进步为其根本发展动力所推动的结果。通常，法学家或政治学家在谈论商品货币关系和市场对于自由、平等、人权、法治和民主的意义时，实际上就是在揭示物质资料生产的进步对个人权利与公共权力社会实践模式的具体影响。

公共权力必然逐渐向个人权利转化或回归。随着生产力的发展，财富充分涌流，消除利益实体相对稀缺，结束个人利益同公共利益对立的伟大社会理想终有一天会成为现实。人类走向这一理想境界的过程，必然同时也是公共权力向个人权利回归、最后完全融于个人权利的过程。这个过程的结束，将意味着各种利益差别的弥合和利益竞争的结束，因而也意味着法权在外观上分裂开来的根源终于消除，个人权利与公共权力的差别消失。在那个时候，融合起来的公共权力和个人权利将不再是现在意义的法权了。这种认识是马克思主义国家学说最重要的含义之一。这种理想境界包含着人类世世代代对美好未来的向往、认识和追求。历史地看，迄今为止人类迫近这个境界的努力是卓有成效的。我们在思考和规范个人权利与公共权力关系的可操作的社会实践模式时决不能忘记这一点，否则，看待有关现实问题就会失去理性的评价尺度和科学的终极目标指向。

三　公共权力分解定律的假设与求证①

国家形式分为国家政权组织形式和国家结构形式两种，它们实质上是公共权力在国家机构体系内纵向和横向分配的两种制度形态。我国宪法学界十多年来所讨论的主题中，许多重要的理论问题都属于国家形式领域。这些问题包括：议行合一的提法是否科学，用其概括人民代表大会制度的特点是否合理；应当怎样看待权力分立原则及其相应的制度形态，不能照搬三权分立那一套的结论是否等于否定一切形式的权力分立；怎样看待单

---

① 本节原载《法学》1995 年第 4 期，标题为《国家权力分解定律的假设与求证》，发表时有删节，纳入本书时恢复原状，并按全书基本概念统一、基本观点协调的原则作了修订。

一制、联邦制的优劣，它们的历史地位和未来走向究竟如何；怎样确定民主集中制原则所要求的国家权力所有权与国家权力行使权之间的关系，以及公共权力纵向和横向配置的最佳模式，等等。对于这方面的问题，学者们见仁见智，发表了很多看法，但真正从理论上给予了充分论证并达成了共识的结论还很少。这方面的研究所以进展不大，除了与长期难以消除的唯上、唯书学风的不良影响有关外，从方法上看，根本的原因还在于在探讨国家形式方面的问题时，对由它们所承载并从根本上决定它们存在状态的内容即公共权力本身发展变化的规律缺乏足够的认识。只有找到公共权力自身发展演进的总的规律，对国家形式领域的具体问题才能作出有根据的评价，才不至于将事物发展的主流看作逆流、支流或者是相反。

那么，公共权力自身的运动是否有规律可循呢？在原始状态下，“权”具有结构上的不可分性，即不能区分为个人权利与公共权力。公共权力是随着国家的产生而从原始的“权”中分解出来并作为个人权利的对立面出现的，因此，它也必然随着国家的消亡而回归于个人的权利。基于这样一种认识，根据马克思主义国家学说和迄今为止各国政治法律制度史展现的大量实证材料，笔者作出这样一个假设：从公共权力产生并具有了成熟的存在形式以后，它就处在渐进但又永不停顿的分解和再分解的过程中，直至它被分解完毕；在这个过程中，公共权力既分解为不同的存在形式，由不同主体掌握和运用，又逐渐缓慢地转化为个人的权利，由权力形态向权利形态回归，经过充分分解的公共权力最终将全部转化为个人的权利。这一假设得到证明后，就是本书所称的公共权力分解定律，即公共权力分解规律的语言表述。

对公共权力在以下诸方面的特性的动态考察证明，的确存在一条公共权力分解定律，正是它主导着国家形式变化的过去、现在和未来。

（一）公共权力的所有者权能与行使者权能从合一走向分开

公共权力形成并采取了稳定的存在形式开始于奴隶制社会中期，从这时起直到整个封建社会，公共权力的所有权与行使权两种权能一般是集中于单一主体的，个别民族的个别时期例外。最常见的情形是公共权力的所有与行使两种权能集于君主一身。在典型的君主制下，一切公共权力都是君主的，君主行使的权力是属于他自己的，因为从法律上说，他既不代表谁也不对谁负责，背后并没有一个像当代民主制下拥有公共权力所有者权能的“人民”这样一个“主权者”。君主至高无上的地位和他在整个统治机器中的作用都表明了这一点。这种情况在中国历史上尤其典型。在古代东方其他国家，情形也差不多，《汉穆拉比法典》《摩奴法典》中神化君主、神化君权的条文，说明当时有关民族的情形与中国并无二致。西欧奴隶制时代，有些地区如希腊和罗马，曾实行过共和制，公共权力所有权与行使权有分离的现象，但这在世界范围内只是一种地区性的现象，即使在这些地区，也是一种阶段性现象。

公共权力的所有与公共权力的行使两种权能分离是资本主义生产方式兴起后的事情。如果说商品货币关系的发展、解放生产力的需要和人的主体意识的觉醒，都决定了专制的国家形式必然灭亡，民主作为国家形式必然兴起，那么，可以说是同样的道理促使公共权力所有权与行使权必然分离。不论何种历史类型的国家，只要实行民主，即使是形式上的民主，公共权力所有权与执行权就必须分离。如果不是从主观追求而是从客观效果看，近代促成了公共权力所有权与行使权分离并使之具有完善形式的理论基础是各种人民主权理论和代议制政府理论。迄今为止，资本主义国家普遍按照这些学说建立了自己的国家制度。在这种制度中，公共权力在法律上是属于人民或国民的，公共权力的行使者的权能则由公民通过选举行为委托给由他们选出的国家机关。社会主义国家继承了资产阶级民主学说和民主制度中的有价值的东西，并在新的基础上赋予了它以新的含义。我国《宪法》第 2 条中规定：“中华人民共和国的一切权力属于人民。人民行使公共权力时机关是全国人民代表大会和地方各级人民代表大会。”这就是说，一切公共权力的所有权都是属于人民的，人民通过由自己选出的以各级人民代表大会为核心的国家机构体系行使公共权力，即委托国家机构体系掌握和运用公共权力行使权。所以，民主制度下的公共权力或国家权力，严格说来只是公共权力、国家权力的行使权。

（二）公共权力所有者权能从属于一个人转变到属于多数人乃至所有人

在奴隶制、封建制下典型的政权组织形式是专制君主制，即使不是专制君主制也是趋向于这种君主制或处于向这种君主制过渡的形式。在专制君主制下，公共权力的所有权在法律上属于君主个人。在古希腊民主制和罗马共和制下，公共权力的所有权不属于君主，但却属于少数人。

以资产阶级革命和代议民主制的建立为契机，公共权力所有者权能开始向多数人手中转移。17 世纪、18 世纪的法律思想家就提出并传播了人民（国民）主权思想，认定人民是一切“权”的本位主体，公共权力由人民权利所派生并属于人民。革命时代的资产阶级进一步把它写进了政治宣言。对此，如前所述，1776 年美国《独立宣言》的提法是：人人生而平等，他们都从造物主那里被赋予了某些不可转让的权利，其中包括生命、自由和追求幸福的权利；为了保障这些权利，所以才在人们中间成立国家机构；而国家机构的正当权力，系得自被统治者的同意；如果遇有任何一种形式的政府变成是损害这些目的的，那么人民就有权利改变它或废除它，以建立新的国家。1789 年法国《人权宣言》的提法是：国民是一切主权的来源；任何个人或任何团体都不具有不是明确地从国民方面取得的权力。

近现代其他资本主义民主国家，也都用宪法的形式直接或间接地确认了人民权利同公共权力关系的上述原则，即公共权力所有者权能属于人民。但是，从实际情形看，在资本主义条件下，对公共权力所有者权能属于人民的法律确认，在很大程度上说只有形式上的意义。因为对宪制过程影响最大的莫过于对资本这种最重要经济资源的控制权。尽管在资本主义条件下，公共权力所有者权能主体的扩大多半只是法律或形式的，但这一事实仍然具有历史进步意义，因为公共权力所有者权能从法律上和事实上都属于少数人转变到在法律上和事实上都平等地属于多数人乃至一切人，中间有一个必不可少的过渡阶段，这个阶段从理论上说是资本主义时期，从实际情形看比较复杂。

社会主义制度的建立，为实现公共权力所有者权能在法律上和事实上都由全体社会成员平等地控制迈出了关键的一步，开辟了广阔的前景。

（三）公共权力行使者权能的功能性分解和结构性分开

这种分解和分离表现为公共权力行使者权能按不同的功能区分开来并由不同的国家机关掌握和运用。这种形式的权力分解首先是由于公共权力所有者权能主体防止其行使权主体背离它的意志与利益的需要而促成的，是公共权力所有者权能从归个人或少数人所有到属于多数人乃至一切人所有之后的必然要求和结果。要体现公共权力所有者权能属于多数人或一切人（哪怕只是在形式上），就得建立代议机构，实行民主制。因为，“没有代表机构，我们不可能想象什么民主，即使是无产阶级民主”①。

民主制的首要含义是防止公共权力脱离其所有者的控制。而对公共权力所有者权能威胁最大，即最易于、最便于、最有可能将公共权力所有者权能从其所有者手中夺走的却正好是他们的“仆人”——国家机构及其官员，因为后者是一种有组织的力量，掌握着公共权力行使者权能。为了保证公共权力的运用能够最大限度地符合公共权力所有者的利益与意志，就需要通过分散公共权力行使者的权能并在分别掌握这些权能的不同机关之间建立一定的监督和平衡关系，至少是在它们之间明确划分职权、权限，禁止越权。在不同的公共机关之间划分职权、权限，本身就表明了公共权力行使权的不同部分之间需要建立平衡，越权就意味着试图打破这种平衡，因而必须禁止。至于它们之间是否需要相互制约和监督，则要看维持公共机关间权力平衡是否需要。从理论上说，只要能够确保公共权力行使者不致严重背离公共权力所有者的利益和意志，什么样的公共权力行使权分配体制都是可以的。但从实践上看，只有在国家机构体系内实行公共权力行使权分离制才最有利于确保这一点。从国家政权组织形式看，发达资本主义奉行的三权分立、制约平衡理论及其相应的几种实践模式只是很多可供选择的公共权力行使权分离办法中的一种，其他实行民主制的国家对它既不可简单否定，更不宜全盘照搬，各国都应当发展符合于本国国情的具体模式。

我国的人民代表大会制度，从宪法分设国家机关，并明确规定了彼此的权力，不得相互逾越这一重要的法治特点看，可以说本身是一种公共权力行使权分开体制，人民代表机关在同级国家机关之间的最高法律地位并不是对公共权力行使者权能分开体制的否定（人民代表机关也无权行使其他国家机关的法定权力），而是在国家机构体系内部体现公共权力所有者高于公共权力行使者，体现前者对后者的监督和控制的一种工作制度。从国家结构形式看，在国家机构体系内，通过宪法和法律纵向分配公共权力行使权的重要目的之一也是保持公共权力所有者对公共权力行使者的控制。对此，资本主义的政治家和学者早在设计美国联邦制时就明确说出来了：“在一个单一的共和国里，人民交出的一切权力是交给一个政府执行的，而且把政府划分为不同的部门以防篡夺。在美国的复合共和国里，人

① ［苏］列宁：《国家与革命》，《列宁选集》第3卷，人民出版社2012年版，第152页。

民交出的权力首先分给两种不同的政府，然后把各政府分得的那部分权力再分给几个分立的部门。因此，人民的权力就有了双重保障。两种政府将互相控制，同时各政府又自己控制自己。”① 他们所说的两种政府指的是联邦和州两层次的政权组织。

从有效行使公共权力的实际需要看，也必须将这种权力按一定的标准分解开来交由不同层次、不同种类的公共机关行使。生产力的发展必然促进经济过程中分工的加深和专门化程度的不断提高，这是公认的事实。基于有效规范社会经济生活的需要，公共权力本身的存在形式必须适应经济过程中的这种变化。我们所见到的公共权力行使者权能分解程度加深的种种现实，就是法律过程不断适应经济生活条件变化的必然结果。

对于公共权力行使权自身的分解及各部分之间的协调、制约和平衡问题，从亚里士多德、波里比阿、西塞罗到洛克、孟德斯鸠、汉密尔顿等古代和近代的法律思想家，都站在不同的立场、从不同的角度进行了不同程度的论述。他们的观点不可避免地存在着种种局限性，但他们关于公共权力（实际上是公共权力行使者权能）需要分立的思想却在近、现代得到广泛的认同，并贯彻到了许多国家的宪制实践中。这些分别在各自的时代均属于最先进的思想家的人们所以产生这种思想，以及这些思想所以转变成了规模宏大的法律实践，是因为它们有着客观的必然性基础。

在社会主义条件下，民主宪制应当而且实际上也包容了公共权力行使者权能分开的内容。但是各国有各国的具体国情，就我国来说，首要的是在人民代表大会制的框架下完善国家机构体系内纵横两方面的职权配置和运用体制，既不应完全排斥也不应盲目照搬任何其他国家的具体做法，只能按一切从实际出发、具体问题具体分析、为我所用的原则处理这类问题。

（四）公共权力向个人权利转化和回归

这个转化过程从奴隶制社会起到今天，以至直到将来公共权力转化完毕，没有也不会停顿下来。从内容上看，它同时涉及公共权力所有者权能和公共权力行使者权能两个方面。在当代较先进国家，公共权力所有者权

---

① ［美］汉密尔顿、杰伊、麦迪逊：《联邦党人文集》，程逢如等译，商务印书馆 1980 年版，第 265—266 页。

能在法律上或者说在形式上已基本完成了向个人权利的转化，在较为落后的国家，这一过程也正在进行中。但是，如果不是从法律或形式上，而是从事实上看，要实现公共权力所有者权能向个人权利的转化，为期尚十分遥远，即使在当代最先进的国家也是一样。在现实生活中，公共权力所有者权能主要表现为有关国家宪法和法律赋予公民的各项政治权利。

至于公共权力行使者权能向个人权利的转化，其进度比起公共权力所有者权能的转化来显得要慢得多。但是，一切公共权力行使者权能最终都将转化为个人权利是确定无疑的，马克思主义关于国家消亡的理论表明了这一点，政治实践也提供了不少佐证。马克思主义创始人所说的国家消亡，实际上就是公共权力行使者权能向个人权利回归的过程。当公共权力行使者权能全部分解完毕并转化为个人权利后，国家也就消亡了。当然，这并非是一个近期目标，而是一种历史追求。这种分解的基本方式有两种：从横向上看，是在国家机构体系内按照公共权力行使者权能的不同功能将其从法律上区分开来，分别设置相应的机构掌握和运用这些权力，在条件成熟的时候国家通过修宪或立法逐渐放弃一部分原有的权力，将其作为权利转交给社会自治组织或个人；从纵向上看，表现为公共权力行使者权能从全国性政府向区域性政府，进而向基层政权流动，直至流向居民自治组织和个人。列宁关于在社会主义条件下国家机构和职能变化的论述就包含着这种意思。

列宁在俄国“十月革命”前夕说，靠当时24万布尔什维克党员似乎不能管理俄国来为穷人谋福利，反对富人，但24万党员已至少拥有100万成年人的选票，“可见，我们已经有一个由一百万思想上忠于社会主义国家而不是为了在每月的20日领取大笔薪俸的人组成的‘国家机构’”。接着他又说：“此外，我们还有一下子就可以把我们的国家机构扩大十倍的‘妙法’，这是任何一个资本主义国家从来没有也不可能有的。这个妙法就是吸引劳动者，吸引贫民参加管理国家的日常工作。”①

十月革命胜利后不久的1918年初，列宁进一步论述了这种观点并将公共权力行使者权能向社会成员回归同国家消亡过程联系了起来。他认为，苏维埃民主制建立了大工业无产阶级的最优良的群众组织，“这种组

① ［苏］列宁：《布尔什维克能保持国家政权吗?》，《列宁选集》第3卷，人民出版社2012年版，第303页。

织使劳动者先锋队能够领导最广大的被剥削群众，吸收他们参加独立的政治生活，根据他们亲身的体验对他们进行政治教育，从而第一次着手使真正全体人民都学习管理，并且开始管理”。他紧接着又说：“这就是在俄国实行的民主制的主要特征，这种民主制是更高类型的民主制，是与资产阶级所歪曲的民主制截然不同的民主制，是向社会主义民主制和使国家能开始消亡的条件的过渡。”①

公共权力行使者权能从国家机构手中分离出来并转化为个人权利的实例在生活中也不难找到。例如，我国放弃计划经济实行市场经济的过程，同时也是国家放弃一部分权力，而它们又转化为个人权利的过程。

（五）个人权利与公共权力各部分各层级界限明晰化，行使过程规范化

在国家发展的早期阶段，从原始的权利权力混沌状态刚刚脱离出来的法权虽已分解为公共权力与个人权利两个方面，但两者之间并无明确界限。如果说有界限，那就是掌握最高公共权力的统治者（通常是君主）扩张自身权力、压缩个人权利的势头不得不停下来的地方。从另一层面看，那时公共权力的所有者权能与行使者权能集于君主一身，如中国的封建社会，没有也不可能将它们分开。而公共权力的个人所有又使得其所有者不敢冒险将其行使者权能交由他人掌握和运用，怕大权旁落。这种情形在我国历史上有典型的例子。为了使公共权力向君主个人集中，就得在横向上将其向一个机构（如枢密院、御前会议等）集中，由君主直接控制这个机构，甚至不设这类辅政机构，将权力直接向君主个人集中。而且，为了同样的目的，还必须将地方的权力向中央集中。这种公共权力所有者权能与行使者权能合一，公共权力个人所有的结果在我国封建社会表现得很典型：从横向看，君主总是将整个中央政权机构控制在自己一人手中，到明朝时甚至连丞相制度也废除了；从纵向看，则是始终保持高度的中央集权，而且实际上也做到了这一点。同样，由于公共权力个人所有、公共权力所有者权能与行使者权能不分，使得在公共权力不同部分、不同运用层次间划分明确的界限，规定明确的运用程序既不可能，又显得不必要。划

---

① ［苏］列宁：《苏维埃政权的当前任务》，《列宁选集》第3卷，人民出版社2012年版，第504页。

分明确的界限意味着承认有关公共权力主体的相对独立自治的地位，意味着要维持不以个人意志为转移的权力平衡格局；而明确规定公共权力的运用程序则表示要求运用权力时遵循确定的步骤。这些在专制制度下是不可能做到的，因为在专制统治者看来，这都是束缚他手脚的绳索，决不会接受，除非客观情势迫使他不得不如此。

但是，社会经济生活尤其是商品货币关系的发展、政治生活中民主化趋势的增长等因素，都促使公共权力与个人权利及公共权力的各个部分之间明确划分界限。作为一个历史过程，它是由启蒙时代的思想家开始鼓吹，资产阶级革命时代开始逐步实行，在社会主义条件下得到进一步发展的。这种界限明晰化不仅不妨碍公共权力向个人权利的转化或两者间的相互转化，相反倒是实现转化的前提条件。在它们之间，界限明确应是稳定的、一般的状态，转化的实现则是瞬间行为，其途径是使旧法失效新法生效。在政治社会，维持这些因素间的明确界限就表现为维护宪法权威、维护民主和法制。

（六）几点小结

以上情况证明，客观上存在着一条主导国家形式发展演变的规律，它就是本书所表述和论证的公共权力分解定律。根据这一定律，我们在国家形式问题上可以得出以下几点基本结论：

1. 公共权力所有者权能必然在社会发展的一定阶段从整体性的公共权力中分解出来，转化为个人权利并在整体上成为公共权力的主导方面。这表明，从根本上说，某种形式的民主政体不可避免。

2. 公共权力行使者权能必然分解，其表现是这种权力在职能上的分化，结构上的分开和控制主体的多元化。从政权组织形式的角度看，它表明在社会发展的一定阶段，公共权力必然按某种标准在功能上区分开来并由一个以上的主体依法掌握和运用。简言之，公共权力行使者权能的“分”和国家机关的“分”是确定不疑的历史趋势，而一切“合”的做法和形式要么是权宜之计，要么是相对落后的表现。我们应当本着这种认识完善我国的人民代表大会制度，并规划它的发展远景。但是，特别需要指出，“分”的方式方法和程度是多种多样的，不存在什么在一切时候对一切国家都适用的最好模式。从国家结构形式的角度看，由于一切公共权力终将分解并转化为个人权利，因此公共权力行使者权能配置状况变化的历史趋势应该是重心从全国性政府到区域性政府，再到自治组织和个人。因此，高度的中央集权体制只是国家结构形式较初级的、较原始的形式，相对来说，地方分权的、地方自治的体制，倒是较成熟、较先进的体制，不论它们形式上被称为单一制还是联邦制，关键在于地方分权或地方自治的实际程度。

3. 掌握公共权力行使者权能的主体相互分开，各个主体之间的权力明晰化和运用行为规范化，是公共权力所有者权能从一个人、极少数人手中转移到一个阶级、多数人乃至一切人手中的必然要求，哪怕这种转移主要只是法律上或形式上的。公共权力主体相互分开、各主体职权、权限明晰化和运用行为规范化，是最大限度地保证公共权力的运用符合公共权力所有者的利益和意志的不可或缺的手段。

4. 政体、国家政权组织形式也好，国家结构形式也好，都必然与公共权力分解程度的变化相适应，随公共权力分解程度的加深而发生变化。这种变化既是连续和渐进的过程，又有阶段性飞跃。在当代，深化公共权力分解程度从而推动国家形式变化的根本动力来自以科学技术为最基本构成要素的生产力的发展。国家形式必须随着社会生产力的发展而不断革新和完善。

四　公共权力分解定律作用形式透视①

上节提出并论证了公共权力发展演变所遵循的分解定律，由于结构限制，并未讲透彻，下面继续讨论这个定律起作用的具体形式及其在当代运动的几种趋势。

（一）公共权力所有者权能与行使者权能的区分

我们首先看看公共权力的相对地位和数量构成。从法权说者的角度看，宪法学最重要的范畴是法权。作为法权的一个基本构成部分，公共权力是以公共权力机关所有之财产为物质基础、以宪法确认和保护的全部利益为本体的公共强制力，主要表现为国家机关职权和权限。从量上看，公

① 本节原载《武汉大学学报》（哲学社会科学版）1996 年第 3 期，标题为《国家权力分解定律作用形式之宪法学透视》，纳入本书时按全书基本概念统一、基本观点协调的原则作了修订。

共权力的总量与公共财产的总量相适应，在外观上则表现为由一国所有公共强制力构成的集合体。

要深入研究公共权力，就必须在宪法学中引进公共权力所有者权能和公共权力行使者权能两个概念。就宪定形式而言，公共权力在不同的国家往往有不同的划分方法，如资本主义国家宪法通常将其划分为行政权、立法权和司法权，社会主义国家（如我国宪法）则另有自己的分类或列举方式。但无论怎么分，这些都是依宪法在国家机构内所作的权力划分。从理论研究的要求看，我们不能仅仅限于描述宪法对公共权力所作的分类，而应当根据自己的学科特点另辟蹊径。

对公共权力可以进行多种多样的学理分类，但最必要、最基本的却应当是按历史与逻辑相一致的原则将其作所有和行使的权能划分。学术界现有的做法，一般都是将公共权力仅仅理解为以国家机关及其官员为主体行使的权力之总和。严格地说，这种理解在理论上是错误的，在实践上则是有害的。合理的理解应当是，公共权力有两部分权能：所有者权能和行使者权能。

公共权力所有者权能可表明公共权力与公民基本权利相联系的属性，通常具体表现为公民运用选举权、罢免权等对国家机关及其官员进行的监督。各国宪法对公民这方面的权利的规定不尽一致，但在现代民主制下有一点是肯定的，即公民的选举权是国家机关及其官员手中权力的宪定来源，前者派生、决定和制约后者，后者的行使须对前者负责、受前者监督。这些政治权利总括起来，实际上构成了公共权力的核心部分即公共权力或国家权力的所有者权能。

公共权力行使者权能表现为公民作为整体通过制宪委托给国家机关及其官员掌握的权力，在我国宪法、法律中表现为“国家权力”“职权”“权限”“公权力”“权力”，还有法律没有用名词概括但实际上应称之为公职特权、公职豁免的内容。不过，从宪法的角度看，其中主要是职权、权限。这些权力虽然显得强大、显赫，但在宪法地位上说它却派生于、受制于并从属于公民的政治权利即选举权，应受选举权主体（公民）的监督制约。将公共权力的所有者权能与行使者权能从学理上分开是非常必要的，否则很多理论问题就说不清、理不顺。例如，我国《宪法》明确规定国家的“一切权力属于人民”，而如果我们在理论上假定公共权力的全部权能都在国家机关及其官员手中而公民没有保留其中的任何部分，那么，

"人民"手里岂不是空空如也，哪有"属于"他们的权力呢？又如，我国《宪法》规定，各级人民代表大会"都由民主选举产生，对人民负责，受人民监督"（第3条），"公民对于任何国家机关和国家工作人员，有提出批评和建议的权利；对于任何国家机关和国家工作人员的违法失职行为，有提出申诉、控告或者检举的权利"（第41条）。《宪法》的这些规定正好表明人民或全体公民是公共权力所有者权能的主体、主人，而国家机关及其工作人员只是公共权力行使者权能的主体、是公仆。

合乎逻辑地看问题，如果认定国家机关及其官员掌握的权力就是全部公共权力，实际上就在理论上否定了人民或全体公民的国家主人翁地位，同时也肯定了国家机关及其官员的国家主人地位。这显然不符合我国宪法的规定和精神，是荒谬的。

将公共权力或国家权力在学理上分为所有者权能与行使者权能的必要性，20世纪初就有政治家意识到了，后来也逐渐为法学界所认同。例如，孙中山先生虽然没有使用公共权力所有者权能与行使者权能的词语，但却是历史上第一个在实质上将两者作了近似的区分并给予了较充分论证的思想家。这反映在他的权能分开和政权与治权分开的理论中。他说："国民是主人，就是有权的人，政府是专门家，就是有能的人"；又说："在我们的计划之中，想造成的新国家是要把国家的政治大权分开成两个。一个是政权，要把这个大权完全交到人民的手里，要人民有充分的政权可以直接去管理国事。这个政权，便是民权。一个是治权，要把这个大权完全交到政府的机关之内，要政府有很大的力量治理全国事务。这个治权，就是政府权。"① 他认为，要用人民的"政权"去控制政府的"治权"。他所说的"政权"是选举、罢免、创制、复决四种公民权利的总称，而"治权"则是指国家机关及其官员手中掌握的全部权力。

显然，这两部分中任何一部分都不是他心目中完整的公共权力，而只有两部分的集合体"国家的政治大权"才是完整的公共权力。这种完整的公共权力，正是宪法学或政治学上所说的主权。可惜，孙中山先生这方面的思想成果，我国宪法学界未能很好吸收。随着理论研究的深入，将公共

① 《孙文选集》上册，广东人民出版社2006年版，第567、584页。

权力区分为所有权与行使权的必要性和意义，法学界已有所认识。① 需要指出，个别或部分公民对其政治权利作个别的行使时，政治权利仍然是“权利”而不是“权力”，只有当公民作为一个整体以全体人民的名义运用政治权利并借以建立国家机构、向其委托公共权力行使权并控制这种权力时，该种政治权利才成其为公共权力的一种权能。

（二）公共权力所有者权能与行使者权能关系中两种发展趋势并存

公共权力所有者权能与行使者权能之关系变化呈现出两种客观历史趋势，这两种趋势是公共权力分解定律发生作用的首要表现，认清它们，对于理解宪法现象有十分重要的意义。政治法律制度中表明，在公共权力形成后的相当长一段历史时期（大体上是奴隶制社会和封建社会），其所有权与行使权通常是合一的，这种状况是与自然经济下生产专门化程度低、劳动分工不发达的状况相适应的。在那时，公共权力所有者权能与行使者权能合一的典型形式是君主专制制度。“普天之下，莫非王土，率土之滨，莫非王臣”，这句话虽然并不一定是那时各国的历史现实，但却比较确切地反映了君主专制制度的经济政治特征。

在公共权力所有者权能与行使者权能的关系发展过程中，客观事实显示出两种确定不疑的历史趋势。其一是这两种权能分离的趋势。两种权能分离的现象早在古希腊城邦国家和古罗马共和国就出现过，但只是到资本主义时代后才成为法律生活中一般的和普遍的现象。这种趋势的出现是必然的，它实质上是生产力发展、生产专门化程度提高和劳动分工加深的法律表现。这种趋势的产生及其原因笔者已作过较充分的论述。此处仅补充说明如下内容：在当代，这种趋势仍在继续，只是在不同的国家有不同的表现而已。在政治发展滞后的国家，它表现为从某种专制制度走向代议民主制；在政治发展水平较高的国家，则表现为按一定性质经济关系的要求建设或进一步完善代议民主制；它在我国目前乃至未来很长一个历史时期，将主要表现为建设和完善人民代表大会制度。

公共权力所有者权能与其行使者权能关系发展过程中显现出的第二种趋势是公共权力行使者权能从国家机关及其官员手中向社会成员手中逐渐

---

① 见本书“用法权说重构宪法学体系”一节；另见郭道晖《论国家权力与社会权力》，《法制与社会发展》1995 年第 2 期。

转移。从逻辑上看，这种现象的出现须以公共权力所有者权能与行使者权能分离状况的出现为前提。实际情况也是这样。因为，公共权力所有者权能从国家机关及其官员手中转移到公民手中，意味着有关国家事务由“公仆”代为管理转变为由公民依法直接决定，即由间接民主转变为直接民主。而我们知道，尽管直接民主制在启蒙运动时期就在卢梭等人那里获得了理论反映，但它作为宪制实践真正在间接民主的基础上逐渐发展起来并具有一定现实意义却比那个年代要晚得多。这种趋势目前在我国还只有少许体现，其中主要是基层群众自治制度，还有县、区和乡、镇两级行政区域选民直接罢免本级人民代表大会代表的制度。

这一趋势在社会主义条件下有极为广阔的发展余地，因为社会主义的目的就是使国家消亡，并使社会走向“这样一个联合体，在那里，每个人的自由发展是一切人的自由发展的条件”。[①] 促使此种趋势发展的根本动因是生产和分配等经济过程的社会化。

（三）公共权力总量变化过程中两种趋势并存

这一趋势是公共权力分解定律的第二种表现形式。

从一些较典型法治国家总的历史进程看，存在着公共权力在法权总量中所占比重逐步下降，其行使范围受愈来愈多限制，同时其运用程序日益严格的趋势。早在 17 世纪的英国，洛克就曾说，即使是拥有最高权力的国会，“它对于人民的生命和财产不是，并且也不可能是绝对地专断的”[②]；又说：“立法权和最高权力机关不能揽有权力，以临时的专断命令来进行统治，而是必须以颁布过的经常有效的法律并由有资格的著名法官来执行司法和判断臣民的权利。”[③] 这在当时表达的是一种前所未有的要求。这一要求的实现，意味着两点：一是限制并压缩国家原有的行使公共权力的范围，二是增加了国家运用公共权力的条件限制和程序限制。英国、法国、美国的宪法性文件、资产阶级革命时期的政治宣言都体现出了这两种必然历史要求。

按马克思主义国家消亡原理，社会主义国家公共权力的运动也应当朝

① ［德］马克思、恩格斯：《共产党宣言》，《马克思恩格斯选集》第 1 卷，人民出版社 2012 年版，第 422 页。

② ［英］洛克：《政府论》下篇，叶启芳、瞿菊农译，商务印书馆 1964 年版，第 83、84 页。

③ ［英］洛克：《政府论》下篇，叶启芳、瞿菊农译，商务印书馆 1964 年版，第 84 页。

逐步压缩公共权力范围、明确其运用程序，相对扩充公民权利的大方向发展。当今我国放弃计划经济、发展市场经济，从宪制的观点看，是一个巨大的进步。之所以说它是一个进步，根本原因就在于它有助于公共权力收缩其干预范围、合理降低公共权力在法权总量中的比重和强度。不论公共权力所有者权能与行使者权能是合一还是分开，公共权力从量上看并没有什么差别。所不同的是在合一的情况下，公共权力所有者权能与行使者权能的配置，都是国家机构体系内部的事，但在分开的情况下，公共权力的所有者权能要以公民个人为主体并通过公民与国家机关之间的互动关系来获得表现。这种互动关系表现为，公民通过选举国家机关及其官员、授予他们公共权力行使者权能并监督其运用等方式，来直接实现其作为公共权力所有者的利益；另一方面，又通过使国家机关及其官员依据宪法和法律运用公共权力行使者权能来间接实现其作为公共权力所有者的利益。在公共权力所有者权能与行使者权能不分的历史条件下，公共权力高度集中，其所有者权能和行使者权能都集于君主一身，没有必要、也没有可能为公共权力的运用规定严格的限制条件。所谓规定限制条件，不外乎三方面的内容：一是划定公共权力与个人权利的界限，二是划清公共权力不同运用主体的权力界限，三是规定公共权力的主体资格和运用程序。这些界限和限制，作为公共权力单一主体的君主是不可能接受的。但在公共权力所有者权能与行使者权能分离后，不论是为了保证直接实现公民作为公共权力所有者的利益还是为了保证间接实现这种利益，甚至只是基于合理分工、提高公共权力运用效率的考虑，在这三个方面划出明确界限、作出严格限制，都是十分必要的。

与上述趋势并存的是公共权力绝对量增加和运用规模扩大的趋势。由于以科技进步为主要标志的生产力的发展及由此引发的分工的加深，自国家出现至今，法权不论在哪里都极大地增加了其总量。因此，尽管公共权力在法权总量中的比重呈下降趋势，但公共权力的绝对量却显然一直是在增加的。因为，几乎人类每一个活动领域的开辟，都会给国家带来一项或数项新权力，这是一方面。另一方面，任何社会经济活动领域，即使在一国的人口规模和地域规模不变的条件下，随着人们生产、消费规模的扩大和交流活动的增加，国家在相应领域运用权力的规模也不免要增加。几个世纪来，即使考虑进人口规模增加的比例，许多公共机关公职人员数量和预算支出都显著增加了这类事实，就是这种趋势发展的结果和证据。

当然，这并不是说，国家机关的机构和人员无论怎样扩大都是合理的。事实上，这种扩大在其阶段性上必须与生产、消费规模的扩大程度相适应。这一趋势的发展是可以与公共权力分解定律相互印证的。从形式上看，这种趋势似乎是对公共权力分解定律的否定，其实不然。国家机关的机构和官员数量一定程度的扩张只是公共权力行使者权能走向社会化配置即向全体社会回归的一个必要的阶段。列宁曾说："彻底破坏官僚制的可能性是有保证的，因为社会主义将缩短工作日，使群众能过新的生活，使大多数居民无一例外地人人都来执行'国家职能'，这也就会使任何国家完全消亡。"① 显然，他是主张通过公共权力配置的社会化来达成其历史使命，使国家消亡。

公共权力在法权总量中比重下降的同时，必然是个人权利比重的相应增加。因此，在宪制条件下，随着法权结构向着这一方向改变，公民个人运用权利对公共权力进行的监督控制也应加强。这就是公共权力在国家机构体系内配置的理论背景，要正确认识国家形式就必须深刻理解这种背景。

（四）公共权力行使者权能横向配置和运用中两种趋势并存

这是公共权力分解定律的第三种表现形式。在公共权力的所有者权能与行使者权能分离后，由不同的国家机关分别行使公共权力行使者权能乃势所必然。从公共权力行使者权能横向配置的实践看，并存着两种相反的趋势。第一种是各个权力主体在发展过程中既相互协调、合作，又彼此约束和平衡的趋势。在这种趋势下，各权力主体之间法律地位和实际地位都不一定非得是完全平等的，但却必须是相对独立的，其中一个主体不得废除和取代其他主体。第二种是各权力主体中，某一个主体地位和重要性日益突出，有压倒、控制其他主体的趋势。对这种趋势，学者们注目的实例主要是二百余年来资本主义国家中立法权主体与行政权主体的实际地位和重要性变化的历史动向，对此有的学者将其描述为代议民主制向行政集权民主制的转变。②

但是，上述两种形式上不一致甚至对立的趋势相互之间是什么关系

① ［苏］列宁：《国家与革命》，《列宁选集》第3卷，人民出版社2012年版，第218页。
② 曹沛霖、徐宗士主编：《比较政府体制》，复旦大学出版社1993年版，第19—22页。

呢？根据公共权力分解定律，答案应当是，公共权力行使者权能不同主体间既相互协调、合作，又彼此约束和平衡是历史发展的一般趋势，某一个机关集权的趋势只是阶段性趋势，是一般历史趋势阶段性波动的表现。在资本主义条件下，公共权力集中程度提高的现象通常是由于生产集中和资本集中造成或为了应付某危机造成的，但是，在资本主义条件下垄断并不会消灭竞争，危机通常也只是阶段性的。政治上也一样。即使纯粹从经济生活的角度看，生产和资本占有形式社会化的趋势也是同垄断的趋势并存的，而且，前者是处于主导地位的、反映事物本质要求和最后归属的方面，后者既是前者的产物，又是前者的对立物，最终应该会被前者所克服。同这种社会经济生活内容相对应的正是公共权力横向配置的一般历史趋势与其阶段性趋势的关系。确认这一点是合理解释当代国家立法机关、行政机关及其他国家机关的地位和职权关系的关键。

（五）公共权力行使者权能纵向配置和运用中两种趋势并存

这两种趋势也是公共权力分解定律的重要表现形式。

对于全国性政府集权的趋势，我国学者在研究发达资本主义国家时，往往根据列宁提出的资本主义必然要使国家政权趋于集中的原理（或推断猜想）给予阐述。但是，对于区域性政府分权、自治的趋势，缺乏足够认识。至于我国的纵向权力配置，学术界除了解释宪法规定的民主集中制原则的有关条款外，有定评的理论见解还不多，讨论往往表现出头痛医头、脚痛医脚的倾向。其实，许多事实表明，近代以来，资本主义国家也好，社会主义国家也好，全国性政府集权的趋势与区域性政府分权、自治的趋势是并存的。前一种趋势没有、也不可能消灭后一种趋势。

在全国性政府集权与区域政府分权、自治这两种并存的趋势中，哪一种是基本的即代表着公共权力纵向配置的总方向的趋势呢？按公共权力分解定律，全国性政府不断提高集权程度不可能是基本趋势，区域性政府分权、自治，公共权力行使者权能重心不断自上而下降低才是基本趋势。就这两种趋势的关系而言，前者只是后者发展过程中的阶段性波动的表现。全国性政府集权的背景是资本、生产集中或遭遇经济政治危机，其在资本主义条件下最典型的表现是历史上的凯恩斯主义政策和福利国家。在社会主义条件下典型的表现则是计划经济条件下企业所有权和经营权合一和用指令性计划配置社会经济资源的做法。区域性政府分权、自治的趋势对于全国性政府而言就是人们常说的非中央集权化和权力下放的趋势，这种趋势是由生产的社会化和资源控制的社会化过程推动的，其中起主要作用的是劳动过程的社会化、产品的商品化、生产资料所有权的股份化和社会经济资源配置的市场化。

五　“议行合一”说不宜继续沿用[①]

议行合一，顾名思义，就是指代议权、执行权合而为一，或代议机关、执行机关合而为一。而所谓“议行合一”说，则是那些赞成或主张实行“议行合一”，并将其看作社会主义政权组织原则的相应理论观点的统称。按照此说，“议行合一”被看作社会主义条件下“国家机关重要工作的决议和执行统一进行的制度”，是“民主集中制原则在国家机关间工作关系上的体现”[②]；在不少有影响的宪法学读物和大学教科书中，“议行合一”还被看作是社会主义宪法或人民代表大会制度的基本原则或组织原则之一。[③]

说到这里，读者很可能会提出这样的问题：“不是好几年前就已有学者论证过‘议行合一’说是一种不科学的、过时的提法吗？现在法学界、法律界也不怎么认真看待这类观点了，还有没有必要为此再费笔墨？”的确，前几年一些有影响的学者曾先后撰文批评过“议行合一”说脱离中国的实际，是一种不确切的提法（这方面情况后文将有具体交代）。这种批评言之成理，持之有故，有说服力。也许正因为这个原因，自那之后，不少学者逐步放弃了“议行合一”说。但尽管如此，“议行合一”说仍在学术界有相当大的影响。如一本宪法学领域有代表性的辞书设了“议行合一原则”这个词条，其中写道，该原则是“巴黎公社创立的人民行使国家权力的组织原则”，“社会主义国家国家机构实行的民主集中制原则是巴黎公社‘议行合一’原则这

① 本节原载《法学研究》2000年第6期，标题亦为《“议行合一”说不宜继续沿用》，但纳入本书时按全书基本概念统一、基本观点协调的原则作了修订。

② 《中国大百科全书·法学》，中国大百科全书出版社1992年版，第702页。

③ 在宪法学读物中，《世界宪法大全》（中国广播电视出版社1989年版）序言第10页的说法有代表性；在教材中，全国干部培训教材编审指导委员会组织编写的《宪法学习读本》（人民出版社、党建读物出版社2006年版，第167页）中“坚持民主集中制和议行合一的组织原则”的提法很有代表性。

一历史经验与中国具体情况相结合的产物。”① 一本使用范围广泛、很有影响的全国性干部培训教材也写到坚持“议行合一的组织原则”。②

以上引文表明，虽然“议行合一”说的合理性受到了有根有据的否定，但它仍是一种有影响的观念，有必要予以正视。“议行合一”说作为一种法学观念仍为不少学者所接受。这方面不同意见涉及的主要争议是，人民代表大会制是朝权力合一、机构合一的方向发展，还是在现有基础上保持和推进权力区分或权力划分明确化、不同国家机关分设的发展方向。其实，即使人们都不提“议行合一”，法学界也有必要在这个涉及人民代表大会制度中权力配置方式和未来发展趋势的理论问题上努力寻求共识，以便为该领域新的、更符合中国基本情况的理论的形成铺平道路。

（一）当年对“议行合一”说的批评及其本应得到的反应

早在20世纪90年代初，学术界就基本上不认同“议行合一”说的科学性、合理性和实际意义。在这方面，有学者论述了“议行合一不是人大制度的组织原则”的观点，并且有说服力地证明了“‘议行合一’不利于加强人大制度建设”，“不利于健全和完善人民代表大会制度”。为什么这样说呢？该学者提出了三个论据：提“议行合一”等于否定人大作为权力机关的性质和地位，因为“议行合一”是以权力机关与执行机关不分开为前提的；提“议行合一”容易忽视国家机关之间的合理分工和制约，混淆不同国家机关的权力之间的界限；提“议行合一”实际上是主张人大代表和人大常委会委员兼职，主张人大代表、人大常委会委员和政府官员一身二任，这不利于加强人大自身建设。③ 还有学者从另一个角度批评了“议行合一”说，认为“‘议行合一’不是巴黎公社的原则，而是巴黎公社政权组织形式的一个特征”；“‘议行合一’有其历史局限性，不应将‘议行合一’拔高为社会主义国家构建自己政治制度的原则”。④

---

① 《中华法学大辞典：宪法学卷》，中国检察出版社1995年版，第749—750页。

② 全国干部培训教材编审指导委员会编：《宪法学习读本》，人民出版社、党建读物出版社2006年版，第167页。

③ 蔡定剑：《中国人大制度》，社会科学文献出版社1992年版，第82—84页。

④ 张星炜：《“议行合一”原则：一个需要重新认识的理论问题》，《新华文摘》1993年第4期。

对议行合一说进行了最系统评说的是著名宪法学家吴家麟教授，他认为马克思并没有把巴黎公社看成是社会主义政权组织普遍的形式；我国权力机关与行政机关不是合二而一的，而是分开设立的；我国现行政权的组织原则并不是“议行合一”。在此基础上，吴教授提出议行合一有三个方面的缺点：“议行合一”不仅否定了权力机关与行政机关的分权，也否定了权力机关与行政机关的分工，而国家机关之间的分工是必要的；“议行合一”有时会造成由执行机关来行使立法权和行政权的局面，造成“行议合一”，人民代表机关被架空；“议行合一”不利于权力机关对行政机关的监督。因为，如果让两套班子合而为一，势必形成自己监督自己的局面，等于没有监督。基于以上原因，吴教授得出了两个结论：第一，“议行合一”作为一种机构集权制，是一种过时的政治体制，是不应该加以宣扬和提倡的；第二，“一百多年来的实践经验证明，由人民代表机关兼管立法权和行政权是行不通的，局部的试验也是不成功的，因此我们不应当盲目重复‘议行合一’的口号”。[①]

为了表达的方便，我们不妨将以上种种否定或批评“议行合一”说的观点，相应地概称为“议行不宜合一”说。

“议行不宜合一”说对“议行合一”说的批评以及这两种学说的对立，反映了人们对于人民代表大会制度发展基本方向的不同认识，关系到权力在国家机构体系内横向配置基本模式的选择，所以，任何宪法学者对此都不可等闲视之。从这个意义上讲，“议行不宜合一”说的提出，实际上使得持“议行合一”说的学者不得不面对一种非此即彼的选择：你如果真正认为“议行合一”说有根据，是进步和合理的，你就应当捍卫自己的观点、捍卫自己所坚信的原则，逐一反驳构成“议行不宜合一”说的各种观点；反之，如果你面对“议行不宜合一”说对“议行合一”说的强烈批评，哑口无言，无以对答，原有信念依凭尽失，那你就应当服从真理、修正错误，放弃“议行合一”说，接受“议行不宜合一”说。持“议行合一”说的学者不在这两种立场中作出选择是不合逻辑的，也违背科学精神和科学研究的基本要求。

令人惋惜的是，面对“议行不宜合一”说根据充分的评价和有说服力

---

① 以上直接引语和间接引语，均参见吴家麟《“议行”不宜“合一”》，《中国法学》1992年第5期。

的论说，坚持“议行合一”说的学者们往往充耳不闻、不表示任何不认同的意思，实际上等于默认了所有批评者的论点，而同时又一如既往地坚持“议行合一”的提法。这无异于将“议行合一”说这种学术观点当成了教条。持这种态度完全不符合实事求是的精神，也不利于人民代表大会制度的建设和完善。

不少人继续沿用“议行合一”的说法，基本上属于吴家麟先生所说的那种“盲目重复”行为，这就更要不得了。这些学者对“议行合一”说本身及其理论和实际影响似乎并未花力气认真思索，对于法学界在这个方面的研究成果往往也知之甚少，甚至完全无所知。他们继续沿用“议行合一”说，基本上是基于一种思维惯性、语言习惯，或仅仅为了图方便、求省事。这种态度比起了解“议行合一”说的含义同时又坚持“议行合一”说的态度来，更加不可取。

（二）“议行合一”说的理论前提有误

“议行合一”说有一个往往被看作是无须证明、天然正确的理论前提，即认为社会主义法律制度是“无分权，有分工”的制度，其中特别强调“无分权”。[①] 既无分权，各种权当然就能够“合一”，因为，无分权与诸权（不限于立法权和行政权）合一实际上是权力的同一种存在状态。

为了能够较深入地说明“议行合一”说的这个前提性错误，得先说明“权”是什么。所谓权，从总体上看，可分为法定之权（简称为法权）和法外之权，法定之权又可分为个人权利和公共权力。“无分权，有分工”的观点的提出者是在国家形式的范围内讨论问题的，因此，他们所说的“权”显然是公共权力。其主要表现，只能是我国宪法、法律规定的“职权”“权限”“权力”“公权力”“立法权”“监察权”“审判权”“检察权”等。所谓“分权”，在宪法学上，指这些“权”的划分、分配、分开或分设，其真实的内容是将“权”按其功能分为若干部分，由不同的国家机关分别掌握和运用。从理论上说，分权可以有无限多样

---

① 凡是讨论“议行合一”的宪法学作品，几乎都无一例外地指出它是针对“三权分立”原则提出来的，并认定社会主义宪法制度不分权，但承认不同国家机关要分工。明确将这种认识用“无分权，有分工”这六个字概括出来的是政治学作品。参见《中国大百科全书·政治学》，中国大百科全书出版社 2002 年版，第 439 页。

种模式，洛克主张的两权分立体制、孟德斯鸠主张的三权分立体制、孙中山主张的权能区分、五权分立体制，总体上看只不过是其中被人们给予了较多关注，较有影响的一部分而已。有的学者以为分权就等于三权分立，一听人说分权就以为是主张搞三权分立那一套，实在是大错特错。将分权与三权分立画上等号，自然就会认定社会主义政权组织内部“无分权”，于是“议行合一”说就应运而生了。这里需要说明的是，针对分权及三权分立提出的“议行合一”说并不是马克思主义创始人提出来的，而是后来我国的法学学者、政治学学者本着同分权，尤其是同三权分立反其道而行之的思路推想的产物。在这个过程中，他们忽视了我国不同国家机关之间已经存在着分权的事实和有必要将“权”分得日益清晰的客观趋势。

认定社会主义政权组织“无分权”，于是提出“议行合一”这里边本身就包含着无法调和的逻辑矛盾。现代社会有很多需要由国家机关掌握和运用的“权”，例如，按我国宪法，除人民代表机关之权和行政权外，还有审判权、检察权、军事领导权，而且，在中央国家机关的“权”之外，还有一个地方国家机关之“权”。既然“无分权”，那就不是议行合一的问题，而是“诸权合一”“中央权与地方权合一”，乃至“一切权合一”的问题。同理，概念是现实的反映，既然“无分权”，立法权、行政权、审判权、检察权等概念，对于社会主义国家来说，似乎也并无多少存在必要。若说有必要，那至多也只在描述和批判三权分立时能派上些用场，有的（如检察权概念）甚至在这种情况下也派不上用场。这种从“无分权”，推导出“议行合一”的逻辑显然不符合实际，也很难令人信服。对公共权力，合理的提法是其所有者权能不可分，但使用者权能如职权、权限应该分，而且事实上在我国宪法中是有较明确划分的。

在社会主义政权组织形式（如我国人民代表大会制度）下，难道真的没有分权、只用分工吗？绝对不是！人民代表大会制度实际上是既有分工又有分权，分工和分权统一的制度，绝不是什么“无分权”的制度。主要理由如下：

1. 我们反对照搬三权分立那一套，但并不一般地否定分权，而是承认分权的必要性。建设社会主义法治国家，不仅不能照搬、照抄三权分立那一套，也不能照抄、照搬任何外国的、历史上的或书本上的东西，这一点不言而喻，但我们绝不应一般地否定分权，即使是对于三权分立、制约平衡，我们也只是反对照抄照搬西方那一套，并不否认这种学说或制度中的合理成分及其所总结的人类法治文明建设的有益经验。

就说分权吧，恩格斯晚年在谈到工人阶级政党在当时德国的斗争目标时就曾说过："从 1792 年到 1798 年，法国的每个省、每个市镇，都有美国式的完全的自治权，这是我们也应该有的。"① 这里肯定的正是中央与地方分权。邓小平在经中共中央政治局通过的《党和国家领导制度的改革》一文中提出，"权力不宜过分集中。权力过分集中，妨碍社会主义民主制度和党的民主集中制的实行，妨碍社会主义建设的发展，妨碍集体智慧的发挥，容易造成个人专断，破坏集体领导，也是在新的条件下产生官僚主义的一个重要原因"②；而官僚主义的病根之一是，"我们的党政机构以及各种企业、事业领导机构中，长期缺少严格的从上而下的行政法规和个人负责制，缺少对于每个机关乃至每个人的职责权限的严格明确的规定"③。在谈到权力过分集中的弊病及其成因时，他还说："我们历史上多次过分强调党的集中统一，过分强调反对分散主义、闹独立性，很少强调必要的分权和自主权，很少反对个人过分集权。过去在中央和地方之间，分过几次权，但每次都没有涉及到党同政府、经济组织、群众团体等等之间如何划分职权范围的问题。"④

基于这种认识，邓小平将"不允许权力过分集中"概括为我国政治制度的一项原则，并代表中央在"八二"宪法制定前夕提出了这样的设想："关于不允许权力过分集中的原则，也将在宪法上表现出来。"⑤ 这些话表明，邓小平早已正面、直接或间接地肯定了分权的价值。

---

① ［德］恩格斯：《1891 年社会民主党纲领草案批判》，《马克思恩格斯全集》第 22 卷，人民出版社 1965 年版，第 276 页。

② 邓小平：《党和国家领导制度的改革》，《邓小平文选》第 2 卷，人民出版社 1994 年版，第 321 页。

③ 邓小平：《党和国家领导制度的改革》，《邓小平文选》第 2 卷，人民出版社 1994 年版，第 328 页。

④ 邓小平：《党和国家领导制度的改革》，《邓小平文选》第 2 卷，人民出版社 1994 年版，第 329 页。

⑤ 邓小平：《党和国家领导制度的改革》，《邓小平文选》第 2 卷，人民出版社 1994 年版，第 339 页。

2. 在一个法制较健全的国家，国家机关之间的分工和分权实际上是一回事，分权以分工为社会内容，分工以分权为其法律形式。除看问题的视角或学科不同之外，在国家机关之间分权和分工完全是一回事，就像同一个男士，从其父母角度看是儿子，从其岳父母角度看是女婿，从其子女的角度看是父亲一样。所以，在谈论国家机关之间的关系时，将分权和分工割裂开来并将它们对立起来是没有道理的。造成这种状况的原因主要有两个：一是人们不了解国家机关之间分工与分权的真实关系，错误地认为在国家机构内分工可以不表现为分权或分权不是分工；二是错误地认为分权等于三权分立、主张分权就是主张三权分立，看到“分权”二字就精神紧张。真实的情况是，国家机关之间的职能划分，从社会经济生活的观点看叫作分工，从法律的角度看叫作分权。在这里，若要说分权与分工有差别，那也仅仅是学科语言或看问题角度的差别，实际内容并无不同。

3. 在国家机关之间，分工必然表现为分权（在我国，主要是宪法规定的职权、权限）。分权是人民代表大会制下常见的和确定不疑的事实。国家机关之间的任何分工都必然表现为分权，没有不以分权形式出现的分工，在这一点上社会主义制度也毫不例外。在国家机构体系内，一般有纵向和横向两种分工，实际上就是纵向和横向两种分权。关于人民代表大会制度下的纵向分权，彭真在其就“八二”宪法草案代表宪法修改委员会向五届全国人大常委会第二十三次会议所作的说明[①]中就很清楚地说，宪法“草案根据发挥中央和地方两个积极性的原则，规定中央和地方适当分权，在中央的统一领导下，加强了地方的职权，肯定了省、自治区、直辖市人大和它的常委会有权制定和颁布地方性法规”[②]。

后来，彭真在五届全国人大五次会议上代表宪法修改委员会作修改宪法的报告时又说到国家机构体系内的横向分权。他指出，宪法修改草案（即后来的“八二”宪法）“对于国家的行政权、审判权、检察权和武装力量的领导权，也都有明确的划分，使国家权力机关和行政、审判、检察机关等其他国家机关能够协调一致地工作。国家主席、国务院、中央军

---

① 这个说明是中共中央政治局常委会审阅过的，不仅仅是宪法修改委员会的意见。参见彭真《认真组织全国各族人民讨论宪法修改草案》，《论新时期的社会主义民主与法律建设》，中央文献出版社 1989 年版，第 119 页。

② 彭真：《关于中华人民共和国宪法修改草案的说明》，《中华人民共和国宪法修改草案》，人民出版社 1982 年版，第 59 页。

委、最高人民法院和最高人民检察院，都由全国人大产生并对它负责，受它监督。全国人大、国家主席和其他国家机关都在它们各自的职权范围内进行工作。国家机构的这种合理分工，既可以避免权力过分集中，又可以使国家的各项工作有效进行”①。

这些论述表明，1982 年的修宪，落实“关于不允许权力过分集中原则”② 是其基本内容之一。而落实这个原则最便捷有效的方法，就是彭真所说的“适当分权”或对国家机关的职权进行“明确的划分”。

4. 在我国宪法和法律中，分权是一个确定不疑的事实。我国宪法第三章对各级各类国家机关的职权都作了原则性划分或分配，对职权的这种划分或分配当然就是分权。我国许多法律，其内容和制定目的，在不同程度上也都是分权。各种国家机关组织法中关于职权或权限划分的条款，关于民族区域自治和特别行政区制度的立法中关于中央与相应的地方之间，不同地方国家机关之间权力、权限或职权划分的条款，民事、刑事和行政诉讼法中关于管辖权划分的条款，以及前不久通过的立法法的主要条款，都是分权的实例。

为了更全面地认识这个道理，有两个问题需要作进一步说明。

第一个问题是，如果承认人民代表大会制度也是一种分权体制，那么，在这种思路下，应当怎样理解宪法第二条关于“人民行使国家权力的机关是全国人民代表大会和地方各级人民代表大会”的规定？这里涉及的问题是宪法总纲这一条中只规定人民代表大会行使国家权力，没有规定其他国家机关行使国家权力。这没有什么不好理解的，因为，将全国人大和地方各级人大定位于人民行使国家权力的机关同认定人民代表大会制度下各级各类国家机关之间存在分权的事实丝毫也不矛盾，正像我国宪法一方面规定人民行使国家权力的机关是全国人大和地方各级人大，另一方面又划分了人大及其常委会、行政机关、军事领导机关、审判机关和检察机关的职权、权限并不矛盾一样。

正确理解这个问题的关键是要懂得宪法关于由人民代表机关代表人民行使国家权力的规定的内容是特定的，也就是说，限于宪法规定的范

---

① 彭真：《关于中华人民共和国宪法修改草案的说明》，《中华人民共和国宪法修改草案》，人民出版社 1982 年版，第 71 页。

② 邓小平：《党和国家领导制度的改革》，《邓小平文选》第 2 卷，人民出版社 1994 年版，第 339 页。

围。例如，就全国人大而言，全国人大其所以称为最高国家权力机关，是因为它在整个国家机构中法律地位最高，它及其常委会拥有修改宪法、监督宪法实施、制定法律、解释法律、监督地方、选举或决定各中央国家机关领导人及罢免这些领导人等职权，其他中央国家机关都由其产生、受其监督、对其负责。

同样，如果一定要像许多权威性文献那样说全国人大统一行使最高国家权力，也只能在这种特定意义上说才是正确的。反之，若是试图借这种说法否定全国人大及其常委会同其他中央国家机关及地方国家机关间的分权和机构分设的事实，或认为在全国人大及其常委会同其他各级各类国家机关的关系中，前者可以越俎代庖，行使后者的职权，那就是错误的，也同宪法、法律的精神和规定不相符。

顺便说一句，我历来不赞成诸如“由全国人民代表大会统一行使最高国家权力”之类笼统的、并无宪法依据的说法。理由是，国务院、中央军委、最高人民法院、最高人民检察院的宪定职权无疑就是国家的最高行政权、最高军事领导权、最高审判权、最高检察权，它们是最高国家权力的具体构成因素；全国人大不能越俎代庖行使这些权力，它只能行使全部最高国家权力中除这些权力之外的部分。或许有人会辩解说国务院等中央国家机关的职权不是最高国家权力的构成因素。这种辩解显然站不住脚，因为，如果它们依宪法享有的权力在自己的活动领域不是最高的，那为什么宪法将国务院称为最高国家行政机关，宪法为什么在这级法院、检察院之前冠以“最高”二字？同时，如果这些最高国家机关行使的职权被排斥在最高国家权力的范围之外，我们说全国人大统一行使最高国家权力不就等于说全国人大统一行使宪法划分给它的那部分职权么？而这实际上是一句无甚实际意义的话。

第二个问题是，既然都是分权的体制，那么人民代表大会制与当代西方国家的各种政权组织形式有没有根本区别？毫无疑问，有根本区别。这不仅因为两者是性质根本不同的两种经济关系的法律表现，还因为权力在国家机构内横向配置的原理、原则不同。其中最明显的是，西方国家的政权组织形式，不论议会制、总统制还是半总统制、委员会制，都既强调分权，又强调不同权力之间的制约平衡，而人民代表大会制度虽则在法律上、事实上也分权，但强调民主集中制原则。按照这一原则，行政、审判、检察等机关之间在一定范围内存在相互间的监督制约关系，但在与人民代表机关的关系中，它们却只能受人民代表机关监督、对人民代表机关负责，无权反过来监督、制约人民代表机关。而这正好反映出人民代表大会制区别于西方各种政权组织形式的最主要的特点，即在同一级国家机构内，人民代表机关地位至高无上。但值得注意的是，人民代表机关这种至高无上的地位不仅与国家机关之间的分权不矛盾，而且是以分权为前提和基础才得以体现的。因为，至高无上和最高都是相对的，是对不同国家机关的地位进行比较后的结论。

（三）“议行合一”不能作为国家机构内权力横向配置的一般原则

很多人认为“议行合一”说反映了马克思的观点，实际情况并非如此。须知，客观描述一种状况同将一种状况作为有普遍意义的指导原则是有根本区别的。的确，马克思在谈到公社的组织形式时说过：“公社是一个实干的而不是议会式的机构，它既是行政机关，同时也是立法机关”；“法官的虚假的独立性被取消……法官和审判官，也如其他一切公务人员一样，今后均由选举产生，对选民负责，并且可以罢免。”[①] 这些话，尤其是其中第一句话，一直被倡导“议行合一”的人们当作立论的主要依据。但我们看到，马克思只是对当时公社的组织状况作了具体描述，并没有用诸如“议行合一”之类概括性词句将这种做法加以模式化，更没有将其上升为社会主义政权组织的一般指导原则。显然，所谓“议行合一”原则，其实是后人按自己的理解概括的，马克思没有提过，也没有一般地肯定过。

历史地看，“议行合一”说背离了权力运动的一般规律。我注意到，“议行合一”所直接针对的对象是三权分立，严格地说是权力分立，其所遵循的逻辑很简单：既然资本主义国家搞权力分立，我们社会主义就搞权力合一。很明显，这样的思想方法是不妥当的，至少不符合具体问题具体分析、实事求是的精神。实际上，国家机关之间的分权，是与社会经济生活中的分工密切相关的。分权具体表现为权力的功能性分解和结构性分立。分权是社会经济生活中分工发展到一定程度后的必然政治、法律后果。[②] 同资本主义市场经济一样，社会主义市场经济或经济生活也是以分

① ［德］马克思：《法兰西内战》，《马克思恩格斯选集》第3卷，人民出版社2012年版，第98、99页。

② 笔者将这个必然历史过程概括为一条定律，即公共权力分解定律。有兴趣的读者可参见本书“公共权力分解定律作用形式透视”一节。

工发达为特征的，同时，社会主义也需要国家机关和国家权力，这就决定了社会主义国家机构内必然要分权。只是，对于中国来说，我们有自己国家的基本情况，不能也没有必要照搬西方三权分立、制约平衡那一套。

这里的关键是，不能将分权同三权分立画等号，不能因反对照抄照搬三权分立就笼统地否定一切形式的分权。在这方面，如果我们把握不住必要的度，我们就会犯一些违背常理甚至荒唐可笑的错误。三权分立制在历史上本来是资产阶级为反对以国家大权全部集于专制君主一身为基本特征的封建专制制度而提出并逐步形成的，是历史上的一个进步。但如果我们按“凡是敌人拥护的我们就要反对，凡是敌人反对的我们就要拥护”的简单逻辑对待这个问题，我们很可能会在不同程度上不自觉地走向自己愿望的反面。因为，若要讲权力合一，专制君主制是历史上权力“合一”的最高形式和最高水平。所以，若就所主张的发展方向而论，“议行合一”说在政权组织建设问题上有向个人集权等形式的专制体制倒退的倾向。或许，这是它的主张者们主观上始料未及的。

还应当看到，巴黎公社之首创性和值得高度赞誉之处，首先和主要的是因为它是世界上第一个工人阶级的政权，而不是它立法、行政两权合一的特征（尽管两权合一在当时的具体情况下也是必要而适当的措施）。因为，立法、行政两权合一是在巴黎公社产生前很久就出现和存在的政权组织形式，既不是新东西，也不为工人阶级所专有。从今天的观点看，专制君主制从立法与行政的关系看是两权合一的体制；如果再考虑进司法权，像中国封建社会那样，实际上是三权合一的体制。这且不论，即便与近代资本主义民主制相联系的例子也可信手拈来。例如，美国独立战争时期的大陆会议就是立法权、行政权合一的政权组织，法国雅各宾专政时期的公安委员会事实上也是立法权、行政权合一的政权组织。

在城市实行代议权（或立法权）与行政权合一的政权体制的最典型的例子是英国。早在1833年和1835年，英国议会就先后制定了在苏格兰、英格兰和威尔士适用的有关市自治团体的法律，在有关城市设置民选的市议会，统一行使代议权与行政权。这种体制在英国地方上一直存在到今天。其间，20世纪80年代前后虽经过了一些重要改革，但基本组织原则至今没变。①

① 英国地方政府方面的情况可参见 William Hampton, *Local Government and Urban Politics*, London: George Allen & Unwin Company, 1986, pp. 31 – 50。

若一定要讲“议行合一”，这些都是比巴黎公社早得多的实例。其中，对大陆会议和公安委员会是否是“议行合一”的政权组织，人们或许还能提出一些不同看法，但对于英国地方政权的议行合一，则是无论从哪个角度看都不能不承认。

我们还须看到，任何社会历史事物，都会有其局限性，巴黎公社也不例外，后人没有理由也没有必要无条件仿效巴黎公社立法权与行政权合一的具体做法。谈到巴黎公社，我们一般都肯定它的超时空的普遍意义（这是毫无疑问的），大都讳言它的局限性，其中包括“议行合一”体制的局限性。如果我们对这种体制作实事求是的分析，其局限性是显而易见的。首先，巴黎公社是一个城市政权，而在那之后出现的包括中国在内的社会主义国家都是广土众民的民族国家，所管辖的地域范围相当于巴黎公社的万倍乃至数万倍，所以巴黎公社适用的“议行合一”体制不一定适合于中国这样的国家。其次，巴黎公社是一种临时性应急体制，而社会主义所需要的是一种正常的平时体制。中外法制史表明，战时体制与平时体制、应急体制与平时体制，通常都有很大区别，而且各国在其发展过程中往往还有一个从战时、应急体制向平时体制过渡的问题。将巴黎公社“议行合一”的战时应急体制作为社会主义各国都应当仿效的平时体制，制度上的供给与制度上的需求并不对路。[①] 最后，巴黎公社只存在了数十天，其“议行合一”的政权组织形式未经过实践的足够检验。退一步说，即使这种体制经过了实践的足够检验，也只能说明其当时当地的效用。

“议行合一”不宜作为社会主义政权组织一般原则的直接的、强有力的证据是社会主义国家法制建设的实践。曾有的和现有的社会主义国家，掌立法权（或代议权）的机关和掌行政、审判等权的机关在中央一级都是分立的，在地方一级合一的例子也极少，而且效果不好，如中国“七五”宪法规定设立的地方各级革命委员会，这种委员会倒真具有“议行合一”的性质。我同意社会主义国家实际上从没有采用过议行合一体制的观点。这一观点其他学者已作过较可信的论证，本书不复述。[②]

---

① 对于巴黎公社“议行合一”体制的以上两点局限性，前引张星炜的文章大体上已指出过，笔者这里从另一个角度提到它们，是为了把道理说得更明白些。

② 可参见前引吴家麟、蔡定剑、张星炜诸先生作品的有关部分。

(四)“议行合一”说误导人大制度发展的基本方向

早在20年前，邓小平就提出和肯定了“不允许权力过分集中的原则”①。自那时以来，随着民主法制建设的推进，在我国中央国家机关与地方国家机关之间和同一级国家机构的不同机关之间，权力（在我国宪法中表现为职权或权限）划分越来越明确、越来越具体，同时国家机关间几乎一切分工都采取了分权的形式，不同权力主体间必要的监督制约关系已经形成，正处在不断完善的进程中。记载“实行依法治国，建设社会主义法治国家”的宪法第13条修正案的通过，给予了这个进程以一次有力的推动。法治原则不仅要求国家机构内部的分工都采用分权的形式，而且要求法律将有关的权力划分得更明确、更具体。这是人民代表大会制度建设不容置疑的趋势。

时至今日，“议行合一”说的存在和传播，其客观社会效果之一是把人们的观念向背离以上趋势的方向指引，至少是否认和模糊了这种客观趋势，从而误导着人大制度发展的基本方向。所以，我主张明确放弃“议行合一”这种不合理的提法。

---

① 邓小平：《党和国家领导制度的改革》，《邓小平文选》第2卷，人民出版社1983年版，第339页。

第四章

宪定法权分配方案的落实

［**导读**：宪定法权分配方案涉及四个层次：一是法权与剩余权的比例和边界，在法律实践中表现为处理法与道德等法外规则的关系；二是法权在个人与公共机关间的配置，表现为权利与权力的分配和以落实为目的的互动；三是权利的不同构成部分之间的关系，现实上表现为不同权利主体之间的权利交换等互动协调关系；四是不同权力主体之间的权力关系，法律生活中表现为各级各类公共机关之间的职权、权限的协调实现。落实宪定法权分配方案，在我国首先有赖于法律创制，然后是法律的执行和司法。宪定法权分配方案的落实涉及的问题千头万绪，本章仅涉及与其相关的点滴理论的和实际的问题。］

一　恰当理解宪法法治条款的含义[①]

我国《宪法》第13条修正案规定："中华人民共和国实行依法治国，建设社会主义法治国家"，这是我国法律生活中一件意义十分重大的事情。对这条宪法修正案的文字作分析，可见它包括两个层次的基本内容：其一是实行"依法治国"，所规定的是一种国策，一种治国途径、方式、方法或方略，也可以说是治国手段；其二是"建设社会主义法治国家"，确定的是国家应处的一种法律状态，是一种目标、目的或追求。显然，就两者的关系而言，"依法治国"是通向法治国家的手段（或状态、方式、方法或方略），"法治国家"是依法治国要达到的目的（或目标、追求、归属）。

---

① 本节作为笔谈原载于《法学研究》1999年第3期，标题为《正确理解宪法修正案第13条的含义》，当时因篇幅稍长，被删减了一些，纳入本书时恢复原稿面貌，并按全书基本概念统一、基本观点协调的原则作了修订。

在这里，前者和后者即手段和目的应当是相互影响、相互适应、协调统一的，否则必然相互损害从而最终实现不了所追求的目的本身。从知与行、理论与实践的关系看，这表明，要正确实施《宪法》第13条修正案有一个重要的认识论前提，即我们应在正确理解该修正案两方面基本内容及其相互关系的基础上，对这两方面的基本内容予以有机的学理整合，然后给它们作一个统一的理论概括，形成一种简单明白的提法。

从我国现有各种权威性文献、政治法律界和理论学术界的作品、言论看，对于“依法治国”和“建设社会主义法治国家”这两方面的内容，通常是用“依法治国”吸收“建设社会主义法治国家”、将后者统一于前者的。换句话说，这也就是用“依法治国”一词概括依法治国和建设社会主义法治国家这两个方面的内容。我以为，这是不妥当的。对于《宪法》第13条修正案中的全部文字及其包含的两方面的基本内容，不应再继续仅仅从“依法治国”一个方面来把握和概括。否则必然会妨碍这条修正案的正确实施。现简述理由和救济措施如下：

（一）在语义上“依法治国”属于“法制”范畴而非“法治”范畴

为了说清这个道理，我们不妨最简要地展示一下法制与法治的区别，尽管这种区别今天已广为人知。法制是法律制度的统称，与无政府状态相对称。社会主义需要法制，但法制并不是社会主义和民主政体所独有的东西，奴隶制、封建制和专制君主政体下通常也有法制。法制强调权力行使者（主要是行政官员、司法官员等）的主体地位，着重的是秩序、管理、治民和限制权利。法治是指法的统治，与人治相对应。

法治概念从柏拉图、亚里士多德时代形成以来，经过了以《权利法案》《独立宣言》《人权宣言》《被压迫劳动人民权利宣言》和《世界人权宣言》等政治法律文件为代表的不同的时代发展到今天，已包含着世世代代先进的人们对理想生活状态的追求及与此相联系的特定含义、原则或要求。其中人们最有共识的是这样一些：以保障人权和公民权为宗旨，立法民主化；法律面前人人平等；法律有至高无上的权威，任何组织和个人都必须服从法律，严格依法办事；公共权力的范围受限制，行使公共权力要遵守正当法律程序等。与法制不同，法治强调的是公共权力所有者（即国民或人民，在一定程度上还有由他们选举产生的代表）的主体地位，重点在于控制公共权力、限制公共权力和监督公共权力的行使主体。

从内容上看，“依法治国”实际上只等同于“建设社会主义法制”，不能表达法治的基本特征和要求。作这个判断有充分的理由。早在 1978 年 12 月召开的中央工作会议上，邓小平就提出了“有法可依，有法必依，执法必严，违法必究”[①] 的社会主义法制建设基本方针和要求，这个方针和要求载入了党的十一届三中全会公报等一系列权威性文献中，而“依法治国”的内容并没有超出这个范围。对此，全国人大常委会有关领导人在论述《宪法》第 13 条修正案时说得很清楚：“依法治国的基本要求是有法可依，有法必依，执法必严，违法必究。”[②] 在法学界，较早论证依法治国和建设法治国家之必要性的学者在回答“法治与法制这两个概念区别究竟在哪里时”也说，“如果两者没有重大区别，确实是‘依法治国’没有太大意义”,[③] 显然也认为单独讲“依法治国”，还没有进入法治范畴。

（二）只有“法治国家”能包容“依法治国”，反之不行

就“依法治国”与“法治国家”的关系看，在内容上后者与前者是包容与被包容关系。很显然，在法制与法治的关系中，法制是法治的一个不可缺少的组成部分，社会主义法治国家要求有健全的法制，但有健全的法制不一定是法治国家；同样的道理，在依法治国与建设法治国家的关系中，依法治国是建设法治国家的不可或缺的成分或构成因素，而依法治国则并不必然导致法治国家。所以，在认识上，如果我们把“建设社会主义法治国家”作为整个《宪法》第 13 条修正案的重心所在，并用“法治”“实行法治”或“建设法治国家”来概括整个这条修正案，我们就能把该条修正案中“依法治国”和“建设社会主义法治国家”两方面的内容统一起来。相反，如果我们用“依法治国”来概括整个这条修正案，从理论上看必然是捡了小头丢了大头，反映不了该条修正案的整体特征。

在我国的法律生活中，通过《宪法》第 13 条修正案的划时代意义在于将法治作为一种治国方略和目的、目标肯定了下来，而用“依法治国”

---

① 邓小平：《解放思想，实事求是，团结一致向前看》，《邓小平文选》第 2 卷，人民出版社 1983 年版，第 147 页。

② 田纪云：《这次修宪的意义重大》，《法制日报》1999 年 3 月 14 日第 4 版。

③ 李步云、黎青：《从“法制”到“法治”二十年改一字》，郭道晖、李步云、郝铁川主编《中国当代法学争鸣实录》，湖南人民出版社 1998 年版，第 572 页。

来概括整条修正案，反映不出以该修正案的通过为标志实现的中国治国方略的革命性转折。因为，从“依法治国”的含义未超越法制范畴这一点看，它还没有同人治的治国方式方法根本区别开来，因为，依法治国虽不一定是人治，但也不一定就是法治。同时，“依法治国”不仅同中国共产党在二十多年前提出的社会主义法制的十六字方针和要求在内容上相同，就是与四十多年前董必武在中共第八次全国代表大会上所作的加强法制建设的长篇发言相比，它在内容上也没有实质性的发展。在那篇叫作《进一步加强人民民主法制，保障社会主义建设事业》的发言中，董必武指出，“依法办事，是我们进一步加强法制的中心环节。依法办事有两方面的意义：其一，必须有法可依。这就促使我们要赶快把国家尚不完备的几种重要的法规制定出来。其二，有法必依。凡属已有明文规定的，必须确切地执行，按照规定办事；尤其一切司法机关，更应该严格地遵守，不许有任何违反……今后对于那些故意违反法律的人，不管他现在地位多高，过去功劳多大，必须一律追究法律责任。”①

上述情况表明，《宪法》第 13 条修正案其所以具有划时代意义，主要不在于它肯定了以十六字方针和要求为其内容的“依法治国”，而在于它肯定了法治或社会主义法治国家。所以，法治更准确地反映了中国共产党在认识上的新飞跃，标志着我国治国方略的根本转变，体现着全国各民族人民众望之所归。

用“依法治国”概括整个《宪法》第 13 条修正案，在很大程度上不自觉地贬低甚至忽视了通过这条修正案本身的重要性、必要性，同时也显得没能吸收法学界二十多年来对比和研究人治、法治问题的积极成果。这次修宪之前，宪法序言最后一个自然段和宪法第五条，显然已包含着依法治国的内容和要求，只是说法不同而已。如果仅仅强调依法治国，大可不必通过《宪法》第 13 条修正案。之所以要通过这条修正案，其必要性和重要性主要体现在法治或建设法治国家方面。所以，用“依法治国”来概括这条修正案，明显不适当地大大降低了通过这条修正案的价值和意义。

此外，法学界研究人治、法治和法制断断续续进行了二十余年，20 世纪 90 年代末又作为热点问题持续研究了两年多，才得出了要法治不要人

---

① 董必武：《进一步加强人民民主法制，保障社会主义建设事业》，《论社会主义民主和法制》，人民出版社 1979 年版，第 136—137 页。

治的共识，才得以使“法制国家”的提法让位于“法治国家”的提法。难怪有学者用“从‘法制’到‘法治’，20 年改一字”① 来形容这个过程的艰难！但是，若从“依法治国”而不是法治的角度概括整个《宪法》第 13 条修正案，无异于在理论上将花二十余年时间改过来的那个字又改了回去。

由于语义上和逻辑上都无法包容或反映法治的特征和要求，“依法治国”“依法治省”“依法治市”乃至“依法治乡”“依法治村”等提法使人们在认识上和实践中，很容易忽视法治的基本特征和要求，自觉或不自觉地偏离《宪法》第 13 条修正案的整体要求。这不仅是推测，也是不少实际社会表现，因为两年多来已经有了大量依法治省，依法治市，依法治县，依法治乡、镇乃至依法治村的实践活动。在这个过程中，发生了变化的往往只是提法或口号，官员还是一如既往，按加强社会主义法制的思路来考虑问题和处理问题。根据我的调查，在国家机关工作人员中，知道法治的基本要求的人极少，在工作中贯彻或注意法治要求的人就更少，甚至提都很少提到法治，听到的都是以国家机关及其官员为主体依法治这里、依法治那里之类的话语。形成这种状况有很多的原因，但将作为一个整体的“实行依法治国，建设社会主义法治国家”简单化，片面地用“依法治国”四个字来概括并用以取代前者，却肯定是造成上述状况的一个十分重要的原因。

或许有的同志会问，中共十五大报告在提出“依法治国，建设社会主义法治国家”的同时，高度评价了依法治国的基本方略，对此你怎样解释？为避免误解，我要特别强调几点：第一，依法治国和建设法治国家，是含义相对独立的两组词语，各自包含着相对独立的意思，不论将它们分开看还是作为一个整体看，都是英明、正确的提法，我都真诚地拥护；第二，我所不赞成的，是用“依法治国”标志和取代作为一个整体的“实行依法治国，建设社会主义法治国家”，认为这是以偏概全的做法；第三，中共十五大报告高度评价“依法治国”的治国基本方略，并不表明它采用“依法治国”四个字概括“实行依法治国，建设社会主义法治国家”这句话的全部含义；第四，退一步说，即使十五大报告有时也用“依法治国”

---

① 李步云、黎青：《从“法制”到“法治”二十年改一字》，郭道晖、李步云、郝铁川主编《中国当代法学争鸣实录》，湖南人民出版社 1998 年版，第 565 页。

四个字概括和取代“实行依法治国，建设社会主义法治国家”这整个句子，那也只是一个因学科专业方面的原因造成的不够协调的问题，我们作为专门的法学工作者，有义务从学术角度把自己的看法说出来，提出协调建议，供有关部门参考。

（三）应当按《宪法》相关修正案的精神改变并统一有关提法

孔子说过，“名不正则言不顺，言不顺则事不成”。既然用“依法治国”来概括和指代整个《宪法》第 13 条修正案在语义上和逻辑上有上述种种问题，在实践上又不利于法治建设目标的实现，就有必要按这条修正案的精神来统一现行的有关提法，以达到类似于先“正名”进而成就社会主义法治事业之目的。为此我提三点建议：

第一，对宪法修正案中“实行依法治国”和“建设社会主义法治国家”这两层意思进行有机整合，以“法治”作为两者的连接点，用“法治”或“建设法治国家”这样的简明词句来对整个《宪法》第 13 条修正案进行理论概括。

第二，在许多情况下应当用“建设法治国家”“建设法治省”“建设法治市”等提法取代“依法治国”“依法治省”“依法治市”等提法。“依法治国”“依法治省”等词语，各有其单独的含义，不论是这次修宪前还是这次修宪后，在它们的本来意义上使用都是天经地义、立意正确的。但是，若要用它们来分别概括、指代“依法治国，建设社会主义法治国家”和“依法治省，建设社会主义法治省”等文字的含义，那它们就无能为力、不堪此任了。在这种情况下，就应当将“依法治国”“依法治省”分别正名为“建设法治国”“建设法治省”。在实践中，也应当将现有的那些“依法治省办公室”“依法治市办公室”“依法治县办公室”之类，正名为“建设法治省办公室”“建设法治市办公室”“建设法治县办公室”，其余可类推。

第三，将记载《宪法》第 13 条修正案的条文按其根本特征概括地简称为“法治条款”，就像美国法律界和法学界将本国宪法的前十条修正案概括地简称为“权利法案”一样。这样做既便于公民和各种组织正确地理解《宪法》第 13 条修正案，又有利于它的正确实施。

二　关于测定民主发展水平的标准①

在我国民主政治建设方面，现行《宪法》在1982年通过时序言中确定的任务是建设“高度民主的社会主义国家”，1993年八届全国人大第一次会议通过的第3条修正案，将上文相应地修改为建设“民主……的社会主义国家”，去掉了原有的“高度”二字。不用作太多的语义分析就可以看出，这一修改不仅适当降低了原来定得过高的民主建设任务，更重要的是它隐含着对我国民主建设现状更加实事求是的评价——毕竟我国还处在社会主义初级阶段，现行宪法主要是为适应这个初级阶段的需要制定的。对照宪法原来的规定和后来通过的修正案，很自然地使我们在认识上得到这样一个启示：原来宪法学中还存在着一个十分重要，却迄今并没有解决好，甚至尚无人专门探讨过的问题：对民主的发展水平（或高度、程度）应该根据什么标准来测定、如何测定？这是一个值得宪法学研究的课题。因为，为了建设社会主义法制国家，我们经常需要较为准确地测定我国政治民主的发展水平，或者需要作纵向与横向的比较。在这方面，我国宪法学除确认了阶级标准外，尚未见其他明确的标准，至少可以肯定没有明确系统的标准。人们对民主发展水平的判断，主要是根据现实的感受简单化地认定的，具有很大的主观随意性和模糊性，也不可能确定民主发展水平的梯级和级差。这种状况已难以适应我国民主法制建设和宪法学发展的需要。为解决这个问题，我打算谈些初步看法。

（一）民主本体的基本结构

找到测定民主发展水平合理标准的先决条件，是深化对民主本体结构的认识。所谓民主本体是指民主概念所标志的本源意义上的事物，与该事物所派生、所引申出的其他现象如民主作风、民主传统、民主气氛等相对称。

作为一种宪制现象，民主并不是一个同一的、无差别的存在，而是一个

① 本节原载《政治与法律》1996年第4期，标题为《论测定民主发展水平的宪法学标准》。当时因篇幅限制，删去了正文第一部分，纳入本书时恢复文稿原貌，并按全书基本概念统一、基本观点协调的原则作了修订。

由不同要素构成、包含着矛盾和差异的现象。对于什么是民主，我国学术界有很多种说法，有代表性的是这样几种："人民的权利""人民的权力""大多数人的统治""人民的统治""'民'和'主'的结合"，等等。上述说法哪种更适当呢？我们不妨对这个概念作点起源性考察和语义分析。笔者查明，汉语"民主"一词译自英文"democracy"，后者来自拉丁文"democratia"，而该拉丁文又来自希腊文"δημοκρατια"，由指称民众或人民的"δημοδ"和指称统治、支配或权威的"κρατοδ"所合成。从词源上看，将民主理解为人民的权力、人民的统治比较妥当，而"民"和"主"结合的说法，则在一定程度上揭示了它在构造上的基本特点。将民主从构造上进行解析的合理性从林肯界定民主的经典公式"government of the people, by the people, for the people"中可以找到佐证，该公式被孙中山十分确切地译为民有、民治、民享的政府。林肯所说的虽然是资产阶级民主，但其所涉及的只是其构造要件，而未涉及阶级内容，阶级内容取决于 people，指的是什么阶级或社会集团。因此，这种看法也包含着林肯对民主本体基本构造的一般看法。林肯的"government"一词实际上指代着国家权力（严格地说，往往应是国家机构的权力或国家权力行使权，① 下同），用宪法学语言说，这个公式可译为：所谓民主，就是国家的权力属于人民，由人民来掌握，为人民的利益服务。民主在此处被林肯不自觉地从结构上解析为国家权力、国家权力的所有者和行使者及国家权力的存在目的等四个因素。

我认为，根据正确认识和评估社会主义民主的需要，宪法学上将民主认定为由公民的政治权利和公共权力两大部分构成的有机结合体比较合理。因为，政治民主中"人民"同"权力""统治权"的结合必然在宪制实践中表现为公民个人同公共权力的结合，而动态地看，则只能体现为公民个人的某些权利同公共权力间的一种关系。包含其中的公民个人的那些权利并非他们享有的全部权利，而只是全部权利中能够直接或间接体现公民作为公共权力的所有者和控制者的地位的那一部分。在我国，这部分个人权利中最重要的是选举权、被选举权、对国家机关及其工作人员的监督权和言论、集会、结社等政治生活方面的权利。将民主作为一种既成事实静态地看，它就是公民个人这部分权利与公共权力的有机结合体，其中前者处于主导的、根本的地位，后者处于次要的、从属的地位，前者是源，后者是流。如果原本就不是

① 这方面的论述请详见本书"公共权力分解定律作用形式透视"一节。

或后来从结构上改变了这种格局，民主就不成其为民主。

民主本体构造的上述特点，决定了我们在设定有关评价标准时，必须兼顾公民的政治权利和公共权力两大因素。有学者将民主区分为形式和内容两个方面，[①] 这对于深入研究民主问题，有着重要的意义。要准确地测定民主发展水平之高低，应当首先将民主的形式与内容相对区分开来，分别设定标准加以衡量，然后再对所得到的各项指标作综合分析。但无论讨论民主发展水平的形式标准还是内容标准，都必须按公民政治权利同公共权力相结合的思路理解民主，否则难免失之片面。

（二）测定民主形式发展水平的标准

民主内容与形式的关系，同其他事物内容与形式的关系一样，也是内容决定形式，形式表达内容并反过来影响内容。据此，讨论测定民主发展水平之标准，似乎应先从内容方面着手。其实不然，因为就民主的结构而言，形式是外在的东西，内容包裹在形式之中，故宜先衡量其形式指标，然后再循名责实，测定和评判其内容指标。

民主形式是实现民主内容的方法和工具，任何类型的民主，如果没有与之相适应的形式，其内容都会大打折扣，甚至成为毫无意义的空话。所以，民主内容的实现程度，只会及于或低于民主形式所能容纳的发展水平，绝不可能超越民主形式能够允许的发展高度。我国学术界通常从国家形式的角度看待民主形式，这无疑是正确的，但从宪法学科的特定要求看，对民主的认识不能停留在这一水平和范围，因为在这个层次，民主还十分抽象，其要件仍显得不够具体，难以经验地加以把握。或许，兼顾民主自身的结构特点和它作为国家形式的意义，宪法学可以确立以下几项测定民主形式发展水平的标准。

1. 民主法定主体在社会总人口中的比例。民主法定主体与实质性主体并不是一回事。在某些国家，宪法和法律从原则上确认“人民主权”“在法律面前人人平等”，似乎每个公民都是民主的主体，但由于其经济基础的私人性质，实质上是少数富人控制公共权力，大多数人往往徒有民主主体的虚名。这是一方面。另一方面，法律承认公民都是民主的平等主体，比起公开

① 何华辉：《完善社会主义民主的形式　促进社会主义民主的发展》，载武汉大学教务处编《哲学社会科学近期学术论文选》，武汉大学出版社 1984 年版，第 281—286 页。

确认少数人的特权，毕竟是一种历史进步。所以，从法律上看，民主主体占全社会人口的百分比的大小，是衡量民主形式发展水平的重要标准。该百分比愈大，就表明这一方面的民主形式发展水平愈高；反之则愈低。用这个标准衡量，古希腊、古罗马城邦民主和中世纪意大利的贵族民主的形式不发达，现代民主的形式比那时发达得多，不论是资本主义类型还是社会主义类型，尽管从过程看，它们在各自发展的不同阶段有这样那样的差别。

2. 民主主体享有的政治权利的广泛程度。宪法和法律承认的政治权利不同于实际享受到了的政治权利，但这种政治权利种类的多寡本身却不失为衡量民主形式发展水平的标准之一。因为，它们的数量不仅制约着公民实际能够享受的权利的丰富程度，而且关系到公民有没有足够的合法手段维护其作为公共权力所有者的地位，即对国家机关及其官员掌握和运用公共权力的行为进行监督控制。法律承认和保护的政治权利种类丰富表明民主形式发展水平高；反之则低。

3. 公共机构内部实现依宪依法划分或配置公共权力的程度。公共机关之间依宪依法配置权力，既是公共机关及其官员有效管理公共事务，执行“公仆”职能的要求，也是防止他们异化为社会主人所必需。所以，可以说无权力划分即无民主。无权力划分包括公共机构内部横向配置权力和纵向配置权力两个方面，从我国宪法的角度看主要是职权和权限划分。公共机构内这两方面的权力划分清楚明白，各守分际，表明民主这方面的形式发展水平高；反之则低。

4. 公民参与国家事务的直接程度。公民通过自己选举的代表决定和管理国家事务称为间接民主或代议民主，亲自、直接参加决定和管理国家事务称为直接民主。直接民主无疑是比间接民主发展水平更高的民主形式。在当代，像卢梭设想的那样单纯实行直接民主形式的国家还没有，但宪制中完全不包含直接民主因素的国家也很难找到。因此，当代民主，在形式方面往往是以间接民主为主，或多或少辅以一些直接民主因素。比较而言，宪制制度中包含的直接民主成分愈多，则民主形式发展水平愈高，反之则愈低。我国宪法规定，“人民行使国家权力的机关是全国人民代表大会和地方各级人民代表大会”，但同时又规定：“人民依照法律规定，通过各种途径和形式，管理国家事务，管理经济和文化事业，管理社会事务。”① 这就是说，我国主

① 《中华人民共和国宪法》（2018 年修正、通过）第 2 条。

要实行代议民主，但也要开拓其他民主形式，包括直接民主的形式。

5. 公民向政治领导人委托权力的直接程度。在代议民主制下，公民将自己决定和管理国家事务的权利委托给代表行使从而形成国家机构的权力。在法律上，直接委托表现为直接选举，间接委托表现为间接选举。间接选举实质上是委托人将权力委托给受托人，而后者又将前者委托的权力转委托出去的行为，因而是一种发展水平低于直接选举的民主形式。一国宪制制度中直接选举的因素愈多，就表明该国有关方面的民主形式发展水平愈高；反之则愈低。

（三）测定民主内容发展水平的标准

用什么标准测定民主内容的发展水平呢？宪法学界有代表性的看法是，“一个国家享受民主的主体体现出民主的内容”[①]。因此，通常认为民主的发展程度由享有政治权利尤其是选举权、被选举权的公民占全体成年公民的百分比体现出来，认为社会主义民主作为新型民主在内容上的根本特征就在于它应该是绝大多数人的实实在在的民主。

将民主主体占社会总人口比例的大小作为测定民主内容发展水平的最重要标准，是有道理的，但这并不是反映民主内容发展水平的唯一标准。首先要强调说明，此处所说的民主主体必须是实际上的，不能仅仅是法律上或形式上的。从根本上说，判断民主主体是实际上的还是形式上的，应当从两个方面入手进行综合考察。其一，要考察法定民主主体在社会经济生活中的实际地位，这种实际地位主要由他们对于生产资料的关系、在劳动组织中的作用和他们所能支配的财富的多寡来体现。其二，要考察法定民主主体在政治过程中的实际作用，看他们是否真正能够通过行使自己的政治权利参与决定国家事务或给予国家事务以实质性影响。对这两个方面的考虑不可偏废，否则难免得出片面的结论。

要实事求是地反映一国民主内容的发展水平，仅仅运用上述标准还不够，还得辅助性地同时运用另外一些标准，尽管这些标准相对而言较为次要，其中有的还只能算做上述宏观标准的微观尺度，但毕竟它们在整体上是不可缺少的。而且，唯有设定一些不同的标准，才能够对民主内容的发展状况进行多侧面、多层次的衡量，各种指标才能够相辅相成，相互印

---

① 何华辉主编：《人民代表大会制度的理论与实践》，武汉大学出版社 1992 年版，第 28 页。

证，帮我们得出可信的结论。另外，需要运用的标准主要有如下四条。

1. 民主主体实际享有的政治权利的广泛程度。即使民主主体达到了最大的广泛性，如果他们实际享有的政治权利的种类很少或较少，那么民主内容的发展水平也不能算很高。所以，在民主主体广泛性相同或未变的情况下，需要根据民主主体实际享有政治权利的种类的多寡来决定民主内容发展水平的高低。

2. 民主主体政治权利的一般实现程度。宪法和法律规定的政治权利对于民主主体来说，不仅有一个能否实现的问题，还有一个实现程度问题。这里牵涉到一系列主客观条件。如选举权，如果享有选举权的公民有权参加所有层级代议机关组成人员的选举，而且能在既了解有关候选人政见，又知道其个人才德的情况下投票，那么可以说这个公民选举权的实现程度很高；反之则差一些。又如表达政治意愿的自由，如果一个公民是文盲或半文盲，那么他就不可能全面掌握政治信息、深刻思考政治问题和表达政治见解，至少不可能亲自以书面形式表达政治见解和意愿。那么，他这种自由的实现程度往往就不如一个受过良好教育的公民。政治权利的实现程度虽然可能因人而异，但将一个个具体情况都考虑或计算进来，无疑可以确定一个社会的一般实现程度，即实际享有政治权利的人均水准。

3. 全部公共权力法制化程度之高低。一国的全部公共权力法制化有三重含义：其一，公共权力都源于民主主体明示的委托，不存在宪外、法外的公共权力；其二，全部公共权力都有法定的主体，不同构成部分间的界限和范围清楚；其三，全部公共权力的行使都受法定程序的约束。公共权力在多大程度上未实现法制化就表明它在多大程度上失控于民主主体。所以，国家权力法制化程度的高低，直接标志着民主内容发展水平的高低。

4. 民主主体监督控制公共权力的有效程度。在资本主义条件下，民主主体有真实的和名义上的区别。从名义上看，一切公民都是民主主体；从实质上看，只有处于主导地位的社会集团的那部分公民才是真实的民主主体，其他人往往主要做陪衬。在当代中国，除极少数罪行严重被依法判处较重刑罚的犯罪分子以外，所有公民都是民主的主体。但是，不论哪一种类型的民主，其本义都要求公共权力受民主主体的监督控制，否则就不成其为民主。而如果公共权力从根本上反过来控制、役使了本来意义上的民主主体，民主就变成专制了。

民主主体控制公共权力的内容，主要表现为决定谁担任或不再担任公共机关的职务，让他们行使或不再继续行使某项公共权力，有必要而足够的手段保证公共机关及其官员依法办事，保证他们只能是社会公仆而不至于成为名义上的“公仆”事实上的主人。

在现实生活中，公共机关官员独断专行、徇私枉法、营私舞弊、滥用职权、贪污受贿等腐败行为都是公共权力背离民主宗旨、损害民主主体利益的常见表现。一个国家能在多大程度上遏制这些腐败行为，恰恰是其民主主体监督控制公共权力的有效程度大小的反映，体现着民主内容的发展水平。

（四）用预设的标准测定民主发展水平的操作思路

上文设立的测定民主发展水平的标准，只是作者的初步想法，它们的个数和它们本身，有很大增减或改进的余地。但是，不论宪法学界最后认同的标准分为哪几个方面，个数有多少，本身怎么表述，都还会面临一个共同的难题：怎样运用这些互不相同的标准进行具体操作，得出合理的综合性结论？本书对这个问题也谈一些解决思路，供学界同仁参考。

用诸如上文所述的那些标准对民主的发展水平进行测定完全有可能。但是，为了达到这一目的，得确定一个记录对民主有关项目进行衡量的过程和结果的总的指标体系，并设计一个合理的具体操作思路。首先，我们应当根据对当代民主在可以预见的将来的发展的理性预期，设定一个较为完美的理想状态。在这种假定的状态下，用上述标准对民主的有关项目进行衡量所得的结果自然也都是满分。但在现实中实际情况不会是这样，即用上述标准测定的现实的民主的各有关方面的状况不会是完美无缺的。倘若按既定标准真是完美无缺的，那就得在理论上提高评价标准。然后，再根据实际情况对现有的民主的各个待测定项目按相应的标准实事求是地进行衡量，分别评定单项得分。各单项得分之总和就正好是反映一国的民主在特定历史阶段总体发展水平高低的数值。

按这种思路和办法测定民主发展水平，从理论上看切实可行，但衡量的结果在多大程度上符合客观实际，则取决于在总的指标体系中能不能够实事求是地安排以下三个方面的比例关系：一是在设定的民主理想状态下，民主内容和民主形式两大方面各应占有的比例。民主内容与民主形式相比，后者虽然也非常重要，有时甚至对民主的盛衰成败有决定性意义，但毕竟比起前者来是较次要的、被决定的方面。二是民主内容方面各个被测定项目在理想状态下所分别占的比例。民主的内容方面虽然可分为若干个项目并以相应的标准加以衡量，但这些项目体现民主内容的程度却有颇大差别，其中民主主体事实上是谁，在社会总人口中所占比例有多大最为重要，它决定着民主的性质或者说民主的历史类型。三是民主形式方面各个被测定项目在理想状态下所分别占的比例。在这方面的有关项目中，民主法定主体即形式上的主体在社会总人口中所占的比例显得较为重要。在历史上，正是这一点将资本主义民主和前资本主义民主在形式上区分了开来。

合理确定测量民主发展水平的标准及其运用方法对于宪法学发展和民主法制建设有重要现实意义。首先，它使得宪法学能够就民主的整体或其中某个具体侧面进行较为科学的横向和纵向比较。因为在新的分析框架下，民主从无明显学科特征的、抽象的和近乎概念化的东西，变成了学科化的、具体的和大体上可测量的东西。

其次，它有助于实事求是地、较为确切地评估民主政治建设的发展阶段。推进民主政治建设的正确决策，只能建立在对民主现状客观评估的基础上。实现了对民主本体的结构解析和测量对象的具体化，就能够有根据地评定民主发展水平的梯级和级差，并对现阶段的状况作可比性的定位。

最后，它有助于公民和国家两方面明确本国民主政治建设的基本方向和在有关具体方面努力的方向。在我国政治生活中，空喊民主而不知真正应从何处做起的现象，在公民尤其是青年人中是较常见的，将民主解析为可测的指标，尽量让它看得见、摸得着，无疑能够增进公民科学的民主意识，克服社会主义初级阶段人们在民主问题上往往容易患的激进幼稚病。此外，合理确定测量民主发展水平的标准及其运用方法，对于提高民主研究的实证性也有意义。过去，民主问题往往弄成了政治意识形态之争，所持论点难以服人，亦无多少实际意义，宪法学对此类学风应当力戒之。应用合理测量民主发展水平的标准和方法，对改变此种学风不无裨益。

不可否认，按照上述标准和思路对民主发展水平作测定所得的结果中仍会含有不少主观成分，但无论如何会比简单地拍拍脑袋凭一时一地的主观感觉所得出的结论要客观、可靠得多。而较为客观地认识我国民主的现实发展水平，不仅是宪法学应当承担的任务，也是国家处理好当前政治体制改革和规划好未来民主政治的发展远景的必要的主观条件。宪法学界应当关注和重视这方面的研究。

三 关于法治民主[①]

对于法治，人们有多种定位，有的将其看作良好法律秩序，有的将其作为民主法制建设的理想目标，有的将其视为治国方略或现代统治术。这些提法都能从不同的侧面说明法治的作用。但是，处于社会主义初级阶段的中国，我们首先和主要的是应当看到法治作为实行民主的方略的作用。对于用法治方法实行民主，两年前有学者曾经论及，[②] 但只是在讨论其他理论问题时附带地说到的，尚未揭示出它的基本特征和作用。现在看来，对其有作专题讨论的必要。为叙述方便，本书将相应内容用法治民主一词概括之，与之相对应的概念是人治民主。

（一）人治民主及其过渡到法治民主的必然性

所谓人治民主，是指用人治方法实行的民主。传统的政治学和法学理论是不承认有什么人治民主的，认为人治与民主水火不相容，不宜相提并论。我并不否认，人治与民主从根本上不相容，不可能长期并存。但就事实而论，在特定的历史条件下的很短的时期内，人治和民主是有可能共存的，而且也的确共存过。人治民主有一些基本特征，这些特征既将其与法治民主区分开来，也将其与专制统治区分开来。人治民主的主要特征如下：在理论上、政治上确认、宣告了自由民主的目标和原则，但在社会实践中依靠由少数杰出人物组成的领袖集团甚至唯一领袖根据自己的聪明才智、主观感受来体会和集中人民的意志，并按自己的想法，依靠人民群众的热情，诉诸群众的运动来贯彻这种意志；社会无法可依，或者虽然制定了法律但没有应有的权威；领袖集团或唯一领袖的意志等于或高于法律的权威；权力高度集中于领袖集团或唯一领袖人，不受制约或缺乏有效制约。

人治民主本身是一种民主方法，不是专制统治，但很容易滑向专制统治。不言而喻，人治民主与专制统治有一些相似之处，但又有根本区别。

---

① 本节原载《法律科学》1998 年第 6 期，标题为《论法治民主》，纳入本书时按全书基本概念统一、基本观点协调的原则作了修订。

② 刘作翔、肖周录：《跳出“周期率”，要靠民主，更要靠法治》，《中国法学》1995 年第 2 期。

其中最大的区别是，作为一种统治方式，人治民主所依据的是一定形式的人民主权原则，国家权力属于人民、国家机关及其官员是人民的仆人的理论，主观上体现出服从人民意志、为人民谋利益的愿望，客观上很大程度地代表着人民的根本利益。但是，由于少数人乃至一个人的认识的局限性和权力高度集中而又没有制约，人治民主很容易不自觉地背离人民的公意和根本利益，从而使有关的民主理论和原则成为没有多少实际意义的空话。而一旦出现这种情况，它与专制统治就没有多少区别了。

人治民主是社会革命后接踵而至的一种普遍现象，是资本主义民主和社会主义民主都一度采用过的过渡性民主方略。在资产阶级革命后，克伦威尔、罗伯斯庇尔、拿破仑各自当政的早期阶段，他们的统治都有较典型的人治民主特征，但后来他们的统治在不同程度上让专制统治的因素占了上风；在中国，孙中山的以党治国为中心的“训政”理论实际上也是很典型的人治民主理论。在社会主义革命或新民主主义革命之后，情况也有很多相似之处：俄国在十月革命后的十余年期间，都有较典型的人治民主特征。我赞成这种观点：“与法治相对立的人治，在人类社会发展的一定阶段，也未尝不曾是一种文明成果。”① 历史地看问题，我们是不能不给予人治民主以一定程度的肯定的。但同时又得明白，人治民主值得肯定的地方只有两点：第一，它相对于专制制度是一个历史的进步；第二，也是更主要的，从专制制度到法治民主往往需要人治民主起过渡作用，特别在封建专制主义遗毒深重和民主法治传统很少的国家。在这样的国家，没有一个实行人治民主的时期做中介，法治民主是很难形成和生根的。

当然，我们不能忘记，不论哪种类型的人治民主，都必定会很快背离民主主体的根本利益和意志。人治民主不是一种常规的民主方法，它的正常使命是作为政治现代化进程中从专制政治过渡到法治民主的一块跳板。如果不能成功地起到这个作用，它就会很快失去民主的真实内容并逐步走向其反面。其所以会如此，至少有三个方面的原因：一是权力过分集中于少数领袖人物甚至唯一领袖，没有制约；二是个人认识能力有不可避免的局限性，高高在上的执政地位加大了这种局限性；三是这种民主方法同民主内容的要求格格不入，正面冲突。据此不难解释从 50 年代中后期我国的人治民主很快发生逆转的原因。

---

① 黄稻：《如何看待法治问题》，《中国法学》1996 年第 4 期。

人治民主实现向法治民主过渡需要一系列客观和主观条件。其中最为要紧的三个条件是：封建专制主义得到彻底的肃清，有较多的民主传统；商品货币关系较为发达、较为普遍化；领袖集团或最有权威的领袖个人有较强民主意识和法制观念。

应当说，中华人民共和国成立初期这些条件基本上都不具备。这种状况表明，当时实行的人治民主在一定时期内要向民主的相反方向逆转是不可避免的。因此，邓小平所说的那种“第二次革命”意义上的改革也是不可避免的。由自身的特征所决定，人治民主应当尽快向法治民主过渡，否则就不可能实现直接过渡。因为，随着时间的推移，人治民主中的民主成分必然逐步蜕变，并形成一种与之相对应的经济关系和利益分配格局，在这个过程中产生和强大起来的既得利益阶层会形成妨碍向法治民主转变的强大物质力量。到那时，即使仅仅为了消除这种阻力，也需要进行“第二次革命”意义上的改革，舍此不会有其他的通向法治民主的道路。在资本主义法治民主的形成过程中，不少国家都经历了这种形式的“第二次革命”（如英国的“光荣革命”），有的国家甚至经历了第三次、第四次“革命”，如法国 1789 年革命后又经历了 1830 年和 1875 年的政治改革，在此之后，法治民主才算稳定了下来。

在我国，从新中国成立初期的国情看，当时形成的人治民主基本上不具备向法治民主转变的条件。所以，法治民主只能在“第二次革命”或“第三次革命”的过程中形成和巩固。

（二）法治民主的基本特征

所谓法治民主，是指用法治方法实行的民主，从民主方略角度看，它与人治民主是对立、对称的概念。

单独地看，法治也好，民主也好，都是可以划分为不同类型的，同理，法治民主也可以区分为不同类型。但是，不论哪种类型的法治民主，其基本特征都差不多，只不过在不同时代、不同国家的具体表现有所不同而已。从古往今来的实践看，法治民主主要有下列基本特征：

1. 用法律来集中和反映人民（在不同社会形态下其具体内容不同）的意志，并按照“服从法律的人民就应当是法律的创作者”① 的精神与要

① ［法］卢梭：《社会契约论》，何兆武译，商务印书馆 2017 年版，第 48 页。

求来制定法律。虽然法治就是法的统治，但法治民主却不是一般所说的法的统治，而是由人民用自己间接或直接制定的法律来统治自己。所以，法治民主所依之法决不能是在极少数人操纵下走走过场、只沾上一点民主油彩的法律，而应当是按现代法治国家公认的能够较准确集中和反映国民公意的民主程序制定的法律。产生这样的法律所需要的程序保障分代议机关立法和公民直接立法两种情况而有所不同。在代议机关立法的情况下，法律在多大程度上反映人民的公益和利益，从根本上取决于代表机关本身的民意基础是否深厚和代表性的强弱。因此，特别需要强调采用普遍、直接的竞争性的选举和非垄断的正式代表候选人提名制度，这是民主立法的基础性保障。

2. 法律至上。在法治社会，只有法律是国民共同意志的体现或公意的记载，其他有关形式都不具备这种地位。在一个国家，除了国民的共同意志，还有许许多多的意志，但与国民的共同意志相比，后者都只是个别意志或国民中一部分人的意志，其中包括有权威的领袖人物个人的意志，执政党的意志，一部分国民的意志，法人和其他社会经济组织的意志，等等。这些个别意志在经由法定程序被确认为法律之前，都不能也没有根据被看作是国民的共同意志，既不能等同于记载国民共同意志的法律，更不能凌驾于法律之上。因为，在这种情况下，全体国民既未亲自也未通过代表对它们表示赞同，它们只是国民中部分的意志，其地位低于体现国民公意的法律。

当然，由于法律的稳定性和社会生活变动性之间的矛盾的存在，有可能出现这样的情况：一部分法律客观上已不能体现国民的公意和根本利益，而国民中某个组织或某一部分人的意志和利益要求在新的社会条件下体现着国民的共同意志和根本利益。但真实情况到底是不是这样，任何组织或个人都没有根据而武断地认定或宣告，除非国民投票公决或国家立法机关经过法定程序表决通过，以废除修改现有法律或制定新法律的形式作出新的意思表示。任何个人或组织凭借实有权力违背法律的规定将自己的意志强行付诸实施都是违反主权在民或一切权力属于人民原则的，都是对国民共同意志的违背和藐视。

这个道理表明，在一个法治国家，必须确认和保障法律至高无上的地位，否则就谈不上真正的法治。因为，某一个人、某一个组织、某一部分人的意志如果能排斥法律或凌驾于法律之上，那就只能表明这个人、这个组织、这部分人的意志在国家生活中起决定作用，而不是体现国民公意的法律在统治。说清了这一点，现实生活中我们往往不能不面对的一些理论难题在法理上便立即迎刃而解。这些难题包括：党和国家的领导人的权威与法律的权威孰高孰低时问题，领导党、执政党的政策与法律的关系问题，法律与其他规范性文件之间的效力等级问题，等等。在我国，只有在法律至上的原则下解决好这些问题，才有可能从根本上实现社会主义民主的制度化。

3. 公共权力受宪法和法律限制。这一条的含义相当于欧美国家所说的“权力受限制的政府”或“有限政府”原则。意思是说，公共权力不是固有的、绝对的，它的直接来源只能是民主地制定的宪法和法律，应当受宪法、法律的限制。在这方面，托马斯·潘恩有一段话对于理解社会主义法治民主也是适用的。他说：“一切管理国家的权力必定有个开端。它不是授予的就是僭取的。此外别无来源。一切授予的权力都是委托，一切僭取的权力都是篡夺。时光并不能改变二者的性质。”① 结合今天的情况看也就是说，国家机关及其官员的权力要有宪法和法律根据，一切超越宪法和法律的授权行使的权力都属于从公民那里篡夺的权力，是侵犯公民权利的结果。

在上述意义上，托马斯·潘恩还说过，“政府如果没有宪法就成了一种无权的权力了”②。同理，按法治民主的性质，公共机关或它的官员行使的职权如果没有宪法和法律的根据，这种职权也就成了一种“无权的权力”。从公民方面看，情况则不一样。正如张友渔先生指出的，对于公民“只要不违宪，不违法……任何人都将享有充分自由，不受限制，不受侵犯”。③ 因为，法律从根本上说是限制公共权力，保障个人权利的。确认公共权力限于宪法或法律授予的范围，国家机关及其工作人员越权从事职务活动是违宪、违法行为，并明确相应的法律责任，已成为我国法治民主建设的紧迫课题。权力无限、权力至上、权力万能，这种状况在计划经济时期达到了此前数十年未有之极致。改革开放、实行社会主义市场经济以

---

① ［美］托马斯·潘恩：《人权论》，《潘恩选集》，马清槐等译，商务印书馆 1981 年版，第 250 页。

② ［美］托马斯·潘恩：《人权论》，《潘恩选集》，马清槐等译，商务印书馆 1981 年版，第 250 页。

③ 张友渔：《法治真诠》，《张友渔文选》上卷，法律出版社 1997 年版，第 303 页。

来，情况已明显有所缓解，但问题远未从根本上解决。这个问题如果不能从法律和制度上解决，社会的安定团结、国家的经济建设都将受到相当程度的负面影响。

在我们这样民主传统、法治传统少，封建专制遗毒严重的国家，搞法治民主应当特别注意从法律和制度上限制公共权力，防止公民、法人和其他社会经济组织的合法权利受侵害。为达到这个目的，一方面须进一步明确和加重侵权者的相应政治、法律责任，另一方面要赋予公民、法人和其他社会经济组织以更有效的抵御公共机关非法侵害其权利的手段。此外，还有一个应在理论上、指导思想上更加明确限权宪法或有限政府原则的问题。

4. 已制定的法律得到严格实施。洛克说过："法律不是为了法律自身而制定的，而是通过法律的执行成为社会的约束，使国家的各部分各得其所、各尽其应尽的职能……如果法律不能被执行，那就等于没有法律；而一个没有法律的政府，我认为是一种政治上的不可思议的事情，非人类的能力所能想象，而且是与人类社会格格不入的。"[①] 如果已制定的法律得不到严格实施，其结果比没有法律好不了多少，在某些方面会比没有法律更糟。因为，这样不仅不能实现法律的统治，反而会遭致国民对法律本身的不敬和藐视。

法律严格实施关键是要解决好执政党、国家机关及其工作人员的守法，尤其是守宪法的问题。我国宪法规定："一切国家机关和武装力量、各政党和各社会团体、各企事业组织都必须遵守宪法和法律。一切违反宪法和法律的行为，必须予以追究。"[②] 法律面前人人平等，守法也须如此。历史证明，公民不守法的问题比较好解决，危害性相对较小；执政党或国家机关不守法的问题很难解决，危害性往往特别大。

法律严格实施有一个真正按人人平等原则适用法律、其中首先是适用宪法的问题。对法律适用，学术界谈得很多，这里只想强调一下宪法适用。对于法律适用一词，有像本书这样作广义解释的，有作狭义解释的，但学术界表现出的共同倾向是将宪法排除在外，只讲行政机关的执法和司法机关的司法。这在某种程度上说是舍本逐末。可能有的学者认

---

① ［英］洛克：《政府论》下篇，叶启芳、瞿菊农译，商务印书馆1964年版，第132页。

② 《中华人民共和国宪法》（2018年修正、通过）第5条。

为，宪法的内容都具体体现在法律中，只要行政机关、审判机关和检察机关严格实施法律，宪法也就间接得到了贯彻执行。这种看法是不正确的。因为，宪法的很多内容，并不或尚未体现在法律中，即使有关内容体现在法律中，有些法律也不能由行政机关、司法机关来贯彻执行，而只能由人民代表机关来贯彻执行。这方面最明显的例子莫过于我国宪法关于人民代表机关监督宪法实施，监督其他国家机关，保证宪法、法律遵守和执行的规定的内容。恰恰是这些方面，对于实现社会主义法治民主有基础性意义。

从实际情况看，国家权力机关适用宪法的情况虽然总的看来是好的，但也不能说没有失职等问题。就拿行使监督权、保证宪法、法律遵守和执行的情况来看吧。一方面，宪法明确规定了各政党都必须遵守宪法和法律，全国人大及其常委会负有监督宪法实施的职责，地方各级人大和县以上各级人大的常委会，都负有保证宪法、法律在本行政区域内遵守和执行的职责；执政党的章程也明确规定，党必须在宪法和法律的范围内活动。但另一方面，各级人大及其常委会对于这些领域出现的未能严格遵守宪法、法律的情况，在实践中不予监督，遇事回避的情况是比较多的。这显然不符合宪法的有关规定和精神。法治民主讲求法的统治，从根本上说是宪法的统治，故应着重解决宪法适用中的类似问题。

（三）适应我国现阶段基本情况，推进社会主义法治民主

所谓现阶段，就是社会主义初级阶段。历史地看，我们可以着眼于民主方略的发展，这样给现阶段定位：在此之前，我们曾实行人治民主，但因人治和民主不可调和的矛盾，其中的民主因素后来受到了严重破坏；迄今为止，我国还处于向法治民主过渡的状态，已经摆脱了不少人治特征，具备了一些法治特征，但从根本上实现向法治民主的过渡尚需假以时日。

现阶段我国的民主发展水平，可用民主内容、民主形式和民主方略三个方面来综合衡量，衡量结果就构成从民主发展水平上直接说明现阶段基本情况的三点估计。

1. 在民主内容方面，最基本的东西已经有了。严格地说，是在遭到了长期严重破坏之后，在进入改革开放时期后恢复和逐步发展了，但还不丰富、不充分。民主内容有不同的认定方式，综合起来看，主要是指人民的

国家权力所有权的实现和公民对公共权力的控制，以及公民政治权利与自由的实现程度。

2. 在民主形式建设方面，基本框架已搭起来，但尚不健全、丰富，还不能完全适应实现民主内容和促进民主内容发展的要求。在我国，基本民主形式，从根本上说，就是人民代表大会制度，其次是多党合作的政治协商制度、基层群众自治制度和各种社会经济组织中劳动者参加管理的制度。这些制度的初步形成，是我国民主形式建设取得的主要成就。但我们对民主形式建设取得的这些成就不能估计过高。原因是，这些形式本身还很不完善，因而其民主内容的促进功能远未达到理想状态，有待于在坚持的前提下进一步改进。

3. 在民主方略的选择和应用方面，走法治民主之路的时间还不长。较之前两个方面来看，我国在民主方略的形成和运用方面待做的工作更多一些。民主建设的方略从根本上说只有人治和法治两种，非此即彼。我国有数千年人治专制传统，长期以来，公共机关和个人双方都习惯于人治。值得庆幸的是，在经历了“文化大革命”那样的巨大的历史挫折之后，我们终于逐渐认识到了人治的危害和法治的必然性，确定了依法治国，建设社会主义法治国家的民主方略。相信历史会证明，这是中国民主发展史上的一个转折点和里程碑。

以上几点估计反映的事实构成现阶段我国在民主建设方面的基本情况。它表明，在中国这块土地上搞法治民主，已有了一些基础，但未来的路必然十分艰难、漫长。在现阶段，不仅各级领导层中会有很多人不习惯、不愿接受法治民主的方法，普通公民中也会有相当一部分人难以适应。尤其是，改变民主方法意味着改变利益分配乃至财富分配的格局，客观上将减损一部分人的既得利益或预期利益，这部分人难免会千方百计对法治民主的进程加以阻碍。在平常时期，这种阻碍力量不会太大，一般不会使中国走向法治民主的历史进程中断。

对法治民主和人们走法治之路的决心的真正考验不是平常时期，而是在出现非常事态的时候。因为在这样的时候，伴随着非常事态的往往是某种特别困难或艰难的局面。历史事实证明，出现这种情况时，通常会形成一些比平时强有力得多的来自社会经济生活乃至舆论的压力，要求或鼓吹将人治作为一种反危机措施来运用。此时，如果社会总的法治意识不强，从法治民主退回到人治就难以避免。

从社会主义初级阶段的基本情况看，要义无反顾地沿法治民主的道路走下去，需要真正解决这样一些认识问题：（1）人治从根本上说与民主不能相容，人治民主必然或迟或早走到民主的反面；（2）在任何时候、任何情况下，回到人治都没有前途，历史决不能倒退；（3）法治民主也有其需付出的成本或代价，对这个问题应该有清醒的思想准备，不懂得这一点，人们在法治之路上一遇挫折就可能朝人治方向退缩；（4）法治民主之路要立足国情又改变国情，不能迁就现实社会中的人治形式或人治积习。

至于推进法治民主的具体步骤，本书不拟多发议论，只想表达这样一层意思：贯彻法治民主涉及社会生活的各个领域，需要有从家庭生活的民主化、社团活动的民主化到经济生活的民主化等一系列措施来为其做铺垫，殊非易事。有眼光的公民不能只盯着政治民主的法治化而忽视为它的实现创造切实的其他方面的条件。“欲速则不达”这句古训，在这个问题上也是适用的。

四 宪法适用应依循宪法本身规定的路径①

适用宪法（或宪法适用）是指适格的宪法关系主体在宪定职权范围内，依照宪法或法律规定的程序直接应用宪法的原则、规则或概念处理各种具体事务或具体纠纷的活动。在宪法适用方面，我国法学界长期没有解决好一些基本的认识问题，以致形成了诸如“宪法司法化”（实即宪法的司法适用，下同）之类脱离中国现行宪法文本及相应宪法架构的虚幻议题。一些人士渲染“宪法司法化”现象和议题之用意，或许本意是要促进我国宪法的适用，但由于他们的主张和相应行为在我国毫无宪法文本依据，故他们往往只能用鼓动各级人民法院违宪违法适用宪法的方式来贯彻其主张。所以，他们实际上是想通过在司法实践领域进行盲目冲撞的方式来促成我国宪法适用体制的改变。这种盲目冲撞的做法，从其实际效果看最终必然事与愿违，不仅不能促进宪法的适用，还会误导人们偏离现实可行的宪法适用路径。我国推进宪法适用的最便捷方式，就是依循并逐步完

① 本节原载《中国法学》2008年第6期，标题亦为《宪法适用应依循宪法本身规定的路径》，但纳入本书时按全书基本概念统一、基本观点协调的原则作了修订。

全打通宪法文本已经规划好的路径，在不断强化宪法立法适用的同时，创造条件适时激活宪法本身规定的宪法监督适用机制。

（一）如何准确辨识我国宪法本身规定的宪法适用路径

在我国宪法学领域，可以说没有任何问题像宪法适用问题这样处于理论上争议繁多、实践模式选择莫衷一是的状况。宪法适用方面之所以出现这种状况，不小程度上是因为学术界没能结合我国实际理顺一些基本概念及其相互关系。理顺相关的基本概念并合乎逻辑地运用这些概念，是人们解决好面对的重大课题的学理基础。为了解决好我国宪法适用的路径选择问题，必须先利用现有知识体系梳理一下我们讨论这个问题必须运用的思维形式。

首先，我们不妨按照法的实施、法的遵守和法的适用的套路，将宪法在实际生活中的贯彻落实，区分为宪法实施、宪法遵守和宪法适用，并明确它们彼此间的相对位置。我国现有的讨论过法律实施问题的几乎全部法理学论著，彼此间尽管各说各的理，但至少在以下两个问题上是有完全的共识的：其一，法律实施（或法的实施、实施法律）包括法律遵守（或守法、法的遵守）和法律适用（或适用法律、法的适用）两种方式，法律遵守与法律适用有区别，不能混为一谈；其二，遵守法律是一切法律关系主体（如国家机关、政党、企事业组织、社会团体和公民等个人）的义务，而适用法律是法律授权的国家专门机关的职责，获得法律授权的国家专门机关之外的任何个人和组织都无权适用法律。这两点认识比较能够反映现实的法律生活中相关现象之间的真实联系，它们不仅是属于法理学的，事实上，也是整个中国法学界的主流性的认识，可以说从来没有见法学论文或著作否认这两点认识。这种原理，完全适用于解说宪法实施、宪法遵守和宪法适用及它们三者间的相互关系。

其次，只有树立宪法适用与宪法遵守的区分意识，把握两者的主要区别和联系，才能辨识我国宪法适用的正确路径。准确辨识宪法遵守与宪法适用不是一件容易的事情，即使是著名宪法学家，在对宪法现象做性质定位时有时也会有偏差。例如，肖蔚云教授曾写道：“从法理上说，宪法是根本法，司法机关在审判案件中是可以适用宪法原则，以宪法作为根本法律依据的。”“从宪法的规定来说，……全国各族人民、一切国家机关和武装力量、各政党和各社会团体、各企业事业组织，都必须以宪法为根本的活动准则，并且负有维护宪法尊严、保证宪法实施的职责。宪法在这里明确指出一切国家机关都必须以宪法为根本活动准则，保证宪法的实施。一切机关当然包括法院，法院最主要的活动是审判活动，这就说明法院的审判活动必须以宪法为根本准则和根本的法律依据。”[①] 先生写到这里，就实际上将遵守宪法与适用宪法混同了起来，更准确地说，是将宪法关系主体遵守宪法的行为，误判成了适用宪法的行为。

肖先生下面这段话更直接地表明，他的确是将遵守宪法的行为误判成了适用宪法的行为。肖先生说：“从宪法中丝毫看不到法院审判案件不能适用宪法原则的规定。相反地，从宪法中却可以找到许多条文能够直接适用于审判工作。例如，宪法第 125 条规定：人民法院审理案件，除法律规定的特别情况外，一律公开进行。被告人有权获得辩护。第 134 条规定：各民族公民都有用本民族语言文字进行诉讼的权利。人民法院和人民检察院对于不通晓当地通用的语言文字的诉讼参与人，应当为他们翻译。在少数民族聚居或者多民族居住的地区，应当用当地通用的语言进行审理。起诉书、判决书、布告和其他文书应当根据实际需要使用当地通用的一种或者几种文字等。宪法的这些规定表明，在审判工作中必须遵守、适用这些条文的规定，任何法院都不能拒绝使用”。[②] 但是，很显然，只要人们将宪法实施进一步区分为宪法遵守和宪法适用，肖先生列举的法院的这些行为，就只能被纳入宪法遵守范畴，不能进入宪法适用范畴。

遵守宪法与适用宪法的区别表现在诸多方面。（1）所有宪法关系主体都有遵守宪法的义务，因而遵守宪法的主体具有普遍性；适用宪法的主体有严格的资格要求，不仅通常必须是国家机关，而且通常必须是经宪法授权的国家机关，因而适用宪法具有主体上的垄断性。（2）宪法关系主体遵守宪法的行为较多被动性、服从性，较少主动性和可选择性，而适用宪法的行为有较多主动性和可选择性。（3）宪法关系主体遵守宪法时不运用宪法的具体规定直接处理具体问题或据以裁判争议，但适用宪法一般都会运用宪法具体规定处理具体问题或裁断具体争议。（4）遵守宪法时宪法有关规定对有关宪法关系主体和有关事项的有效性、权威性往往是无可争议的或不证自明、不言而喻的，而适用宪法时情形通常并非如此。

---

① 肖蔚云：《宪法是审判工作的根本法律依据》，《法学杂志》2002 年第 3 期。此文后收入作者《论宪法》（北京大学出版社 2004 年版，第 963—966 页）一书。

② 肖蔚云：《宪法是审判工作的根本法律依据》，《法学杂志》2002 年第 3 期。

遵守宪法和适用宪法的联系主要表现为：遵守宪法和适用宪法都是实施宪法的具体形式，两者相辅相成；遵守宪法是实施宪法的基本的和首要的方式，适用宪法只有以遵守宪法为前提和基础才是合宪和正当的；在宪法实施的过程中，遵守宪法是基础，适用宪法是实施宪法活动在遵守宪法基础上的进一步发展。

在梳理了这些知识后，按现行宪法确立的国家权力配置模式，我们可以较容易说明我国宪法规定的宪法适用路径。

1. 我国宪法适用的最重要的主体是全国人大及其常委会，最主要的适用方式是制定法律、决定重大问题和监督宪法实施。如果考虑到制定法律、决定重大问题实际上属于传统的立法权的范围，那么我们可以将我国最高国家权力机关适用宪法的职权分解为两部分，即立法适用和监督适用。全国人大及其常委会对宪法做立法适用的内容主要是《宪法》第 58 条、第 62 条和第 67 条规定的下列职权：修改宪法；行使国家立法权，包括制定和修改刑事、民事、国家机构的和其他的基本法律，以及基本法律之外的法律；选举或任免中央国家机关的组成人员；决定国家经济、政治和社会发展中的重大事务，等等。全国人大及其常委会对宪法做监督适用的内容主要是第 62 条和第 67 条规定的下列职权：监督宪法的实施；解释宪法；解释法律；撤销国务院制定的同宪法、法律相抵触的行政法规、决定和命令；撤销省、自治区、直辖市国家权力机关制定的同宪法、法律和行政法规相抵触的地方性法规和决议，等等。

2. 从《宪法》第 81 条、第 89 条和第 93 条的规定看，国家主席、国务院和中央军委也有一些适用宪法的职权，其中主要是国家主席代表国家进行国事活动，国务院根据宪法规定行政措施、制定行政法规、发布决定和命令，以及中央军事委员会领导全国武装力量等内容。相对于最高国家权力机关享有适用宪法的广泛职权而言，这些中央国家机关适用宪法的职权种类很少，容量不大，笼统地看，可以称之为宪法的行政适用。

3. 按照宪法，我国司法机关完全没有适用宪法的职权，因此，在我国虽然宪法学上可以有“宪法司法适用”这个名词，但却不可能有合宪合法的“宪法司法适用”的事实。《宪法》第 131 条和第 136 条规定，“人民法院依照法律规定独立行使审判权”，“人民检察院依照法律规定独立行使检察权”。[①]

① 《中华人民共和国宪法》（2018 年修正、通过）第 131 条和第 136 条。

其中“依照法律规定”六个字，实际上已经严格圈定了这两个国家机关的职权范围，具体说来，就是有权适用法律，但无权适用宪法。要理解这一点，关键是要了解“依照法律规定”六个字中，“法律”二字是狭义的，不包括宪法在内，对此，我们以人民法院为例，简单考察一下就会明了。

首先，现行宪法全文，都是在严格区分宪法与法律两个概念的基础上作出各项规定的。作为我国的根本法，我国宪法没有、也绝对不可能使用即使在民间和人们口头上也很少使用的所谓广义法律概念。

其次，《人民法院组织法》第4条对我国法院的具体授权基本上是重申了《宪法》第131条的相应部分，即“依照法律规定独立行使审判权”，这也印证了《宪法》第131条中“依照法律”中的“法律”二字是狭义的、不包括宪法在内。如果有人认为由全国人大通过、后又经全国人大常委会修改过的《人民法院组织法》中第4条中的“法律”二字包括宪法在内，那恐怕绝大多数人对此的感觉只会用“强词夺理，莫此为甚”来形容。另外，普通法院不能直接适用宪法，不仅是社会主义法制史和现代中国法制史的传统，也是大多数欧洲国家的传统和制度现实，[①] 我国宪法和法律不可能罔顾这些基本情况，作出让法院适用宪法这类势必严重损害人大制度本身的安排。

退一步说，如果像有些学者理解的那样，我国各级法院真的享有依照宪法审理案件的职权，那么，在制度实践上将必然造成一个县级基层法院就能挑战和否定全国人大和全国人大常委会制定的法律的局面。在这方面，许崇德教授讲的很透彻。他说：“相对于全国人大及其常委会来说，最高人民法院处于从属的地位。一个处于从属地位并受人大监督的国家机关，当然不可能亦无权对全国人大及其常委会的立法行为实行违宪审查。”[②] 可以说，《宪法》也好，《人民法院组织法》也好，它们中如果包含授权各级人民法院“依照宪法”审理案件的内容，那就无异于自毁现行宪法，自毁人大制度。所以，将宪法中人民法院“依照法律的规定”审理案件的职权解说为包括“依照宪法的规定”审理案件，从学理上看可以说

① 本书并不否认，传统是可以通过改革加以改变的，但是，人们不能以自己的期待的东西或想象中的东西代替现实。如果有学者主张这种传统已经变了，现存的制度现实不是这样，那么他/她就应该证明变化发生的契机、时间、内容、标志等，但现在显然还没有出现表明这种传统已经变化的事实，也没有人论证过它的客观性、真实性。

② 许崇德：《“宪法司法化”质疑》，《中国人大》2006年第11期。

是再离谱、再离奇不过的了。理解这一点的关键，是要了解审判机关适用宪法，不可能没有违宪审查权，这方面的问题，后文将进一步论证。

从国外学者对中国宪法的理解看，也还未见有学者将中国的宪法纳入可以由法院适用的范围。我因多年研究宪法监督适用的关系，曾尽自己所能查阅过一些涉及中国宪法与法院关系的英文宪法著作（种类较少），发现并无作者在论及中国的法院职权时将中国《宪法》第 131 条“依照法律”一词中的“法律”二字做包括宪法在内的广义理解。[①]

要准确把握我国宪法规定的宪法本身的适用路径和相关问题，还有必要对下面四种情况有深入体悟。

第一，人民法院在判决文书中援引宪法与适用宪法之间没有必然联系。我国曾有过一些法院在判决文书中援引过宪法的事例，于是不少学者据此认为，这就是人民法院适用宪法的行为或适用宪法的证据。[②] 这种认识实际是把法院遵守宪法的行为和适用宪法的行为混同起来了。根据宪法第 131 条的规定，人民法院行使审判权的依据只能是法律。但是，以法律为审案依据行使审判权，并不妨碍人民法院引用各种事实、公理、权威性文献和其他一切能够证明判决合理的材料来进行论证说理。为了论证说理，不仅在必要时可以援引宪法、法律、行政法规，还可以援引论文著作学术报告。在这个问题上，中外都差不多。引用宪法条文，是为最终适用法律处理案件增强说服力，是论证，而不是要以所引用的条文为裁判争议的直接依据。

第二，审判机关与其他国家机关不同，它是以对各种纠纷做裁判的方式进行工作的；由这种工作方式所决定，如果没有合宪性审查权，审判就不可能排除与之相抵触的法律和其他的次级法文件在有关案件中的适用及其对有关案件的效力。[③] 在普通法院适用宪法的国家，法院能够适用宪法与其享有合宪性审查权两者之间的关联性不言而喻。我国宪法对合宪性审查权的规定是很清楚的，即这一职权属于国家权力机关，人民法院完全没

---

① 例如，在美国法学教育界有广泛影响的 West Nutshell Series 法学系列读物介绍中国法院时就没有任何一点将宪法第 131 条中“依照法律”理解为包含依照宪法的意味，详见 Daniel C. K. Chow, *The Legal System of the People's Republic of China*, Minnesota: West Group, 2003, pp. 192－213。

② 这种看问题的方法在我国法学界有相当的代表性，多数讨论宪法适用或“宪法司法化”的法学作品，包括本书引用的在这方面有代表性的作品，都表现出了这种认识倾向。

③ 童之伟主编：《宪法学》，清华大学出版社 2008 年版，第 389—390 页。

有这方面的职权，因而谈不上适用宪法。

但值得重视的是，早在多年前，肖蔚云教授就谈到了适用宪法与违宪审查的关系。他是这样提出问题的："在审判工作中宪法占据何种地位，宪法究竟适用与不适用，如何适用?"他接着解答性地论述道："在这里我使用'适用'一词，是想将'适用'法律（似应为"'适用'宪法"——引者）和违宪审查区别开来。'适用'是指司法机关依法将宪法或法律运用于处理诉讼案件的活动，但不能宣布法律违宪无效。在我国宪法的规定和根本政治制度下，司法机关不享有违宪审查权，我国享有违宪审查权的是全国人大常委会。因此，我在这里没有用违宪审查权或者宪法司法化的词语。"① 肖先生这段话影响非常深远，可以说是自 2002 年以来许多宪法学后学关于人民法院可适用宪法但不行使违宪审查权之主张的根本学理依据。但是，请读者注意，正如前文已经证明过的，肖先生是在对遵守宪法与适用宪法不予区分的学理背景下讨论这个问题的。从上下文看，肖先生所说的宪法的"适用"实际上是遵守宪法。所以，肖先生的话的本意其实是说法院援引并遵守宪法裁判案件不需要运用违宪审查权。对肖先生这个观点，我完全赞成。

第三，从法律传统看，我国实行严格的制定法制度，没有英美法系实行成文宪法制度的国家那样的普通法，因此，我国的各级法院如果能够自行直接适用宪法，国家法制的统一将无法维持，法律秩序必将大乱。普通法系国家奉行遵循先例的司法原则，宪法性判例确认的原则和规则的效力高于制定法，从而法院在适用宪法方面处于较立法机关更为优越的地位。因此，在普通法系国家，最高审判机关可以用判例来统一各级各类法院和立法机关对宪法的解释，不会因法院适用宪法而破坏国家法制的统一。但在实行制定法制度的我国，维护国家法制统一的最基本方法是最高国家权力机关统一解释宪法和统一行使国家立法权。要求法院有权适用宪法，实际上无异于要求法院用宪法判例和宪法解释来统一我国的法制，让法院凌驾于产生它的国家权力机关甚至是最高国家权力机关之上，或让前者享有足以与后者抗衡的职权。在现行宪法架构和人民代表大会制度之下，这种想法不仅太不切实际，而且也会削弱各宪法关系主体对本国宪法和宪法秩序的信心。

---

① 肖蔚云：《宪法是审判工作的根本法律依据》，《法学杂志》2002 年第 3 期。

第四，对人民法院援引和运用宪法（以下不妨统称为援用宪法）的情况，应区分为遵守性援用和适用性援用。法院对宪法做遵守性援用如果恰到好处，不仅理论上合宪合法，也有利于宪法有效实施，有助于维护宪法的权威和尊严；但如果法院对宪法做适用性援用，其行为性质、宪法后果和宪法效果将完全相反。

但是，什么情况下法院援用宪法属于遵守性援用呢？法院遵守性援用宪法的行为通常同时显露如下特征：（1）从形式上看，被引用的宪法条文或内容处在裁判文书的说理论证部分，不处在“根据宪法××条判决如下”的文字或表达结构中；（2）相对于有关事项来说，被援用宪法条文的有效性极为明显，不构成争议，其公正性绝对不需要通过上诉、再审等程序来救济；（3）从被援用的宪法条文的内容看，往往只是确立某种推理前提，或满足某项条件，或确认某项基本权利的存在，为公正裁判做铺垫，而不是被直接用来裁判具体纠纷；（4）相对于宪法有关规定来说，法院或当事人通常只以服从和照办等方式回应就可以了。其实，肖先生列举的宪法条文所规定的内容，从被告人有权获得辩护，到人民法院判决书、布告和其他文书应当根据实际需要使用当地通用的一种或者几种文字，等等，正好具有这些特征。2008 年 6 月广州黄埔区人民法院在王登辉工伤认定案的判决中认定，“我国宪法赋予公民享有极其广泛的权利和自由”，并据此确认王登辉人身自由应受保障，可以作为法院遵守性援用宪法的实例。① 本书第三部分将会详细讨论此案。

至于法院是否可适用性援用宪法，即法院可否直接依据宪法对具体争议作出裁断的问题，笔者的看法是：在实行判例法制度的国家，在没有相对应的制定法的情况下，法院对宪法条文做适用性援用理所当然，但在严格实行制定法制度的我国，法院不仅无权这样做，事实上也没有可能这样做。原因很简单，宪法有规定而无法律可依的情况无外乎两类。

第一类是对相应事务和有关主体的行为虽然没有法律可以调整，但极可能有位阶低于法律的次级法文件②加以规范，此时法院若要适用宪法，就必须行使合宪性审查权将次级法规范以违宪为由排除在适用范围之外。

---

① 参见广州黄埔区人民法院（2008）黄发行初第二号判决书。

② 很少听说哪一个国家在法律之下没有次级的法文件。在我国，次级法文件包括行政法规、自治条例、单行条例、地方性法规、司法解释、部门规章、地方政法规章等许多存在形式。

第二类是除宪法外既无法律又没有任何次级的法规范可供法院适用。出现这种情况是可能的，但若人们以为一旦出现这种情况，法院就可以没有合宪性审查权也能适用宪法了，那就太幼稚了，因为，既然法律和次级法规范都没有，那一定是一个国家处理起来特别困难的敏感领域，同时还一定会有法外的规范在调整着有关主体的行为。此时根本就不需要、也不会让法院来染指有关事务的处理，何谈适用宪法！再退一步说，即使前面的担忧都是多余的，但法院手里只有抽象宪法条文而没有其他任何次级规则可适用的情况出现时，比如说民事侵权案，我国法院怎么能够具体确定赔偿额等问题呢?

这倒是次要的，更主要的是：(1) 既然允许法院援用宪法裁判具体纠纷，那么就不可能不允许针对法院适用宪法裁判该案的情况上诉或申诉，从而不可能不产生宪法与其他法规范到底哪一个应适用于具体案件之类的争议；① (2) 法院对宪法做适用性援引解决不了宪法第 131 条圈定法院只能“依据法律规定”行使职权的限制。

或许，最能说明问题的是另外一个最简单的事实：世界上自有宪法以来，从来不曾有过没有合宪性审查权而能够适用宪法、进行宪法性裁判的法院。

综合以上情况，我得出的结论是：其一，我国的宪法适用，主要应该走国家权力机关适用，尤其是最高国家权力机关适用的路径，具体地说，就是主要应该走国家权力机关立法适用和监督适用的路径。其二，宪法行政适用也是我国宪法确认了的宪法适用路径，可以作为国家权力机关适用的补充。这是一方面。另一方面，按宪法确认的建设社会主义法治国家的要求，掌握行政性职权的国家机关直接适用宪法的情况应该尽可能减少，应逐步以适用法律的方式间接参与宪法实施。当然，这要以完善立法或必要时正式解释宪法有关规定为前提。其三，宪法司法适用在我国没有宪法依据，在我国既无采行的现实可能性，也看不出有发展的前景。

(二)“宪法司法化”路径背离了现行宪法

大约从 2001 年起，宪法的司法适用有了一个虽然不够准确但却显然

---

① 当事双方中若原告坚持认为除宪法外没有其他法规范适用本案，要求法院直接适用宪法裁判，则被告一方几乎肯定会从相反的方向进行论证，从而迫使法院处于因没有违宪审查权对案件就难以审理下去的窘境。

更加通俗的别名——“宪法司法化”。只是，“宪法司法适用”有了这个通俗化的别名后，虽然传播起来更加方便，但丝毫改变不了它在我国完全没有宪法文本依据、不合宪不合法的窘境。

在“宪法司法化”方面，本书这一部分要证明的主要论点是：对一些典型案例的剖析表明，至少从现有案例反映的情况看，我国没有、也不可能有宪法真正被合宪合法地“司法化”的事例或案例；如果人们一定要说有“宪法司法化”的事例或案例，那也只是审理有关案件的法院或案件的承办法官因越权、无知而犯下的错误，甚至可以说是闹下的笑话；这类错误或笑话只会作为有关法院或法官违宪违法的证据存在，不应该作为让全国各级法院和法官效法的榜样加以宣扬。所谓“宪法司法化”，基本上只是一个徒有虚名的文字符号。

“宪法司法化”一词，明显包含宪法典的适用权完全由法院包揽并排斥立法机关等主体适用的意思。不过，本书对人们使用的“宪法司法化”一词，不会按它字面的意思做偏离大多数使用这个词的人们的本意去理解。我多年来一直将“宪法司法化”看作“宪法司法适用”的同义词，本书仍然如此。

不过，为了论说的周延性，本书还是有必要说明，如果严格按“宪法司法化”一词的字面意思来理解，可以说迄今为止世界上还没有哪个国家的宪法被“司法化”，即世界上从来没有一个国家的宪法都由司法机关来适用的事实。因为，任何一个实行成文宪法制度的国家，由代议机关用立法的形式来适用宪法都占有非常重要的地位。美国被不少学者奉为“宪法司法化”的典范，但其实美国宪法在很大程度上也是由国会以依据宪法制定法律的形式来实施宪法的，就立法机关与宪法的关系而言，制定法律的过程虽然要遵守宪法，但更主要的内容是适用宪法，即宪法的立法适用。别的不说，就说很多学者长期津津乐道的马伯里诉麦迪逊案中其第 13 条被宣布为因违宪而无效的《司法法》吧。《司法法》这部法律本身是美国联邦国会为了实施《宪法》第 3 条制定的，而联邦国会依据《宪法》第 3 条制定此法的行为就是立法机关适用宪法的行为。

对于这一点，美国有学者指出，这部法律“是国会为回应宪法第 3 条的要求建立联邦司法系统而通过的最早的法律之一”；而且“当时国会争论的中心问题是宪法将多少州权转让给了联邦政府。州权活动人士反对给予新的法院太大权威，而联邦支持者则认为，只有建立强有力的联邦法院系统才能够克服在邦联时期表现出来的那种虚弱”。①

即使在实行成文宪法制度的普通法系国家，如美国、加拿大等国，宪法适用也不是一般法院经常有机会行使的权力。在那里情况通常是，司法机关与行政机关一样，其日常的和经常性的活动，是在遵守宪法和法律的同时，适用国会依据宪法制定的法律。至于法院直接适用宪法，一般都表现为对法律或行政行为进行违宪审查，相对而言，法院从事这方面活动所用的时间、精力也比较少。以美国为例，在那里，依据宪法立法仍然是适用宪法的重要形式，绝对不是宪法适用都由法院来“司法化”。

当然，我们这样说，并不是否定美国等普通法系国家的法院在适用宪法方面的作用比立法机关等其他机关更明显一些，影响更大一些。至于像欧洲大陆那样的实行制定法制度的大陆法系国家，如果我们不将政治性很强的宪法法院或宪法委员会看作司法机关，这些国家其实同我国一样，几乎也没有“宪法司法化”即法院适用宪法的空间。当然，许多欧洲宪法学者比较愿意认定宪法法院等违宪审查专门机关的活动具有司法性质，但即使如此，宪法适用在全国范围也只集中在这样一个专门机关，与普通法院也几乎没有什么关联。所以，如果说这些国家的宪法都被“司法化”了，还是难免让人感到有些言过其实。

我虽然从来不认为“宪法司法化”这个提法具有合理性，但为了能与使用这个说法的学者有效地展开对话，仍然愿意使用这个提法讨论它在我国现行宪法架构下空间的大小或有无。

对一些典型案例的剖析表明，所谓“宪法司法化”基本上只是一个徒有虚名的文字符号。我案头有一本书，书名为《中国宪法司法化：案例评析》（以下简称《案例评析》）。正如该书编著者所言，“本书共收集了我国近年来援引宪法作出判决的案例，即所谓宪法司法化的案例共 33 个”②。就收集案例的范围而言，这本书收进了最近一些年来被人们认为是“宪法司法化”的有一定知名度的绝大多数案例，很有资料价值和参考价值。但

---

① Melvin I. Urofsky and Paul Finkelman ed. , *Documments of American Constitutional and Legal History*, Volume I, New York, Oxford: University of Oxford, 2002, p. 112.

② 王禹：《中国宪法司法化：案例评析》，北京大学出版社 2005 年版，前言部分第 1 页。本书评论这一部分所引用的 33 个案例的相关裁判文书，所依据的均为王禹先生此书收集的版本；笔者也在力所能及的范围内，将不同来源的相同案件的裁判文书做过比对，确信王禹先生收集的版本与原文无异。

是，如果我们对这本书收集的33个案例做具体分析，就会看到，这33个案例的存在并不能证明我国有过合宪合法的“宪法司法化”（即法院适用宪法）的事实，也不能证明我国应该实行“宪法司法化”。为了让读者明确这一点，我们不妨将这全部33个“宪法司法化”案例区别为两大类做些具体分析。

1. 法院援引了宪法但并未将宪法作为裁判依据的情况

在《案例评析》收集的全部33个案例中，其裁判文书援引（包括论及或提及宪法，下同）了宪法的案例共有30个，约占总数的91%。这类案例的共同特点是，法院只在裁判文书的案情概述或分析说理部分以某种形式论及了宪法或宪法的有关条款，其中不少具有遵守宪法的性质。绝大多数这类案例援引宪法并无多少必要，甚至完全没有必要，但也有少数地方援引宪法具有明显的必要性。但是，总体上看，这30个案例只是法院为了说理而笼统地论及或援引宪法，其裁判文书在列举依据何种规范性法律文件作出具体裁判时，都没有将宪法或宪法的某一条列入判决依据，因而这种援引行为并不具有适用宪法的性质。现对这30个案例与所谓法院适用宪法或“宪法司法化”的关系区分八种情况予以评析。

第一，裁判文书（或其他司法文书，下同）仅仅复述当事人诉状中涉及宪法的文字，完全不反映法院的见解。《案例评析》收集的第22案、第24案、第30案、第32案4个案例属于这种情况。第22案即山西省闻喜县粮油贸易公司等诉海南省三亚市工商行政管理局违法登记发证并附带行政赔偿案，针对此案，海南省三亚市中级人民法院（2000）三亚行终字第20号判决书中有这样一段概述案情的文字：“上诉人上诉称：……原判决适用法律错误。《海南经济特区企业法人登记管理条例》与《中华人民共和国公司法》的某些条款相抵触，依据《宪法》第100条规定与全国性法律法规相抵触的条款则不能适用。”

第24案即王勇等诉成都家家快餐有限公司粗粮王红光店侵权纠纷案，四川省成都市中级人民法院（2000）成民终字第913号判决书有这样一句概述案情的话：“上诉人主张被上诉人的行为违反《中华人民共和国宪法》第33条中关于‘中华人民共和国公民在法律面前一律平等’……的基本原则的观点，实为对上述原则的理解不当。”

在第30案即蒋韬诉中国人民银行成都分行招录公务员要求身高条件案中，成都武侯区人民法院（2002）武侯行初字第3号判决书写道：“原告是四川大学1998级学生，认为成都分行的上述规定，是对包括自己在内的因身高不符合上述条件的报名者的身高歧视，侵犯了原告享有的《宪法》赋予的担任国家公职的平等权。”

在第32案即张家祥等8人诉峨眉山管理委员会收取门票行为违法案中，四川峨眉山市人民法院（2002）峨眉行初字第7号判决书写道：“上诉人称：……被告对同样的情况，以及相同游览峨眉山风景名胜区的行为，仅仅根据地域标准进行区别对待，收取不同的游览风景名胜区门票的行为，违反了《中华人民共和国宪法》第33条第2款、第3款关于公民享有平等权之规定”。

不言而喻，在所有这4个案例中，都是法院为交代案情，复述一下当事人涉及宪法的指控或见解，并不反映法院的立场，与法院适用不适用宪法几乎风马牛不相及。

第二，裁判文书一般性地或笼统地提及宪法，实际上完全不必要或基本不必要。《案例评析》收集的案例中有8个属于这种类型。我们先看第6案、第9案、第10案、第16案4个案例的具体情况。对第6案即莫尊通不服福清市人事局批准教师退休案，福建省福州市中级人民法院（1997）榕行终字第43号判决书写道：“被上诉人福清市人事局作出的批准退休决定触犯了《中华人民共和国宪法》所规定的公民的劳动权，是具体行政行为，行政相对人对此不服的，有权提起行政诉讼，人民法院应对此具体行政行为进行司法审查”；对第9案即保山地区劳动教养管理委员会上诉杨朝富定劳动教养案，云南省保山地区中级人民法院（1999）保中法行终字第2号判决书写道：“而‘规章’必须不与宪法、法律、行政法规相抵触，这是我国法制的基本原则”；对第10案即刘明诉铁道部第20工程局2处第8工程公司罗友敏工伤赔偿案，四川省眉山县人民法院（1999）眉民初字第9—10号判决书有下面这样一段话：“第8工程公司与其职工罗友敏签订承包合同，约定施工中发生的工伤事故由罗友敏承担，把应由企业承担的风险责任推给承担风险能力有限的自然人，不利于对劳动者的保护，有违我国宪法和社会主义的公德，属于无效民事行为”；对第16案即宁乡县煤炭坝镇水泥厂诉春黄香购销合同纠纷案，宁乡县人民法院（2000）宁经再初字第1号判决书认定，“这种不平等主体之间签订的，只能产生于平等主体之间的所谓销售合同显然不对价，且违反了宪法和我国的有关劳动法律、法规”。

另外，《案例评析》中还有 3 个案例的情况与此差不多：第 17 案即龙健康诉中洲建筑工程公司等损害赔偿纠纷案，云南省永胜县人民法院（2000）永法民初字第 03 号判决书写道，“中洲建筑工程公司作为承包方后，在其与姜建国签订的《施工合同》中约定‘如发生一切大小工伤事故，应由姜建国负全部责任’，把只有企业才能承担的安全风险转给能力有限的自然人承担，该约定损害了劳动者的合法权益，违反了我国宪法和劳动法的有关规定，属无效约定，不受法律保护”；对第 20 案即罗代西等诉刘敏水上人身伤亡损害赔偿纠纷案，北海海事法院（2000）海事初字第 003 号判决书写道，“经本院审查，该协议严重损害了罗如金及其亲属的合法权益，违反我国宪法和劳动法、合同法的有关规定”；对第 28 案即张学英诉蒋伦芳遗赠纠纷案，四川省泸州市中级人民法院（2001）泸民一终字第 621 号判决书写道，“《民法通则》的效力等级在法律体系中仅次于《宪法》，高于一般法律、法规和规章”等。

上述案例的裁判文书都只是在其说理部分笼统地论及宪法，不具有适用宪法的基本特征，而且，不论及宪法对案件的审理完全没有影响。此外，宪法的有关条文如果已经有了法律去实施，有关主体违反法律的行为当然也会间接地违反宪法。因此，法院在判决书中完全不必对违反法律的行为同时做违反宪法的判断，在这种情况下把宪法抬出来无异于画蛇添足。可见，上述有关法官在对具体案件所做的裁判文书中将违反宪法和违反法律相提并论的写法，是不妥当且违反法理的，而法院一种不妥当的和违反法理的用词，不可能成为也不应当被看作法院适用宪法的表现。

或许，最著名的画蛇添足的事例应该数《案例评析》收集的第 26 案即一度炒到所谓“宪法司法第一案”高度的齐玉苓诉陈晓琪等侵犯姓名权、受教育权案。对于该案，最高人民法院的（2001）法释 25 号批复写道：“陈晓琪等以侵犯姓名权的手段，侵犯了齐玉苓依据宪法所享有的受教育的基本权利，并且造成了具体的损害后果，应当承担相应的民事责任。”山东省高级人民法院（1999）鲁民终字第 258 号判决书基本原文抄录了这段话。宪法在公民基本权利部分列举了受教育权，其后的《教育法》又对这种基本权利给予了保障，并且规定了其受侵犯的民事责任，实际上最高院的批复和山东高院的有关判决书中已完全没必要在受教育权前加上“依据宪法所享有的”定语。试想，中国公民的哪一项权利不是“依据宪法所享有的”！

第三，为了论证一种法律现象与宪法的关联性，有些裁判文书论及宪法多少有些必要性，但论及宪法只是为了说明有关法律现象的性质，不具有宪法适用的特征。《案例评析》收集的第 12 案、第 15 案 2 个案例属于这种情况。其中第 12 案即王红军不服阆中市公安局治安管理处罚决定案属于这种类型。针对此案，四川省南充市中级人民法院（1999）南中法行终字第 136 号判决书写道："本院认为，选举权和被选举权是宪法赋予公民的权利，马信云代表其家人参加乡人大代表选举未得到选票，马信云为维护自己的合法权益，向主持选举大会的人员要自己的选票是合法的。"第 15 案即林树朝不服海南省劳动教养管理委员会劳动教养决定案，海南省海口市中级人民法院（1999）海中法行终字第 1 号判决书也对宪法做了同样性质的运用，它认定："上诉人对被上诉人作出劳动教养 1 年决定，意为平息当事人上访，却未考虑到公民的人身自由是受国家宪法保护的最根本的权利"。

为了强调公民基本权利的基础性、重要性，法院这样宣称虽不是不可缺少的，但也没有什么不妥当之处，但其实际作用说到底不过是以"宪法赋予公民的""受宪法保护的"为形容词在权利一词前加了一个定语，以强调它的基础性、重要性，按其性质谈不上适用宪法。

第四，裁判文书或其他司法文书为了确认公民某项基本权利的存在，或为了证明公民某项权利的正当性、重要性而援引宪法，这种情况下援引行为有较明显的必要性，但按前面已经论证过的区分标准，其性质并非适用宪法，而是遵守宪法。《案例评析》收集的第 1 案、第 2 案、第 11 案、第 14 案、第 19 案、第 23 案 6 个案例属于这种情况。例如，对第 1 案即沈涯夫、牟春霖诽谤案，上海市中级人民法院（87）沪中刑上字第 531 号刑事附带民事裁定书有如下论述："国家保障公民的言论、出版的自由和权利。但是，新闻记者和所有公民一样，在行使权利的时候必须履行法律规定的义务，即'不得损害国家的、社会的、集体的利益和其他公民的合法的自由和权利''禁止用任何方法对公民进行侮辱、诽谤和诬告陷害'"。

又如，对第 14 案即关菲诉天津福泰房地产开发有限公司侵犯著作权、隐私权纠纷案，天津市高级人民法院（1999）高知终字第 33 号判决书在说理部分写道："根据我国宪法的规定，公民的住宅不受侵犯。上诉人的住宅是其个人领域，上诉人对其享有的、与公共利益无关的个人领域拥有保护、保密及利用的权利。上诉人住宅的秘密性属于隐私权的范畴，应受法律保护。”

再如，对第 19 案即赵忠祥诉张淋、新华日报社侵害名誉权案，北京市海淀区人民法院（2000）海民初字第 7230 号判决书认定，“以本案而言，双方当事人的诉争焦点实质为公民的名誉权与记者的采访报道权之间的冲突，而法律则是要依据本案事实及确认的证据来确定双方行使民事权利的合法性与适度性，从而平衡这一权利冲突。我国宪法规定公民享有言论自由的权利，同时民法通则亦规定了公民享有名誉权，公民的人格尊严受到法律保护，禁止借失实的新闻报道或用侮辱诽谤等方式侵犯公民名誉。”第 23 案即司惠芳诉刘华荣等侵权案也可作为这方面的例子，对该案，乌鲁木齐市中级人民法院（2000）乌中民终字第 1972 号判决书引用“我国宪法保护公民的人格尊严不受侵犯，禁止用任何方法对公民进行侮辱、诽谤和诬告陷害”的规定，情形与前 3 案基本相同。

在《案例评析》中，和上述案例同样性质的案例还有第 2 案即王发英诉刘真及《女子文学》等四家杂志侵害名誉权纠纷案，[①] 以及第 11 案即王素岚诉图们等侵害名誉权案。[②] 因适用原理相同，此处不再一一置评。

从实际情况看，这些案件的裁判的说理部分在论及公民的基本权利时援引宪法的有关条款是必要而适当的；但是，它们仅仅对于说理来说是必要的，并不是判决的直接依据，判决的直接依据还是宪法之外的法文件。笔者注意到，在这些案例中，判决书如果不引用宪法的相关条文，论证就会明显有缺憾：试想，当判决书要确认公民言论自由这项基本权利的时候，它能援引什么法律来代替援引宪法呢？同样，在上述另一个案件中，判决书若要确认公民的住宅不受侵犯权，故意避开普通公民都较为熟悉的相关宪法条文不予援引而去引用刑法的有关规定，也是很困难、很不自然

---

① 河北省石家庄市中级人民法院（1988）石法民判字第 1 号判决书，其中说理分析部分写道：“本院认为：根据宪法和有关法律的规定，公民享有名誉权，人格尊严不受侵犯，禁止用侮辱、诽谤等方式损害公民的名誉。”该案的判决依据是《民法通则》。

② 参见北京市西城区人民法院（1998）西民初字第 547 号判决书，其中分析说理部分写道：“我国宪法规定：中华人民共和国公民有言论、出版、集会、结社、游行、示威的自由。因此，言论自由、表述自由、出版自由、新闻自由均属于公民的基本自由，这是被宪法确认和保护的自由”；《冤案》一书“是作者根据有关史料并进行大范围的采访之后，在自己的认识水平范围内，对‘内人党’冤案所作的描写、分析、评论，这应属于公民行使宪法赋予的言论、出版自由的权利，只要在行使该权利时不侵犯他人的私权，就应该受到法律的保护。”该案的判决依据是《民法通则》和最高人民法院的一个司法解释。该判决书中被作为基本权利列举的内容，有的只是法官根据自己的理解做的任意发挥，并非宪法的规定。

或不大妥当的。

当然，法院为确认公民某项基本权利的存在或为了证明公民某项权利的正当性、重要性而在司法文书的说理部分援引宪法，可能在一定程度上反映出法院方面对宪法有关条文的主观理解，但法院显露对宪法有关条文的理解或认识，是与解释性质完全不同的两件事。解释宪法是非常正式的立法行为，解释确认的原则、规则或概念具有法律效力，有时甚至具有在较小程度上修改宪法的客观效果，而理解宪法只是法院或法官按宪法条文有关文字的通常含义或公认学理来领会有关条文的意思，遵从其要求或以其为理论依据的一个比较自然的心理过程，一般不会引起争议。① 我国法院或法官无权解释宪法、法律，但其审理案件的过程一刻也不能离开对法律的理解，有时还不能不直接、间接涉及对宪法的理解。

第五，裁判文书原本不必援引宪法但却援引了宪法，画蛇添足。《案例评析》收集的第 5 案、第 13 案、第 18 案、第 25 案、第 33 案 5 个案例属于这种情况。对这些案例的判决书的引文，我们不便逐一列举，仅列举几种有代表性的情形：对第 13 案即徐悦超诉樊秀群为抚养纠纷案，河南省新野县人民法院（1999）新上民初字第 079 号判决书写道："我国宪法、婚姻法规定'父母有抚养教育未成年子女的义务'，这是一项强制性规定"。

宪法的条文，如果为贯彻它已经制定了相应的法律，法院审理案件就应该援引法律而不应该援引宪法，这是法治国家通行的做法。这份判决书同时援引宪法和婚姻法，不必要也处理不当。对第 5 案即吴粉女退休后犯罪刑满释放诉长宁区市政工程管理所恢复退休金待遇案，上海市长宁区人民法院（1997）长民初字第 1248 号判决书援引《宪法》第 44 条关于"国家依照法律规定实行企事业组织的职工和国家机关工作人员的退休制度"的规定，因为有《劳动法》等可依，也是不必要的。

又如，对第 18 案即权泰源诉辽源矿务局梅河煤矿工伤伤残赔偿案，

---

① 在 2008 年 9 月初的某次学术研讨会上，陈桂明教授提出：如果某法院一审的某个案件的裁判文书在说理部分表达了对某个宪法条文的理解，而一方或双方当事人不服该判决提起上诉，二审法院就对有关宪法条文的理解问题请示最高人民法院，后者给不给予批复？如果批复，算不算解释宪法？对此，笔者以为，裁判文书表达对宪法的理解只能限于确认公民基本权利，而且，除非有明显的必要性，不应援引宪法；如果不得不援引宪法并表达对宪法的理解，应以无可争议且不直接依据宪法裁判争议为限。在此背景下，如果该二审法院还是试图通过向最高人民法院"请示"来催生一个新的"宪法司法化"案例，被请示方可不予回应或用解释宪法之外的其他方式回应。

吉林省梅河口市人民法院（1999）梅民初字第319—2号判决书写道：“1982年12月24日公布施行的《中华人民共和国宪法》第42条规定‘中华人民共和国公民有劳动的权利和义务’原告享有劳动的权利，被告对原告劳动负有加强劳动保护、改善劳动条件，并在发展生产的基础上，提高劳动报酬和福利待遇的义务”。此案的争议是围绕原告是否有权获得工伤赔偿进行的，不是围绕有无劳动权展开的，因而引用宪法证明原告有劳动权，实际上有关文字都是些离题很远的话，根本没必要出现。

第六，裁判文书援引了宪法，但援引行为在很大程度上是法院或法官缺乏足够宪法知识或法学学养不足造成的。《案例评析》收集的第4案、第7案、第21案、第31案4个案例属于这种情况。例如，对第4案即刘少起诉李志等赔偿纠纷案，天津市静海县人民法院（1997）静民初字第349号判决书有这样的说法：“根据权利义务相一致的宪法原则和民法侵权之债中的过错责任原则，红星分厂应当在合同履行标的范围内承担连带的民事责任。”判决书在这里只不过说明了法院对权利义务关系与宪法的关联的一种理解，谈不上援引宪法。

又如，对第7案即范雪珍等诉上海市房屋土地管理局颁发房地产权证案，上海市第二中级人民法院（1998）沪二中行终字第102号判决书称，“根据1982年宪法关于城市土地收归国有的规定，舟山路234弄5号房屋所属使用的土地为国有土地。被上诉人市房地局所颁发的房地产权证确认房屋的所有权和国有土地使用权依法有据。”

我们知道，1986年6月25日第六届全国人民代表大会常务委员会第十六次会议已经根据宪法制定了《土地管理法》，该法第2条和第8条分别规定：“中华人民共和国实行土地的社会主义公有制，即全民所有制和劳动群众集体所有制。全民所有，即国家所有土地的所有权由国务院代表国家行使”；“城市市区的土地属于国家所有。”前引判决书行文中的小毛病，我们就不说它了，但对于一个大问题，人们不能不问：法院为什么把早已根据宪法公布生效了的《土地管理法》的规定撇在一边，直接去援引宪法的有关规定呢？从任何角度看，按任何法治国家认可的标准衡量，这种做法都是错误的。

又如，对第31案即深圳世纪星源股份有限公司诉财经杂志社等侵犯名誉权案，深圳市罗湖区人民法院（2002）深罗法民一初字第1120号判决书写道：“根据《中华人民共和国宪法》第35条的规定，新闻媒体作为人民的喉舌，与公民一样应当可以同等享有言论自由，而且这项权利是公民言论自由的必然延伸。”按这种写法，“新闻媒体作为人民的喉舌，与公民一样应当可以同等享有言论自由”等包含多种学理错误的说法，好像成了我国宪法的规定，而实际情况当然不是这样。

同样，在第 21 案即张则庆与柳意城等名誉权纠纷案中，浙江省景宁畲族自治县人民法院（2000）景民初字第 54 号判决书关于“言论自由权和正当的舆论监督权是宪法和法律赋予公民、法人和其他组织应有的基本权利”的说法，也明显地曲解了宪法，办案法院（准确地说也许是具体制作判决书的法官）显然不懂得宪法并未赋予“法人和其他组织”与公民一样的基本权利主体资格，他们明显有按自己的模糊印象或错误理解胡乱援引宪法的倾向。

第七，裁判文书一度显露了一点真正的“宪法司法化”意味，但旋即又否定了自己。《案例评析》收集的第 29 案即楚建英诉陈付良一般买卖合同纠纷案属于这种情况。对此案，山西省高级人民法院（2001）晋民再字第 1 号判决书在说理部分有这样一段话：“国务院《农副产品购销合同条例》制定于计划经济色彩非常浓的 1984 年，现商品经济极大发展，建立社会主义市场经济已列入宪法，原判仅以未签书面协议为由，将购销行为认定无效不符合经济发展规律和时代精神。”

这段话多少有点暧昧地显露出这样一种意向：认为国务院在计划经济条件下颁布的《农副产品购销合同条例》违反经修改已确认社会主义市场经济的我国宪法，试图根据宪法否定 1984 年国务院颁布的条例的效力。如果该法院真这么做了，那可以说该法院真的开了一次“宪法司法化”的先河，即行使了一次违宪审查权或宪法监督实施的职权——换句话说，也就是做了一次违宪越权侵犯全国人大常委会依《宪法》第 67 条第 7 项享有的职权的事情。如果真是这样，该案的承审法官极可能受到、也应该受到追究。好在判决书随后又开始以这个条例的规定为基础讨论案件的处理，即实际上又承认了此前欲否定的条例的效力，但在做判决列举判决依据时，却并未将该条例列为依据之一。这份判决书在涉及该条例的效力时表意颠来倒去，逻辑有点混乱。

第八，下级法院对具体案件本身的处理并未涉及宪法，但为有关案件的处理定调的最高人民法院批复有违宪嫌疑。《案例评析》收集的第 3 案即张连起等诉张学珍损害赔偿纠纷案（以下简称张连起案）属于这种情况。张连起案。评析该案需要提示的要点如下：1988 年，原告张连起之子工伤死亡，被告即用工单位以当时与原告之子签有包括“工伤概不负责”内容的合同为由拒不承担赔偿责任，原告遂根据《民法通则》相应规定起诉到法院。此案最后是根据《民法通则》等法律的有关规定调解结案。

对此案，承审法院制作的天津市塘沽区人民法院（87）津塘法民调字第 517 号调解书并没有提及宪法。当时，因为案发时我国尚未制定劳动法，承审法院对合同中“工伤概不负责”的条款是否有效拿不准，故调解结案前曾循通常管道向最高人民法院请示。最高人民法院于 1988 年 10 月 14 日作出《关于雇工合同“工伤概不负责”是否有效的批复》，其中有如下内容：“对劳动者实行劳动保护，在我国宪法中已有明文规定，这是劳动者所享有的权利。张学珍、徐广秋身为雇主，对雇员理应给予劳动保护，但他们却在招工登记表中注明‘工伤概不负责’。这种行为既不符合宪法和有关法律的规定，也严重违反了社会主义公德，应属于无效的民事行为。至于该行为被确认无效后的法律后果和赔偿等问题，请你院根据民法通则等法律的有关规定，并结合本案具体情况妥善处理。”

针对这个案例，特别是针对最高人民法院的《批复》，有学者提出了这样几个在法律界和法学界较有代表性的问题并表达了相应的看法：其一，我国宪法是否具有直接法律效力？答曰：有。其二，我国法院是否可以直接根据宪法来判定公民与公民间法律行为的合法性？答曰：最高人民法院可以，其下级法院不可以。其三，我国出现有宪法规定但因无法律将其具体化而造成的立法漏洞应由谁来补救？答曰：交由最高人民法院补救。①

笔者以为，以上看法很值得商榷，笔者结合本案情况也相应地表达几点看法。

首先，宪法在我国有最高的法律效力，无所谓直接间接之分。“宪法是否具有直接法律效力？”这不是一个真实的问题，至少对于我国宪法来说是如此。我国《宪法》第 5 条规定：“一切国家机关和武装力量、各政党和各社会团体、各企业事业组织都必须遵守宪法和法律。一切违反宪法和法律的行为，必须予以追究。”“任何组织或者个人都不得有超越宪法和法律的特权。”难道这还没有回答我们讨论的这个问题吗？或许有学者会

---

① 王禹：《中国宪法司法化：案例评析》，北京大学出版社 2005 年版，第 15—16 页。

说："我说的不是遵守宪法，我是指诸如保障公民基本权利的宪法规定能不能由法院拿来作为依据裁判案件的问题。"如果是这样，那就不是宪法这方面的规定对法院有没有直接效力的问题（毫无疑问，法院必须遵守这些规定，履行不侵犯公民的基本权利的义务，因而宪法这些规定对法院当然有直接效力），而是法院有没有适用宪法的这些规定的职权的问题，说通俗点就是法院有没有根据宪法的这类条文裁判案件的资格问题。所以，这个问题实质上就是本书要讨论的下一个问题。

其次，依照我国宪法，任何一级法院都无权、也不可能直接根据宪法来裁断公民与公民间法律行为的合法性；试图做这类制度化安排在逻辑上自相矛盾的情形将无法排解。首先，宪法学者要问的可能不是我国法院"可以"不"可以"适用宪法来审理案件（包括民事案件）的问题，而是依宪法我国法院有没有适用宪法审理民事案件的职权的问题。答案很清楚：依宪法我国法院不享有这项职权，即使是最高人民法院。而且，宪法学者一定要特别注意这样一个悖论：如果法院享有适用宪法裁判民事案件的职权，它为了能够确保宪法的有关规定得到贯彻落实，它就不能没有将法律等可能与宪法相关规定相抵触的法规范排斥在案件的适用范围之外的职权，否则它就不可能真正适用宪法；而一旦法院行使了违宪审查权，它自己就变成了违宪违法行为的主体，要被追究相应责任。另外，决不可认为，凡是最高人民法院作出的批复都是合宪合法的。最高人民法院的批复应该受到而且事实上一直受到全国人大常委会的合宪性、合法性监督，尽管还没有公开撤销这种批复的情况。

再次，在我国宪法架构下，即使宪法有原则规定但因无法律将其具体化从而造成了立法漏洞，人民法院也无权"补漏"或"补救"，特别是对于无法可依的情况。宪法做了原则规定而缺乏必要法律贯彻落实宪法有关规定的情况各国都有。各国处理这类常见问题的方式完全依各自国家的宪法体制而定。以公民基本权利保护为例，在美国等普通法系国家，主要是靠普通法院尤其是最高法院用确立宪法判例即经由法官造法的方式来解决，其次是国会完善立法。在法国、德国等大陆法系国家，应对这类问题主要靠国会立法，违宪审查专门机关解释宪法也是一种有助于解决问题的方式，而各级其他法院对解决这类问题不享有可资运用的职权。日本的情况比较接近美国，但因日本的宪法体制与美国不同，国会的宪法地位高于最高法院，因而日本最高法院的造法功能受到比较大的限制；在日本，国会“立法不作为”之所以能够成为违宪审查的对象被讨论,[①] 其本身就说明日本最高法院在为国会立法“补漏”方面，功能并不彰显。

依照我国宪法，无法可依之“法”如果属于全国人大的专有立法领域（如待制定的侵权行为法），只能由全国人大自己“补漏”，如果漏洞属于全国人大常委会立法权的范围（包括部分修改全国人大制定的法律），当然也得由该国家权力机关自己“补漏”，轮不到包括最高人民法院在内的各级法院。人民法院不是一点“补漏”的功能也没有，但即使是最高人民法院，其这方面的职权也只限于《人民法院组织法》第 33 条和第五届全国人大常委会第十九次会议通过的《关于加强法律解释工作的决议》规定的范围，即只能“对于在审判过程中如何具体应用法律、法令的问题，进行解释”，因而无权解决无法可依的问题。“无法可依”这个“漏洞”，对于我国人民法院来说实在是太大了，因为宪法没授予它“补”的资格。

宪法是最强调权限的，按宪法精神，国家机关面对一项涉及公权力运用的事情，首先要问“这属于谁的职权范围”，而不是自己摆出全社会代表的架势问“这件事是否有必要做”。如果国家机关不考虑自己的职权范围，都去做在社会大众看来应该做而又不在自己职权范围内的事情，任意侵入其他国家机关的职权范围，那岂不是积极性越高，国家的宪法秩序越是沦丧！我国还是一个宪法意识比较薄弱的社会，即使是法律从业人员队伍，在这方面总体上说也有不小问题。君不见，洛阳“种子案”发生时，无数的法律事务从业人员义愤填膺地为在此案中有明显过错受到一点处分的办案法官鸣不平，但却几乎无人对维护宪法、法律的地方国家机关表示支持。在这些人看来，既然地方性法规与法律抵触，由哪个机关审查和宣布有关地方性法规无效并不重要，关键是要让那地方性法规归于无效。至于按照宪法和法律谁有权做谁无权做这种审查和宣布，他们是压根儿不关心的。法学界一些人士对待下面马上要讨论到的张连起案，似乎历来也是本着这种精神在发表评论的。

最后，最高人民法院 1988 年 10 月 14 日作出的《关于雇工合同“工伤概不负责”是否有效的批复》有违宪嫌疑。对于张连起案的处理，最高人民法院 1988 年 10 月 14 日的《批复》两次援引宪法，其中一次有一定

---

① 参见［日］芦部信喜等《宪法》，林来梵等译，北京大学出版社 2006 年版，第 337—338 页。

必要性，另一次的必要性、合宪性值得商榷。《批复》第一次援引宪法的原文是："对劳动者实行劳动保护，在我国宪法中已有明文规定，这是劳动者所享有的权利。"这是在说理的过程中基于宪法的规定为劳动者所应享有的权利做定位，其内容的正当性无可争议。而且，这样认定也不是援引宪法直接解决当事人之间的具体争议，故属于遵守宪法的范畴，合宪、合法、合情理。《批复》第二次援引宪法认定张学珍等的"行为既不符合宪法和有关法律的规定，也严重违反了社会主义公德，应属于无效的民事行为。至于该行为被确认无效后的法律后果和赔偿等问题，请你院根据民法通则等法律的有关规定，并结合本案具体情况妥善处理。"

这一次援引宪法有下面几个问题值得商榷：第一，法院审理这个案件有"民法通则等法律"可依，而且最后也的确是依"民法通则等法律"处理的，所以，《批复》似不应援引宪法。第二，《批复》虽然不是具体案件的裁判文书，但它是最高人民法院实质性地行使审判权的一种方式，而且实质上对当事双方的争议做了裁判（判定被告的"行为""不符合宪法"），完全具备适用宪法的特征，有超越权限依照宪法行使审判权的嫌疑。第三，如果各级人民法院都像最高人民法院这样援引宪法裁断具体民事行为的合法性，那么当事一方不服法院裁判是否可针对法院适用宪法引起的问题上诉？如果可以上诉，那就是法院审理宪法诉讼案，违反现行宪法；如果不可以上诉，那岂不是等于任何一级法院一旦援引宪法裁判，该裁判就成了不可上诉的"绝杀"？

2. 法院"以宪法为判决依据"裁判案件的情况

在《案例评析》收集的 33 个案例中，被认定为"以宪法为判决依据"审理的案件共有 3 个，即其中的第 8 案、第 26 案、第 27 案，约占该书收集的全部案例的 9%。我们不妨对这 3 个案件在区分共性和个性的基础上做些讨论。

先看看这三个案件的判决书是如何援引和"依照宪法"作出裁决的。

第 8 案即钱缘诉上海屈臣氏日用品有限公司等四川北路店名誉权上诉案，对此案，上海市第二中级人民法院（1998）沪二中民终字第 2300 号判决书在判决部分是这样写的："上诉人的上述行为违反了我国宪法和民法通则的有关规定，侵犯了钱缘的人格权……综上所述，依照《中华人民共和国宪法》第 38 条、《中华人民共和国民法通则》第 101 条、第 120 条以及《中华人民共和国民事诉讼法》第 153 条第 1 款第（2）项之规定，判决如下”，接着是判决内容。

第26案即一度被一些人士誉为“宪法司法第一案”的齐玉苓诉陈晓琪等侵犯姓名权、受教育权案（以下简称齐玉苓案）。[①] 对此案，山东省高级人民法院因原告受侵犯的是受教育权，似乎对应该依据什么规范性法律文件进行审理拿不准，于是请示最高人民法院，后者于2001年8月13日公布了法释（2001）25号批复，宣布“经研究，我们认为，根据本案事实，陈晓琪等以侵犯姓名权的手段，侵犯了齐玉苓依据宪法规定所享有的受教育的基本权利，并造成了具体的损害后果，应承担相应的民事责任”。随后，山东高级人民法院（1999）鲁民终字第258号判决书按此批复的在其分析说理部分认定被告陈晓琪等人“侵犯姓名权的行为，实质上是侵犯了齐玉苓依据宪法所享有的公民受教育的基本权利，各被上诉人应当承担民事责任。”该案判决书最后宣布：“本案经本院审判委员会讨论，依照《中华人民共和国宪法》第46条，《中华人民共和国教育法》第9条、第81条，《中华人民共和国民法通则》第120条、第134条，《中华人民共和国民事诉讼法》第152条、第153条第1款第3项、第158条和最高人民法院（2001）法释25号批复的规定，判决如下”，等等。

第27案即巫凤娣诉慈溪市庵东镇环境卫生管理站退休待遇纠纷案，对此案，浙江省慈溪市人民法院（2001）慈民初字第1862号判决书在概括了案情并做了必要论证后写道：“据此，依照《中华人民共和国宪法》第44条、第45条第1款，《中华人民共和国劳动法》第73条第1款第（1）项，参照《国务院关于工人退休、退职的暂行办法》的有关规定，判决如下”，紧接着是判决的具体内容。

我们先看看这三个案例的共性，其中重点关注最高人民法院援引宪法的案例。

第一，法院对这三个案件的裁判，尤其是由最高人民法院所主导、山东省高级人民法院具体实施的对齐玉苓案的判决有违宪嫌疑。上述3个案件的审理法院将宪法有关条款作为审理这3个案子的直接依据并将其作为

---

① 齐玉苓与陈晓琪原系山东省滕州市第八中学初中部的同学。1990年初中毕业时齐玉苓通过了预选考试取得了中专统招及委培的资格，而陈晓琪落选。同年齐玉苓被山东省济宁市商业学校录取，但陈晓琪冒领了齐玉苓的“录取通知书”，以齐玉苓的名义到济宁市商业学校报到就读。1993年毕业后，陈晓琪继续以齐玉苓的名义毕业工作，齐玉苓在得知真相后以陈晓琪等侵害其姓名权和受教育权为由诉至法院，要求被告停止侵害并赔偿经济和精神损失。

判决依据予以援引，明显超越了《宪法》第 131 条和《人民法院组织法》第 4 条关于“依照法律”审理案件的授权范围限制，不仅是一种无效行为，而且是比较典型的法院行使审判权违反宪法的案例。笔者倾向于认为，在以上 3 个案例中，由有关中级人民法院和有关基层人民法院分别审理的那两个案件错误地宣称依照宪法裁判，极可能是案件承办法官不小心造成的结果。考虑到这两个案件的承审法院的层级较低，影响不大，所以对它们违宪越权的情况不拟多加评论。但本书对由最高人民法院主导审理的齐玉苓案，却不能不予以适度评析，因为，从宪法学角度正确评价这个案例有指标性意义。

笔者倾向于认定最高人民法院 2001 年 8 月 13 日公布的法释（2001）25 号批复，以及在批复指导下山东省高级人民法院对齐玉苓案的判决有违宪违法嫌疑的依据主要有两个：第一，最高人民法院对有关请示的批复和山东省高级人民法院根据该批复对该案被告一方行为法律性质做认定，[①]其行为的性质属于在行使审判权的过程中适用宪法而非遵守宪法，因为，他们此举是援引宪法试图直接解决一个具体争议。第二，山东省高级人民法院（1999）鲁民终字第 258 号判决书宣称，“本案经本院审判委员会讨论，依照《中华人民共和国宪法》第 46 条……判决如下”，其超越《宪法》第 131 条和《人民法院组织法》第 4 条规定的权限，越权适用宪法的情状特别明显。

第二，有关法院在上述 3 个案件的判决书中援引宪法违反了宪法学常识，不符合当代法治国家公认的法理，也有违各法治国家司法机关处理同类问题的惯例。这两案的案情和判决书本身都表明，法院审理这两个案件都有足够法律条文可供其适用，客观上不存在无法可依的问题（即使真的无法可依，在中国和任何其他实行制定法制度的国家，其本身也不是法院应该操心的事情）。须知，即使是在实行“宪法司法化”的“故乡”，如美国等普通法系国家，当既有宪法的原则性规定，又有法律的具体条文可以作为裁判案件的依据时，法官也是不会同时援引宪法和法律而是只会单纯援引法律裁判案件的。在中国更应该如此，而且我国各级人民法院通常

---

① 最高人民法院批复的原文是，“经研究，我们认为，根据本案事实，陈晓琪等以侵犯姓名权的手段，侵犯了齐玉苓依据宪法规定所享有的受教育的基本权利，并造成了具体的损害后果，应承担相应的民事责任”。山东省高级人民法院的判决上复述了最高人民法院批复的原意。

也的确都是这样处理问题的。试想，我国的法律都是依据宪法制定的，哪部法律或法律的哪个条文后面没有相应的宪法依据？用得着在援引法律的同时将其宪法依据也牵扯出来吗！

第三，有关法院在对这3个案件的判决中直接以宪法作为审理依据的外观只是形式，他们真正据以进行裁判的依据不是宪法而是在裁判文书中同时援引的法律和法规。在这些案例中，法院援引宪法的原则性规定无助于法院解决具体纠纷，甚至可以说对法院的判决结果没有任何影响，甚至人们有理由相信有关法官如此安排或许本意就是只求创造一个依据宪法进行裁判的先例，即使仅仅是形式上的。所以，有关法院不援引宪法丝毫不妨碍他们依法律有关规定对相关案件作出裁判。同样的道理，审理这几个案件的法院虽然违宪违法援引宪法作为判决依据，但此举并不影响这几个民事案件的判决结果，因为他们在这类原本是单纯的民事案件中援引宪法不可能实质性影响这些案件的判决。

上述3个被奉为“宪法司法化”经典的案例除有共性外，也还有其不同的个性，其中尤其值得评论的是齐玉苓案。齐玉苓案与其他两案最大的不同在于，另外两案将宪法作为裁判案件的依据之一加以援引可能是办案法官对我国宪法理解不到位，从而“一不小心”造成的情况，而齐玉苓案则是被主事者作为“马伯里诉麦迪逊案”的中国版经过周密计划后被推向社会的。[①] 自齐玉苓案产生后，包括笔者在内的许多法律和法学人士撰文就此案发表过意见，但其实不少问题一直讲得不够清楚，直到今天都还有进一步明确这些问题的必要性。

当年有些法律人士认为，此案“创造了宪法司法化的先例”。实际上不是这样。前文已经说明，齐玉苓案仅仅有宪法被“司法化”的外观，并无其内容。所以，抓住齐玉苓案作为“宪法司法化”的样板，实际上反映了主事者的一种认识错误。把此案看作“宪法司法化”的例子，不小程度上是因为主事者不了解宪法权利的特征和法院适用宪法的特征，仅凭浮光掠影获得的感觉就对此案的性质做定位的结果。为什么这样说？本书前面

---

① 人们很容易看到这个案件经周密计划的痕迹：面对这么一个几乎公认普通的民事案件，山东省高级人民法院根本不必向最高人民法院请示，最高人民法院也完全不必郑重其事地搞出一个批复，但事实上却是请示了，批复了，并按批复判决了；而几乎与此同时，一面倒的叫好文章也在流行媒体上发表了出来，而其中担纲的文章又是参与其事的法官亲自写的。关于请示和批复之不必要及此案性质，可参见本书“宪法司法适用研究中的几个问题”一节。

对三个这类案例的共性的评论中，已经部分地回答了这个问题，这里再单独针对齐玉苓案做几点补充评论：

第一，齐玉苓案中当事人被侵犯的权利不是宪法权利，而是民事权利。在具体案例中体现的宪法权利与“宪法规定的”权利不是一回事，公民一项具体权利的法律属性，不是由记载相应名词的法文件的名称决定的，而是由它在特定时间、地点、事件中出现时所处的特定社会关系决定的。例如，私人财产权无疑已经是我国宪法保障的基本权利，但是，如果公民甲的房屋受到公民乙的损坏，那么公民甲受到损害的权利虽然无疑是宪法保障的私人财产权的具体表现，但它在这种具体法律关系中不会表现为宪法权利，而是表现为民事权利；如果公民甲的同一幢房屋被行政机关依据违宪的规范性法律文件征收或征用，此时公民甲的房屋体现的财产权就不是民事权利而是宪法权利，如此等等。

所以，在齐玉苓案中，尽管最高人民法院的批复和山东省高级人民法院的判决书都在齐玉苓的“受教育权”前面加上了“依据宪法所享有的”这个定语，试图让其变成宪法权利，但实际上完全无效，因为它们改变不了齐玉苓受教育权受侵犯所处于的具体社会关系。[①] 同样，正是因为这种具体的社会关系，受教育权虽然主要由《教育法》保障，没有写在《民法通则》等民事法律文件中，但它在这个具体案件中本质上是民事权利，只能用保护民事权利的方法保护。所谓此案由法院“直接适用宪法的规定”进行裁判的外观与当事人权利的内在性质和案件本身的性质完全不符，是虚假的，仅仅是由对宪法问题不太理解的人士制作的一块名不符实的展示牌。

第二，宪法权利在理论上和实际上都是“以民法方法”保护不了的，如果一种权利民法能够有效保护，那么它就不是真正的宪法权利。曾有法律人士认为，最高人民法院关于齐玉苓案的批复的意义在于“首次正式提出以民法方法保护公民在宪法上的基本权利”。这种说法也表明有关人士对宪法问题缺乏足够了解。宪法权利从实质上、根本上说是一种防御公共

① 当时有学者认为：“最高人民法院在该《批复》中并没有将公民在宪法上所享有的受教育的权利视为一项民事权利，而是将其作为宪法上的专有基本权利来看待。这就将公民宪法上的基本权利与普通民事权利区别开来。”（《人民法院报》2001 年 8 月 13 日，“法治时代”周刊专栏）。看来，持这种观点的学者当时对下面这一点并没有想透彻：齐玉苓案中，她的受教育权的性质是客观的，最高人民法院无论怎么批示都没法改变其一丝一毫。

权力侵害的权利，首先和主要地是一种对抗立法权的权利。

不仅在中国，即使是在实行制定法制度的绝大多数西方国家，如法国、德国等国，普通法院也是无力对抗立法权的。人们不妨想一想，假定我国某项法律的某个条款侵犯了公民宪法权利，地方各级人民法院怎么可能对这种宪法权利“以民法方法”提供保护！即使是最高人民法院，它又如何能“以民法方法”对之提供保护？且不说法律，即使是行政法规侵犯公民宪法权利，“以民法方法”也完全不可能提供保护。人们不妨再设想一下，“以民法方法”如何废止当年对孙志刚悲剧负有责任的《城市流浪乞讨人员收容遣送办法》？如何保护孙志刚们的权利免受这个行政法规有关规定的侵害？还有，在过去几年一度十分突出的城市房屋拆迁问题，在有时被拆迁者的私人财产权甚至人身权利受到行政部门依据有关行政法规实施的拆迁行为侵犯的情况发生时，难道“民法方法”能管用么？

坦率地说，笔者一直认为，每当论及宪法中保障基本权利的规定的实施，就想到将宪法当作民法用，就谈论宪法的“第三人”效力或平行效力（即在平等主体间的效力），实际上无异于抽掉宪法的骨头、抽掉宪法学的灵魂。宪法来到世间，原本就不是派那种用场的，而我国需要解决的突出问题，也不在那些方面。所谓宪法的“第三人”效力或平行效力问题，不过是极个别国家的极个别宪法学者偶然谈论过的一个远离宪法现实、远离宪法学主流的话题。在我国，这种弄不好会误导宪法学偏离关注重点的属于有闲阶层的话题，不是不可谈，但确实不宜花许多时间谈。

第三，齐玉苓案试图开辟的径路所延伸的方向与我国现行宪法架构南辕北辙，在当今中国完全没有继续发展的空间。十年来，在我国涉及宪法适用的诸多事情中出现过两个著名个案例，一个是齐玉苓案，另一个是孙志刚案。孙志刚案是在社会各界的广泛认同下由几个学法律的年轻学者依据《立法法》的有关条款出面推动的，其直接诉求是请求全国人大常委会对国务院在80年代初通过的《城市流浪乞讨人员收容遣送办法》的合宪性进行审查。后来虽然国务院出面主动废止了这个行政法规，① 但那几个年轻学者及站在他们背后的各阶层民众的行为无疑对这个行政法规的废止

① 依照我国宪法和有关法律，《城市流浪乞讨人员收容遣送办法》可以由全国人大常委会审查、撤销，也可以由国务院自行废止。在实践上采用了后一种办法，这种办法似乎更符合中国的法文化传统。

或多或少产生过一些正面的影响。

应该说，这是一个民众尊重现行宪法架构，按照现行宪法和有关法律确定的解决问题的路径，参与和推动宪法监督性适用的一个成功的事例。而齐玉苓案则不一样，它的运作是在违背现行宪法和有关法律、离开了现行制度提供的管道的情况下展开的，实际上是一个没有宪法文本依据、脱离中国实际，以普通法系国家的普通法院违宪审查制为理想模式进行操作的事例。对于处理齐玉苓案的参照模式，与选择这种处置方式有较多直接联系的一位学者当时说得非常清楚："我国在司法实践中可以逐步将宪法引入诉讼程序，直接作为法院审理案件的法律依据而在裁判文书中援引。由于我国没有设立专门的宪法法院，因此，我国宪法司法化的模式可以参考美国的普通法院模式，凡是有关宪法问题的纠纷都由我国普通法院按照普通程序审理，法院在审理此类案件时直接以宪法作为裁判的依据。"① 这个说法是不正确的。

应该说，如果我国社会各阶层有共识，全国人大修改宪法，采用任何体制都没有什么不可以。但是，如果人们要解决现实问题，那就应该采取现实主义态度。人们在以下方面应该头脑非常清楚才好，那就是，在谈论这类问题时，我们不能不面对这样的现实：一边实行制定法制度，遵循按民主集中制原则制定的人民代表大会制宪法，另一边实行判例法制度，遵循按权力分立、制约平衡原则制定的总统制宪法；从那边看起来是很好的东西，拿到这边去很可能完全不能发挥效能，甚至会破坏原有系统，特别是当两者在历史上和现实中本身就被公认为处于对立和斗争状况的时候是如此；反过来看也完全一样。这里有一个不同宪制的基本构成要素之间能否兼容的问题，从这个角度看，真的可以说搞宪法就是搞科学。本书涉及的很多争议在不明就里的人看来或许会视为不同宪法价值观相互冲突的外在表现，实际上并非如此，一些看起来与价值观相联系的争议有时实际上完全是技术性争议。

建设社会主义法治国家也好，进行司法体制改革也好，要作出巩固的成果，只能在立足现实、尊重中国现行宪法架构的前提下进行才能事半功倍，抱侥幸的想法进行冲撞式改革很可能一事无成，至少会事倍功半。从

① 黄松有：《宪法司法化及其意义——从最高人民法院今天的一个〈批复〉谈起》，《人民法院报》2001年8月13日，"法治时代"周刊专栏。

这个意义上说，齐玉苓案及有关的最高人民法院批复对我国的宪法适用过程的影响客观上是消极的成分多而积极的意义少，它分散了人们对本学科领域的焦点问题的关注，耽误人们去做依据宪法有可能做成的事情。

（三）以现行宪法为基础确立理性的宪法适用理念

现行宪法自 1982 年通过生效以来，其实施和实施保障方面一直有一些问题没有很好解决，其中特别引人关注的是公民基本权利诸条款的充分适用问题和与此相联系的对宪法之下的规范性法文件的合宪性审查问题。21 世纪初头几年，我国法律界、法学界人士对“宪法司法化”现象的关注和讨论，直接目的都是要促进这两方面问题的解决，而且事实上也是取得了一定成效，主要是引起了法律、法学界对宪法适用，尤其是宪法中公民基本权利诸条款充分适用问题的广泛关注。通常，问题的解决与问题本身的被关注度是密切相关联的，问题被广泛关注往往是问题获得解决的先声。从这个意义上说，人们对“宪法司法化”现象的关注和讨论不无正面价值，但正面价值不是这个过程的主导方面，而是它产生的附带性的影响。

对于“宪法司法化”现象本身和研究这种现象附带产生的正面意义，我国法律界、法学界人士已经论述得比较多了，笔者想重点讨论事情的另一个方面。

不知法律界、法学界人士近些年是否注意到这样一些有违常识、常理，甚至让人感到逻辑有点荒谬的现象：“宪法××第一案”似乎空前的多，除“宪法司法化第一案”外，还有“宪法平等权第一案”“（宪法）乙肝歧视第一案”、2008 年 9 月又爆出“宪法自由权第一案”，等等。我们注意到，同样是这几年，法律、法学界不少人士十分热衷于以探险精神和猎奇态度，把很多时间、精力用来在数量巨大的案例和浩如烟海的裁判文书中，大海捞针搜寻包含有宪法二字或援引了宪法条文的裁判文书，一旦搜寻出一个这样的案例，就不分青红皂白，作为“宪法司法化”的例证大加传播和赞扬，哪怕他们所找到的是一些不符合宪法、不符合法律，错误援引宪法的案例或司法文书，也全然不顾。

这些人士往往把这类案例和相应裁判文书一概作为当然正确的东西和正面的榜样，作为中国宪法发展的一种应然的、未来的发展方向展示给人们，同时敦促人们接受这些东西，敦促法官仿效案例中的相关做法去审理案件。还有的市场化媒体的从业人员为了“炒热”自己，甚至不惜捏造事实，歪曲真相，人为制造“宪法××第一案”（后文会列举这方面的实例）。诸如此类的做法让人想到商业领域的传销活动，它对实施中国宪法、对推进我国法治事业到底有益还是有害，是符合理性的要求还是违反理性的要求，很值得人们考虑。

以中国之大，任何人只要愿意，相信都能在找出比现在已经找出的多许多的错误援引宪法的案例或裁判文书，但问题在于，并非这些案例、包括不合宪、不合法的案例或司法文书一旦被我们发现，它们就立刻变成了正确的、值得人们效法的榜样。如果一些市场化的新闻从业人员如此炒作话题，那倒无可厚非，每个行业都有自己独特的价值衡量标准，新、奇、怪的现象对新闻界或许的确应该是有高价值的，但对于就职业特性而言特别应注重理性、独立思考和中道权衡等价值的法律、法学从业人员而言，新、奇、怪现象按理不应该是他们追捧的事物。

但令人困惑的是，在“宪法司法化”问题上，当今不少法律、法学从业人员走向了追捧新、奇、怪的方向，很大程度上背离了自己的职业价值。这可能是部分法律、法学从业人员盲目追随和迎合市场化新闻从业人员的行为倾向，从而导致自己职业定位错误、价值尊奉标准错乱的一种后果。我国的宪法教育很不深入，不少法院或法官对宪法和宪法问题的理解难免不十分到位。因此，正像我们上文评析的那些案例已经显露的那样，他们援引宪法在多数情况下是不妥当、不必要的，甚至是不合宪、不合法的和错误的。在这种情况下，部分法律、法学从业人员对于举凡法院或法官在司法文书中援引了宪法的情况，一律不做具体分析，立马追随市场化媒体对之大加渲染的做法，在很多情况下无异于放大、利用个别法院和法官的知识缺陷及工作失误。法律、法学从业人员到了该对这种非理性倾向有所警惕的时候了。

在这里，笔者感到很有必要简要记述和评析一个刚刚发生的“宪法司法化”的“故事”，此“故事”或许能够帮助我们法律、法学从业人员看清盲目追随一些市场化媒体、不自觉地做它们的尾巴可能对包括宪法适用在内的我国法治建设事业，甚至对我们自己的职业崇高性所可能带来的损害。

这个“故事”应该从《民主与法制》杂志的一篇文章说起。从封面看，《民主与法制》给自己的定位是“政治、法律、伦理、社会综合性新闻半月刊”，它于2008年第9期（5月上半月号）上发表了一篇署名为王健的记者写的通讯报道，标题是《中国宪法自由权第一案》。

以下是该报道的要点：来自四川的公民王登辉2006年12月19日应聘到广州三水公司工作，2007年1月在下班路上被机动车撞上受重伤。但三水公司否认王登辉受伤属工伤，拒绝为其支付医疗等费用。同年7月黄埔区劳保局作出（2007）90号《工伤认定决定书》，认定王在下班途中受到机动车事故伤害，符合《工伤保险条例》第14条第6项的规定，为工伤。随后王以该决定书为依据，向广州市劳动仲裁委员会申请仲裁。2008年3月，该委员会仲裁，裁决三水公司支付王登辉工作事故医疗费、误工费、营养费等费用共计67788元。但同时三水公司又将黄埔区劳保局告上法院，请求法院撤销其作出的（2007）90号《工伤认定决定书》，理由是，王登辉擅自外出，另行住宿，严重违反用人单位规章制度，由此产生人身伤害，依法不应认定为工伤。法院审理了该案，认为我国宪法赋予公民享有极其广泛的权利和自由。人身自由、居住自由是公民享有的人格权利。三水食品有限公司以“方便管理及照顾职工的安全”为由禁止员工外宿的做法，显然是与我国宪法精神相悖。法院最终维持了黄埔区劳动局作出的（2007）90号《工伤认定决定书》，驳回了三水公司的诉讼请求。

笔者注意到，《中国宪法自由权第一案》（以下简称“王文”）这篇报道对于该案判决书涉及宪法的最关键部分均语焉不详，更没有使用直接引语。从宪法学专业的角度看，此文根本没能给读者提供任何足以说明审理该案的法院直接依照宪法的有关规定作出判决的情况。

但是，该报道的作者在对该案做评价的时候却竭力将这个案件描述为一个“宪法司法化”的案例。该报道的作者在文章中特别拟了一个二级标题，叫作“法院判决企业禁止员工外宿违宪”，并做了如下评论和发挥：“手中拿着劳动仲裁书，王登辉泪流满面。尽管直到现在他还没有拿到这笔补偿金，但是因为宪法在这起劳动纠纷的处理中被直接引用作为判案的依据，王登辉的名字注定要被写入中国法制的历史”。

接着作者又安排了一个二级标题，名为“宪法司法化将成为一种常态”，标题下有文字写道：“发生在王登辉身上的这场劳动纠纷已经尘埃落定。然而，由于黄埔区法院在审判过程中把宪法作为裁判案件的直接依据，因而引起了法律界人士的极大关注。”

接下来，作者借一个著名的宪法学者（他不一定看过判决书）之口进一步发挥说："这是我国法制文明的一个进步"；"有了法院对私权利的违宪审查这个良好的开端，从对个人的违宪审查到对企业的违宪审查，再到对非政府组织的违宪审查，最后一定会渗透到对国家行为的违宪审查，宪法司法化的趋势最终一定会实现。"

真的又有法院在搞"宪法司法化"吗？老实说，笔者对一些市场化媒体的信任度一直不高，对它们搞的新闻炒作也从来没能放下戒心。为搞清事情的原委，笔者下了一点调研功夫，并拿到了该案的判决书。该案实情如下：

所谓"中国宪法自由权第一案"本是一个行政诉讼案，其中的原告是广州皇威食品有限公司，被告是广州黄埔区劳保局，王登辉为第三人，诉讼事由是原告不服被告应第三人请求作出的工伤认定决定，由广州黄埔区人民法院一审。除原告名称外，笔者了解的该案的案情与王文提供的情况差别不大，但在法院对此案的判决书的结构和内容方面，笔者了解的情况与此文提供的情况有根本性区别。

这个可以简称为王登辉工伤认定案的案件是2008年6月21日判决的，对该案，广州黄埔区人民法院（2008）黄发行初第二号判决书概述案情、涉及宪法的关键论证部分和判决部分的原文如下："我国宪法赋予公民享有极其广泛的权利和自由。人身自由、居住自由是公民享有的人格权利。第三人作为职工，经一天紧张劳动后回家休息，料理家务和个人生活，合乎常理，是公民人身自由的一项重要内容，也是公民生活中最起码的一项权利，应予以尊重。原告起诉'公司禁止员工外宿，以便管理及照顾职工安全'，其意见与我国宪法精神相悖，与社会文明进步发展相抵，故本院不予支持。"在这段话之后，判决书又用了800余字概述事实和进行论证。最后，判决书宣布："依照《中华人民共和国行政诉讼法》第54条第1项规定，判决如下：维持被告黄埔区劳动和社会保障局作出的穗埔劳社工伤认（2007）90号《工伤认定决定书》。"

如何恰当评价王登辉工伤认定案和报道该案的王文？抓住这个新增加的"实"例把问题说清楚，对法律界、法学界具有重要意义。笔者以为，谈论这个案件主要应该明确如下数点：

1. 有关法院在王登辉工伤认定案判决书的论证和说理部分援用宪法的相关内容，性质上属于遵守性援用，是必要而适当的。法院审理这个案件，必须确认第三人（此案中为王登辉）享有人身自由或其人身自由不受侵犯。但是，法院依据什么法文件作此认定呢？《刑法》第238—242条，第244条、第247条、第248条，《刑事诉讼法》第59条，《治安管理处罚法》第40条、第42条等法律条文，虽然都是保障公民人身自由的法源，但显然不适合在这个案件的审决书中援引。因此，在此案中要确认第三人有人身自由或其人身自由不受侵犯，只有宪法可以援引，没有其他的法源依据。再说，依宪法公民人身自由不受侵犯，公民人身自由非依法律不得限制，这是当今中国和其他所有法治国家都尊奉的公理，是人们讨论相关问题时可随手拈来的最有说服力的论据，法院做法律论证时怎么可以因为它们写进了我国宪法反而要将其抛开不去援引呢！

2. 有关法院审理王登辉工伤认定案援引宪法，其性质属于遵守宪法而非适用宪法，因而此案并非什么“宪法司法化”的例证。本书第三部分已经证明，为了确认公民某项基本权利的存在，或为了证明公民某项权利的正当性、重要性，裁判文书的论证说理部分有时的确需要援引宪法，但其性质属遵守宪法而非适用宪法，前引《案例评析》一书搜集的第1案、第2案、第3案、第14案、第19案、第23案等案例基本上都属于这种情况。人民法院遵守宪法而非适用宪法的最主要标志，就在于法院援引宪法有关条文只是要按照宪法的规定宣示某项基本权利的存在或表明它的重要性，其内容的真实性无可争议，且并不直接将其作为判决依据、并不直接运用它解决具体纠纷或课以具体惩罚。有关法院在王登辉案的判决中援引宪法，正好符合法院遵守宪法的特征。

3. 将王登辉工伤认定案向“宪法司法化”方面拉扯，将一个普通行政诉讼案渲染成所谓“中国宪法自由权第一案”，完全是相关报道的作者歪曲案件真相、捏造事实，制造假新闻博取轰动效应的一种恶意炒作。

将渲染所谓“中国宪法自由权第一案”的王文与广州黄埔区法院对此案的判决做一比较，王文的不地道之处就很直观地显现出来了：法院判决书只在论证说理部分指出“我国宪法赋予公民享有极其广泛的权利和自由”，王文却将其写成“宪法在这起劳动纠纷的处理中被直接引用作为判案的依据”；法院明明是“根据国务院《工伤保险条例》第14条关于职工在上下班途中受到机动车事故伤害应认定为工伤的规定”，“依照《中华人民共和国行政诉讼法》第54条第1项规定，判决如下”，王文却毫无根据地张扬法院判案是依据“宪法”；法院判决书仅仅在分析说理环节断言原告关于“公司禁止员工外宿，以便管理及照顾职工安全”的“意见与我国宪法精神相悖”，王文就微言大义地声称法院已经行使了“违宪审查”权，并进而要求法院实行“从对个人的违宪审查到对企业的违宪审查，再到对非政府组织的违宪审查，最后一定会渗透到对国家行为的违宪审查，宪法司法化的趋势最终一定会实现”——不幸这句话正好暴露出王文主张的其实是连其作者本人都并不清楚的东西，因为，即使在美国等所谓“宪法司法化”的祖鼻国，也是没有直接针对自然人、私法人的什么违宪审查的。

对此，美国学者说得很清楚：“违宪审查（或司法审查——引者）是美国对政治理论和宪制实践的一项创新性贡献。它通常的含义是，法院可以宣布法律和政府的行为违宪无效。”[①] 或许有人又要说德国有基本权利“第三人效力”或平行效力说，但是，即使体现那种主张的罕见判例真的值得重视，它的实践形式也不是由普通法院对包括公民在内的各种宪法关系主体的行为进行违宪审查，而且事实上德国普通法院也无权进行违宪审查。

王文对王登辉工伤认定案的处置方式集中反映了人们渲染“宪法司法化”的种种行为的一个最为突出的共同特征：非理性或反理性。

在对“宪法司法化”现象及其在我国宪法架构下尴尬的和不伦不类的位置有了基本的了解后，我们不妨看看在实际生活中处置好这种现象需要解决的一些认识问题。

1. “宪法司法化”现象的出现和发展，有其特定的体制背景。“宪法司法化”主张之所以能产生并发生影响，原因很复杂，但主要的体制背景还是我国宪法实施不够充分，难免导致部分法律、法学界人士急于求成，有时表现出饥不择食的倾向。“宪法司法化”这个词和相应的主张出现的时间，以其见诸公开出版物的时间来看，迄今尚不足10年，但种种相关现象不论真伪，却能一再引发法律、法学界人士的关注，甚至只要挂上它的招牌，就能将一件平常的民事案件、行政诉讼案件爆炒成相关人群关注的热点。

为什么会形成这种状况？或许，促成这种偏颇的状况的因素很多：“宪法司法化”这个说法作为语言符号比较通俗、比较生动形象；普通法系国家具有强大的经济军事科技实力和法文化的影响力，其普通法院违宪

---

① Jethro K. Lieberman, *A Practical Companion to the Constitution*: *How the Supreme Court Has Ruled on Issues from Abortion to Zoning*, Berkeley: University of California Press, 1999, p. 265.

审查模式比较为法律、法学界人士所知悉，因而有较多的人士对这种模式中法院、法官的作用有偏好；某些人士希望借此提升法院和法官的公信度和影响力；有些人士为迎合大众趣味、吸引公众眼球而热衷于对其做市场化渲染；有些人士企盼它能推进中国宪法的充分适用，尤其是宪法的监督适用；有些人士对现行宪法适用体制的行之有效性信心不足，希望能另辟蹊径，如此等等。所有这些因素都单独地或集体地成为“宪法司法化”之类主张在我国在法律、法学人士中比较容易流播的原因。

从已经发生的实例和已经产生的法学作品看，不少人偏好于谈论“宪法司法化”的最主要的原因，还是希望在我国探寻出一条行之有效的充分实施宪法的制度化路径，尤其在实施宪法的基本权利保障条款方面。

2. 对于我国的宪法架构来说，“宪法司法化”是一个异己的破坏性因素。我并不否定，有的“宪法司法化”案例在促使人们关注我国宪法充分适用问题上，多少起过一点正面作用。但是，这种正面作用只是这类案例的副产品，这类案例的主流方面是不值得肯定的。由自身的职权的性质和行使职权的方式所决定，法院若无违宪审查权就不可能真正适用宪法，因此，主张“宪法司法化”势必主张我国改由法院行使违宪审查权和宪法解释权，但这明显不符合我国宪法。在处理法院和其他国家机关关系方面，人民代表大会制最为注重的国家机关组织和活动原则是民主集中制，而如果法院享有违宪审查权和宪法解释权，则必然从根本上否定这个原则，改变宪法规定的国家权力配置和运作架构。

在我国，若欲推动这样的制度巨变，只有在全社会范围内进行讨论并在达成基本共识的基础上修改宪法才有现实的可能性，绝对不能指望通过耍一些偷梁换柱的小手段来促成如此重大的变革。其实，本书已经评析过的所有那些案例都在很大程度上表明，现行宪法架构在遏制个别法院、法官逾越职权分际进行冲撞式变革方面，是比较有效的。迄今为止，我国还找不到一个国家权力机关了解其性质并予以认可的“宪法司法化”案例，就是其有效性的一个明证。

在这个问题上，我们不能不承认，历史上由马伯里诉麦迪逊案确立的普通法院违宪审查制或普通法院适用宪法制，完全是为适应在国家权力配置和运行过程中贯彻三权分立、制约平衡原则的需要而设计出来的，其最初的设计的功能主要是限制立法机关。

对此，当年美国制宪的主导者亚历山大·汉密尔顿说得非常清楚：在立法、行政、司法三权中，司法机关即法院既无军权，又无财权，既无强制，又无意志，只有判断，力量最弱小，因而需要违宪审查权来加强自身并限制和平衡其他两权；“所谓限权宪法系指为立法机关规定一定限制的宪法。如规定，立法机关不得制定剥夺公民权利的法案；不得制定有追溯力的法律等。在实际执行中，此类限制须通过法院执行，因而法院必须有宣布违反宪法明文规定的法律为无效之权”；“宪法除其他原因外，有意使法院成为人民与立法机关的中间机构，以监督后者局限于其权力范围内行事”；而且，他坦承自己谈论这个问题的前提，一直是“从法院应被视为限权宪法限制立法机关越权的保障出发”的。①

汉密尔顿讲的这些道理，对当今的美国宪法学者来说已经成了不言而喻、不证自明的公理。即使是美国之外的宪法学者，只要他/她在研习美国宪法方面花过一些时间，一般也是有所了解的。②

在了解了这些情况后，或许人们能够更好地理解此类可以称之为宪制兼容的问题。不同宪法架构下的基本制度要素就像不同品牌和规格的电脑的核心部件一样，它们通常是不能通过简单拆卸相换就能为异己系统兼容的。引进外部制度要素一定要以适当方式解决好它与本系统的兼容问题，否则很难行得通，不管人们的主观愿望多么良好。对这类专业问题、认识问题，人们需要不断平等切磋才能在实事求是的基础上取得共识。

3. 从当代新兴法治国家的情况看，各国宪法适用模式选择的基本趋势是多样化，不存在所有国家都必须无条件追随的所谓主流模式。合宪性审查是宪法适用的重要形式，对于一个国家机关来说，掌握合宪性审查权是实质性掌握宪法监督适用权的基本标志。所以，中外宪法学者讨论宪法适用问题，往往都以讨论合宪性审查权为中心展开，本书也不例外。从宪法适用的角度看，国外学者往往将当今世界的合宪性审查模式分为三种。

第一种是普通法院审查模式，以美国为代表，其特点是宪法适用以普通法院适用为主，适用的主要方式是结合具体案件的审理对法律和行政行

---

① ［美］汉密尔顿、杰伊、麦迪逊：《联邦党人文集》，程逢如等译，商务印书馆 1980 年版，第 390—394 页。

② 如我国台湾地区有宪法学者对这个道理就晤得很透，他说，在美国“由联邦最高法院执掌解释宪法之最高权力，就国会制定之法律，或总统所发布之命令等，运作其对宪法之司法解释，以决定其是否违宪，是维持三权分立制度下之制衡原理所不可或缺的”。他还让读者去看 Hugo E. Willis 的书，认为后者的书在这个问题上强调得很到位。参见李鸿禧《违宪审查论》，（台北）元照出版公司 1990 年版，第 124 页。

为进行合宪性审查，必要时解释宪法。在这种模式下立法机关虽然也以立法的方式适用宪法，但其地位和作用相较于普通法院而言居其次。

第二种是专门机关审查制，以德国、法国为代表，其特点是普通法院完全无权适用宪法，宪法首先和主要地是由立法机关以立法的形式适用，但设专门机关以合宪性审查的形式进行宪法监督适用。

第三种是混合审查制，以巴西为代表，其特点是立法机关、专门机关和普通法院都参与宪法适用，其中普通法院的作用相对于前两者而言居于辅助的地位。在这方面，我国台湾地区有学者着眼于对当今世界做整体的现状描述的需要，将在本世纪初已建立了合宪性审查制度的国家确定为75个，其中实行专门机关合宪性审查制的国家为数多达41个，单纯实行普通法院合宪性审查制的国家只有16个，另有18个国家采用专门机关和普通法院混合审查制。① 计算下来，采用上述3种模式的国家分别占所统计国家总数的54.7%、21.3%和24%。

退许多步说，即使单纯从发展的观点看，普通法院宪法适用模式也不反映当今世界各国宪法适用的主流。更何况，一国的宪法适用模式建设最要紧的是适应本国情况，并无必须追随多数国家和随大流的问题。美国学者汤姆·金斯伯格着眼于探讨合宪性审查制的未来趋势，考察了主要自20世纪90年代以来在所谓“第三次民主浪潮”中形成了合宪性审查制度的国家或地区。据该学者统计，这类国家或地区共有72个，其中实行专门机关审查制的国家或实体有阿尔巴尼亚、亚美尼亚、捷克、波斯尼亚—黑塞哥维那、克罗地亚、俄罗斯、希腊等35个，实行普通法院审查制的有阿根廷、孟加拉国、玻利维亚、多米尼加等27个，实行专门机关为主，普通法院有限参与的混合审查制的国家有莫桑比克、秘鲁、南非等10个。②

这些数据表明，在72个新兴法治国家或地区中，宪法适用首重立法适用模式，辅以专门机关监督适用，完全排斥普通法院参与宪法适用的国家占总数的48.5%，而宪法主要由普通法院适用的国家或地区只占总数的37.5%，采用专门机关和普通法院混合审查制占总数的13.3%。由于上述

---

① 吴志光：《比较违宪审查制度》，（台北）神州图书出版有限公司2003年版。有关比例是根据该书第40—64页提供的数据计算出来的。

② See Tom Ginsburg, *Judicial Review in New Democracies: Constitutional Courts in Asian Cases*, London: Cambridge University Press, 2003, pp. 6 - 11.

学者的政治偏见，他们都没有将中国等社会主义国家计算在形成了合宪性审查的国家之内，而如果将中国等社会主义国家计算在内，普通法院有权适用宪法的国家在整体中所占比例会更低。

当然，这样说也并不意味着完全否定普通法院适用宪法模式对于我国的参考借鉴意义。事实上，在人民代表大会制度的框架下，如果各级人民法院在具体适用法律审理案件的过程中发现所适用的法律法规存在与宪法抵触的嫌疑，或法律的下位法文件有与法律抵触的嫌疑，它们是完全可以将疑问向有关国家权力机关提出来，从而在宪法监督适用方面充分发挥辅助作用的。

4. 应客观看待普通法院适用宪法的制度，既不贬损它，也不迷信它。法律、法学人士理应是有理性、思想独立的一群人，就像在现实生活中不可想象他们会去追捧演艺明星一样，在法律职业活动和法学学术研究中按理也不宜以追“星”的态度对待任何制度要素。美国那种由法院结合自己所审理的具体案件对法律的合宪性进行审查的法院直接适用宪法的体制（即司法审查或违宪审查），其有效性在美国的确得到比较普遍的肯定；即使在中国，也很少见到有人完全否定普通法院适用宪法的体制中包含的合理成分以及这种合理成分能够为人大制度参考借鉴的可能性。这是一方面，对这方面的情况本书最后一部分还将进一步有所论说。

另一方面，中国宪法学者还应看到普通法院适用制度本身的局限性。就其在美国宪法架构下的价值而言，美国学者对它的固有缺陷也多有论述，如杰里米·瓦尔德龙批评由普通法院进行司法审查“损害民主自治”，阿历克山德·比科尔认为它具有“反多数统治原则的本质”，① 甚至连美国宪法教辅读物也承认由普通法院进行的“司法审查是一种根深蒂固的反多数人主义”。② 可以说，美国学者中很多人并没有将普通法院适用宪法的体制看成一种十全十美的东西。

但是，人们往往感到比较难以理解的是，从过去十多年的情况看，我国似乎有相当数量的法律和法学界人士将对普通法院主导宪法适用的体制推崇到了一个相当高的程度，以至其中有些人士发布的意见给人留下的印

① John H. Garvey, T. Alexander Aleinikoff and Daniel A. Farber ed. , *Modern Constitutional Theory*: *A Reader*, Fifth Edition, St. Paul: West Academic Publishing, 2004, pp. 195 – 196.

② Christopher N. May and Allan Ides, *Constitutional Law*: *National Power and Federalism*, *Examples and Explanations*, Third Edition, New York: Aspen Publishers, 2004, p. 29.

象是，没有这种体制公民基本权利就得不到有效保障，宪法要充分实施也不可能，甚至没有它民主法治也必成空言——一句话，它被一些人士赋予了所谓普世价值。[①] 但是，这不是对宪法史的正确总结，也完全不符合历史事实和当今实际。

历史的经验特别是西方法治国家的情况表明，一个国家的宪法能否发挥作用，以及该国能否充分保障公民基本权利和实现民主法治，与普通法院能否适用宪法并没有必然联系。像美国那样由普通法院在适用宪法过程中担当首要角色的国家在历史上和现实中比例都不大，法国、德国等绝大多数欧洲国家从来都没有采用普通法院适用宪法的体制，但这些国家公民基本权利保护和宪法实施状况虽不一定说比美国更好，它们受到的评价通常也并不比美国差。

或许有学者会如此辩解：我们讲的是宪法司法化，法国、德国等国普通法院虽不能适用宪法，但它们掌握合宪性审查权的专门机关是司法性质的，有权以监督方式适用宪法。这类辩解无助于说明问题，因为，专门机关合宪性审查制与普通法院合宪审查制是两种完全不同的宪法实施保障体制或宪法适用体制，有关学者即使证明了专门机关合宪审查制下的宪法委员会、宪法法院是司法性质的，也不能证明他们以普通法院适用宪法为主要诉求的“宪法司法化”主张是正确的。更何况，对法国宪法委员会和德国宪法法院等合宪性审查专门机关是政治机关还是司法机关的问题，人们见仁见智并无定论。至少，要说像法国那样对组成人员无司法资格要求，又离开具体案件的审理，仅对法律的合宪性进行事前的和抽象性审查的宪法委员会是司法性质的机关，难以令人信服。

其实，连法国宪法委员会法官出身的成员也仅仅认为 1971 年 7 月 16 日后的法国宪法委员会是宪法法院，显然认为此前它并不具备司法属性。[②]

---

① 按学术规范的要求，本书此处应该有所引证，但如果真要引证，又只能从为数甚多的这类文字中引用少数几句，而这又势必让读者产生本书特别批评某某学者的印象，造成明显的不公平。好在对于这种学术见解，法学界已经有较多了解，本书前面也已有所论说，此处不做引证关系并不很大。

② 在这一天，法国宪法委员会作出了关于结社自由的 44DC 号决定，其主要意义在于落实了法国宪法序言确认的人权原则的效力。本书引述的观点参见北京大学法学院司法研究中心与耶鲁大学法学院中国法研究中心 2005 年 5 月 7 日至 8 日在北京举行的“违宪审查和中国宪制的未来”国际研讨会论文汇编中时任法国宪法委员会委员 Oliver Dutheillet de Lamothe 提交的文章，其标题是“Legislative Involvement in Constitutional Review: the Cases of France”。

但问题是，这个日期前与这个日期后，法国公民基本权利保障状况和宪法实施情况，难道真的有实质区别？应该说，从专业角度看，变化是有一些的，但没有根本的不同。

5. 既然各国都会适应自身情况发展自己的宪法适用模式，那么在宪法适用方面，一个国家就首先要尽全力开发自己的制度资源。由此观之，偏离我国现行宪法架构选择“宪法司法化”没有理性基础。或许有学者认为，本国宪法规定的体制既然不能做到行之有效，那不如把外国拿来试试。这种想法听起来似乎有理，但实际上是很不现实、很不理性的，因为，稍做比较，我们就不难看到哪一种选择成本更高、困难更大。

如果选择走落实和发展现行宪法适用体制的路，我国已有相当的建设基础，现行宪法已经确定了以人民代表大会为中心的宪法适用体制，在宪法的立法适用方面已经取得了巨大成就，并且基本形成了包括宪法有关规定，《立法法》《各级人民代表大会常务委员会监督法》等法文件在内的宪法实施监督（宪法适用监督是其中的一部分）方面的法规范体系，其不足之处只在于宪法实施监督体制的作用发挥得不充分，有些关键环节还有待于择机激活。

如果选择走“宪法司法化”的宪法适用的路，那么其原型在国外，将其引进到中国来还只是个别人头脑中的一些朦胧想法，至于引进来之后怎样解决与现有宪法体系中其他制度要素的兼容和协调问题，有关人士甚至连朦胧的想法都没拿出来；即使有了完整的想法，这些想法本身在理论学术论战中能否站得住脚还很难说，即使站住了脚，要让它走完从仅仅个别人信服到成为法学界共识进而成为主流社会的共识的过程，然后再取得政治正当性，最后完成必不可少的修宪立法程序、变成制度现实，其前景即使不便用死胡同来形容，至少要用千难万险来描述。

我们讨论宪法问题，只能假定每个人都是理性的，而按照理性人假定，人们应该毫不犹豫地选择落实和发展现行体制而不是去寻找虚无缥缈的“宪法司法化”路径。与选择“宪法司法化”相比，选择落实和发展现行体制达到我们的目的的可能性要大得多，而成本却小得无可比拟。当然，有些人士会认为，搞几次“宪法司法化”的冲撞式改革，多一些法院跟着做，兴许体制就变过来了。对此类把宪法制度视为儿戏的想法，本书无意讨论。

宪法适用体制是国家宪法制度的重要组成部分，它不是孤立的存在，它只有适应它所在的体系才能生存和发展。探寻我国的宪法适用体制，如果离开我国现行宪法文本和它确认的人大制度，那就不会有现实价值和意义。法学家不是小说家，也要避免不自觉地扮演唐·吉诃德之类的角色，而且，人生太短暂，这一代做法学的人没有多少时间资源可以浪费。

6. 脱离中国现实情况、根据一些片面认识推动“宪法司法化”的尝试，对我国宪法实施、宪法适用事业有多方面的损害。这些损害主要表现为：它实际上鼓励了一种脱离中国宪法文本和宪法架构、试图简单化地以国外某种具体做法为理想模式来解决中国宪法适用问题的学风，因而必然耽误中国人根据本国的具体情况解决自己特有的问题；它模糊了问题的焦点，把人们的注意力逐渐引向脱离宪法已经提供给了我们的解决宪法适用问题的现实途径，把中国宪法适用引向一条入口处装饰华丽但实际上根本走不通的死胡同；它徒然浪费我国法学学术资源，尤其是浪费宝贵的宪法学术资源。“宪法司法化”的各种说辞和做法给我国法治事业造成的最大损害，是它严重妨碍人们集中精力研究和推动我国宪法本身规定的宪法适用方式的有效激活或落实。

在对待“宪法司法化”问题上，法学人士表现出的某些行为倾向或许值得相关人士反省。不少偏好“宪法司法化”的人士往往习惯于以学者身份（包括一些以学者身份发表学术性作品的司法官员）将自己置身事外，而鼓励法院、法官在审判活动中尝试“宪法司法化”，让它们冒违宪违法越权办案及承担相应政治和法律责任的风险。好在法官们的宪法素质已经比较高，极少有人愿意冒这种危险。不过，发生于2003年5月的河南洛阳“种子案”的两位承审法官在某种意义上说，倒很像是这类不负责任言论的受害者。①

（四）宪法“司法化”之消解与国家权力机关适用之强化

既然“宪法司法化”与我国宪法架构处于冲突状态，推动“宪法司法化”对于我国宪法的充分适用有害无益，那么人们就面临着一个今后如何恰当处置“宪法司法化”现象的现实课题。

---

① 作为洛阳市中级人民法院的办案法官或有关业务庭的负责人，他们在事后被追究违法越权的责任，似乎还一度被免职或撤销职务。应当说，这种追究是必要而合理的，尽管造成这种后果的主要原因只是有关法官对宪法问题的认识偏差。

笔者以为，对于广义的“宪法司法化”现象不可以简单化地一刀切，应该本着实事求是，具体问题具体分析的精神，遵循法治原则，讲求合理性、专业性，耐心地处置。近年来似乎有这样一种倾向，即有关人士对于法院在裁判文书中论及宪法的规定或援引宪法的做法，主张采用不做具体分析一律予以禁止的方式加以处置。这不是好办法。如果我们面对“宪法司法化”现象采取这种态度，那不仅不能恰当地解决问题，还会把事情搞得更糟，甚至给人以主事者鲁莽无能的印象。

为什么情况会是这样呢？关键在于，现象与其后面的实质通常是分离的：法院裁判文书论及宪法的规定或援引宪法，其行为不一定具有“宪法司法化”（即宪法适用）的性质，不一定与宪法的规定抵触；而法院裁判文书没有论及宪法的规定、没有援引宪法，其行为不一定不具有“宪法司法化”性质，也不一定不与宪法的规定相抵触。本书前面讨论过的案例中，有许多法院论及宪法的规定或援引宪法但其行为没有“宪法司法化”性质、不与宪法规定相抵触的裁判文书，它们的存在，可以证明上述论点的一个方面的真实性。至于另一方面的真实性，我们可以通过寻找虽没有论及宪法的规定、虽没有援引宪法，但其行为却具有“宪法司法化”性质、与现行宪法的规定相抵触的法院裁判文书的方式来予以证明。

要在我国汗牛充栋的法院裁判文书中找到一些没有论及宪法规定、没有援引宪法但又具有“宪法司法化”性质的例证，相信并不会太困难。不过，由于过去几年中法学界，尤其是宪法学界较多的人士出于推动“宪法司法化”的意图，把较多时间花在寻找论及宪法有关规定或援引宪法的裁判文书上，对于形式上无涉宪法但实质上越权做宪法性裁判的案例疏于关注，因此这类案件被披露的很少。但尽管如此，还是有少许类似案例被披露出来。

或许，朱素明诉昆明市公安局交通警察支队一大队公安交通行政处罚案（以下简称朱素明案）就属于法院没有援引宪法但却做了宪法性裁判的典型案例。[①] 朱素明案的大致案情如下：2005 年 1 月 5 日，原告朱素明驾驶汽车违章驶入公交专用车道，被被告市交警支队一大队值勤民警当场查

① 该案例是昆明市中级人民法院于 2006 年 8 月组织资深法官和学者评选出的该年度 17 个精品案例之一，相关信息曾由新华网云南频道转载，在该省法律、法学界有广泛影响，在全国也引起过法学界人士一定程度的关注。

获。执勤民警依据《道路交通安全法》第90条之规定，拟作出对其处罚100元罚款的行政处罚，原告无申辩意见。值勤民警当场制作了《公安交通管理简易程序处罚决定书》交原告签名，并在告知原告朱素明权利义务及交纳罚款的相关规定后，将处罚决定书送达原告。

后来，原告朱素明不服该处罚决定，以交警一大队为被告起诉至法院。原告认为，被告适用简易程序当场对其作出行政处罚违法，适用法律错误，请求人民法院撤销被告作出的《公安交通管理简易程序处罚决定书》。昆明官渡区法院一审认为：《道路交通安全法》中关于道路交通安全违法行为予以行政处罚的规定相对于《行政处罚法》的规定属特别法，依据法律冲突的适用规则，一般法与特别法相冲突时，应适用特别法。遂判决维持被告交警一大队作出的处罚决定书。①

原告朱素明以一审判决适用法律的审查认定有错误为由向昆明市中级人民法院提起上诉，其上诉理由是：该案一审法院判决对适用法律的审查认定有错误，因为《行政处罚法》是全国人大制定和通过的基本法律，而《道路交通安全法》是全国人大常委会制定的基本的法律之外的法律，因而《行政处罚法》是上位法，《道路交通安全法》是下位法，《行政处罚法》的法律效力明显高于《道路交通安全法》；这两部法律既不是同一立法机关制定，又不是同一位阶的法律，不存在特别法优于一般法原则适用的基础，因此，被上诉人对上诉人的行政处罚只能适用《行政处罚法》；而按照《行政处罚法》的规定，本案被上诉人适用简易程序对上诉人处以金额为100元的罚款不合法。上诉人据此请求二审法院撤销一审法院判决。

经审理，二审法院即昆明市中级人民法院对此案做了终审判决，判决书的论证分析部分针对上诉人的上诉理由做了评析，并据此确定了审理该案应适用的实体法依据，其中写道：

在我国的立法体系中，全国人大与全国人大常委会都是法律的制定主体，均为行使最高立法权的国家立法机关，全国人大常委会是全国人大的常设机关，在全国人大闭会期间，其可以经常性地行使国家最高层次的立法权，两个国家最高立法机构所制定的法律不应存在位阶上的“层级冲突”，即不会产生“上位法”与“下位法”之间冲突问题，故上诉人朱素

① 见云南省昆明市中级人民法院（2005）昆行终字第124号判决书。

明在该案中认为全国人大制定的《行政处罚法》系"上位法"，全国人大常委会制定的《道路交通安全法》系"下位法"的诉讼理由是不成立的；其次，全国人大制定的《行政处罚法》是对所有行政处罚作较原则的规范性规定，属于普通法规范，而由全国人大常委会制定的《道路交通安全法》则是对道路交通安全管理的有关事项作具体规定，属特别法规范；按照我国《立法法》第83条规定，"特别规定与一般规定不一致的，适用特别规定"。故本案应当适用特别规定。

于是，基于以上裁断，二审法院宣布，依照《行政诉讼法》第61条第1款和第71条的规定，选择以《道路交通安全法》为实体依据，判决此案维持原判。①

笔者认为，昆明市中级人民法院对朱素明案的二审判决有明显的超越权限做宪法性裁判的嫌疑。《立法法》第92条规定："同一机关制定的法律、行政法规、地方性法规、自治条例和单行条例、规章，特别规定与一般规定不一致的，适用特别规定"。朱素明案的一审和二审，真正的争议焦点实质上只有一个，那就是全国人大与全国人大常委会两者是同一个国家机关还是不同国家机关的问题。应该说，这是需要通过解释法律或解释宪法才能确定的问题。而且，如果可以循解释法律的途径来解决问题，由于该解释将直接涉及对全国人大与全国人大常委会的地位和相互关系这样重大的宪法问题的认定，所以法律解释权只能由全国人大常委会行使，不宜由最高人民法院依据《人民法院组织法》的相关规定做解释。

朱素明案是没有援引宪法却实在地实施"宪法司法化"的典型案例。要了解该案的这一实质方面，需注意如下情况：

1. 就职权范围而言，朱素明案的二审法院认定全国人大与全国人大常委会为《立法法》第92条所说的"同一机关"，并以此为依据确定审理此案应该适用的法律的行为，侵犯了按宪法第67条规定属于全国人大常委会的法律解释权，具有法院适用宪法的性质。法院认定全国人大与全国人大常委会"均为行使最高立法权的国家立法机关，全国人大常委会是全国人大的常设机关，在全国人大闭会期间，其可以经常性地行使国家最高层

---

① 这段文字系笔者根据云南省昆明市中级人民法院（2005）昆行终字第124号判决书整理，其中的直接引语为判决书原文。

次的立法权”，实际上是在做宪法判断，严重超越了自身的职权范围，也超越了中国整个法院体系的职权范围。涉及在全国人大闭会期间全国人大常委会是否“可以经常性地行使国家最高层次的立法权”（如制定基本的法律）的问题，几乎可以肯定，不仅是各级人民法院无权处理的事务，甚至也超出了宪法规定的全国人大常委会的立法权范围，是需要通过解释宪法才能解决的事情。

2. 就裁判内容而言，朱素明案二审法院的判决书对全国人大和全国人大常委会关系的认定也与现行宪法的规定不相符。该案二审判决认定在全国人大闭会期间，全国人大常委会“可以经常性地行使国家最高层次的立法权”的说法，与宪法的规定明显不符。依据宪法，在立法方面全国人大常委会只可“制定和修改除应当由全国人民代表大会制定的法律以外的其他法律”；只有权“在全国人民代表大会闭会期间，对全国人民代表大会制定的法律进行部分补充和修改，但是不得同该法律的基本原则相抵触”。易言之，在全国人大闭会期间，全国人大常委会并没有与全国人大完全相同的宪法地位，因而其可以行使的立法权相对于全国人大的立法权而言是次高的而不是完全相同的。也正因为如此，《宪法》第 69 条才规定“全国人民代表大会常务委员会对全国人民代表大会负责并报告工作”。

3. 作为“宪法司法化”的例证，就实质方面而言，朱素明案比本书前面已经剖析过的几乎所有的援引过宪法的案例都更为典型。在这个案例中，二审法院的行为具备适用宪法而非遵守宪法的所有主要特征：法院实际上行使了按《宪法》第 76 条属于全国人大常委会的解释法律的职权，甚至犹有过之；它行使了属于全国人大常委会的职权对一个确有争议的宪法问题作出了裁断，尽管这个裁断是在判决书的说理论证部分作出的；它不是简单确认宪法规定的某项不言而喻、不证自明或无可争议的内容（如公民人身自由不受侵犯），而是一个在原告与被告之间有争议的问题，因而不同于遵守宪法。

4. 作为隐性的“宪法司法化”案件的例证，朱素明案并非孤证。宪法学界众所周知的 2003 年洛阳“种子案”是法院裁判文书没有论及宪法规定，也没有援引宪法条文，但实际上越权做了宪法性裁判的另一个例证。在这个地方性法规与法律对同一类问题设定的处理规则发生了冲突的案件中，洛阳市中级人民法院超越法院职权范围，在判决书中认定和宣布“《河南省农作物种子管理条例》作为地方性法规，其与《种子法》相冲突的条款自然无效”。[①] 像朱素明案的判决书一样，洛阳中院的这个裁判也没有论及宪法，但就内容而言，其所做的实际上是宪法性裁判，侵犯了依据《宪法》第 67 条第 8 项、《立法法》第 97 条第 2 项规定的属于全国人大常委会的职权，这项职权的具体内容是“撤销同宪法法律相抵触的”地方性法规。

这个事件于2003 年 5 月出现之时和出现之后，很多法律、法学界人士为因此而受到处分的办案法官鸣不平，好像他们没做错什么事，很冤枉，甚至不少学宪法的青年也跟着盲目附和，从这类现象足见我国法学、法律界人士宪法意识、宪定权限意识之薄弱。从实质上说，也许有关地方性法规确实违反了种子法，确实应该被认定为无效，但真正的问题不在这里，而在于哪一个国家机关有权认定地方性法规违法并宣布其无效。根据我国宪法和现行法律，不仅洛阳市中级人民法院无权如此认定地方性法规违法和撤销违法的地方性法规，最高人民法院也无权这样做。[②]

其实，在种子案之前也有类似的案件。1998 年 12 月 15 日，酒泉地区中级人民法院曾作出一个行政判决，判决书称：“上诉人对被上诉人实施行政处罚所依据的《甘肃省产品质量监督管理条例》第 13 条、第 30 条有关产品质量监督管理部门对维修者实施行政处罚的规定，有悖于《中华人民共和国行政处罚法》第 11 条第 2 款”。[③] 该案也没有提及宪法，但其中显然有法院越权裁判的宪法性瑕疵，据了解，当年甘肃省人大常委会主任会议就将此事认定为一起全国罕见的审判机关严重违法事件，应该说是有道理的。

---

① 该案的基本情况是：河南省伊川县种子公司委托汝阳县种子公司代为繁殖“农大 108”玉米杂交种子，双方发生纠纷诉到洛阳市中级人民法院，审理过程中双方对事实认定没有分歧，但在赔偿依据问题上因适用法文件不同进而分歧颇大：根据河南《农作物种子管理条例》第 36 条的规定，“种子的收购和销售必须严格执行省内统一价格，不得随意提价”；而根据国家《种子法》的立法精神，种子价格应由市场决定。在这个案件中，地方性法规与法律对同一类问题设定的处理规则发生了冲突。洛阳市中级人民法院超越法院职权，判决《农作物种子管理条例》违法无效。此处直接引语为洛阳市中级人民法院（2003）洛民初字第 26 号判决书中的关键文字。

② 在司法实践中，在合法性审查制度效用不彰的背景下，合议庭面对这样的问题自然会很无奈，但合议庭法官若心照不宣地直接选择适用应该适用的规范性法文件加以裁判，一般各方都能相安无事：这种情况下虽然法官内心实际上已经进行过合法性审查了，但内心进行审查和选择适用与将内心审查的结论公开宣布出来，那是有很大区别的，前一种做法不直接损害国家权力机关的权威，后一种做法则会造成很明显的损害，所以其后果肯定必须予以纠正。

③ 参见《中国经济时报》2000 年 9 月 5 日。

一些法律界、法学界人士之所以找到前面那许多案例而没有关注这类虽未援引宪法却实际上作出了宪法性裁判的案例，原因或许仅仅是因为他们不太关注实情的实质方面，而是太注重事情的外观。

在证明了“宪法司法化”与法院裁判文书是否论及宪法或是否援引宪法这类表面现象之间并无必然联系之后，本书对于我国在宪法适用过程中究竟应如何消除或处置“宪法司法化”现象等相关事宜，到了应该提出一些结论性意见的时候了。笔者将这方面的意见归结为如下数点：

1. 深化宪法立法适用、重点充实和完善保障公民基本权利的立法。迄今为止我国社会生活中还时有这样的尴尬情况出现：一项基本权利，宪法原则性地给予了确认，但没有法律在实体上或程序上予以具体落实，而当该项基本权利受到侵犯的时候，法院手里有宪法但无权适用，有权适用法律但却没有相关法律。这种情况的存在，是许多人士主张法院直接适用宪法、推进“宪法司法化”的一个重要理由或原因。我们要维护宪法本身规定的适用形式，杜绝“宪法司法化”现象，就应该从根本上解决好这方面的问题。

具体说来或许主要应该从两个方面着手：（1）弥补某些长期存在的结构性立法缺失。要制定保障这些基本权利的法律，难度的确很大，但宪法既然将它们作为基本权利给予了确认和保障，长期不制定出相关的法律显然是不妥当的。在这方面，胡锦涛说得好：“全国人大及其常委会，要从国家和人民的根本利益出发，在立法过程中充分保障宪法规定的公民的自由和权利”。[①]（2）完善平等保护方面的立法。这是一个相对独立的立法领域，涉及的范围很广泛，要解决的问题很多，如男女平等、农村公民和城市公民平等，以及平等就业、反各种歧视等。（3）完善公民人身权、私有财产权保障和社会保障等方面的立法，解决好对征收、征用、城市房屋拆迁等公权力行为的法律规制问题。

2. 有效启动或激活宪法的监督适用机制。宪法确定的以全国人大及其常委会为中心的宪法监督适用体制长期没能有效运作，是许多人放弃对这个宪定体制的期待，转而寻求通过“司法化”路径适用宪法的另一

---

① 胡锦涛：《在首都各界纪念中华人民共和国宪法公布施行二十周年大会上的讲话》（2020年12月4日），《十六大以来重要文献选编》上册，中央文献出版社2005年版，第74页。

个重要理由或原因。所以，若欲消除“宪法司法化”主张及其影响，就必须切实形成行之有效的宪法监督适用机制，解决好法律、行政法规、自治条例、单行条例、地方性法规乃至司法解释、部门规章之类规范性法文件的合宪性审查问题。早在2002年，胡锦涛就在这方面提出过明确提出：“全面贯彻实施宪法，必须健全宪法保障制度，确保宪法的实施”；“一些不同程度的违宪现象仍然存在。要抓紧研究和健全宪法监督机制，进一步明确宪法监督程序，使一切违反宪法的行为都能及时得到纠正”；全国人大及其常委会“要切实担负起监督宪法实施的职责，坚决纠正违宪行为”。[①]

解释宪法是与宪法监督适用密切联系在一起的适用宪法的形式。在这方面，胡锦涛也说得非常好，他说，全国人大常委会“要切实履行解释宪法的职能，对宪法实施中的问题作出必要的解释和说明，使宪法的规定更好地得到落实”[②]。

3. 按维护宪法权威和建设法治国家的精神处置好不时出现的法院援引宪法和越权作宪法性裁判的问题。如果说上面两条意见是着眼于治本，那么这条意见就只是着眼于治标了。在这方面，笔者以为关键是要在让认识上明确如下要点：（1）对裁判文书援引宪法的做法，不能简单化肯定或否定，应做具体分析。一般来说，如果确有必要，裁判文书在分析说理部分对宪法作遵守性援引，不仅与“宪法司法化”无关，还有助于维护宪法的权威、促进宪法的充分实施。（2）无论如何，法院无权在裁判文书交代判决依据的部分援引宪法，即不可以在“依照宪法第××条判决如下”的文字结构中援引宪法。（3）尤其要注意防止像朱素明案那样，在裁判文书不具有“宪法司法化”的常见外部表现（如援引宪法或论及宪法）的情况下，实质上做了宪法性裁判而不自知。（4）对于已经出现或将来可能出现的“宪法司法化”现象，应遵循法治精神妥善处理，具体地说，就是应按照宪法或有关法律已经规定了的程序予以矫正，不宜采用内部发文、领导讲话等非法定的形式来纠正。

---

① 胡锦涛：《在首都各界纪念中华人民共和国宪法公布施行二十周年大会上的讲话》（2020年12月4日），《十六大以来重要文献选编》上册，中央文献出版社2005年版，第74页。

② 胡锦涛：《在首都各界纪念中华人民共和国宪法公布施行二十周年大会上的讲话》（2020年12月4日），《十六大以来重要文献选编》上册，中央文献出版社2005年版，第74页。

五　法院"依照法律"规定行使审判权释论①

我国《宪法》第131条规定："人民法院依照法律规定独立行使审判权，不受行政机关、社会团体和个人的干涉。"从字面上看，宪法这一条只涉及人民法院与法律的关系和法院与行政机关、社会团体、个人的关系，但实际上它牵涉的范围比表面上看起来的要广泛得多、复杂得多。因为，宪法这一条还涉及执政党的执政方式、最高国家权力机关的地位和职权范围，以及法院与宪法的关系等许多深层次内容。根据宪法文本结合当今中国实际从学理上合理解释《宪法》第131条，事关我国宪法能否准确、充分地实施的大局，是当今宪法学界亟须完成好的最重要课题之一。完成这个课题需要突破的理论难点至少有两个，一个是全面准确地阐释其中"依照法律规定"行使审判权的内容，另一个是全面准确地阐释其中的"独立行使审判权"的含义。本书拟适应建设社会主义法治国家的现实需要，本着先易后难的推进顺序，试解答其中的第一个理论难点。现以人民法院（以下一般简称法院）与宪法的关系为重心，对《宪法》第131条中法院"依照法律规定"行使审判权的内容做些解释和论证。

本书的论述也基本适用于对《宪法》第136条中关于人民检察院"依照法律"规定行使检察权的学理解释。

（一）对《宪法》第131条中"依照法律"的认知差异

全面准确解释《宪法》第131条中法院"依照法律"规定行使审判权的规定，关键在于能否实事求是地确认《宪法》第131条中"依照法律"② 规定这个词组的具体内容，尤其是其中"法律"的内容构成。

几乎在所有严格地实行成文宪法制度的国家的历史上，都有过制宪者写入宪法文本的词语当初在含义上没有疑问、未予严格界定，而许多年后出现争议，从而不得不对宪法有关条文进行解释甚至修改的情况。从1980

① 本节原载《中国法学》2009年第6期，标题为《法院"依照法律"规定行使审判权释论——以我国法院与宪法之关系为重点的考察》，纳入本书时按全书基本概念统一、基本观点协调的原则作了修订。

② 电脑统计表明，我国现行宪法全文有数十处出现"依照法律"的字样，但本书在讨论范围上仅以《宪法》第131条中的相应词语为限。

年8月30日中共中央向五届全国人大提出修宪建议，到1982年12月4日宪法修改草案获得通过，在1982年宪法形成的这两年多时间里，宪法修改委员会成员和参与工作的宪法专家中似乎都没有人认为后来表述在《宪法》第131条中的“依照法律”的含义会成为一个有争议的问题，因而似乎也就没有人具体讨论和解说“依照法律”的具体内容。①

另外，笔者遍查了1982年以来我国出版的受到较大程度关注的中国宪法教材、解说中国宪法的著作、辞书②和涉及对《宪法》第131条中“依照法律”规定进行解释的论文，发现法学界对“依照法律”这个短语虽下过一些研究功夫，但意见颇不统一，而且迄今远没有达成共识。要正确把握《宪法》第131条中“依照法律”规定的内容构成，主要是要弄清楚其中的“法律”是否包括宪法，至于“法律”是否包括其他法规范性文件等问题，均是次要问题。考察过“法律”是否包括宪法的论著是有一些的，现将这方面有代表性的不同论点做简要归纳和评说。

1. 对“法律”做较广义解释有不少难以合理说明的问题

早在20世纪90年代中期，就有具官方背景的机构和学者对“法律”作出了包括宪法在内的广义解释。这种解释明确认定《宪法》第131条中的“法律就是宪法、法院组织法、刑事诉讼法、民事诉讼法、行政诉讼法等”③。

---

① 从已经公开发表的修宪资料和参与秘书处工作的宪法专家的解说和记述看，说1982年修宪时修宪者们没有讨论和确定“依照法律”的具体含义应该是比较有根据的。此处所说的已经发表的修宪资料，主要指当年宪法修改委员会副主任委员彭真代表主任委员叶剑英向五届全国人大常委会所做的关于宪法修改草案的说明，向五届全国人大所做的修改宪法的报告，以及他的其他一些相关的讲话、报告。于友民、乔晓阳主编《中华人民共和国现行法律及立法文件》上卷，中国民主法制出版社2002年版，第19—34页；彭真：《论新时期的社会主义民主与法制建设》中收录的相关文章，中央文献出版社1989年版。至于参与秘书处工作的宪法专家的解说和记述，则主要是指《张友渔文选》下卷，法律出版社1997年版，第232—276页；许崇德：《中华人民共和国宪法史》，福建人民出版社2003年版，第17—19章、第22章第8节；以及肖蔚云：《我国现行宪法的诞生》，北京大学出版社1986年版，相关章节。考虑到宪法修改委员会对1982年《宪法》历次修改草案的讨论记录尚未公开，无法作彻底查证，故此处为慎重起见用了“似乎”这一有所保留的用语。

② 这里所谓“受到较大程度关注的”宪法学作品，主要指法律出版社、中国政法大学出版社、中国民主法制出版社、人民法院出版社、中国检察出版社和设有研究生院的大学的出版社出版的宪法学作品。

③ 全国人大常委会办公厅研究室政治组编著，蔡定剑主编：《中国宪法精释》，中国民主法制出版社1996年版，第278—279页。

在 2001 年齐玉苓案出现和最高人民法院作出相应的批复[①]后，倾向于认定“依照法律”规定中的“法律”包括宪法的论文和著作有所增多。其中比较有代表性的说法是：“从审判权来源看，只有宪法和法律才能赋予法院审判权，而审判权的首要来源是宪法，审判活动本身是宪法和法律实施过程的一个环节。由于宪法赋予人民法院审判权，‘依照法律’自然包含着人民法院要遵循宪法约束的原则。”[②]

但是，将“法律”作包括宪法的较广义的解释有很多地方说不通。若对宪法这一条中的“法律”作包括宪法的较广义解释，在逻辑上就意味着解释者主张我国各级法院皆有权援引和直接根据宪法条款裁判具体案件，并势必由此引出下面这样一些在我国现行宪法架构下几乎是不可能给予合理解答的难题。

首先，法院根据宪法裁判案件的职权从来是与解释宪法的职权和监督宪法实施（违宪审查）的职权联系在一起的，世界上从来没有过不享有违宪审查权、宪法解释权而能够根据宪法规定裁判案件的法院，也没有这类判例或事例。在最高国家权力机关专有解释宪法和监督宪法实施的职权的我国宪法体制下，且不说法院没有获得根据宪法规定裁判案件的宪法授权，即使法院获得了这样的授权，若没有其他必要职权的配套，它也不可能真正行使这项职权。

其次，由本级人大产生、受本级人大监督、对本级人大负责的我国法院，其宪法地位与权力分立、制约平衡体制下的法院有根本的不同。[③] 在本级或上级人大制定的法规范性文件与宪法不一致的情况下，法院没有任何法理和宪理根据否定本级或上级人大制定的法规范性文件的效力。依照现行实在法，法院连依照法律审查行政法规、地方性法规等下位法文件合法性并予以公布的职权都没有。既然如此，在我国宪法体制下，法院怎么可能排除对违宪的法规范性文件的适用而直接根据宪法规定裁判案件？

再次，人们往往倾向于认为，宪法的最高法律效力一定要通过法院根

---

① 指《最高人民法院关于以侵犯姓名权的手段侵犯宪法保护的公民受教育的基本权利是否应承担民事责任的批复》［法释（2001）25 号］。

② 韩大元：《以宪法第 126 条（现 131 条——引者）为基础寻求宪法适用的共识》，《法学》2009 年第 3 期。

③ 有学者对此做过很精辟的论述，参见黄正东《宪法司法化是脱离中国国情的空谈》，《法学》2009 年第 4 期。

据宪法规定裁判案件才能体现出来，按这种看法，既然我国宪法规定了自身的最高法律效力，法院行使审判权所依据的“法律”中就一定得包括宪法。这种看法没有说服力。宪法当然是有最高的法律效力的，但宪法实现其最高法律效力的方式在不同的宪法体制下是不一样的。没有证据能表明在我国宪法架构下宪法的最高法律效力要通过法院直接根据宪法裁判案件的方式实现。世界上许多法治国家，如法国、意大利、德国等，其宪法的最高法律效力也不是由普通法院的裁判体现的，既然如此，为什么说在我国的人大制度下宪法的最高法律效力非得通过法院根据宪法规定裁判案件来体现呢？

最后，从 1954 年宪法起草至今，制宪、修宪和释宪机关从来没有表达过任何一点法院适用的“法律”中包括宪法的意思。在我国最有资格确认宪法本意的，当属当年的制宪机关和后继的修宪和释宪机关即全国人大或其常委会。但当年的宪法起草机构及随后的全国人大及其常委会的规范性、非规范性法文件也好，它们的主要领导人的修宪说明、工作报告和专门机构、工作机构发布的文件也好，自 1953 年 1 月中央人民政府委员会第二十次会议决定成立宪法起草委员会起，数十年来从来没有表达过法院应该根据宪法规定裁判案件的意思，相反倒是一直在做与此完全相反的制度安排①——难道这一切都是因为他们一直没能正确理解他们自己制定和修改的《宪法》中第 131 条里“法律”的含义？这样推测明显不近情理、说不通。

迄今为止的宪法学作品都还不能合理回答上述难题，因此，有些意欲解决好这个问题的宪法学者不得不在解释“依照法律”规定的含义方面另辟蹊径。

2. 对“法律”做狭义解释亦有其难以回答的疑问

对《宪法》第 131 条中的“法律”做排除宪法的狭义解释的尝试，是从 2001 年讨论齐玉苓案和最高人民法院的相关批复［即法释（2001）25 号］开始的。当时，针对所谓“宪法司法第一案”的说法，为了克服对《宪法》第 131 条“依照法律”中的“法律”二字做较广义解释造成的理

---

① 这种安排集中表现在全国人大制宪和修宪时并未赋予人民法院任何形式的宪法监督权和宪法解释权，以及《立法法》甚至也没有授予人民法院对行政法规、自治条例、单行条例和地方性法规的合法性审查权。

论困境和在实践环节背离宪法规定和精神的问题，笔者试图将“依照法律”中的“法律”二字做狭义的解释，认定这里的“法律”不包括宪法在内。在这个过程中，笔者提出和论证了这样的基本命题：根据宪法的规定和精神，我国法院无权适用宪法，无权依照宪法规定裁判案件；法院适用宪法严重违反人民代表大会制度的基本原理和原则。①

近年来，笔者又在讨论我国宪法适用路径的文章中对上述观点做了进一步申论，明确提出《宪法》第131条里“‘依照法律规定’6个字中，‘法律’二字是狭义的，不包括宪法在内”；“现行宪法全文，都是在严格区分宪法与法律两个概念的基础上作出各项规定的。作为我国的根本法，我国宪法没有、也绝对不可能使用即使在民间和人们口头上也很少使用的所谓广义法律概念。”② 既然如此，“依照法律”中的“法律”自然不会包括宪法。

不过，宪法学界很快有学者对上述论说表达了异议，认为“宪法是法律渊源中的首要渊源，在‘依照法律’的解释上不可能完全排斥宪法”；“根据宪法序言的规定，宪法是人民法院审判活动的根本准则；法院负有维护宪法尊严、保证宪法实施的职责；如果‘依照法律’时只讲形式的法律，认为若根本法的条款没有通过法律被具体化，就不可以约束人民法院，那么根本法的最高法律效力又如何体现？人民法院如何维护宪法尊严、保证宪法实施呢？”③ 这种异议是有一定根据的。

的确，按照法学界对我国宪法现在的解释模式，将宪法排斥在法院行使审判权应该依照的“法律”之外，有很多地方说不通。如果将“依照法律”中的“法律”二字做排除宪法的狭义解释，似乎难免有否定宪法的最高法律效力及于法院、否认法院必须以宪法为根本的活动准则、否认法院必须维护宪法尊严、保证宪法实施等诸多嫌疑。

同样，如果认定法院行使审判权应依照的“法律”不包括宪法，似乎也会得出法院可以不必遵守宪法的一些十分具体的规定的错误结论。例如，《宪法》第139条规定，“各民族公民都有用本民族语言文字进行诉讼的权利。人民法院和人民检察院对于不通晓当地通用的语言文字的诉讼参

---

① 参见本书第五章“宪法司法适用研究中的几个问题”一节。

② 参见本书第四章“宪法适用应依循宪法本身规定的路径”一节。

③ 韩大元：《以宪法第126条（现131条——引者）为基础寻求宪法适用的共识》，《法学》2009年第3期。

与人，应当为他们翻译”；“在少数民族聚居或者多民族共同居住的地区，应当用当地通用的语言进行审理；起诉书、判决书、布告和其他文书应当根据实际需要使用当地通用的一种或者几种文字。”显然，即使没有具体法律对这些条款做细化的规定，我国法院也是绝对必须遵守宪法中的这类规定的。但是，如果将“依照法律”中的“法律”做狭义的解释，就很容易导致法院可以但不是必须遵守宪法的这类规定的错误认识。其他可能有的诸如此类的担心也是可以理解的。

3. 对“依照”的本意是“实施”“适用”还是“遵守”没有共识

法院是要实施法律的，但实施法律的方式通常分为法律的遵守、法律的执行和法律的适用。一般认为，在实施法律的以上三种方式中，法律的遵守是所有法律关系主体共同的事情，法律的执行指国家行政性机关依据法律规定的权限和程序具体运用法律来组织、管理、处理行政性公共事务的专门活动，而法律的适用则是指法院等司法机关根据法律规定的权限和程序具体运用法律审理或裁判案件的专门活动。但也有学者注意到，法律的执行和法律的适用有许多共同点，因此他们有时也将法律的执行和法律的适用统称为法律适用。[①] 还有的学者认为“法的适用的主体是国家专门机关，包括国家权力机关、行政机关和司法机关”[②]，也就是说，按这种理解，法律适用包括立法适用[③]、行政适用和司法适用。

本书为了尽量使讨论单纯化，对法律实施采用了两分法，即仅仅将其区分为法律遵守和法律适用。基于同样的理由和思路，本书也将宪法实施区分为宪法遵守和宪法适用两种方式。

国家机关遵守法律的活动与适用法律的活动是有重大差别的，这种差别同样存在于宪法遵守与宪法适用之间。法律适用要以遵守法律为前提，但遵守法律的活动不一定同时是法律适用活动。国家机关适用法律的活动有其与遵守法律的活动区分开来的重要特征。法理学者的下面这几段论述对我们理解遵守法律与适用法律两种活动的差别有重要意义：“国家机关依法行使职权，正常执行法律要求的活动不是法的适用活动，而是一般的实施法的活

---

① 沈宗灵主编：《法学基础理论》，北京大学出版社 1994 年版，第 365 页。

② 孙国华主编：《法学基础理论》，中国人民大学出版社 1987 年版，第 393 页。

③ 有立法权的国家机关有时也需要适用法律，如全国人大常委会适用全国人大制定的法律，有自治条例、单行条例或地方性法规制定权的地方国家权力机关在制定这些法规范性文件的过程中适用法律，等等。

动、一般的守法活动”；“适用法的活动是专门机关依法把法律的一般规定用来处理具体案件作出判决，裁定或决定的活动”；“法的适用就其活动方式来讲是国家机关将法律规范用到具体事或具体人的活动，是个别性地运用国家权力的法律活动。”[①] 这些法理论述比较精辟，真实地反映了法律遵守与法律适用的区别，同时也足以说明宪法遵守与宪法适用的差别。

如果宪法学者讨论关乎宪法实施的问题不希望过于空洞抽象而欲稍微深入具体一点，他们就不能不接受一些较为精细一些的分析套路，其中首先要做的一件工作是将宪法实施分解为宪法遵守和宪法适用两种方式。[②] 要准确解释《宪法》第131条“依照法律”规定中的“依照”一词并进而说明其与法院、宪法的关系，我们必须先在法律实施、法律遵守、法律适用的框架内给予它一个合理的定位，然后再在宪法实施、宪法遵守、宪法适用的框架内给它一个更具体的定位。

如何确定《宪法》第131条“依照法律规定”中“依照”的本意，直接关系到人们对法院与宪法关系的理解；如果人们对“依照”本意理解不同，他们对法院与宪法关系的理解就必然有差异。如果人们认定“依照”的本意是“遵守”，那么“依照法律”在内容上就等同于“遵守法律”，在这种语境下，即使人们把“法律”理解为包括宪法在内的广义的法律也无关紧要，因为这不会导致法院有权根据宪法规定裁判案件的宪法解释和相应的制度安排。

但是，如果人们认定“依照”的本意是“适用”或包括适用的“实施”，那么，“依照法律”就变成“适用法律”或“实施法律”了，此时人们如果继续认定法院应“依照”的“法律”是包括宪法的广义的法律，那就必然形成法院有权根据宪法规定裁判案件的宪法解释和制度安排。

可见，《宪法》第131条“依照法律”规定中的“依照”一词，也是一个宪法学界早就应该从学理上给予其具体定位而又一直没能给予其足够关注的宪法用语。宪法学者对这种疏忽应有所弥补。

4. 对“依照法律”的认知不确定致使法院处理与宪法的关系进退失据

早在1955年7月30日，最高人民法院曾经公布了给新疆高级人民法

---

① 孙国华主编：《法理学教程》，中国人民大学出版社1994年版，第418、419页。

② 为了在对分析要素做尽可能简约的基础上较深入、细致地讨论宪法实施问题，笔者在20世纪末就将宪法实施中与宪法遵守相对应的另一部分活动都概括为宪法适用，因而宪法实施被约定性地区分为宪法遵守和宪法适用两种形式。参见本书“宪法学新体系的范畴架构”一节。

院的一个《关于在刑事判决中不宜援引宪法作为论罪科刑依据的复函》（研字第 11298 号），认定“在刑事判决中，宪法不宜引为论罪科刑的依据”。但是，在刑事判决中法院可不可以援引宪法作为解决论罪科刑以外的问题（如涉及原告或被告程序性权利的问题）的根据呢？另外，在审理民事案件和后来纳入受案范围的行政诉讼案件时，法院是否可以援引宪法作为裁判根据呢？有关国家机关并没有提供这些方面的答案。

应该说，现行宪法与 1954 年宪法是有很大差别的，1954 年宪法架构下法院不能做的事，在现行宪法架构下法院不一定不能做。但有一点却似乎是数十年来都没有什么不同的，那就是法院在行使审判权的过程中对于是否能够援引宪法，或什么情况下可以援引宪法，什么情况下不可以援引宪法，援引宪法可用于说理论证还是可作为裁判案件的根据等问题，皆处于无公开明确的规则可循的状态。最高人民法院 1986 年 10 月 28 日作出的《关于人民法院制作法律文书如何引用法律规范性文件的批复》原本可以在这些方面做些规范，但实际上它也完全回避了援引宪法的问题。

由于法学界对《宪法》第 131 条中“法律”的认知不确定，现在法律从业人员和法学院系师生心中较普遍存在的疑惑是：

首先，若说我国宪法不能援引，数十年来法院援引了宪法的情况并不少，其中还不乏援引宪法作为裁判根据的案例，[①] 但最高国家权力机关或最高人民法院自己为什么没有对过去的做法进行一番清理、拿出一套可供各级司法机关遵循的规则呢？人们注意到，最高人民法院 2008 年 12 月 18 日发布公告，公布了《关于废止 2007 年底以前发布的有关司法解释（第七批）的决定》，其中包括以“已停止适用”为理由，废止了最高人民法院 2001 年《关于以侵犯姓名权的手段侵犯宪法保护的公民受教育的基本权利是否应承担民事责任的批复》，但为什么这个批复被“停止适用”进而遭废止？其中包括了什么样的处理最高人民法院与宪法之间关系的能反复适用的原则或规则？

其次，若说法院有权“依照”宪法规定行使审判权，那么，这就会是我国司法体制改革乃至政治体制建设中的惊天大事，最高国家权力机关势

① 如王禹编著的《中国宪法司法化：案例评析》一书（北京大学出版社 2005 年版），就收集了我国法院援引宪法的 33 个案例，其中援引宪法作为裁判依据案例有 3 个，包括对齐玉苓案作出终审的山东省高级人民法院（1999）鲁民终字第 258 号判决书。

必对此做完整的学理论述并相应修改宪法和法律，怎么可能从最高国家权力机关到最高国家审判机关，对此都没有一点制度化安排或法理论说？

以上情况表明，我国各级法院对于如何处理法院与宪法的关系进退失据的情形是比较明显的。只有全面准确解释《宪法》第131条中的“依照法律”这个词组的含义，我们才能逐步改变这种状况。

（二）法院“依照法律”规定行使审判权的主要内容

迄今为止，我国法学界、法律界对《宪法》第131条中法院“依照法律”规定行使审判权的内容做不恰当解释的情况是比较普遍的，其中一个根本性的错误，是试图以宪法这一条为主要依据解说法院与宪法的关系，并强行将宪法解释为“法律”的一部分甚至是其中的首要部分。但是，这种解释是行不通的，因为它超越了现行宪法的文本、违背了现行宪法的基本精神，误解了宪法授权法院“依照法律”规定行使审判权的内容。为什么这样说呢？让我们由表及里，以现行宪法本身的规定和基本宪理为依据，看看《宪法》第131条中法院“依照法律”规定行使审判权的要点。

1. “法律”特指普通法律

正如前文所述，我自2001年起，一直试图将《宪法》第131条“依照法律”规定中的“法律”做排除宪法的狭义的解释，目的是将其中的“法律”解释为与根本法相对称的普通法律。现在看来，这种努力的方向虽然是正确的，但论证还远远不够充分、全面，这里再做补充论证。

有学者提出：“宪法首先是法律，具有法律的一切特征和属性，然后才是更上位的法律规范。”[①] 这句话在宪法与法律不加区分的情形下，在一般意义上使用法律概念的时候是正确的。但是，若认为《宪法》第131条中法院“依照法律”规定行使审判权的规定中的特定“法律”也包括宪法，那就值得商榷了。因为，根据我国宪法文本的上下文，其第131条中的“法律”不是泛指而是特指，指的是普通的法律，即不包括宪法在内的狭义的法律（至于它的内容结构，将在后文的恰当部分做具体辨析）。

我国现行宪法文本几乎都是在与根本法相对称的普通法律的意义上、即在狭义上使用“法律”一词的，基本不存在或者说仅在极小的程度上存在狭义的和广义的法律概念并用的例外情形，而《宪法》第131条中“法律”并

① 王振民：《中国违宪审查制度》，中国政法大学出版社2004年版，第1页。

不在那极少数例外之列。统计表明，我国宪法使用法律一词总共有82次，从上下文看，其中有79次是在狭义上使用的，只有3次例外，是在广义上使用的。在例外的3次中，两次用在《宪法》序言的最后一个自然段，且都不是用于列举法规范性文件，而是用来修饰其他名词（原文为“法律的形式”“法律效力”）的形容词，另外一次使用广义的法律概念也不是用来列举法规范性文件，而是为了照顾表达习惯和与历史文件（《人权宣言》）接轨，而且使用之后马上又用具体化的规定明确了其内容构成，不会引起误解。[①]

实际上，现行宪法文本在规定国家机关职权的所有条款中，任何一次需要列举宪法的时候都是单独列出的。《宪法》第5条、第33条、第53条、第67条、第89条，先后9次以“宪法和法律”的形式将两者区分开来分别列举，《宪法》第67条、第99条、第100条先后4次以“宪法、法律”的形式将两者区分开来分别列举。宪法运用这些术语的情况直接证明《宪法》第131条中“依照法律规定”中的“法律”是普通法律，不能被超文本、超逻辑地解释为“宪法和法律”。

反过来看，宪法自身也表明了它的确是将宪法排除在其第131条规定的法律之外的。我国法院的职权来源于宪法，因此，如果宪法有赋予法院依照宪法规定行使审判权的本意，其授予法院审判权的相应部分就必然直接表述为“依照宪法和法律规定”独立行使审判权。但实际的情况是，宪法不仅在这一条款中没有赋予法院“依照宪法”规定裁判案件的职权，而且宪法的其他所有相关条款也都显现出它无意让法院根据宪法规定裁判案件的意向，其中最明显的莫过于宪法本身将根据宪法裁判案件所必不可少的监督宪法实施和解释宪法这两项法院适用宪法所必不可少的职权都授予了最高国家权力机关。

另外，如果人们强行将《宪法》第131条“依照法律”规定中的“法律”做包括宪法在内的广义解释，那就无异于将宪法“依照法律”规定修改为“依照宪法和法律”的规定。从理论上说，任何人都可以提出这样解释宪法的设想或主张，但由于对宪法做这样的解释事关国家权力配置格局的全面深刻调整，事实上只能通过全国人大修宪才有可能完

---

① 我国《宪法》第33条规定，“公民在法律面前一律平等”，其中“法律”显然是广义的，但该条中这一项规定的随后的规定立即明确了它的具体内容：“任何公民享有宪法和法律规定的权利，同时必须履行宪法和法律规定的义务。”

成将“法律”改变为“宪法和法律”的制度性安排。看来现在没有这样做的必要性和可能性。

所以，离开《宪法》第131条中“法律”这个词语所处的特定宪法文本和特定上下文，将其泛化为同“法”的外延相当的或在不同场合可以对其外延的范围做不同界定的广义的法律一词，既不符合宪法原意，也不恰当。

2.《宪法》第131条仅授权法院依照普通法律的规定行使审判权

《宪法》第131条“依照法律”规定行使审判权的含义应该是适用法律，或者更简明地说，其中“依照”的含义是“适用”。“依照法律”规定行使审判权的含义不仅仅是遵守法律，这应该说是不言而喻的，因为遵守行为相对而言是比较消极的，行使审判权裁判案件是比较积极的行为。那么，可不可以将“依照法律规定”行使审判权理解为实施法律呢？这样解释虽然不能说有明显错误，但却不够准确、不太符合逻辑。原因主要是，《宪法》第131条是一个授权性条款，着重在授予法院一项职权、赋予它一种功能，着眼点在于让法院有权适用法律裁判案件，而不是着眼于课予它一项义务，尽管从职责的角度看职权也是义务，但授予职权与课予义务毕竟是有区别的。另外，或许更能说明问题的是，《宪法》第5条已经规定了一切国家机关都必须遵守法律，一切违反宪法和法律的行为必须予以追究，任何组织都不得有超越法律的特权，其中所说的一切国家机关当然包括法院。因此，《宪法》没有必要在第131条中重申法院须遵守法律。

所以，综合地看，宪法该条中的“依照法律”，其含义与法学论著中所说的“适用法律”是相同的，因此，“法院依照法律规定行使审判权”与“法院适用普通法律裁判案件”完全是同义的法学词组。

根据“法院依照法律规定行使审判权”＝“法院适用普通法律裁判案件”的道理，我们能够很自然地得出以下两个结论：（1）只有充分认同宪法实施不仅可以而且应该区分为宪法遵守和宪法适用的道理，人们才能真正理解何以法院“依照法律”规定行使审判权只与法律适用有直接关联；（2）“法院依照宪法规定行使审判权”＝“法院援引宪法并根据所援引的宪法条文裁判案件”＝“法院（或司法、审判）适用宪法”。

由此观之，从实际内容看，《宪法》第131条规定法院“依照法律规定”行使审判权，只不过单纯授予法院适用普通法律裁判案件的职权，不仅不直接涉及法院遵守宪法或适用宪法，甚至连法院遵守普通法律的问题也没有直接涉及。

3. 法院必须遵守宪法，但谈不上“依照”宪法规定行使审判权

我国宪法学者讨论法院与宪法的关系时，太过于执着地追求从与这个问题并无直接联系的《宪法》第131条的“依照法律”这个词组中找答案，太不重视直接规范宪法与法院关系的宪法其他相关条款。实际上，法院与宪法的关系是由《宪法》第131条之外的条款规范的，直接地看，其所规范的内容，可以概括为法院必须遵守宪法，遵守宪法的方式包括遵从宪法的最高法律效力、以宪法为根本的活动准则、维护宪法尊严、保证宪法实施等。《宪法》序言最后一个自然段规定，本宪法“是国家的根本法，具有最高的法律效力。全国各族人民、一切国家机关和武装力量、各政党和各社会团体、各企业事业组织，都必须以宪法为根本的活动准则，并且负有维护宪法尊严、保证宪法实施的职责”；宪法第5条规定，“一切国家机关和武装力量、各政党和各社会团体、各企业事业组织都必须遵守宪法和法律”；且任何组织都不得有超越宪法的特权。

按照上述道理，在我国现行宪法体制下，法院行使审判权时只有宪法规定可供其遵守，根本没有宪法的规定可供其“依照”。或许，这个论点是我国很多法律工作者和法学学者难以接受的，但依据我国现行宪法的文本和法治社会公认的法理，笔者只能服从理性，做这样的与绝大多数人意见相左的解释，别无其他解释。认定我国无宪法规定可供法院“依照”的主要根据如下：

首先，在我国宪法文本中原本就没有什么“规定”可供法院行使审判权时“依照”。前文已经证明，法院遵守宪法与法院适用宪法是性质不同的两码事，而且，“法院依照宪法规定行使审判权” = “法院援引宪法并根据所援引的宪法条款裁判案件”。所以，按我国宪法的文本，法院谈不上“依照”宪法规定行使审判权，因为，对于法院而言，在宪法没有设置条款可供其行使审判权“依照”的情况下，如果有谁强行让其“依照”宪法的规定行使审判权，那就无异于逼“巧妇”做无米之炊。

其次，宪法没有授权法院“依照”宪法行使审判权，就是不允许法院享有和行使这种职权。公民有权做宪法、法律不禁止的任何事情，但国家机关只能根据宪法、法律规定的权限和程序行使职权，法院的活动超越宪法的授权就是违宪。有学者提出：“现行的1982年宪法没有任何一个条款明示或暗示它本身不得进入诉讼。”[①] 的确如此，但这里的问题在于，对于

① 王振民：《中国违宪审查制度》，中国政法大学出版社2004年版，第1、169页。

国家机关来说，宪法没有明文禁止法院行使的职权，并非就是法院可以行使的职权，相反倒是应该理解为宪法不允许法院行使的职权。

最后，人大制度和民主集中制原则不允许法院“依照”宪法行使审判权。《宪法》第2条和第3条分别规定：我国的“一切权力属于人民。人民行使国家权力的机关是全国人民代表大会和地方各级人民代表大会”；“国家行政机关、审判机关、检察机关都由人民代表大会产生，对它负责，受它监督”。

我国的宪法体制和法院的宪法地位与欧美和日本那些实行权力分立、制约平衡体制的国家有根本不同。在我国的宪法体制下，法院是由本级人大产生的，须对产生它的人大负责、受产生它的人大监督，因而无权对本级和上级人大制定的法规范性文件进行合宪性审查和宣告其中违宪的部分无效。因此，既然法院不能自主行使审判权使得在它看来违宪的法规范性文件无效，也无权拒绝适用在它看来违反宪法的法律，它也就不可能真正地依照宪法规定裁判案件。当然，下级法院可以通过最高法提请全国人大常委会有关机构对法律的有关条款的合宪性进行裁决，但那终究不是它自己行使这项宪法监督适用的职权。

肖蔚云教授曾提出过法院将宪法“运用于处理诉讼案件的活动”但又不行使违宪审查权的设想。[①] 对此，笔者以为，这种设想涉及的安排可否行得通、是否合宪，要看法院具体“运用”宪法的行为的性质、要根据法院具体“运用”宪法的实际情况甚至活动细节做具体分析：

（1）法院将宪法“运用于处理诉讼案件的活动”如果具体地看来是属于遵守宪法的活动，包括遵从宪法的最高法律效力、以宪法为根本活动准则、维护宪法尊严、保证宪法实施的活动，那应该是没有任何问题的，也正是宪法所要求的，如法院根据宪法保障公民基本权利的条文原则性地确认公民享有某项权利、[②] 按照宪法关于公开审判、让被告人有权获得辩护的规定和在少数民族聚居或者多民族共同居住的地区用当地通用的语言审理案件的规定审理案件等，就都属于遵守宪法性质的活动。在这种情况

---

① 肖蔚云：《宪法是审判工作的根本法律依据》，《论宪法》，北京大学出版社2004年版，第963页。

② 例如，2008年有一件因媒体炒作而颇受关注的案件的判决书写道：“我国宪法赋予公民享有极其广泛的权利和自由。人身自由、居住自由是公民享有的人格权利。……回家休息，料理家务和个人生活，合乎常理，是公民人身自由的一项重要内容，也是公民生活中最起码的一项权利，应予以尊重。”见广州黄埔区人民法院（2008）黄发行初第二号判决书。这份判决书援引宪法展开论证的文字不够准确，但从大处看援引宪法还是必要而适当的。

下，当“必须引用宪法原则和规定时，就应当加以引用，这是维护宪法的尊严和权威，使宪法落到实处”。①

（2）如果法院将宪法“运用于处理诉讼案件的活动”具体地看来是根据宪法的规定来裁判诉讼案件，其性质就属于适用宪法而非遵守宪法，那是法院超越宪定职权的活动，即使它援引了宪法亦属不当援引。② 对法院以依照宪法规定裁判案件为目的援引宪法的行为，有关国家权力机关应根据宪法和相关法律的规定予以防范和监督。

最后，不少宪法学作品倾向于认为，如果不允许法院“依照”宪法行使审判权，就是不让法院遵守宪法，包括不让法院遵从宪法的最高法律效力、不以宪法为根本活动准则、不维护宪法尊严、不保证宪法实施。这类观点大错特错。遵守宪法，包括遵从宪法的最高法律效力、以宪法为根本活动准则、维护宪法尊严、保证宪法实施，在法理上是与法院“依照”宪法行使审判权性质不同的两种活动，前者是遵守宪法，后者是适用宪法。遵守宪法并不以适用宪法为前提和基础，倒是适用宪法要以遵守宪法为前提和基础，因此，法院不能“依照”宪法规定行使审判权对法院遵守宪法毫无妨碍。

4. 法院以遵从宪法最高法律效力、奉宪法为根本活动准则、维护宪法尊严、保证宪法实施等多种方式遵守宪法

从将宪法实施区分为宪法遵守与宪法适用两种形式后，我们较容易看清这样一个道理：遵从宪法最高的法律效力、以宪法为根本活动准则、维护宪法尊严、保证宪法实施不仅不是与法院遵守宪法相对立的东西，相反倒是法院遵守宪法的几种主要的方式。所以，本书讨论的遵守宪法，既包

---

① 肖蔚云：《宪法是审判工作的根本法律依据》，《论宪法》，北京大学出版社 2004 年版，第 964 页。

② 实际上，由于我国宪法架构与法院依照宪法裁判案件的活动从根本上不能相容，所以，即使法院真要援引宪法，也一定不伦不类，失却体统。例如，山东省高级人民法院对齐玉苓案下的（1999）鲁民终字第 258 号判决书援引宪法就反映出这种情况。在这个判决中，山东省高级人民法院试图依照宪法规定判决这个案件，宣称依照《宪法》第 46 条，《教育法》第 9 条、第 81 条，《民法通则》第 120 条、第 134 条，《民事诉讼法》第 152 条、第 153 条、第 158 条，最高人民法院（2001）法释 25 号批复的规定，判决如下，等等。这样援引宪法难免让人觉得不合常规、无足够宪法知识，因为世界上任何有权依照宪法裁判案件的审判机关，如果要依照宪法裁判案件或其中的某一个争点，裁判根据一定是单一的宪法，原因是：其一，法院裁判案件若有普通法律可以依照，它就无权依照宪法，而要依照宪法就一定是没有普通法律可供依照或可供依照的普通法律因违宪而不能依照。其二，任何国家的法院，要适用宪法，所裁判的争议一定是原则性的、几乎都是针对法律或行政行为的合宪性，所以宪法的下位法文件包括法律都不可能在裁判文书中与宪法摆在一起作为法院适用宪法的根据。

括了遵从宪法最高的法律效力、以宪法为根本的活动准则、维护宪法尊严、保证宪法实施等我国宪法本身列举了的方式，也包括尊重宪法、认同宪法等我国宪法未列举的方式。

按照本书对于遵守宪法的定义，宪法的所有规范性条款和非规范性文字都在法院遵守的范围内。不同的宪法关系主体（从守宪角度看是守宪主体）遵守宪法的方式是不同的，公民等个体与国家机关等公共组织遵守宪法的方式不一样，地位和功能不同的国家机关遵守宪法的方式也有显著差别。另外，同一个宪法关系主体相对于宪法的不同条款或内容来说，遵守的方式亦会相互区别开来。对于我国法院来说，其遵守它赖以产生和获得职权的宪法的方式，大体包括如下可相对区分开来的几种：

首先，法院认同、尊重和维护宪法的非规范性内容。我国宪法的非规范性内容，主要存在于《宪法》序言之中，《宪法》第四章和第二章、第三章的有些条款也可以算非规范性内容。宪法有的非规范性内容陈述、确认现行宪法的规范性内容得以确立的历史背景、历史正当性、社会基础和政治条件，有的认定或固定某些重要的选择。法院遵守宪法的非规范性内容，主要表现为认同、尊重和维护这些内容，不仅自己在行使职权的活动中不否认不挑战它们，也不鼓励、不支持、不允许案件当事人否认和挑战它们。

其次，法院遵从和服膺宪法的纲领性、原则性规定，将宪法规定的相关方面的纲领和原则作为自己组织、活动或具体行使审判权时的价值指引和方向性导引。《宪法》一部分内容和第一章“总纲”中的各个条款，基本上都属于法院行使审判权时起价值指引和方向导引作用的纲领或原则。法院依照法律规定行使审判权时，应该以宪法的纲领性、原则性规定为自己参照的活动准则，但这种参照是遵守宪法而不是适用宪法的活动和过程，它可以表现在合议庭或审判委员会的讨论过程中，也可以经由法官的内心活动来默默完成，但无论如何，法院和法官所参照的宪法条款和参照时的讨论、思考过程，不必反映在裁判文书中。

再次，法院承认并尊重宪法确认和保护的公民基本权利，不因宪法虽确认了某项基本权利但立法机关尚未制定具体法律落实其保障方式、保障程序而否定公民平等享有该项基本权利。宪法确认的公民基本权利通常是有法律具体落实其保障方式和保障程序的，在这种情况下法院依照法律行使审判权就是遵守宪法。真正的问题在于如何对待尚没有法律具体落实的基本权利和虽有法律保障但内容规定得不周全的那些基本权利。有学者认为：“在宪法的规定没有被具体化的时候，人民法院要受到基本权利的直接拘束，可以援引宪法，但不能对宪法问题作出直接的司法判断。”① 这种看法是符合世界各法治国家处理同类问题的惯例的。不过，笔者更愿意用法院承认而不否认有关的基本权利的正当性并有义务尽可能运用既有方式和程序保障相关基本权利来代替受相关的基本权利“直接约束”这种表达方法。

显然，这里讨论的主要是我国法院如何遵守《宪法》第二章“公民的基本权利和义务”中的各个条款的问题。

法院尊重和服从宪法配置国家机关职权并规范其运用行为的各项规定，一方面在宪法规定的权限范围内行使好审判权，另一方面尊重宪法授予其他国家机关的职权，谨守分际，不侵犯其他国家机关的职权。我国宪法对不同级别、不同性质的国家机关的权限是做了尽可能明确的划分的。所以，在中央与地方之间，上级与下级国家机关之间，同一级国家机构的不同机关之间，每一级每一种国家机关都有摆正位置、谨守分际、正确行使属于自身的宪定职权和尊重属于其他国家机关的宪定职权的守宪义务。具体到一级法院来说，相对于其他国家机关，法院遵守宪法的方式就是尊重和服从宪法授予职权的条款，按宪法规定的条件和方式正确行使属于自己的职权，不侵害宪法授予其他国家机关的职权。

严格地说，法院尊重和服从宪法关于其他国家机关的职权的规定的方式，是因其他国家机关的地位、性质而各不相同的。例如，相对于对于本级人大及其常委会，法院应尊重和服从的是宪法关于法院受其监督，对其负责的规定；相对于上级法院或下级法院，本级法院应该尊重和服从的是宪法关于法院独立行使审判权和上级法院监督下级法院的工作的规定，等等。还有法院相对于上级国家权力机关、本级行政机关和检察机关的关系等，法院要尊重和服从的宪法条款较多，难以一一详述，但基本道理完全是一样的。

最后，法院以宪法为根本的活动准则，保证宪法实施。法院行使审判权所依照的法律的制定根据是宪法，从这个意义上说，依照法律规定行使审判权就是以宪法为根本的活动准则的一种方式。另外，法院遵守宪法的性质，属于直接实施宪法，因此，法院所有的遵守宪法的活动，都具有以宪法为根本的活动准则、保证宪法实施的性质。

---

① 韩大元：《以宪法第 126 条（现 131 条——引者）为基础寻求宪法适用的共识》，《法学》2009 年第 3 期。

或许，最高人民法院按《立法法》第 99 条、第 100 条的规定提请全国人大常委会审查有关法规范性文件的合宪性，是法院以宪法为根本的活动准则、保证宪法实施的最直接表现。《立法法》规定，最高人民法院认为行政法规、地方性法规、自治条例和单行条例同宪法或者法律相抵触的，可以向全国人大常委会书面提出进行审查的要求，由常委会工作机构分送有关的专门委员会进行审查、提出意见，经必要程序后，最终可由委员长会议决定是否提请常务委员会会议审议决定。下级法院以这种方式遵守宪法的功能可经由最高人民法院来实现。

不过，这里需要特别予以说明的一个问题是，《立法法》第 99 条、第 100 条规定所规定的下述内容也属于法院遵守宪法而非法院适用宪法。《立法法》的这两个条文规定：最高人民法院如果认为行政法规、地方性法规等法规范性文件同宪法相抵触，可以向全国人大常委会书面提出进行审查的要求，这种要求最终可能导致全国人大常委会会议对有关的法规范性文件是否与宪法抵触进行审议并作出决定。德国等国家和地区也有法院在审判案件时如认为所应适用的法律违宪，可以暂停诉讼程序，把违宪嫌疑提交宪法法院裁决的制度。有的学者倾向于认为这是法院适用宪法的例子，[①] 但笔者认为这正是法院遵守宪法而非适用宪法的例证——正因为有关法院无权适用宪法，才将争议提请享有宪法监督适用职权的机关去审查。

5. 不越权适用宪法裁判案件是法院的宪法义务

前文已经证明，我国宪法没有授予法院依照宪法规定审判案件的职权，而且这一情况按宪理应解释为我国宪法本身不允许法院越权适用宪法裁判案件。所以，不适用宪法是法院应履行的守宪义务。

如果法院违反宪法义务越权适用宪法，刻意做依照宪法裁判案件的尝试，其结果只能是两个，非此即彼：要么空耗宝贵人力物力和司法资源，到头来一事无成，像最高人民法院关于齐玉苓案的“批复”那样其兴也勃、其亡也忽；要么个别法院逞了一时之快但却破坏了法治秩序或正常宪法秩序——幸好迄今还很少出现这样不良的事例。

人们要充分理解法院履行不越权适用宪法的义务的必要性，须对以下情况有所认识：

---

① 陈弘毅：《齐案“批复”的废止与“宪法司法化”和法院援引宪法问题》，《法学》2009 年第 3 期。

首先，法院不适用宪法裁判案件与法院以宪法为根本的活动准则在内容上是相互补充的和完全一致的。因为，法院不越权适用宪法裁判案件本身就是我国宪法包含的一项准则。

其次，法院只依照普通法律行使审判权而不适用宪法，与法院履行遵从宪法的最高法律效力、以宪法为根本活动准则、维护宪法尊严、保证宪法实施的义务是协调一致的，两者并无内在冲突。原因是，这两种行为不过是体现了实施宪法的两种方式（遵守宪法与适用宪法）间的分工和协调配合关系。

6. 法院应有权对其所适用的法规范性文件做合宪法律理解

有些国家的法官在适用法律过程中，遇到所适用的法律的合宪性有疑问而又无法进一步求证时，往往采用对法律做“合宪推定”的方式解决之。在美国，“当法官对特定措施的合宪性有怀疑时，经常用这种方法解释法律以避免宪法争议。然而，在有些时期，法院或许对这种推定不以为然，看起来似乎又将某些法律按不合宪推定做了解释；例如，在强调经济正当程序的年代，一些经济立法就因此而招致失败”。[①] 实际上，“合宪推定”或“违宪推定”都是解释法律的方法，其中违宪推定在防止立法侵犯公民基本权利方面的作用比合宪推定似乎更有积极意义。我国有些法学作品对合宪推定的理解有片面性，好像合宪推定就是凡出现法律的合宪性有疑问时，一概推定其合宪，这不妥当。

笔者注意到，我国已有不少学者对这个问题进行过研究，其中引人注目的论述来自韩大元教授的论文[②]、陈弘毅教授的论文[③]和张翔教授的论

---

① Jethro K. Lieberman, *A Practical Companion to the Constitution: How the Supreme Court Has Ruled on Issues from Abortion to Zoning*, Berkeley: University of California Press, 1999, p. 370.

② 韩大元教授写道，合宪性推定基本的含义是：“任何一个违宪审查机关的权力都是相对的，当特定机关行使违宪审查权或进行宪法解释时应考虑审查对象涉及的各种因素，需要在合理的范围内有节制地行使违宪审查权，以减少因违宪判决可能引起的社会矛盾与社会震动。”他还把德国的相应提法翻译为“合宪的法律解释”或“法律的宪法一致解释”，把日本的相应提法翻译为“合宪的限定解释”或“合宪的限制解释”。参见韩大元《论合宪性推定原则》，《山西大学学报》2004 年第 3 期。

③ 陈弘毅教授写道：“‘合宪法律解释’就是指法院在进行这种用以理解或解析法律规范的思考推理活动时，在有必要时考虑宪法的有关条文，把宪法观点应用到理解或解析法律规范的工作，从而把有关法律规范理解或解析为符合宪法有关条文的、有助于实现宪法有关条文的宗旨的规范。”陈弘毅：《齐案“批复”的废止与“宪法司法化”和法院援引宪法问题》，《法学》2009 年第 3 期。

文[①]，他们分别用“合宪性推定”“合宪法律解释”和“法律的合宪性解释”三个不同的词组来表达这样一个大体相同的意思：在法律或其中有关条款的合宪性有疑问时，对法律或其中有关条款做合宪的认定。

为了讨论问题的方便，笔者本着与上述讨论接轨的精神，比照上述中外学界相近的提法，结合我国实际，将我国法院（通过法官）在“依照法律”规定行使审判权的活动中参照宪法的原则、规定和精神体悟“法律”的规定之本意的心理活动和推理活动过程，称为“合宪法律理解”。为什么将其称为理解而不称之为推定或解释？理由主要有三点：

首先，就准确反映阐释法律这个行为的特征而言，由于法院的有关活动本身是一种法律解释方法，所以，核心词用“推定”不如直接用“解释”来得贴切。而与“理解”相比，解释又不如“理解”准确、不如“理解”符合中国情况。这里不能忘记的是，同样是阐释法律的意思，对于欧美国家来说用“解释”一词描叙述很准确，但对中国法学学者来说用“理解”一词更符合法制环境。因为，按我国宪法，法院、即使是最高人民法院，也没有法律解释权，只有法院组织法授予了最高人民法院“在审判过程中”就“如何具体应用法律”的问题解释法律的职权。[②]

其次，按我国现行法律，受到严格法律限制的法院解释法律的职权，在我国境内所有法院中也仅仅最高法一家有权行使，其他法院均无权行使。所以，用“合宪法律解释”和“法律合宪性解释”来描述我国法院的有关活动，不仅不准确，还有间接陷法院，尤其是最高人民法院之外的法院于不义（越权）的嫌疑。

最后，“合宪性推定”也好，“合宪法律解释”“法律合宪性解释”也好，都是法院根据自己对宪法的理解来阐释法律的含义，所以，它们极可能引起误解，触动人们担心、警惕法院解释宪法的那根敏感的神经。

理解宪法、法律与解释宪法、法律有联系更有区别，其中，理解是解释的认识基础，解释是对理解的一种运用方式。在那些各级法院都有权解释法律甚至解释宪法的国家，对法官和法学学者阐释宪法、法律的

---

① 张翔：《两种宪法案件：从合宪性解释看宪法对司法的可能影响》，《中国法学》2008 年第 3 期。

② 参见《人民法院组织法》第 33 条。

活动可以不做理解与解释的区分，因为解释宪法、法律已经包含了对宪法、法律的理解。但在中国，人们却必须对理解宪法、法律与解释宪法、法律加以严格区分，原因是，理解并不必然导致解释，法院、法官说出或写出自己对宪法、法律的理解也并不意味着他们在解释宪法、法律。在我国的具体制度环境下，法院、法官都必须努力理解宪法、法律，但他们没有解释宪法的职权、也没有欧美法官那种意义上的解释法律的职权。因此，我国学者必须十分小心地将理解宪法、法律与解释宪法、法律区分开来，否则人们将不仅得不到讨论法院、法官解释宪法的空间，也将得不到讨论法院理解宪法的空间。①

本书之所以主张法院对其所适用的法规范性文件应有权做合宪法律理解，首先是因为合宪法律理解所涉及的对宪法的理解在性质上属于法院遵守宪法的活动而不是法院适用宪法的活动。法院的合宪法律理解，实际上只能表现为法院（通过法官，下同）在“依照法律”规定行使审判权的过程中本着遵从宪法最高法律效力、奉宪法为根本活动准则、维护宪法尊严、保证宪法实施等要求认识、体悟自己选择适用的法规范性文件的一种心理活动过程及其结果，这种结果反映在对法院所“依照”的“法律”的有关条款的理解中，这种理解并不直接构成法院裁判案件的依据，甚至在绝大多数情况下根本不用语言文字表达、根本不反映在法院的裁判文书中。

其次，合宪法律理解是宪法的根本法地位在我国法院及其审判活动中得以体现的最重要管道。在法院享有违宪审查权和宪法解释权的国家，宪法的根本法地位在司法领域主要是通过法院在审理案件过程中根据宪法对所适用的法律条款的合宪性进行审查并对审查结果作出宣告等形式实现的。在我国，宪法在审判领域缺少通过这种形式体现自己根本法地位的管道，而合宪法律理解就成了我国宪法在法院审判活动中直接体现自己根本法地位的几乎唯一管道。

所以，合宪法律理解的过程，应该是法院本着相关的宪法原则、宪法规则和宪法精神认识、体悟行将适用的法规范性文件的条款，并将这些经过自己头脑理解过的法律条款具体应用到案件裁判活动中去的过程。在这个过程中，法院将宪法的纲领性、原则性规定作为阐释它所适用的法律的

① 笔者谨慎地区分理解宪法、法律与解释宪法、法律，最直接的想法，就是为了获得讨论法院理解宪法的学术环境和条件。

价值指引和方向性导引，尊重宪法确认和保护的公民基本权利，不因宪法未制定具体法律落实其保障程序而否定这些基本权利，尊重宪法授予其他国家机关的职权，谨守分际不予侵犯，等等。只有在宪法的指引下理解并应用法律，法院对具体的法律条款的适用才不会走向极端或破坏法律体系的和谐。

法院、法官的合宪法律理解一般不必见诸裁判文书，但必要时可以也应该写进裁判文书，它被写进裁判文书后通常表现为援引宪法进行说理论证的文字，这些文字不会、也不可能演变成法院裁判案件的直接法规范根据。必要时将法院、法官的合宪法律理解写进裁判文书是充分实施我国宪法所必须的措施。这点应该引起法学界、法律界人士的高度重视。

（三）法院行使审判权所依照的“法律”的范围

前文只是证明了《宪法》第131条中法院“依照法律”规定行使审判权中的“法律”不包括宪法，但没有具体讨论“法律”的内容构成。显然，如果本书不能合理说明宪法的这一条中所说的“法律”是什么，以及与之相对应的现实的法律和可能的法律等，那么本书就没有完成对于法院“依照法律”规定行使审判权的解说。

一般宪法学教材通常都会指出，根据宪法规定，我国法院行使审判权所能依照的法规范性文件是法律或只能是法律。这样说当然不能算错误，但它却只不过简单化地重复了《宪法》第131条的相关规定，此外没有向人们提供更多的东西。而真正的问题又恰恰在于，宪法这一条所指的“法律”到底是什么，具体由哪些法规范性文件构成。

1.《宪法》第131条“法律”一词的六种可能的含义

为了较具体地回答上述问题，我们不妨先根据概念外延的不同对《宪法》第131条“法律”一词的多种可能的含义做一番梳理。基于本国实际情况，根据法律概念的内容构成或外延的大小顺序，可以依次将“法律”一词所能够包含的内容概括为以下六种：

第一，最广义的法律（“法律［甲］”）包括宪法，全国人大制定的基本法律、全国人大常委会制定的基本法律之外的法律、全国人大及其常委会通过的有关法律问题的决定、全国人大常务委员会公布的法律解释（这四种法规范性文件以下统称全国人大及其常委会制定的法规范性文件），行政法规、地方性法规、自治条例、单行条例①、部门规章、地方政府规章②，以及司法解释③、军事法规和军事规章④；

第二，广义的法律（“法律［乙］”），包括宪法，全国人大及其常委会制定的规范性法律文件，国务院根据宪法和法律制定的行政法规，中央军委根据宪法和法律制定的军事法规。

第三，较广义的法律（“法律［丙］”），不包括宪法，只包括全国人大及其常委会制定的法规范性文件、国务院制定的行政法规、⑤ 中央军委制定的军事法规。

第四，狭义的法律（“法律［丁］”），也不包括宪法，只包括全国人大及其常委会制定的法规范性文件，国务院根据宪法制定的那部分行政法规，中央军委根据宪法制定的那部分军事法规。

第五，更狭义的法律（“法律［戊］”），指全国人大及其常委会制定的规范性法律文件。

第六，最狭义的法律（“法律［己］”），仅仅指全国人大制定的“基本法律”、全国人大常委会制定的除基本法律以外的其他法律。

---

① 《行政诉讼法》第 52 条规定：“人民法院审理行政案件，以法律和行政法规、地方性法规为依据。地方性法规适用于本行政区域内发生的行政案件。人民法院审理民族自治地方的行政案件，并以该民族自治地方的自治条例和单行条例为依据。”按照该法的规定，行政法规、地方性法规、自治条例和单行条例，都可以作为法院审理案件的“依据”。如果作为人民法院审理案件的“依据”的法律与人民法院行使审判权所“依照”的法律属于同一个概念，那么很明显：《行政诉讼法》是全国人大通过的，按全国人大在这部法律中的规定，行政法规、地方性法规、自治条例、单行条例都是人民法院行使审判权所必须“依照”的“法律”的组成部分。

② 《立法法》是将规章与地方性法规、自治条例和单行条例放在同一位阶相提并论的，显然是将规章作为法的表现形式（或法源）看待的。这点从该法第 4 章的章标题“地方性法规、自治条例和单行条例、规章”和其中第 2 节的节标题“规章”都可以看出来。

③ 《最高人民法院关于司法解释工作的若干规定》第 4 条规定：“最高人民法院制定并发布的司法解释，具有法律效力。”姑且不论最高人民法院自行做这样的规定是否合宪合法，我国各级人民法院在行使审判权时似乎都将最高人民法院的司法解释像法律一样加以“依照”，的确是很鲜活的事实。不过，这并不意味着司法解释已经成为“法律”的组成部分。判断司法解释是否是“法律”的构成分子还要参照其他因素。

④ 《立法法》第 103 条规定：“中央军事委员会根据宪法和法律，制定军事法规。中央军事委员会各总部、军兵种、军区，可以根据法律和中央军事委员会的军事法规、决定、命令，在其权限范围内，制定军事规章。”

⑤ 根据《宪法》第 89 条的规定，国务院既有权根据宪法制定行政法规，也有权根据法律制定行政法规。按《立法法》第 65 条的规定，就其所规定的内容而言，行政法规分成“为执行法律的规定需要制定”的行政法规和为落实“宪法第 89 条规定的国务院行政管理职权”需要制定的行政法规等两种。

2. 根据宪法文本所能确定的“法律”的范围较狭窄

所谓“法律”的宪法文本含义，就是指单纯就我国现行宪法文本来看，其中第131条“依照法律”规定中“法律”一词包含的真正内容。探寻“法律”的宪法文本含义，必须全盘考虑宪法对“法律”的定位，包括宪法中影响“法律”含义的所有规定，不论直接的规定还是间接的规定。

如果严格按我国宪法的字面含义来理解，“依照法律”规定中的“法律”只包括两种：全国人大根据《宪法》第62条制定的“基本法律”；全国人大常委会根据《宪法》第67条由制定的除基本法律“以外的其他法律”。如果严格在纸面上理解，“法律”就只能做最狭义的解释，即解释为前面所说的“法律［己］”。

对“法律”的范围做这样严格的解释是很难行得通的。全国人大及其常委会历年通过了许多有关法律问题的决定，这类法规范性文件的名称都不是“法”而是“决定”，但其制定主体、通过程序都是与“基本法律”及除其“以外的其他法律”一样的，处于同一位阶，具有同等效力，从将宪法作为一个整体的角度看，它们不可能不被纳入“法律”的范围。还有法律解释，也面对着与有关法律问题的决定同样的尴尬，所以也应该被纳入“法律”范围，这点是有法律根据的。[①] 由此看来，“法律”应该包括全国人大及其常委会制定的所有法规范性文件，因此，“法律”只好被理解为更狭义的法律，即“法律［戊］”。

另外，按照现行宪法的间接规定，法院行使审判权所必须依照的法律中至少还应该包括国务院根据宪法制定的那部分行政法规和宪法未做规定而后来《立法法》做了规定的由中央军委根据宪法制定的那部分军事法规。因为，《宪法》第62条和第67条将监督宪法实施和解释宪法的职权授予了全国人大或其常委会，所以，即使对宪法规定的法院的职权做广义的解释，法院也无权对根据宪法制定的法规范性文件做违宪与否的审查，只能将其作为其行使审判权时的“依照”对象。

我们还应该看到，现行宪法本身对“法律”的范围并没有严格的界定，试图单纯根据宪法文本确认“法律”的范围是徒劳的，即使仅仅在字面上确定也是做不到的。宪法是根本法，而且仅仅只是根本法，所以，人

---

① 《立法法》第50条规定：“全国人民代表大会常务委员会的法律解释同法律具有同等效力。”

们完全有理由推断：制宪和修宪者当年的本意，或许就是将“法律”的实际范围，留待立法机关根据具体情况确定。

真实的情况是，我国众多的法规范性文件，包括根据法律而非根据宪法制定的那部分行政法规、根据法律而非根据宪法制定的那部分军事法规，以及地方性法规、自治条例、单行条例、部门规章、地方政府规章、军事规章、司法解释等，是否应该被纳入“法律”的范围，主要是由全国人大及其常委会在立法过程中决定的。

3. 全国人大及其常委会对“法律”范围的能动影响及其可能区间

《宪法》第131条中“法律”的范围或构成要素，在很大程度上是由全国人大及其常委会的立法决定的。对“法律”的内容构成影响最大的，是全国人大及其常委会对宪法和人大制度的理解，尤其是其对法院性质及法院与其他国家机关关系的理解。

迄今为止，从立法上看，全国人大及其常委会对法院与其他国家机关的关系的理解似乎过多地受到了传统的行政位阶本位制的影响，同时还有对法院作为行使裁判权的专门机关的性质和功能认识显得不很充分的问题。人们较难理解的是，不少可以由法院，尤其是最高人民法院依照狭义的法律（“法律［丁］”）在合宪的前提下进行审理的案件的管辖权，都通过立法交给了全国人大及其常委会或其下级的地方国家权力机关。笔者以为，《立法法》和《各级人民代表大会常务委员会监督法》（以下简称《监督法》）中一部分条款规定的内容，完全可以按照涉及法律抽象审查和解释的职权，由有关国家权力机关行使；涉及法律具体审查和具体解释的职权，由相关国家机关的上级行政区域的法院或最高人民法院结合自己所审理的案件进行附随性审查的方式处理。以下是可以按照这种原则对有关法律分配国家机关职权的模式进行微调，从而减少《宪法》第131条中“法律”的构成要素而又符合宪法的几个实例。

例一，《立法法》第95条规定的部分内容。该法第95条规定：地方性法规、规章之间不一致时，由有关机关依照下列规定的权限作出裁决：同一机关制定的新的一般规定与旧的特别规定不一致时，由制定机关裁决；地方性法规与部门规章之间对同一事项的规定不一致，不能确定如何适用时，由国务院提出意见，国务院认为应当适用部门规章的，应当提请全国人大常委会裁决；部门规章之间、部门规章与地方政府规章之间对同一事项的规定不一致时，由国务院裁决；根据授权制定的法规与法律规定不一致，不能确定如何适用时，由全国人大常委会裁决。

以上所说的“裁决”涉及的争议，如果是在法院适用法律裁判案件的过程中发生的，完全可以甚至应该由最高法裁决，这种裁决涉及的法律解释是具体解释，它并不代替更没有侵犯全国人大常委会对法律进行抽象解释的职权。

例二，《立法法》第99条规定的部分内容。该法第99条规定：国务院、中央军委、最高人民法院、最高人民检察院和各省、自治区、直辖市的人大常委会以外的其他国家机关和社会团体、企业事业组织以及公民认为行政法规、地方性法规、自治条例和单行条例同法律相抵触的，可以向全国人大常委会书面提出进行审查的建议，由常委会工作机构进行研究，必要时，送有关的专门委员会进行审查、提出意见。

这里，对根据法律而非根据宪法制定的那部分行政法规，以及地方性法规、自治条例和单行条例有关条款的合法性进行的审查，如果是在法院适用法律裁判案件的过程中发生的，也完全可以由最高法结合具体案件的审理以附随性审查的方式进行，道理同上例。

例三，《各级人民代表大会常务委员会监督法》（以下简称《监督法》）第30条规定的部分内容。该法的这一条规定：县级以上地方各级人大常委会对下一级人大及其常委会作出的决议、决定和本级人民政府发布的决定、命令，经审查，认为有下列不适当的情形之一的，有权予以撤销：（1）超越法定权限，限制或者剥夺公民、法人和其他组织的合法权利，或者增加公民、法人和其他组织的义务的；（2）同法律、法规规定相抵触的。

这里，相应的争议如果是在法院适用法律裁判案件的过程中发生的，按照与上例相同的道理，有关地方国家机关的上一级行政区域的法院或最高人民法院，应该也是可以行使附随性审查和撤销权的，不必劳动工作任务十分繁重的全国人大常委会。

例四，《监督法》第32条规定的部分内容。该法的这一条规定：国务院、中央军委和省、自治区、直辖市的人大常委会以外的其他国家机关和社会团体、企业事业组织以及公民认为最高人民检察院作出的具体应用法律的解释同法律规定相抵触的，可以向全国人大常委会书面提出进行审查的建议，由常委会工作机构进行研究，必要时，送有关专门委员会进行审查、提出意见，等等。

按照与以上诸例相同的道理，如果相应的争议发生在法院适用法律裁判案件的过程中，最高人民法院也应该有权进行附随性审查和解释，不必让工作任务本来已十分繁重的全国人大常委会劳神费力。

为什么有关立法将一些完全可以由法院行使的职权不加区分地完全授予了国家权力机关或行政机关呢？人们最方便的理解就是：立法者对法院作为专门裁判机关的性质和地位的重视程度还不够，以至不甚恰当地认为最高人民法院或其他法院即使对下一级甚至更下一级的其他国家机关通过的法规范性文件，也不可以行使合法性审查权和相应的宣告权；立法者比较多地受到了行政级别本位主义观念的影响，习惯于将县级人民法院看成普通的副处级单位，将省、自治区、直辖市高级人民法院看成普通副省级单位，余类推。因此，立法机关难免认为法院在任何情况下不应审查和裁决“级别”高于或相同于本法院的其他国家机关通过的法规范性文件的合法性。到底是不是这样，还有其他什么原因，法律界、法学界应该进行检讨和探讨。

现在该到直接回答全国人大及其常委会立法何以会对《宪法》第131条中“法律”的范围或构成要素产生重大能动性影响的时候了。可以说，凡是具有以下特征的法规范性文件，就都是法院行使审判权时事实上不能不“依照”的“法律”：最高人民法院及其下级人民法院不能不适用而又无权对之进行合法性审查、无权根据自主的判断拒绝适用其中不合法条款的法规范性文件；最高人民法院及其下级人民法院不能不适用而又无权对其援引与否进行自主性选择的法规范性文件。按照这个标准，全国人大及其常委会的立法不允许最高人民法院依狭义的法律（“法律［丁］”）对之进行合法性审查和拒绝适用的法规范性文件越多，《宪法》第131条中“法律”的范围就越广大，反之则“法律”的范围越狭小。

当然，全国人大及其常委会的立法对“法律”的范围的影响虽然是有限度的，但所能影响的区间却是很广大的。当然，这个区间的上限即最高的限度不可能是宪法，因为宪法已经被宪法文本排除在“法律”之外了，不在全国人大及其常委会的立法活动可以影响的范围内。所以，这个区间的上限只能是全国人大制定的“基本法律”和全国人大常委会制定的除基本法律“以外的其他法律”。至于这个区间的下限，则大致上是部门规章、地方政府规章、军事规章和司法解释。这个区间的下限不可能比这些法规范性文件更低了，因为，在它们下面已经没有值得和能够由全国人大及其常委会施加影响的法规范性文件了。

从理论上说，全国人大及其常委会立法对“法律”范围的影响，囊括了这上下两极及两极间的中间区域。有关的具体影响方式是：对处于上限的法规范性文件，全国人大及其常委会可通过肯定或否定由它们自己作出的有关法律问题的决定和法律解释具有与狭义的法律（“法律［丁］”）同等效力的方式，相对增加或相对减少“法律”的范围；对于处于下限的法规范性文件和处于上下限之间的法规范性文件，全国人大及其常委会可以通过立法，以法院与它们的关系为连接点，将它们全部或部分纳入“法律”的范围，也可以用同样方法将它们全部或部分排除在“法律”范围之外。

4. 在现行法律体系中法院实际依照的“法律”的范围

从广义上看，我国的法规范性文件种类较多，包括宪法、全国人大及其常委会制定的法规范性文件、行政法规、地方性法规、自治条例、单行条例、规章、军事法规、军事规章、司法解释。

《宪法》第 131 条中的“法律”到底包括哪些法规范性文件，宪法本身固然做了一些硬性的规定，但总体看来仍然是难以把握的问题。可以被认为是我国宪法的硬性的规定的内容是：《宪法》第 131 条中的“法律”不包括宪法[①]，只包括全国人大及其常委会制定的法律、有关法律问题的决定和法律解释。因为，不言而喻，全国人大及其常委会制定的法律是《宪法》第 131 条中的“法律”的主干部分，而有关法律问题的决定和法律解释同法律一样，都是最高国家权力机关制定的，具有同等的法律效力，显然也同样属于法律的范围。

但是，行政法规、地方性法规、自治条例、单行条例、规章这些宪法有规定的法规范性文件和军事法规、军事规章、司法解释这些宪法没有规定的法规范性文件，在不在《宪法》第 131 条特指的“法律”的范围内？或者其中哪些在“法律”的范围内、哪些不在“法律”的范围内？判断某种法规范性文件是否在“法律”范围内的标准是什么？现行宪法本身并没有直接回答这些问题。

按照现行宪法的规定辨明这些问题，搞清楚在全国人大及其常委会制定的法规范性文件之下的那些法规范性文件中，哪些属于法院行使审判权须依照的法律的范围，哪些不在这个范围内，对于我国理顺法院与宪法、

① 对这一点，前文已用了很大篇幅予以证明，此处恕不赘述。

法院与其他国家机关之间的职权关系、形成和谐的宪法秩序，极为重要，法学学者不能不为回答这些问题下一番功夫。

判断某种法规范性文件是否属于《宪法》第131条特指的“法律”的范围，人们可以确立三项标准并综合地运用这三项标准来作出判断。这三项标准是：

第一，判断最高国家权力机关创制的法规范性文件是否是属于“法律”构成部分的宪法标准（标准一）。某种法规范性文件是否是法院裁判案件所必须依照的法律，首先要看宪法是否对此有规定。被宪法称为“法律”的法规范性文件皆属于第131条所指的“法律”的构成部分，未被宪法称为“法律”的法规范性文件则不在这“法律”的范围内。但是，人们根据宪法文本确定“法律”的构成要素，不仅要看宪法是否直接将某种法规范性文件称为“法律”，还要根据宪法的原理和原则来确定一些同类但相对次要的法规范性文件的归属。

第二，判断最高国家权力机关之外的主体创制的法规范性文件是否属于“法律”的审判标准（标准二）。最高国家权力机关之外的主体创设的法规范性文件包括行政法规、地方性法规、自治条例、单行条例、规章，以及司法解释、军事法规和军事规章等数种。某种法规范性文件的援引及其作为裁判案件根据之运用是否可以由最高人民法院发布规范性文件进行限制，是判断该种法规范性文件是否属于法律范围的另一重要指标。“法律”体现的意志是高于审判机关意愿的，因此，某种法规范性文件的地位和作用如果可被最高人民法院发布文件加以限制，说明该种法规范性文件并没有进入“法律”的范围。

反之，最高人民法院如果对某种法规范性文件只能予以适用，又不能自主地对它的适用附加限制条件，那就表明该种法规范性文件在法院行使职权的过程中已经进入了“法律”的范围，成了法院行使审判权时无条件“依照”的对象。同时，如果最高人民法院可以按自己的理解方式自主处置某种法规范性文件已经行之有年或最高人民法院按相关法律的规定完成了报备等接受监督的程序，而最高国家权力机关又没有对最高人民法院的相应处置表示不同意见，则表明法院处置该种法规范性文件的方式的合宪性和合法性已获认可。

第三，判断最高国家权力机关之外的主体创设的法规范性文件是否属于“法律”的事实标准（标准三）。某种法规范性文件是否事实上可被最高人民法院以其违反法律为由拒不适用其中的相关条款，是人们可据以判断其是否具有“法律”的地位的又一重要指标。如果最高人民法院有权对该项法规进行合法性审查并以违反法律为由拒不适用相关条款，该规范性文件就不属于“法律”的范围，反之则属于“法律”的范围。因为，如果一种法规范性文件在法院取得了与全国人大及其常委会制定的规范性法文件同样的效力（尽管仅仅在法院面前是这样），那么这两者在法院层面就当然是具有质的同一性的东西。

《宪法》第131条虽然规定法院“依照法律”规定行使审判权，但到底什么是法律或法律包括哪些内容，并不是一个常数，而是一个在很大程度上取决于最高国家权力机关如何具体立法和如何具体解释法律的变数。这里先看看我国实际依照的“法律”的范围。采用前述三条判断标准，反观我国运作中的现行法律体制，“法律”的实际范围可根据以下几个方面的衡量结果综合认定。

按照上述“标准一”，我们可以得出三点结论：

首先，宪法文本所说的宪法就是宪法，宪法文本所说的法律就是法律，没有理由也没有根据将《宪法》第131条中“依照法律规定”中的“法律”解说为“法律+宪法”。

其次，宪法本身要求法院遵守宪法，但并没有给法院“依照”宪法规定行使裁判案件的授权，因此，在这里，宪法本身不是“法律”的组成部分，不属于《宪法》第131条中“法律”的范围。

最后，《宪法》第131条规定法院依照“法律”规定行使审判权，但在我国宪法列举过的全部法规范性文件中，只有按《宪法》第62条由全国人大制定的“基本法律”和按《宪法》第67条由全国人大常委会制定的除“基本法律”“以外的其他法律”直接被称之为“法律”，因此，这两种法规范性文件必然构成《宪法》第131条所说的“法律”的主干或主体。

同时，由于最高国家权力机关作出的有关法律问题的决定本身是法律的一种表现形式，而它所做的法律解释也“同法律具有等效力”（《立法法》第50条），因此，有关法律问题的决定和法律解释必然是“法律”不可分割的组成部分。

按照上述“标准二”，在最高国家权力机关之外的主体创制的各种法规范性文件中，部门规章、地方政府规章、军事规章和司法解释，都不属于“法律”的范围。我国各级法院十多年来一直贯彻着最高人民法院这样的规定："国务院各部委发布的命令、指示和规章，各县、市人民代表大会通过和发布的决定、决议，地方各级人民政府发布的决定、命令和规章，凡与宪法、法律、行政法规不相抵触的，可在办案时参照执行，但不要引用。最高人民法院提出的贯彻执行各种法律的意见以及批复等，应该贯彻执行，但也不宜直接引用。"① 这里没有提及军事规章，但无疑军事规章的法律地位应该与部门规章相当，宜等同视之。既然包括部门规章、地方政府规章在内的这些法规范性文件都不是法院"依照"的对象，只是"可在办案时参照执行"，且被附加不要引用、不宜引用等限制条件，显然在法院里它们都不属于其行使审判权时所必须依照的"法律"。最高人民法院的这些制度化安排已经二十多年了，全国人大常委会及其相关机构对之十分了解，从未表示过异议，应该可以理解为已予认可。

按照"标准三"，行政法规、地方性法规、自治条例、单行条例和军事法规实际上都是"法律"的组成部分。与最高国家权力机关创制的法规范性文件相比，行政法规、地方性法规、自治条例、单行条例和军事法规虽然法律位阶较低，其法律效力在归根结底的意义上②也低一档，但它们在法院面前的法律效力与前者却是同等的。因为，按《立法法》第 99 条的规定，即使最高人民法院认为行政法规、地方性法规、自治条例和单行条例同法律相抵触，也只能向全国人大常委会书面提出进行审查的要求，不能自行对其进行合法性审查和做不合法宣告。

《立法法》第 99 条的规定表明，行政法规、地方性法规、自治条例、单行条例和军事法规不论合法与否，法院都不能不在行使审判权的过程中适用这些法规范性文件，在法院行使审判权的过程中它们的地位和效力与最高国家权力机关创制的法规范性文件几乎没有任何区别。这样的制度安排造成的一个直接后果是，行政法规、地方性法规、自治条例、单行条例和军事法规等虽然只是狭义的法律（"法律［丁］"）的下位法文件，但它们不仅与狭义的法律一样，事实上成了《宪法》第 131 条特指的"法律"的组成部分，而且还在法律生活中得以优先于狭义的法律获得司法适用的机会。这是因为，"当上下位法发生冲突时，在缺乏规范审查权的制度环

---

① 《最高人民法院于关于人民法院制作法律文书如何引用法律规范性文件的批复》，1986 年 10 月 28 日。

② 即这些法规范性文件只有在其被全国人大常委会做合法性审查的时候，它们的效力低于最高国家权力机关创设的法规范性文件的情况才能显示出来。

境中，法官自然倾向于下位法，理论上也只能选择下位法”①。

当然，在有些时候或地方，当行政法规、地方性法规等下位法规范性文件的规定与最高国家权力机关创制的法规范性文件的规定发生冲突时，法院避开前者直接适用后者的情况，在各地都是有一些的，但严格地说，法院这样做没有宪法的和法律的根据，只能藏藏掖掖地进行，且只能寄望于国务院和省、自治区、直辖市等地的地方国家权力机关能予以容忍，因而不能算是制度性安排，况且也并不是总能行得通。②

概括地说，在我国目前的法律体制中，《宪法》第 131 条特指的“法律”实际上包含了以下三个层次的法规范性文件：法律、有关法律问题的决定、法律解释；行政法规、军事法规；地方性法规、自治条例、单行条例。

在《宪法》第 131 条的意义上说，这些法规范性文件就是我国目前事实上的法律。

5. 应通过在宪法架构内的改革来确认“法律”的最优范围

在坚持人大制度和民主集中制的前提下探讨法院行使审判权所依照的“法律”的范围的最优化，可以预设一个很大的课题，需要论及现行宪法的修改，也可以定一个较小的课题，只在不超越现行宪法的各项规定的框架内进行。限于篇幅和主题，本书对此仅在现行宪法的框架内表达一点看法。

如何确定“法律”的范围，直接关乎人大制度下各级各类国家机关之间职权的分配或再分配。“法律”的范围越大，包含的法规范性文件的种类越多，法院无权对之进行合法性审查的法规范性文件就会越多，法院行使职权受到的限制也会越大，反之亦然。另外，从相对静止的观点看，一国国家机构的职权总量是一个常数，因此，其中任何一个国家机关的职权的扩展，都必然相应压缩其他国家机关的职权范围。实现“法律”范围的

---

① 尽管“这必然使法律位阶制度失灵，并对法治构成严重冲击”。详见周永坤《论规范效力冲突与法律选择》，《法商研究》2001 年第 4 期。

② 以省人大常委会的地方性法规为例，当其某项规定与最高国家权力机关制定的法律的规定相抵触时，如果法院撇开地方性法规直接依照法律的规定裁判有关案件，其行为的合法性显然会受到败诉一方相当有根据的质疑：法院为什么不按《立法法》第 99 条的规定，通过最高人民法院书面提请全国人大常委会进行审查和裁决？法院凭什么自行裁决？这样做是不是越权？如果这样做损害地方利益，有关的地方国家权力机关对本级和下级法院可以施加的压力之大，更是不难想象。

最优化，不是简单地扩充法院职权或压缩法院职权的问题，而是如何实现国家权力在整个国家机构体系内的均衡分配的问题。

《宪法》第131条中“法律”的最优范围，应该是狭义的法律即前文所说的法律［丁］，它只包括全国人大及其常委会通过和公布的法规范性文件，国务院根据宪法制定的那部分行政法规和中央军委根据宪法制定的那部分军事法规（不包括国务院根据法律制定的那些行政法规和中央军委根据法律制定的那些军事法规）。这样认定“法律”范围的主要理由或优点是：

第一，这样安排较准确反映了现行宪法关于“法律”的范围的本意。从宪法文本看，只有全国人大制定的“基本法律”、全国人大常委会制定的基本法律“之外的法律”，才是现行宪法直接规定的、与其第131条中“法律”完全等值的法规范性文件。全国人大及其常委会通过的有关法律问题的决定、全国人大常务委员会公布的法律解释在制定主体、法律效力方面与被宪法称为“法律”的法规范性文件完全相同，纳入“法律”的范围顺理成章。

第二，“法律”以全国人大及其常委会制定的法规范性文件为中心，范围仅做了最必要的扩展。“法律”这个词语，在汉语中有其相对稳定的含义，按各国解释宪法的惯例，不宜对之做过于扩大的解释。此处对法律范围的确定，仅仅将法院行使审判权时无权审查其是否违背制定根据因而绝对无权不“依照”的那部分行政法规和军事法规归于了“法律”范围，符合宪法的间接规定，符合建设法治国家的实际需要，有助于改变那种在立法上将“法律”概念的外延做违背宪法理论的过度延伸的做法。①

这里需要说明的是，对于最高人民法院而言，国务院根据宪法制定的行政法规与根据法律制定的行政法规是有重大区别的。因为，不论是现行宪法文本、宪理，还是民主集中制原则，都并不必然像《立法法》等某些现行法律那样排斥最高人民法院对国务院根据法律制定的行政法规进行合法性审查；但是，基于同样的宪法文本、宪理和原则，最高人民法院绝对无权对国务院根据宪法制定的那部分行政法规进行合宪性审查，因为，最

---

① 这种做法的常见表现，是有过多位阶低于行政法规的法规范性文件，法院只能适用，无权对其做合法性审查，无权因其不合法而拒不适用，或无权对其适用条件进行自主限制。

高人民法院没有监督宪法实施的职权，不能对根据宪法制定的行政法规进行违宪审查。最高人民法院与中央军委依据宪法制定的那部分军事法规的关系，与此相同。

第三，适应了在市场经济条件下建设法治国家的现实需要。现行宪法是在实行计划经济体制和尚未确立法治原则的历史条件下形成的，不可避免地带有时代的局限性。这种局限性在国家机关职权配置方面的表现，就是行政权力过于强大和很少受制约，而审判权则受制约过多，审判权的地位和作用被放置偏低。缩减法院行使审判权必须依照的法规范性文件的范围，使法院得以结合具体案件的审理，对根据法律制定的行政法规及其以下位阶的法规范性文件的合法性进行附随性审查，有助于改善审判权的地位和作用在我国法律体制下被放置偏低的格局。

如果这样确定“法律”范围的努力能得到法律界和法学界广泛的认同，那么，通过缩减法院行使审判权必须依照的法规范性文件的范围来改善审判机关和审判权的法律地位，就应该是值得今后参与法律制定和修改的人们充分注意的一种价值指向。

（四）学术上应充分讨论，制度上宜有所遵循

如何理解《宪法》第131条关于法院“依照法律规定”行使审判权的规定，处置好法院与宪法的关系，已经成为我国宪法的实施领域最前沿的课题。这个课题法学界事实上讨论很久了，只不过此前主要是在所谓宪法的司法适用的架构下展开的。但是，迄今为止，法学界在这个方面显然还没有取得明显的共识，需要进行更充分更自由的讨论乃至争鸣。这种讨论对我国宪法实施有百利而无一害，任何机构和个人都没必要对其可能涉及的方面过分担心。任何制度性安排都需要坚实的学理基础，但坚实的学理基础只有通过充分、自由的讨论才能形成。

我国法院在依照法律规定行使审判权的过程中虽谈不上“依照”宪法行使审判权，但却必须遵守宪法，必要时援引宪法是法院严格遵守宪法进而充分实施宪法所必不可少的作为。法院在行使审判权的过程中要完全回避援引宪法的问题是不现实、不可能的。所以，宪法监督机关和最高人民法院在这个问题上迟早得作出相应的制度化安排，以便各级法院和法官在一旦面对这样的案件时可以有所遵循。就宪法监督机关和最高人民法院来说，放任各级法院和法官任意援引宪法固然肯定是不行的，但不做必要学

理论述就一刀切不准法院和法官援引宪法，则不仅显得主事者无能，也不利于宪法的充分实施。

从根本上说，处置好法院与宪法的关系，包括根据现行宪法的文本和精神处置好宪法的遵守性援引问题，有赖于培养大批既懂部门法又真正懂宪法的高素质的法官。往深层次考虑，理顺法院与宪法的关系，还需要继续探寻实现“法律”范围最优化的国家机关职权配置格局，这方面的工作只能通过进一步推进政治体制改革和修改《立法法》等法律的方式来完成。

六　宪法原文与修正案的组合问题①

本书所说的组合形式，指的是一部“原始的”宪法经过了修改之后，其原文与修正案（或修改宪法的决议，修改宪法的法律、法令等，各国名称不一，以下统称宪法修正案）构成统一文本时的文字结合方式。宪法是一国法制和法治的基础，内容和形式都很神圣，故各国对其组合形式的确定都十分慎重。通常的做法是，宪法每修改一次，就公布一次修改过的宪法全文。

我国宪法原本有正式、统一的文本，即 1982 年 12 月 4 日全国人民代表大会公告公布施行的《中华人民共和国宪法》，但是自 1988 年 4 月 22 日第一次通过修正案以来，全国人民代表大会及其常委会一直没有正式公布过修改后的宪法新文本。这一情况造成今天社会上同时使用着十余种宪法文本的局面。这些宪法文本都是不同的出版和使用单位按自己认为合适的方式将宪法原文与修正案组合在一起形成的。可以说，我国自 1988 年 4 月第一次修宪后的 15 年来，事实上一直没有正式、统一的宪法文本。这种状况不利于确立宪法权威和实施依宪治国。对此，早在 1999 年前已有学者作过评论，② 但可惜未引起有关国家机关和宪法学界的足够重视，以至迄今状况仍未得到改善。笔者以为，要改变这种状况，先必须在修宪技

① 本节原载《中国法学》2003 年第 3 期，标题为《我国宪法原文与修正案的组合问题》，纳入本书时按全书基本概念统一、基本观点协调的原则做了修订。由于本节只是讨论修宪的技术，故其中所引各国宪法的版本仍维持当时的条款和出版年份。

② 那时，有学者在讨论我国宪法没统一、法定的文本的弊病和不适宜用修正案方式修改宪法时，已涉及了我国宪法原文与修正案的文字组合问题并阐发了一些富有启发意义的见解，但或许由于主题和篇幅所限，作者没有深入、全面探讨这个问题。详见蔡定剑《从宪法文本谈修宪方式》，《法学》1999 年第 12 期。

术层面根据我国基本情况解决好宪法原文与修正案最佳组合方式的选择问题。为探寻这种最佳组合方式，笔者特撰此文，希望能对宪法文本的合理定型有所贡献。

（一）组合无定制局面及其负面影响

1982 年宪法公布施行以来，我国宪法经历了一个从有正式文本到无正式文本的历程。1982 年宪法是全国人大发布公告全文公布的，是正式文本，这一点勿庸置疑。这一正式文本一直保持到 1988 年 4 月 12 日。但也就是这一天，我国开始了宪法无正式文本的时期，因为，当天全国人大七届一次会议通过和公布了第一、第二两条宪法修正案，但却没有同时公布新的宪法文本，也没有规定原文与修正案的组合方式。我统计发现，现在的宪法文本的出版和使用单位用以组合宪法原文与修正案并予以出版发行的方式大致可以分为四类，其中每一类方式往往可进一步分为若干种，而每一种又都对应着一种宪法文本。

第一类组合方式是，先按历次修正案修订宪法原文，再加上宪法修正案形成新文本。① 这类组合方式可进一步分为几种，每种都对应着一种文本。通常的做法是，将《中华人民共和国宪法》标题下方圆括号内的文字加以增补，说明宪法是按历次修正案修订了的，然后再排印根据修正案修订过的正文，正文后接修正案原文。② 还有一种组合方法是先刊印最近通过的修正案，后面紧跟按照修正案修订过的文本，或紧跟按照修正案修订过的文本及以往通过的修正案。大凡修宪当年人民出版社按年度出版的《中华人民共和国法律汇编》都采用这种组合方式。

第二类组合方式是将 1982 年宪法原文、宪法修正案和按照宪法修正案修订过的新文本同时刊出。这类组合方式也至少可分为三种具体做法，形成三种不同的文本。1. 将按照宪法修正案修订过的新文本放在前面，将 1982 年宪法原文及其修正案作为另一种文本放在后面，两者同时刊出。全国人大法工委编、法律出版社 2000 年版的宪法单行本采用了这一组合方式。2. 与上一种组合方式反其道而行之，将宪法原文及修正案置前，将根

---

① 请读者注意，按这种组合方式，宪法修正案不是“附”在原文后的，而是作为原文一部分存在的；若是附，应加注“附录”之类字样。

② 全国人大法工委常用法律法规编委会编，吉林人民出版社 2001 年版《中华人民共和国常用法律法规全书》采用的组合方式属这类中的一种。

据修正案修订的宪法文本置后。这种文本见于人民出版社于1993年、1999年出版的该年度法律汇编。3. 将宪法原文和修正案作为宪法正本，将根据修正案修订的文本作为附录。全国人大常委会法工委编、法律出版社2002年版的《中华人民共和国法典》采用了这种组合方式。它的编者将宪法修订本放在1982年宪法及修正案之后，显然是因为他们充分认识到了前者不是我国最高国家权力机关公布的文本，其地位不能与全国人大1982年12月4日公布施行的宪法文本比。

第三类组合方式是，1982年宪法原文不作任何变动，只在原文后面依次排列宪法修正案。但是，因修正案的排列方式不同，这一类组合方式至少可进一步分为三种：1. 在1982年宪法原文后另起一页，按公布时的原文刊出第一批通过的宪法修正案，然后又另起一页，按公布时的原文刊出第二批通过的宪法修正案。其余类推。每次宪法通过的宪法修正案标题下都用圆括号载明某年某月某日由全国人大某届某次会议通过，还载明某年某月某日由全国人大第某号公告公布。如此安排，宪法修改几次，《中华人民共和国宪法修正案》的大标题在同一个文本中就接连出现几次。中国法制出版社2001年出版的宪法中英文对照单行本属于这一种。一些省市的人大常委会办事机构印发给人民代表的常用法律汇编也采用了这种组合方式。2. 1982年宪法原文后不另起一页，紧接着原文将历次修正案无间隔地排出，但每次排出的修正案大标题下圆括号中的说明性文字，却都没有像上一种那样载明公告公布的机关和公告号。姜士林先生主编的《世界宪法全书》（青岛出版社1997年版）中的中国宪法文本采用了这种组合法。中共中央政策研究室也这样处理宪法文本。[①] 在1982年宪法原文之后，附上宪法通过前关于修改草案的说明和关于修改草案的报告，然后排印1988年的宪法修正案及两个副录、1993年的宪法修正案及5个副录、1999年的修正案及4个附录。其中，仅在3个修正案之间，就夹杂着2万多字的附录。这给人的印象，好像为数不少的附录也是宪法文本的组成部分。[②]

第四类宪法文本只有一种，即根据历次修正案对原文做修订后形成的宪法文本（即按修正案把原文改过来后的宪法文本，以下简称修订文本）。

---

① 中共中央政策研究室综合组编：《中华人民共和国跨世纪实用政策全书》，世界图书出版公司1999年版，宪法部分。

② 于友民、乔晓阳主编：《中华人民共和国现行法律及立法文件》上卷，中国民主法制出版社2002年版，第4—50页。

它的具体组合方式是，先在1982年通过和公布施行的《中华人民共和国宪法》标题下方圆括号内原有的文字后增加这样一句说明性的话："根据1988年4月12日第七届全国人民代表大会第一次会议通过的《中华人民共和国宪法修正案》、1993年3月29日第八届全国人民代表大会第一次会议通过的《中华人民共和国宪法修正案》和1999年3月15日第九届全国人民代表大会第二次会议通过的《中华人民共和国宪法修正案》修订"；然后按历次修正案修订相应条款，形成正文。①

如果要进一步细分，还可以确认数量更多的宪法组合方式和文本。显然，我国宪法的现有组合方式和文本都还不理想，需要设法改善。首先要解决的是什么样的宪法原文与修正案组合方式适合我国情况的问题。从实际生活的观点看，宪法文本混乱的现状给社会生活带来的负面影响或造成的弊病今后可能会越来越明显地显露出来，因而应当及早改变。但是，宪法学解决问题，不仅应当考虑当前的、短期的需要，还应顾及未来的、长远的安排，以及将来肯定会遇到而现在尚未出现的情况，所以，必须系统地确立宪法原文与修正案的组合规则和配套规则。

（二）国外可供参考借鉴的组合方式

我查考获知，在各国历来采用的宪法原文与修正案组合方式中，最有代表性的是以下几种。

第一种是保留原文不变，直接在原文后增加修正案。美国宪法是采用这类方式的典型，故不妨将其称为美国模式。德国、委内瑞拉等少数国家修改宪法的方式属于这一类或近似于这一类。美国将这种方式运用于一切修改宪法的场合：增加新内容，如用前10条修正案增添人权保障的内容；修改宪法原始文本，如用宪法第14条修正案第2款和第16条修正案对原文第1条第2款第3项进行修正；修改此前通过的宪法修正案，如用宪法修正案第20条第3款对第12条修正案的部分内容所做的修改；废除原有文本的某个条文，如用宪法第13条修正案替代原文第4条第2款第3项；废除此前的某个宪法修正案，如第21条修正案对第18条修正案的废除。200余年来美国宪法的修正案虽已达27条，但修宪者对被修改、被废除的

---

① 这种出现不久的文本见于全国人大常委会法工委审定的《中华人民共和国常用法律法规汇编》，中国民主法制出版社2002年版。

原有条文或修正案中的文字，一概保留原样未动。与美国的做法相似，德国宪法第 79 条第 1 款规定，“基本法只能由专门修正或补充基本法条文的法律予以修正”。德国对基本法的修正也不改变被修正的条文的文句，但它未采用在基本法原文后跟一条条修正案的形式，而是采用在原文后跟“修正或补充基本法的法律”的形式。委内瑞拉宪法则明确规定：“补充条文连同号数，刊布在宪法的末尾而不改变宪法文本。但要用页底小注注明补充条文或各条文的号数及补充的日期。”[1] 这些国家修宪的共同特点是修改后宪法（基本法）的原文不变。这种做法的显著优点，是能够记录和展示宪法的演变过程，方便人们理解修宪意图；而其缺点，则是让人读起来不能一目了然，让人必须花相当的力气仔细研读全文，才能知道原始文本中哪些条款改了，哪些条款没有改，以及是否有后面的修正案废除或修正前面的修正案、后面的修宪法律废除或修改前面的修宪法律的情况等。

第二种组合方式是修订原文形成新文本。历史上瑞士最早成功地运用了这种方式。不妨将其称为瑞士模式。瑞士模式的文本的基本特点是，不论修改宪法的某个条款还是废除宪法的某个条款，都直接以新内容置换原有的内容，记录原有内容的文字不再保留在宪法原文中。葡萄牙、苏联、芬兰等国修宪时处理原文与修正案关系的方式也大体属于这一类。葡萄牙宪法对于运用这种方法形成新文本有明确要求。该国宪法第 288 条、第 289 条规定：“业已通过的宪法修正案应附有单独的修宪法令”；“应通过置换、删除与增补等方式将宪法修改条文列入宪法文本”；“宪法新文本应与修宪法令同时公布。”[2] 瑞士模式的优点首先在于，人们翻开宪法，所阅读的直接就是现行有效的宪法条款，不至产生误解，也无须费力地对比分析。第二个优点是，无论修改多少次、修改多少条文，宪法文本总是很简洁，不会在后面跟一条越来越长的“尾巴”。瑞士采用这种修宪方式，其宪法 140 年了，看起来还是那样简洁明了。当然，宪法不是为了好看的，而是简洁明了方便公民阅读、理解，有利于其实施。不过，这样处理原文与修正案的关系，似乎存在难以反映宪法有关条款历史变迁、不利于人们准确理解宪法条款本意的缺憾。

第三种是修订原文增加附注构成新文本。其特点是，在以宪法修正案

---

① 姜士林主编：《世界宪法全书》，青岛出版社 1997 年版，第 1099 页。

② 姜士林主编：《世界宪法全书》，青岛出版社 1997 年版，第 1779 页。

置换宪法原有的文字的同时，另在置换后的条款中加页底注，注明原有条款的内容。这种做法能弥补第二种组合模式历史感不足的缺憾。意大利宪法在这方面有代表性，我们不妨将其称为意大利模式。意大利模式的具体做法通常是，给被修改的条文增加诸如此类的页下注："此条为某年某月某日根据第某号宪法性法律修改后的条款。制宪会议某年某月某日通过的原条款为——"，紧接着就是记载被修改的原文的文字。还有一些近似的处理办法：在用新内容置换原有内容的同时，在有关条款的序号后用括号注明该条是某年某月某日经修改而成的，如现行芬兰宪法、奥地利宪法都这样处理；在置换和标明日期基础上将因修改而形成的文字用引号标出，如卢森堡宪法；在有关条款后另起一行，用括号注明该条款系由某年某月某日第某号修正案修正，如现行哥斯达黎加宪法。若系多次修改，该怎么办呢？也有办法！1980 年修改出版的美国加利福尼亚州宪法第 16 章第 1 条后就有这样的一段注释性文字：此条"1879 年 5 月 7 日通过；1908 年 11 月 3 日，1956 年 11 月 6 日，1960 年 6 月 7 日，1962 年 11 月 6 日，1970 年 6 月 2 日修正"。[①] 可谓不厌其烦。

以上是宪法原文与修正案组合的几种基本的、常见的方式。除此之外，还有几种特殊组合方式，它们是为解决相应问题发展出来的。迄今为止，我国还没有碰到这类问题，但今后我们肯定会碰到这类问题。这里不妨未雨绸缪，针对典型问题概括出几种常见方法，供我们在最近的将来或较远的将来组合宪法原文与修正案时参考：

1. 废止宪法的某一章节、某一条款而又维持宪法原有格局和其他章节、其他条款顺序号不变的方法。宪法是国家根本法，宪法可以修改，但修改后其章节、条款的顺序号应尽可能保持不变。因为，减少或增加章节或条文的顺序数就得改变其后的章节或条文的序号，不仅会影响人们心中的宪法稳定感，也肯定会导致援引宪法有关条款为立法依据的普通法律被迫随之做修改。例如，我国《香港特别行政区基本法》序言称，根据"宪法第 31 条的规定，设立香港特别行政区"，若我国宪法增加或减少第 31 条前的顺序号，第 31 条的顺序号势必随之改变。这样，《香港特别行政区

① 《加利福尼亚州宪法》，曹登举、吴光亮译，《外国法译评》1995 年第 4 期。这些记载是加州宪法原文中就有的。如 2018 年修正的第 19 章第 1 节，后面如此记录了相关情况："Sec. 1 amended June 5, 2018, by Prop. 69. Res. Ch. 30, 2017"。

基本法》就不得不做相应修改，而这种修改难免会付出很高成本，甚至造成香港民众不必要的不安。局部修宪时为避免出现改变宪法条文顺序号的情况，许多国家都采用了保留原条文序号，去掉过时条款内容的办法，仅在序号后加括号注明某年某月某日该条已废止。瑞典、比利时、挪威、印度、新加坡、马来西亚等许多国家，都用这种方法处理宪法有关条款废除后各条款的序号问题。还有一个极端的例子：美国加利福尼亚州宪法（1980 年 11 月 4 日修正版）在废除了总共 14 章后，各章各条的顺序号仍丝毫未变。

2. 宪法按需要增加“条”甚至“章”的数目而又维持宪法原有格局和顺序号不变的方法。简单地说，这种方法就是在内容相关或相近的条款或章节后增加副章、副条，等等。在这方面，比利时宪法较有代表性。比利时宪法是 1831 年 2 月 7 日颁布施行的，原文共 8 章 140 条，[①] 一百多年来，该宪法经常修改，增加了许多内容，但却仍然保持着原来 8 章 140 条的格局。之所以能做到这一点，关键是运用了加副章、副条的修宪技术。例如，该宪法的第 1 章是“领土及其区划”，后来又增加了“第 1 章（甲）关于文化共同体”，这样，既增加了一章的容量，又没有改变第 2 章及以后各章的序号。又如，该宪法在“第 56 条”之后，还有“第 56 条（甲）”、“第 56 条（乙）”、“第 56 条（丙）”。这后面甲、乙、丙三个副条就是修宪时增加的，其文字量比第 56 条本身多十多倍。增加这么多内容，也没有改变后边各条的序号。该宪法第 91、第 131 等条文后，也都设有副条。芬兰 1928 年 1 月 13 日《议会法》（宪法性法律）、印度宪法也采用了此法，其中，印度宪法第 371 条后，设了甲、乙、丙、丁、戊、己共 6 个副条。

（三）现有诸种组合方式之优劣

毫无疑问，我国要尽快结束宪法原文与修正案组合无定制状况并消除其负面影响。宪法原文与修正案的组合，虽然有一定的规律性，但却没有什么放之四海而皆准的、适合于一切国家的理想组合方式。各国有各国自己的情况，其组合方式必须适合本国实际需要。同样，解决组合方式问题

---

① 姜士林主持译出的中文版《世界宪法全书》（青岛出版社 1997 年版）在“比利时制宪说明”部分介绍的是 8 章 140 条。

时，我们也应实事求是地评估我国现有各种组合方式是否适合或在多大程度上适合我国情况。现结合国外的一些典型做法，通过必要的比较对本文第一部分列举过的、我国常见的四类组合方式的优劣及其与我国情况的适应程度做简要评价。

我国宪法文本第一类组合方式（即先按修正案修订宪法原文，再加上修正案，两者一起构成宪法新文本的方式）虽有某些局部优点，但总体上看不可行。用这种组合方式形成的宪法文本最值得肯定之处，是其中包含着按修正案修订过的、内容完整的宪法正文。这样形成的宪法正文比较便于人们读懂、掌握和运用，但不好解释的是刊印在宪法正文后的宪法修正案的地位。在按这类组合方式形成的文本中，修正案是作为宪法文本的组成部分存在的，但修正案却显得没有实际意义或明显作用。宪法正文已照修正案修订过了，修正案跟在正文后面成了多余的累赘。笔者遍查各国宪法文本，未见有采用这种方式组合原文与修正案者。将来全国人大决定和公布宪法正式文本时，不宜选用这种组合方式。

我国宪法文本第二类组合方式采用的是将 1982 年宪法原文、宪法修正案和按照修正案修订过的宪法新文本同时刊出的办法，看来，这是出版者面对宪法原文与修正案组合无定制的现实，在无可奈何的情况下采用的一种“两全其美”的办法。但由此形成的忽前忽后、组合无定的两种文本之间是什么关系，是否应分主次，很难理解，也未见出版者做必要说明。至于引用时该以哪个为准等问题，也只好留待读者或使用者自己去琢磨和做决定了。这也是世界各国都未曾采用过的组合方式本身没任何优点可言。将来全国人大决定和公布宪法正式文本时，这种组合方式不值得多费时间考虑。

我国宪法文本第三类组合方式大体上仿效了美国模式。美国模式有其合理之处，但它不太适合我国情况。按美国模式组合成的宪法修订文本的优点是能通过文本自身反映出宪法有关条款的历史变迁，便于人们历史地把握宪法条文的本意和精神。这种组合方式在美国宪法中的运用是很成功的，这一点颇受各国宪法学者关注。但为什么笔者说它不太适合于我国宪法呢？做这个判断，决不仅仅是因为我国宪法的出版、使用单位现在用同类方法组合的宪法文本在形式上没有美国宪法文本那样紧凑、不像一部统一的宪法，而是基于以下更重要的理由：

首先，美国模式只适合于高度刚性的、很难修改也很少修改的宪法，不适合中国这样中低度刚性的、修改频度通常比较高的宪法。美国宪法是高度刚性的宪法，修改程序非常复杂，通过一个修正案极其困难。美国自 1787 年以来，历时 226 年，总共只通过了 27 条修正案。如果考虑到其中前 10 条修正案是 1804 年前有些州作为批准该宪法的条件之一而与正文一起通过的，那么，1804 年以来的整整二百余年中，美国通过的宪法修正案只不过 17 条，平均近 12 年才通过一条修正案。这样，修正案的条文不多，文字量不大，修正案与被修改的原文以及后边的修正案与前面被修改的修正案，相互之间的关系较为容易理顺，故修宪时可以采用附修正案的方式组合为新的宪法文本。反观中国宪法，它虽然也是刚性的，但属于中低度刚性的类型，较易修改，修改频度较高。我国 1982 年宪法公布施行 20 年来，通过了总共 17 条修正案，平均不到 15 个月就通过一条修正案。所以，如果我国采用在宪法原文后跟修正案的方，再过二三十年，修正案的总条数必然很多。这样，原文与修正案、前面的修正案与后面的修正案，相互之间的关系必然因修正案过多而变得十分复杂，难于为普通公民和公务人员所理解，同时也显得很不合理。其次，我国宪法原文文字量较大，有关内容规定得较为具体，同时还包含为数不少的政策性条款（如总纲部分规定的各种经济政策），修改频度必然较高，不可能像文字量很少、条款极为简约的美国宪法那样长期采用附修正案的形式修改和组合新文本。读者翻开在我国宪法学界广为使用的《世界宪法全书》可以看到，其中我国 1982 年宪法原文的篇幅在此书中整整占 10 页，而美国宪法原文的中文译文合计起来仅为 3.5 页。宪法文字量愈大，内容愈丰富、详细，修改频度就愈高，这是一条普遍规律。而修宪的频度高，被修改的条款和内容自然就多，其所造成的后果，与前述因宪法刚度较低造成的后果是一样的。

我国法学界不少人推崇美国的修宪模式，并将其视为美国人立宪技术特别高的表现之一。我不同意这种观点，也不认为美国模式在修改宪法、形成合理的宪法文本方面对各国有普遍的适用性。在世界上，采用美国模式修宪的国家除美国外，只有德国等极少数国家。而且，即使在美国，在联邦宪法之后产生的许多州宪法，也未仿效联邦宪法用附修正案的方式修宪。因为，美国各州宪法基本上都是中低度刚性的，文字量往往也比较大，修改频度通常较联邦宪法高得多。其中最典型的是加利福尼亚州宪法，这部宪法用英文书刊常用字号印在 32 开纸上超过 100 页，经常修改，同一个条款，仅隔几个月、一两年就被修改一次的情形并不少见。

我国宪法第四类组合方式属于瑞士模式，这种模式是世界各国采用最多的一种。与前所述，瑞士模式的特点是按修正案把宪法原文改过来，形成新的文本。按瑞士模式形成的宪法文本的优点非常明显，但也有不尽如人意的地方。与其他文本相比，这类文本显得非常简明，普通公民易读懂，法律、法学工作者好引用，因而也会有利于宪法的实施。但我国现有的这类宪法文本有两个缺点，其一是它并非由有修宪权的全国人大公布施行的正式文本，二是缺乏历史感，不能通过文本反映社会变迁，无助于人们理解有关宪法条款的本意。

在对以上四类组合方式进行了一番评价后，我们可作如下小结：第一类和第二类组合方式不可取，第三、第四类组合方式有很多值得肯定之处，但两者又都有不少缺陷和潜在的不确定因素，需予以改进才能为我所用。

（四）基本结论

一项研究，如果只提出解决眼前问题的路径，那意义和作用就太有限了。在我国宪法原文与修正案的最佳组合方式的筛选问题上，我们虽不敢说要“为万世开太平”，但顾及宪法的未来发展肯定十分必要。本着这种认识，综观以上全部事实和情况，本文得出以下几点基本结论。

1. 我国应以下次修宪为契机，决定和公布一个宪法的正式文本。绝大多数国家的做法是，修改一次宪法，就公布一次修改后的宪法全文。我国因种种原因，前三次修宪后均未决定和公布新的宪法文本。这是一种立宪技术层面的疏忽。全国人大可以下一次修宪为契机，解决好这个问题。

2. 我国可以以现有的宪法修订文本为基础，借鉴国外相关修宪技术对其做必要加工、修饰，形成正式文本。宪法修订文本（即按修正案把原文改过来后的文本）有简洁、易懂、一目了然，便于普通公民和国家机关工作人员掌握、运用等诸多优点，对前文所指出过的缺乏历史感等问题也不难解决，只要采用国外的相关做法，将宪法中被修正案有关文字取代的或其中有所增减的文字用页下注等方式注释出来，并由全国人大将注释过的文本予以公布，它现有的主要缺点就克服了。针对修宪的不同情况，可以有不同注释法，具体方法可参考前文介绍的意大利、芬兰、卢森堡、哥斯达黎加等国修宪提供的先例。一般地说，注释主要应灵活地运用两种办法。第一种办法是用放在括号中的文字紧接宪法条文的顺序号或有关条款的正文之后，注明其何年何月何日经修改或经再修改。第二种办法是做页下注，注明某条某款何年何月何日修改，给出修改前的原文；若同一内容第二次被修改，则可只注出经第一次修改形成的文字，不必再注出最初的文字，余类推。用新的注释性文字及时取代已过时的注释性文字，可避免注释形成不必要的堆垒。

3. 若将来出现需要废除宪法某条、某节的情况时，为保持宪法其他条和节的稳定，应采用保留所欲废除的条或节的顺序号及其相对位置并在顺序号后用括号载文加以注明的办法来处置。宪法同其他法律一样，也有一个立、改、废的问题。我国宪法总的看来比较稳定，但宪法要发展，将来需要废除宪法中个别条文的情况很可能迟早会出现，甚至废除某一节的可能性在理论上说也不是绝对不存在的。对此，宪法学者应该考虑应对之策，尤其是在“条”的层次。笔者主张，一旦出现这种需要，我国可借鉴瑞典、比利时、印度等国的做法，保留所废除的条文的顺序号，但删除序号后全部过时文字，只用放在括号中的文字简要地作出某年某月某日被废止的说明就行。从理论上说，不仅宪法中条的废除可如此处理，节和章的废除也可采用这种办法，国外已多有先例。

4. 我国宪法若增加条或节，应采用增加副条或副节的办法保持宪法原有的格局，使原来所有的条、节和章的顺序号保持不变。采用这种方法，既能让宪法适应社会经济生活的发展变化，又可最大限度地维护宪法原有格局的稳定。在我国，宪法将来增设章的可能性极小，但增设节的可能性是有的，应当现实地予以考虑。当然，宪法中最有可能需要增设的是条。当出现增设条的现实需要时，最适当的选择应当是在其内容与之最为相近或相关的条下增设副条，具体操作可参考比利时、芬兰和印度等国宪法中的做法，这些做法本文第二部分已做必要评介，此处不再赘述。

5. 宪法原文与修正案的组合问题，通常只与特定的修宪规模和修宪方式相联系。首先，宪法有局部修改与全面修改（如我国从 1978 年宪法到 1982 年宪法的转变）之分，一般只有局部修改有组合问题；修宪从方式上看还有直接公布修改后的文本与先通过并公布修正案、再组合宪法新文本予以公布的区别，通常只有采用后一种方式才明显有组合问题。不过，宪法的全面修改与局部修改，宪法的修改与宪法的解释，在上述被“与”联系起来的前者与后者之间，界限并不总是泾渭分明的，在一定限度内它们可相互转换、相互替代，所以，宪法原文与修正案的组合问题，在其现实性上常被转化为其他问题呈现在人们目前。这另当别论。

第五章

宪定法权分配方案的监督实施

［**导读**：宪定法权分配方案是法权宏观分配的原则构成，涉及内容包括全部权中法权的范围，权利与权力划分的原则，以及个人分享权利的原则和国家机构等公共组织内部分掌权力的范围和运用程序等。宪定法权分配方案在我国首先要通过依宪立法来贯彻，而法律又必须通过公民遵宪守法和执法、司法等公共机关守宪守法和准确及时适用法律来具体落实。宪定法权分配方案的监督实施，主要涉及法律是否合宪和法律的下位法规范性文件、职权行使行为是否合宪合法，以及如何审查认定和纠正不合宪不合法做法的问题。监督宪法实施、监督法律实施，是依法治国、建设社会主义法治国家必须做好的事情。］

一　宪法司法适用研究中的几个问题[①]

宪法司法适用从内容上看，就是法学界所说的“宪法司法化”。我不采用“宪法司法化”一词，是因为其中那个“化”字似乎暗含欲将宪法的适用权全让法院包揽并排斥国家权力机关适用的意思。在我之前，已有学者采用过“宪法的司法适用性”的说法。[②] 宪法司法适用的提法与法理学的“法律适用”概念比较好衔接，因而含义也较易为人们所把握。在明确了有关概念后，我们来看看有关宪法司法适用问题研究。这方面的研究肇始于围绕齐玉苓案及最高人民法院的有关《批复》展开的，本文不妨也以它们为话题和背景材料展开。

---

① 本节原载《法学》2001 年第 11 期，标题亦为《宪法司法适用研究中的几个问题》，但纳入本书时按全书基本概念统一、基本观点协调的原则作了修订。

② 胡锦光：《中国宪法的司法适用性探讨》，《中国人民大学学报》1997 年第 5 期。

（一）宪法司法适用问题热起来的原因何在

宪法司法适用问题长期以来没几个从表面看，它是因一个以齐玉苓女士为原告的案子而起。齐玉苓最终胜诉的这个案子的来龙去脉如下：1990 年山东某市中学生齐玉苓考上中专，但齐的同学陈某在其所在中学和她父亲的共谋下攫取了招生学校给齐的录取通知书，并冒齐之名上学和工作直到 1999 年。这一年，事情真相大白，于是齐以陈某和她父亲以及原所在学校等为被告起诉到法院，请求责令被告停止侵害、赔礼道歉并赔偿经济损失。这个案子一审是山东枣庄中级人民法院判的，但齐不服一审判决，上诉到了山东省高级人民法院，而山东省高级人民法院却向最高人民法院做了请示。[①]于是，最高人民法院于 2001 年 7 月 24 日发布《公告》公布了一个以下述引文为实质内容的《批复》："经研究，我们认为，根据本案事实，陈晓琪等以侵犯姓名权的手段，侵犯了齐玉苓依据宪法规定所享受的受教育的基本权利，并造成了具体的损害后果，应当承担相应的民事责任。"[②] 正是这个《批复》，使宪法司法适用问题一下子成了法学界和部分法律工作者思考和讨论的热点。

从深层看，在宪法司法适用问题上，一个很平常的案件之所以成为法学界、法律界关注的热点，有其根本的原因。找出深层的、根本的原因，是我们理解人们围绕齐玉苓案作出的种种举动和发表的种种见解的关键。我以为，宪法司法适用问题讨论热后面深层的、根本的原因在于对以下几种现状的不满意和担忧，并期望尽快能够有所改观：（1）1982 年宪法颁布生效以来，由于立法相对滞后，宪法确认和保障的公民基本权利中，有些仍没有具体法律来落实，至今还停留在纸面上。这些基本权利中最明显

---

① 至于枣庄中级人民法院都没感到有必要请示的案子，山东省高级人民法院为何要向最高人民法院做请示这个令人费解的"小节"，有媒体这样介绍了缘由："这起看似简单的民事案件，却给司法机关提出了一个'棘手'的问题——侵犯姓名权问题在民法通则中有详细的规定，无须赘述；侵害受教育权却在民法中没有规定——换句话说，受教育权属于公民的宪法权利，而不是民事权利。但是，我国各级审判机关在审理具体案件时，惯例是不能直接引用宪法。因此，在一般情况下，这一诉求可能会以'没有法律依据为由'而不予受理。"参见郭国松《冒名上学事件引发宪法司法化第一案》，《南方周末》2001 年 8 月 16 日第 2 版。严格地说，这种解释是站不住脚的，因为，受教育权在民法通则中虽没有规定，但在《教育法》中有规定，并且是作为民事权利予以保护的，故不能说对受教育权做司法保护"没有法律依据"。对此，本文第二部分将进一步论述。

② 参见《法制日报》2001 年 8 月 13 日第 2 版。

的有平等权和言论、出版、结社自由。就拿平等权来说吧，我们社会中男女不平等、城乡不平等、受教育机会不平等以及性别歧视、年龄歧视、出身地歧视，甚至身高歧视等种种情况合法地存在的情形还比较普遍。宪法虽肯定了“法律面前人人平等”、男女平等等平等权利，但实际上没有充分的立法来保障公民法律面前一律平等权（如大学男女毕业生的平等就业权，身高不同的公民的平等升学权、就业权，等等），当然也没有相应的立法来禁止有关领域本不该有的歧视行为。(2) 以最高国家权力机关为主体的宪法监督制度缺乏足够的可操作性，故有宪法监督权的主体未能充分行使此权，有意行使此权的主体无行使此权的宪法资格。这种情形造成了一些很难与法治社会相容的问题，其中较突出的是法律和法院没有必要的权威。使得社会很大程度上有法不依，法律规定的权利得不到有效保障，法制统一不起来。(3) 司法体制改革相对滞后。近几年司法体制做了些改革，但这种改革无法触及司法机关与其他公共机关的权力关系，因而成效有限。

法学界人士积极研究宪法司法适用问题，表明他们希望以此为突破口，解决我国社会生活、法律生活中长期存在的相关问题，这种努力应充分肯定。

（二）齐玉苓案和最高人民法院《批复》到底有多少价值

要解决我国宪制中涉及全局性的问题，选择宪法司法适用问题为突破口是否行得通暂且存而不论。我以为，解决宪法司法适用问题选择以保护姓名权为内容的齐玉苓案为突破口，则似乎可以肯定是不适当的。因为这个案子本身及因其而来的最高人民法院《批复》没有与基本权利相关的足够价值。

要说清这个问题，先得看山东省高级人民法院的请示是否有必要。种种情况表明，山东省高级人民法院的请示是不必要的。我国《宪法》第46条确认“公民有受教育的权利”。1995年9月1日起施行的《教育法》第9条同样确认了公民的这种基本权利，并在“受教育者”这一章中详细列举了公民受教育权的内容，其中第36条规定，“受教育者在入学、升学、就业等方面依法享有平等权利”；第42条第4款规定受教育者有权“对学校、教师侵犯其人身权、财产权等合法权益，提出申诉或依法提起诉讼”。特别值得提出的是，《教育法》在“法律责任”这一章中的第81

条明确规定，“侵犯教师、受教育者、学校或者其他教育机构合法权益，造成损失、损害的，应当依法承担民事责任”。其中的“受教育者”无疑包括了齐某这样的学生或考生。而且，齐某提起诉讼时没有超过诉讼时效期间。由此可见：1. 公民的受教育权在我国不仅是宪法规定的基本权利，也是普通法律具体确认和保障的权利；2. 受教育权在学理上并不一定归类于民事权利，但《教育法》却是将其比照民事权利加以保障的，不能因为《民法通则》没有规定就否认对它的民法保护；3. 山东省高级人民法院或其下级法院完全可以依照《教育法》的有关规定审理和裁决齐玉苓诉陈某等人提起的相关诉讼，没有必要向最高院请示。

同理，最高人民法院的有关《批复》也是不必要的、多余的。简单地做一比较就能看出，这一《批复》并没有向下级法院提供《教育法》相关条款（尤其是其中第81条）所没有的任何东西。这个《批复》给人的印象是，其草拟者和参与讨论通过者事前没做过必要的调查研究，不了解《教育法》的有关规定，行事有些草率。人们一般不会怀疑最高人民法院法官对相关法律条款的熟悉程度，但我得说，民事审判庭法官熟悉民法通则和有关单行法律，这没有什么疑问，但他们熟不熟悉属宪法相关法系列的《教育法》，能不能正确理解《教育法》，值得怀疑。最高人民法院民一庭庭长接受媒体采访时说的几段话，是民庭法官将视野局限于《民法通则》等民事法律领域而忽视了《教育法》的明证。其中第一段话是这样说的：“我国公民依照宪法规定享有的基本权利，有相当一部分在司法实践中长期以来处于‘睡眠’或‘半睡眠’状态，公民的受教育权利就是这样一种在宪法上有明确规定而又没有具体化为普通法律规范上的权利。最高人民法院此次‘批复’第一次打破了法院对此问题的‘沉默’，旗帜鲜明地指出，公民宪法上所享有的基本权利，即使没有转化为普通法律规范上的权利，在受到侵害时也应当得到保护。这在我国司法实践中无疑具有里程碑式的意义。”① 这些话显示，论说者并不了解《教育法》已经使公民受教育权转换成了“普通法律规范上的权利”。

这位庭长接下来讲的一段话更进一步表明了有关法官在认识上存在着忽视或未能正确理解《教育法》有关规定的问题，原文是：“最高人民法院以前虽也有过个别间接涉及宪法适用问题的批复，但其问题都是既侵犯

---

① 《冒名上学事件引发宪法司法化第一案》，《南方周末》2001年8月16日第2版。

了公民的宪法权利，也侵犯了公民在《民法通则》等具体法律中已经规定的权利。而此次批复的案件中，齐某的受教育权是属于民法理论难以包容的权利，明显属于宪法规定的公民基本权利，如不直接适用宪法的规定，司法救济是无法实现的。显然，这一‘批复’创造了我国宪法司法化的先例。”① 这里应该明确三点：第一，受教育权在1995年9月1日《教育法》实施后，就已经成为我国宪法和具体法律都保护的权利。第二，《教育法》既然规定了侵犯公民受教育权“应当承担民事责任”，那么受教育权就是已被法律当作民事权利加以保护了，至于学理上能否被“民法理论”所包容并不重要，丝毫不应影响对它的司法保护。第三，直接适用《教育法》足以给公民受侵害的受教育权提供司法救济，根本不用直接适用宪法的有关规定。

事实上，在《批复》自2001年8月13日起施行（最高人民法院7月24日《公告》中的话）前，河南省就有了依据《教育法》对公民的受教育权受侵害予以司法救济的实例。《法制日报》2001年7月27日刊登的特稿的标题是《受教育权不可剥夺——南阳学童状告母校侵害受教育权胜诉》，该特稿的题头部分写道：“7月23日，河南省南阳市社旗县社旗镇13岁的少年赵顺状告自己的母校——社旗镇初级中学不履行保障自己接受义务教育义务、侵害个人受教育权一案，在社旗县人民法院一审圆满终结，赵顺胜诉，该校被判赔偿赵顺经济损失500元，并向赵顺书面赔礼道歉。”接着该文详述了赵顺因比较调皮、违反校纪，社旗镇中学不允许赵顺到校上课，赵顺及其家人为保证赵顺的受教育权以社旗镇中学为被告向社旗县人民法院提起诉讼，以及该法院7月8日开庭审理此案。7月23日依据《教育法》《民法通则》等法律作出上述判决的详情。该特稿最后还特别说明：“在法定期限内，原被告双方均未上诉。目前，该判决已生效。”② 这个先于最高人民法院《批复》的案例的存在，已经用事实说明了很多问题，其中至少包括：堆放在齐玉苓案头上的光环是不应该有的；最高人民法院的有关《批复》谈不上“宪法司法化第一案”。

彼时似乎有人这样为《批复》和有关法官的言论辩解：《教育法》不

---

① 《冒名上学事件引发宪法司法化第一案》，《南方周末》2001年8月16日第2版。

② 曾庆朝等：《受教育权不可剥夺——南阳学童状告母校侵害受教育权胜诉》，《法制日报》2001年7月27日周末专刊。

是具体法律，是宪法性法律，属于宪法的范围。这完全是无稽之谈。即使《教育法》属于宪法性法律，它也是具体法律、普通法律，而不是宪法，宪法与宪法性法律是两回事。而且，所谓宪法性法律，只是法学界对现行法律做的一种学理分类，丝毫不影响它在我国法律体系中的位阶或效力等级。

既然“请示”和《批复》都显得不必要或多余，那么，试图以它们为突破口解决宪法司法适用的问题也就不会有多少效果。实际上，如果选择一个适用平等原则（如男女大学毕业生的平等就业权）保障方面的案例或审查抽象行政行为合宪性方面的案例为突破口，也许效果更好些。

当然，我并没有完全否定齐玉苓案及最高人民法院有关《批复》的意义，但我们应看到，它们的意义不在于它们本身，而在于由它们引起的对我国宪法适用不到位问题的强烈关注。这种关注无疑为促进宪法实施，尤其是促进其中公民基本权利保障条款的实施，提供了一定的推动力。如此而已，其他的溢美之词未免言过其实。不管我们主观上有什么追求，我们都没有理由不坚持实事求是的精神。

（三）宪法司法适用与现行宪法关系如何

提出这个问题好像有些不合常理，因为，按照现行宪法的规定推进现行宪法的司法适用，难道不是天经地义的吗？是的，的确应该如此。但我看到的种种说法和设想，似乎大都不是这样。有非常多的证据表明，法学界和法律界中有为数不少的人在这个问题上实际奉行的是双重标准：在讲到直接适用宪法保护公民基本权利时，其中的基本权利是中国宪法中规定的权利；在讲到直接适用宪法的机关的地位、权限时，他们心目中的宪法却往往不像中国的宪法，而更像美国的宪法，似乎只有中国法院取得美国法院（法国、德国等其他西方国家的法院的地位都不行）那样的地位和职权，中国宪法规定的公民基本权利才能实现。这是没有道理的。

与上述情况相联系，不少学者和法官倾向于认为，要实现宪法的司法适用，必须由法学家和法官结合在一起，以最高人民法院的司法解释权为排障机，突破现行宪法框架，形成一个由法院掌握包括宪法解释权、违宪审查权和宪法诉讼裁判权等权力的司法体制。我得说，这种想法离开包括法律文化传统在内的中国基本情况太远，不现实。从世界范围看，实行有关学者所设计的体制的国家也只有以美国为代表的为数并不多的国家。

专以研究司法为己任的人们和法官提出上述主张可以理解，但以研究宪法为己任的人们的眼界应该更开阔一些，要超越法官和法院的立场思考这类问题。我们不能对法院在宪法适用方面的作用做不切实际的期待，尤其不能指望靠法院单兵突进来解决宪法适用问题。宪法适用问题牵涉面很广且直接关系到一国的政权组织形式，具体到我国则是涉及全国人大及其常委会的地位、职权及其与包括最高人民法院在内的其他中央国家机关之间关系的性质。所以宪法司法适用虽只是宪法适用的一部分内容，但仍然会牵一发而动全身。解决这个问题要靠政治体制改革，要进行通盘规划。

我们不能指望最高人民法院用超越或突破宪法架构的方式解决宪法适用不充分的问题。超越或突破宪法架构必然为最高国家权力机关所不容。全国人大及其常委会有足够多的宪法手段阻止最高人民法院的类似举动。在这方面，要正视现实，中国的最高人民法院的地位和职权不能同美国的联邦最高法院比，中国最高人民法院的司法解释也不可能有美国联邦最高法院宪法判例那样的地位和作用。

还有必要说明，突破现行宪法架构讨论宪法司法适用的种种议论，反映的是我们民族法律文化传统中的一种不良积习：面对一种规则体系，一心想获取其中的好处，同时又处处逃避该规则体系的约束，甚至整天想着去破坏规则。我始终不明白，为了实现中国宪法的充分适用，不少法学学者和法官为什么不想方设法在中国宪法的框架内推动修改宪法或解释宪法有关条款，而总是想让法院去打破中国现行宪法架构，学两个世纪前美国马伯里诉麦迪逊案中马歇尔的所作所为或让法院去冒诸如此类的风险。须知，中国民众的规则意识本来就薄弱，而突破宪法架构推行宪法司法适用的种种谈论则正无情地破坏着仅有的那么一点点规则意识。不论从法律传统还是从政权组织体制看，我国都不宜提倡司法机关“大胆突破，勇于创新”，我们需要的是人民代表机关“大胆突破，勇于创新”。因为，“大胆突破”的后果往往是废、改现行法律，“勇于创新”则通常是制定新法。我国是实行制定法制度的国家，不是美国那种以判例为法的主要渊源的国家，因而中国只宜提倡修宪、立法机关“大胆突破，勇于创新”，司法机关这么做必然会乱套。

（四）宪法私法化的提法包含哪些是与非

据报，某大学法学院在讨论宪法司法适用问题时，还讨论了“宪法私法化的利弊是非”。报道写道：所谓宪法的私法化，是不同于前面提到的宪法司法化的另一个概念，其含义是作为公法的宪法在私法领域的直接适用。讨论中从该案引出的另一个宪法学问题就是：宪法私法化是不是宪法发展的一个趋势？宪法私法化到底有什么利弊是非？对于这个问题，该报道介绍了赞成和反对的两种观点，这两种观点尽管有种种不同，但都认为“宪法是规定政府和人民关系的根本法”。① 由于讨论涉及如何实事求是地看待宪法和宪法司法适用的问题，很基础，须弄明白。为此我表达如下几点看法。

1. 从来对法律做公法与私法二元化划分的传统法学理论都有一个错误，那就是将宪法划入公法的范围而不是作为驾于公、私法之上的单独一个类。对这一点，我一直持这样的观点：从宪法是一国法律体系中其他全部法律的立法依据这个事实或客观要求来看，宪法实为一国法律体系的缩影，其中不仅微缩着公法的内容，也微缩着私法即民法、商法的内容。例如，我国《民法典》第 1 条就说明它是“根据宪法”制定的，这实际就是说，宪法包含着《民法典》这部私法典赖以生根的根本原则。这样，宪法当然也就微缩着民法的一些根本性内容。事实上也如此，如宪法确立的法律面前人人平等原则，就无疑包含着民事主体权利能力平等的内容。至于通常由宪法确认的人身权利、财产权利等，更是典型的民事权利。那种将宪法归类于公法或仅仅看作是公法的观点是非常不合乎实际的，宪法应当是与私法、公法对称的一个单独类型，即根本法。在这个问题上，我们如果看不清传统分类方法的缺陷，因循守旧，我们就没法合理解释一些法律现象。

2. 宪法是划分法权的根本法，它不仅要调整权利与权力的关系（“公共机构和个人”的法律表现），还要调整权利与权利的关系（不同个人相互之间的关系）和权力与权力的关系（各级各类公共机关之间的关系）。如果不是这样看问题，我们使用的宪法概念就会是残缺不全的，没法充分反映宪法的基本属性。仅仅将宪法看作是规定公共机构与个人关系的根本法，不仅会将以私法关系为主要内容的权利—权利关系排斥到了宪法之外，也将以权力—权力关系这种公法内容排斥到了宪法之外。而任何一个

---

① 查庆九：《齐玉苓案：学者的回应——记一次北京大学法学院宪法与行政法学者的讨论》，《法制日报》2001 年 9 月 16 日第 2 版。

国家的宪法，又都无不包含权利—权力关系、权利—权利关系和权力—权力关系三方面的内容。我们的宪法观应该反映这种实际，而反映实际也就不能不承认宪法本身就微缩着一国法律体系中的私法和公法两部分内容。

3. 宪法既然是公法和私法的共同基础，微缩着一国法律体系中私法和公法两者的内容，那么，不论直接还是间接适用宪法的过程，就同时既是宪法私法化、又是宪法公法化的过程。

既然如此，也就没有必要特别地讨论“宪法私法化的利弊是非问题”，也不存在什么赞成宪法私法化还是反对宪法司法化的选择余地。这类问题纯粹是误解宪法的产物，是假问题。

（五）该如何解决欲通过宪法司法适用解决的问题

说到底，研究和推进宪法司法适用的目的无外乎是促使现行宪法在社会生活中充分实现。所以，只要能有效实现这个目的，不一定非得让宪法由司法部门来直接适用。我认为，通过以下途径基本上可解决人们欲通过宪法司法适用这个途径解决的问题。

一是以促进宪法相关法立法取代酝酿中的最高人民法院“造法”。宪法相关法立法主要指制定保障公民基本权利方面的各种具体法律。讨论宪法司法适用，很大程度上要解决宪法相关法立法不充分的问题。从主观上看，人们关注齐玉苓案和最高人民法院的有关批复，就是想要解决受教育权这种宪法权利立法缺位的问题，是不得已而为之。顺应实行制定法制度的传统和人民代表大会体制，我国用加快人民代表机关立法的方式来解决宪法相关法立法不充分的问题比用法院“造法”、法官“造法”的方式来解决要合理得多，顺理成章得多，现实得多。

二是采取切实步骤，在全国人大或全国人大常委会之下设立宪法法院或宪法委员会专事宪法监督，应赋予其对行政法规及以下位阶的有普遍约束力的规范性文件进行合宪性审查之权、审理宪法控诉案件之权和相应的解释宪法之权。我国实行制定法制度，法律传统和体制较接近欧洲大陆诸国而与美国相去较远，设立奥地利式的或法国式的违宪审查机构比较合适，不宜像美国那样由普通法院行使违宪审查权。美国那种违宪审查模式是与判例法制度相适应的。

三是以修宪或解释宪法的形式将解释法律之权完整地交由司法机关行使，让其在司法机关内合理分配，以加强宪法的间接适用。同时可由全国人大常委会行使法律解释监督权。

法院直接适用宪法，对于当前某些问题的合理解决会有帮助，但从根本上说，我国没有必要、也没有可能建立真正意义上的、稳固的宪法司法适用制度。理由主要是，随着立法的逐步到位和逐步完善，法院直接适用宪法的需求会日益降低、空间会日益缩小，[①] 即使建立了宪法司法适用制度，最乐观的估计也就是拾部分立法之遗，补部分立法之缺，[②] 只具有临时和过渡的性质，没有什么发展前景。此外，法院直接适用宪法，必然的后果之一是法官“造法”，而法官“造法”在包括中国在内的所有实行制定法制度的国家都基本上是不允许的，因为它与代表机关立法的体制相互矛盾，难免相互侵损。

不过，这里要补充一句：我并不反对在立法明显缺位的情况下，法院、法官直接根据宪法有关条款和社会主义法律意识对公民的基本权利提供司法保护或对公民受侵害的基本权利给予司法救济。但这在制定法制度下只具有短期的、权宜的意义，不必将其作为保障社会长治久安的稳固制度予以考虑和设计，道理同上文。

二 法治对法院独立行使审判权的要求[③]

审判独立是法治的基本内容和要求之一。自党的十五大报告提出“推进司法改革，从制度上保证司法机关独立行使审判权和检察权”以来，法学界、法律界以审判独立为核心就审判独立问题召开了不同层次的研讨会，写出了为数可观的文章，在不少方面已接近取得共识。但我感到，人们在谈论审判独立时，对审判权本身投入的注意力还不多，因而在某些方面似乎还未触及根本。为有所弥补，本书试从分析审判权的属性入手，谈谈审判独立涉及的有关问题。

---

① 从实际情况看，立法缺位的领域基本上都是敏感领域，全国人大及其常委会都没能进入的领域，最高人民法院敢用司法解释去“补缺”？所以，即使法院直接适用宪法的空间事实上很大，它也不可能真正去“补缺”。这是事实、实力问题，不是法律、制度问题。

② 在立法上能起拾遗补阙作用的领域主要集中在公民基本权利的保护方面，至于其他方面，如各级各类国家机关之间的权限争议这样很典型的宪法争议，即使普通法律有缺陷和漏洞，恐怕也没有多少容许法院（包括最高人民法院）自行弥补的空间。

③ 本节原载《法制日报》1999 年 8 月 5 日理论评论版，标题为《审判权的属性与审判独立》，纳入本书时按全书基本概念统一、基本观点协调的原则作了修订。

从应然意义上看，审判是一种居中裁断的活动，因此，审判权应当是一种中立于争议双方、自外于其他一切“权”的权。法律生活中有各种各样的矛盾，其中最常见的是公民等个人与国家机关之间的权利—权力冲突，个人之间的权利—权利冲突，以及一个国家机关与另一个国家机关之间的权力—权力冲突三对基本矛盾。审判权的地位和功能在于当这些冲突或纷争发生时，应当事一方的请求来居中依法进行裁判。

任何人不能做自己的案件的法官，这是程序正义的基本要求。根据这一要求，审判权应当在冲突各方之间保持中立，即应在个人权利—公共权力冲突、个人权利—个人权利冲突和公共权力—公共权力冲突中都保持不偏不倚的立场。这意味着在当事双方发生争议时，法院或办案法官要在个人与公共机关（或私与公，民与官）之间、个人与个人之间、不同国家机关之间都保持中立。

那么，在实然的意义上，审判权到底属于权利“家族”，还是属于权力“家族”，抑或是处于它们两者之外的第三种“权”呢？这个问题不好简单地回答。从基本属性看，一切法上之权，非权利即权力，没有既是权利又是权力之权，也没有既非权利亦非权力之权，作为法定之权的审判权丝毫也不能例外。

审判权的基本特征表明，它显然不属于权利“家族”而属于权力“家族”。基本原因有如下数端。首先，从法律存在形式看，审判权与立法权、行政权、检察权和军事领导权（检察权和军事领导权在我国是与立法权、行政权、审判权并列的，在其他许多国家它们是行政权的组成部分）等权一样，都是公共权力，而公共权力也就是法学上权力概念的表述对象。其次，从所体现的社会内容看，审判权是公共利益的一种特殊存在形式，与立法、行政等权力所体现的利益在性质上是一样的，都与权利所体现的社会个体利益相对称。最后，审判权与立法、行政等权力一样，都以公共财产（财政预算）为其物质基础，而不是像权利那样以社会个体所有之财产为物质承担者。

这些情况表明：一方面，审判权承担的社会角色要求它既不是权利“家族”的成员，又不是权力“家族”的成员，而应是独立于这两个“家族”之外的某种东西；另一方面，审判权却事实上是权力“家族”的成员，与权力“家族”的关系亲，与权利“家族”的关系疏。所以，审判权依其“自然”属性在实然意义上所处的位置与社会期望它所处的位置（即应然的位置）是不一致的，两者之间存在着显著的矛盾。如果不改变这种状况，审判权在面对权利—权力冲突时，必然会维护权力、压制和牺牲权利，甚至在权利—权利冲突中，也会偏向更为靠近权力的一方，因而就很难有什么公正可言。

怎样克服这种矛盾，使审判权按本身的性质通过独立审判来承担起社会赋予它的角色功能呢？从各国推行法治的历史经验和现行制度选择看，行之有效的办法是人为地消除审判权的部分权力属性，切断与其他权力之间的利益联系，使其中性化，具体做法有以下三种可供参考。

第一种办法是切断审判权与权利交换的管道，使审判权独立于任何一种权利。审判权不是权利“家族”的成员，所以，不存在使其与权利分离的问题，社会要做的工作是防止审判权与权利的融合和交换。这种交换在我国俗称权钱交换，其实质是审判权主体出卖体现公共利益、以公共机关所有之财产为物质基础的公共权力，以换取有关当事人手中的财产权利或其他权利并得而私之。对此，除道德教化外，各国在法律上对法官多采用拔高社会地位、实行高薪制、限制兼职以及禁止法官私下接触当事人等方法来加以应对。

第二种办法是实现审判权与其他权力的分离并确保审判权能够不听命于、依附于其他任何公共权力和准公共权力。正是在这个意义上，英国学者密利本德说，审判独立主要是法官对政府保持独立。的确，这是审判独立要面对的最棘手的问题，解决起来比上述第一个问题要困难得多。其所以困难，主要是因为审判权原本就是权力“家族”的成员。要让审判权与其他权力在职能上相对分开并由一个单独的机构加以掌握不算太难，但要割断审判权与其他权力的“亲属”关系，使审判权对其他各种权力像对各种权利一样保持相等的距离，在它们之间可能出现的复杂矛盾冲突中与其中任何一方都没有利益瓜葛，也不会受制于其中任何一方，那就十分困难了。只有下非常之决心，采取非常之举措，才能做到。比较常见、比较有效的办法是在符合资格要求的前提下，实行法官不可撤换制、法官独立审判制和法官非政治化，并在经费、薪俸方面对法院和法官的独立地位给予足够保障。

第三种办法是淡化审判权的权力色彩，尽可能塑造它超然于各种权利和其他一切权力之上的公共形象。淡化权力色彩，不仅需要改变将审判机关当作“刀把子”、专政工具的理论定位，也应当改变将法官作为一般公务人员看待和管理的任免制度，树立审判权的法官超然、中立和高居于当事各方之上的形象。

在上述三种促使和维护审判权独立的办法中，第一种办法失效的后果是司法腐败。对于司法腐败（严格地说是其个的一种，即审判腐败），人们很熟悉并已引起了相当程度的关注。第二、三种办法失效的后果则是审判权舍弃不了权力“家庭”的身份、消除不了强烈的权力色彩。这方面的问题在我国似乎还没引起足够的重视，但其对审判公正的危害决不亚于通常所说的司法腐败。以我国现有的状况为例，在刑事案件审判中，法官在检控方与被告及其辩护方之间，近前者远后者似乎一直是许多法官和法院的不自觉行为倾向，常见的情形之一是在对双方提出的证据的认定、采信方面事实上搞差别对待。这类做法似乎不是法定制度，但却已成审判文化，比法定制度还起作用。

其实，这类做法说到底还是以大的法律制度背景为依托的：从内容上说，按现行国家理念和有关法律，审判权和检察权是权力“家族”的两兄弟，他们有义务相互配合、打击犯罪！既然如此，要法官和法院在控辩两方之间严守中立、依法公正裁判，实在是有些难为他们，且有些不合逻辑，因为他们的确同当事双方有亲疏之分。民事（指以国家机关为当事一方的）、行政案件审判中，在逻辑和实践上往往也都存在类似的问题。

我国《宪法》第 13 条修正案已经确立了建设社会主义法治国家的目标，要达到这个目标，审判权中立和审判独立是其中必备要素。要在当代法治国家公认的意义上实现审判独立，我国要做的事可分为两方面：其一是在国家理念层面在理论上完成对审判权的重新定位，这既需要学术界出力，又需要官方认同；其二是按审判权中立和审判独立的要求在国家治理体系的治理能力现代化进程的大背景下，对司法体制及相关体制切实进行系统化改革。

三　宪法适用如何走出“司法化”的歧路[①]

“宪法司法化”是宪法司法适用的别名或通俗化说法。在上文中，我

① 本节原载《政治与法律》2009 年第 1 期，标题亦为《宪法适用如何走出“司法化”的歧路》，但纳入本书时按全书基本概念统一、基本观点协调的原则作了修订。

曾表达了这样一些看法：我国宪法适用只能主要走最高国家权力机关立法适用和监督适用的路径；“司法化”的宪法适用路径背离现行宪法，没有前途；鼓励“宪法司法化”不仅无助于促进宪法适用，还会妨碍我国宪法适用体制的完善和宪法适用效能的提升；法院审理案件援引宪法与“宪法司法化”没有必然联系；我国法学界应当以现行宪法为文本基础确立理性的宪法适用理念。① 本节进一步讨论我国的宪法适用彻底摆脱“司法化”的歧路回归正轨的方式方法问题。本节将这些方式概括为如下六个方面。

（一）对于法院裁判文书援引宪法应根据具体情况区别对待

从各种实际情况包括本书已经剖析过的案例看，对人民法院裁判文书需要援引宪法（包括论及宪法规定，下同）的做法，既不应加以鼓励，又不宜简单化地一刀切，不分青红皂白予以禁止，而是应该按几种情况分别处置。

1. 对人民法院援引宪法作为裁判依据或将宪法作为解释对象的做法，应当运用法院体系内部的监督程序或国家权力机关的宪法监督适用机制予以否定。否定这类做法非常必要，理由十分充分：按照我国《宪法》和《人民法院组织法》，人民法院无权依照宪法审理案件；宪法解释权专属最高国家权力机关，人民法院没有宪法解释权；人民法院援引宪法作为裁判依据或解释宪法，都是严重的越权行为，会有损于依法治国，建设社会主义法治国家的事业。

2. 人民法院恰到好处地对宪法做遵守性援用或援引宪法论证说理，能促进宪法的实施，提升宪法的权威。一方面，宪法是我国的根本法，具有最高的法律效力，是全国各族人民、一切国家机关和武装力量、各政党和各社会团体、各企业事业组织都必须遵守的最高行为准则，也是我国法律体系的基础。裁判文书为了做必要论证、做较充分说理或为裁判确立一个无可辩驳的立论基础，有时确有必要援引宪法。如在前文讨论过的王登辉工伤认定案中，判决书要确认王登辉享有人身自由或其人身自由不受侵犯，不援引宪法的有关规定作为立论基点，说理论证就会有明显法理上的和逻辑上的瑕疵；此案裁判文书援引宪法维护了公民的合法权利，而又并没有“宪法司法化”的流弊，于我国根本政治制度和社会主义法制何害之

① 见本书“宪法适用应依循宪法本身规定的路径”一节。

有？肖蔚云先生曾说："必须引用宪法原则和规定时，就应当加以引用，这正是维护宪法的尊严和权威，使宪法落到实处。"① 笔者很赞同这个看法。

另一方面，我们还应看到，不论是在总体上拥护还是从总体上不认同我国宪法制度的人们，对我国现行宪法在实践中显得被束之高阁、脱离公民日常生活，都是多有批评的，这种批评不能说都是恶意的，也不是一点道理也没有。由不同宪法架构的特点所决定，我国宪法与公民的日常生活主要是靠立法环节连接的，而有些国家如实行普通法院宪法适用制国家的宪法与公民的日常生活主要由司法环节相联系。两相比较，立法环节位势高，公民在现实生活中较难体会到宪法的存在和作用；司法环节位势低，公民在现实生活中较容易感知宪法的存在和作用。所以，针对我国的宪法架构的这种特点，国家采取相关的措施应该特别注意促进普通公民对宪法的感知程度，而不是增加公民对宪法的感知难度。增加公民对宪法的感知程度才能提高公民对我国宪法制度的认同程度，而简单化地禁止法院在裁判文书中援引宪法只会增加公民对宪法的感知难度，降低公民对本国宪法制度的认同程度，在某种意义上说这是一种亲痛仇快的做法，很不可取。

3. 法院审理案件论证说理援引宪法应以必要为原则，并应特别慎重。读者或许已经注意到，在本书已经剖析过的34个援引了宪法的案例中，被肯定有必要援引的只有7个，仅占全部案例的20.6%，将近80%的案例都没有必要援引宪法但却援引了宪法。而且，从实际援引宪法的情况看，可以说错误很多，过于随意，正面效果甚少。所以，虽然不宜禁止法院审理案件援引宪法，但为了维护宪法尊严，我国确有必要采取某种制度化措施将援引宪法限制在显然必要的范围内。实行裁判文书援引宪法须经本级人民法院审判委员会讨论通过之类的办法，或许是一种可行的选择。

（二）对"宪法司法化"现象宜按宪定或法定程序予以矫正

从迄今为止的情况看，正像前文对诸多案例的剖析所显示的，人民法院真正违宪越权适用宪法的情况迄今为止还很罕见，即使出现了，一经披露也会受到批评、得到矫正。有一本名为《中国宪法司法化：案例评析》

---

① 肖蔚云：《宪法是审判工作的根本法律依据》，《法学杂志》2002年第3期。

（以下简称《案例评析》）的书①，该书共收集了我国十余年来法院援引宪法或论及宪法作出判决的案例（即所谓宪法司法化的案例）共33个。请注意，在《案例评析》收集的33个案件和2008年5月发生的王登辉工伤认定案②共34个案例中，直接将宪法作为判决依据的只有3个，不到总数的9%。而且，即使是这不到9%的案例，其“宪法司法化”也是徒有虚名。因为，这些案件中虽然形式上将宪法列为审判依据之一，但实际上只能是，也的确是依据法院与宪法同时列举的相关法律或法规判决的。在本书剖析过的全部案例中，真正“宪法司法化”特征比较明显的是最后那3个其裁判文书本身没有援引宪法的案例，即昆明中院2005年判决的李素明案、洛阳中院2003年判决的种子案，以及1998年甘肃酒泉地区中级人民法院判决的冰柜案。而且，这3个案例中后面的两个事发之后很快就由本级和上级人大常委会通过正常的审级监督程序进行了二审和再审，对事情进行了必要的善后处理——这一点值得肯定。

这些事实说明：一方面，真正的“宪法司法化”现象本身很罕见，即使出现了，也能在很大程度上被现行宪法制度本身的纠错功能所纠正，而极少数这类现象即使没有得到及时纠正，它也远远不足以对我国现行宪法架构构成威胁。而且，极个别有“宪法司法化”特征的现象之所以有时没有被发现和纠正，也基本上只能归因于事情相关各方的认识水平问题或宪法素养问题。

尽管如此，对于“宪法司法化”现象，还是有个一旦出现该如何处置的问题。笔者以为，对这种情况不宜用不公开的、非正式的方式来处置，其最好的处置方式是运用宪法或法律已经提供的制度化资源。应该说，在我国宪法架构下，能够用以纠正这种不合宪不合法现象的制度化资源很多：

最合适的做法是充分运用法院体系内的制度化资源对“宪法司法化”现象予以矫正。对于最高人民法院以下的各级法院来说，最适合运用的制度资源应该是法院体系内部的监督机制，其中首先是审级监督，即由二审法院以一审法院适用法律不当为由撤销一审法院的判决，并做相应的后续

① 王禹：《中国宪法司法化：案例评析》，北京大学出版社2005年版。

② 本书“宪法适用应依循宪法本身规定的路径”一节对此案的案情有比较翔实的说明，读者亦可参见广州黄埔区人民法院（2008）黄发行初第二号判决书。

操作；其次是运用再审程序纠正有同类问题的已经生效的判决或裁定。不过，要做到这一点，法院内部自身要解决好一些对本国宪法的认识问题，自觉克服意欲突破现行宪法扩展司法权能的种种本能冲动。在齐玉苓案发生和发展的前前后后，相关法院和法官的这种冲动一度表现得相当强烈。

由相应国家权力机关运用法律监督或工作监督的方式矫正“宪法司法化”现象同样是一种较好的选择。在洛阳种子案的纠正过程中，有关地方国家权力机关发挥了应有的监督功能。法律、法学界人士对这个先例应该予以充分肯定，而不应像一些缺乏权限意识、程序意识的非专业人士已经表现出来的那样，对之予以竭力否定。

由人民检察院通过行使法律监督权提起抗诉的方式来设法矫正“宪法司法化”现象也是一个值得考虑的选项。人民法院不论进行刑事审判还是民事、行政审判，都应正确适用法律。法院越权适用宪法，是严重违法行为，检察院对其进行法律监督是它行使监督权的应有之义。

（三）提升法官宪法素养以消除造成“宪法司法化”现象的主观隐患

总体来说，迄今为止我国政法院校的宪法教育是不十分成功的，究其原因，主要是法律生活中没有对法律、行政法规、自治条例、单行条例、地方性法规及司法解释等法文件进行合宪性审查和合法性审查的资源可供教学研究之用，宪法学教学课时也往往被民法、刑法、诉讼法课程大幅度压缩。这种状况使他们既无法通过具体、生动、形象的事例来把握法院在本国宪法体系中准确的相对位置，又来不及结合部门法的具体情况充分了解本国宪法的内容，从而极大地影响了我国包括法官在内的全体法律事务从业人员的宪法素养。

昆明中院朱素明案是一个相当典型的隐性“宪法司法化”案例，是经过该法院组织本地顶尖法官和专家论证过的“精品案例”，是被挂在互联网上的案例，但似乎除事后许久才注意到这个案例的几个宪法专家外，一直没有人对它的合宪合法性提出质疑——这个事实的存在直接给本书刚才表达的看法提供了强有力的佐证。

人们可以回顾一下：洛阳种子案发生后，许许多多法律从业人员在各种场合为办案法官鸣不平，但在这众多的法律人中有几个是站在维护宪法或法制的立场？在近乎铺天盖地的舆论中有几句话表现了宪法意识、权限意识、程序意识？答案是否定的。

以上事实还表明：法律事务从业人员宪法意识缺失是“宪法司法化”现象产生的重要主观原因；不论是真正意义上的“宪法司法化”现象，还是画蛇添足地援引宪法的人为制造的“宪法司法化”现象，都是因为法官和其他法律事务从业人员宪法素养某种程度的缺失而导致的。要发现、矫正和在今后预防这类现象出现，唯一办法就是采取切实措施提升法官等法律事务从业人员的宪法素养。

宪法意识薄弱还会使一些法院、法官掉进当事人设置的“宪法司法化”陷阱。以朱素明案为例，这个案件虽是行政诉讼案，但上诉人的上诉理由提出的却是典型的宪法问题，二审法院对宪法问题疏于理解，不是回避宪法问题或经由合宪合法管道向有权机关请示，而是莽撞地超越法院权限直接对宪法问题作出回应，实际上已经掉进了上诉人为其设置的“违宪陷阱”。此时，尽管有关法院在自己能够控制的范围内将掉进“违宪陷阱”一事操办成具有“精品案例”的外观，但这丝毫改变不了事情的性质。

（四）国家应通过自身的行为来促进公民对本国宪法的认同

公民在感情上认同本国宪法，是一国宪法得以充分实施和准确适用的最重要主观条件，每一个立宪国家都需要公共机构在这方面承担一些责任。

迄今为止的许多现象让人感到，在我国仍然有相当一部分法律事务从业人士头脑中有一种根深蒂固的下意识，这种下意识可以这样描述：每当遇到一种法律问题，往往首先想到的是外国尤其是美国是怎么做的，并将这些国家的相关做法理想化，将其都看成当然合理的和最好的选择，然后又以其为标准反观中国的制度安排，对中国的做法持盲目的批判态度。我国法律、法学界部分人士中存在的类似下意识极大地妨碍他们自己正确理解本国法制和宪法文本。为什么每当我国出现或疑似出现法院违反宪法和法律适用宪法、或违宪违法进行宪法性裁判的现象时，立即就有一部分人表示认可和鼓励，并千方百计证明其合法合理？说到底，还是因为他们身在中国现行宪法架构下，但却没有接受和支持本国宪法架构所体现的价值观，往往手里拿的是中国宪法文本，心里装的却是头脑中理想的某外国宪法的内容，或身在实行制定法制度和国家权力机关宪法监督实施制度的国家，但满脑子都是自己可能也并不真正了解的普通法和司法机关违宪审查制。

其实，一些人士头脑中的这类下意识也妨碍他们实事求是地全面理解外国的体制。例如，即使在实行普通法院宪法适用体制的国家，法院对于涉及审查法律合宪性的案件，也是极为慎重的，往往对这项权力的行使自我加以限制，因而发展出政治问题不受理原则、合宪性推定原则、司法谦抑原则等，奉行这些原则都是法院受理或审理这类案件时自我限制、自我克制的表现。但我国法律、法学界部分人士在推崇普通法院适用宪法制度的同时，似乎大都并没有注意到它的这一面，而是竭力扩展或主张扩展法院权限。即使不考虑中国现行宪法架构，只要遵循政治问题不受理原则或司法歉抑原则，有关法院审理朱素明案和洛阳种子案等类似案件时，就不应该越权作出侵犯有关国家权力机关职权的判决。认真对待本国宪法，平衡理解中外法制，如此，中国建设法治国家的努力才能较早见到成效。

我国公民对本国宪法的了解度和认同度显然还有待提升，国家应该为这个提升过程注入一些推力。可用的方式应该是很多的，如让申请在中国永久居留和工作的外国人考考中国的公民常识，将中学、大学政治课课本中本国宪法所占的比例往上提一提，把公务员考试、司法考试试卷中本国宪法的比例增加一些，选举过程增加一些竞争和悬念等，都是可以做到的。

更重要的是，国家等公共组织应通过自身模范遵守宪法、正确而充分地适用宪法的行为来影响公民，促进公民对本国宪法的认同。“身教重于言教”，国家和国家机关要在遵守和适用宪法方面为公民做表率，尤其在直接影响公民的利益和感受的领域，其中最主要的是基本权利保障领域。当宪法对于公民来说不再只是看起来与自己关系不大的十多页纸，而是保障自身基本权利免受侵犯的坚强盾牌时，宪法就会得到他们的充分认同。在这些方面，抽象地说教是没有用的，抽象说教给人们不会带来实际利益，反而会增加人们的生活成本。

另外，“人无信不立”，国家同样如此。一国的宪法典保障了公民的基本权利，设立了宪法实施保障体制，从日常生活的观点看就等于国家正儿八经答应在相应的方面要给老百姓以好处，老百姓肯定会天天对此有所期待。此时，若代表国家办事的机关和人员对国家答应给百姓的好处大打折扣而得不到纠正或长期拿不出发放相关好处的具体方案、旷日持久不兑现许诺，百姓对宪法的认同感当然就会减损，反之则必然增加。

（五）可考虑从改善人员专业结构入手增强国家机关的宪法辨识能力

法学说到底是解决纠纷或争议的学问，必须有解决纠纷或争议的现实的个案作为教学和研究对象，法学教学研究才能取得较大进步，宪法学也不例外。我国的宪法适用在监督性适用方面的内容，主要是对法律等规范性法文件的合宪性合法性审查，它与其他国家的合宪性审查体制目前最大的不同，就在于它的审查主体不是法院，也不是专门机关，而是主要掌握立法权的国家权力机关，特别是最高国家权力机关。我国最高国家权力机关全国人大及其常委会虽然依《宪法》《立法法》和《各级人民代表大会常务委员会监督法》等法律处理过涉及合宪性审查和合法性审查的事务，但发挥的功能不显著，而且几乎没有公开过审查结果。其结果之一是，我国做民法学、刑法学和行政法学等方面的教学和研究有本国法院审判资源可资利用，而宪法学却几乎没有来自本国最高国家权力机关的审查例（相对于人民法院的判例而言）可资利用，只好转而借用外国的判例。因此，宪法教学者难以结合生活实际，宪法学学习者难以通过对发生的生动的、指标性事件的把握来理解本国宪法的相关规定。

此外，由于大体相同的原因，法学院校宪法课时都安排较少，一般总共 54 学时。在我国法官队伍中，除有宪法学专业的硕士、博士学位者外，我国包括法官在内的法律事务从业人员终其一生一般就只在本科一年级修约 54 节左右的宪法课。而宪法是典型的入门容易深入难的学问，54 学时的学习经历不足以使法官具备足够的宪法素养。另外，我国公职人员的选拔任用方式客观上对他们没有提出宪法学素养方面的要求，对宪法、法律事务不太熟悉不会影响他们当选或得到任用。

上述状况不可避免地造成了一些与本书主题相关的后果，其中值得关注的有如下几点：（1）法官和其他公职人员的宪法素养普遍不高，而且往往对没有审查例支撑的本国宪法原则印象不深，对有判例做支撑的外国宪法的内容印象深刻。（2）由于我国司法机关没有适用宪法的职权，人民法院、人民检察院对宪法学专业毕业的高学历者没有需求，很少录用宪法学专业毕业的高学历者，而这又势必影响这些机关对宪法问题的辨识力。（3）宪法学教学研究人员相对集中在知名法学院校，而法学院校实际上是社会的缩影，社会上有的思潮，在法学院校宪法教研人员中都有反映。从目前情况看，在我国宪法该如何适用这类重大问题上，法学院校宪法教研人员还没有稳定的共识。(4) 很多事例和现象表明，由于工作性质和经常处理相关事务等方面的原因，在我国国家机构工作的全部公职人员中，各级人大及其常委会系统的人员宪法意识相对较高、对宪法的理解比较符合制宪者原意，并且在长期工作实践中产生了一批宪法专门人才。

鉴于这种状况，如果有关方面能够有针对性地改善有关国家机关人员的专业结构，对于保证有关国家机关及其工作人员严格遵守宪法、正确适用宪法和正确适用法律，应该会是很有帮助的。可考虑的措施包括如下数点：

1. 人民法院应该有宪法专家的位置。我国各级人民法院虽无权适用宪法，但却历来有很多涉宪事务要处理，其中不少事务处理得不好，留下争议，因而客观上需要有宪法专家在其中发挥作用。最高人民法院、高级人民法院、解放军军事法院和中级人民法院应有一名宪法专家或有在人大常委会工作较长时间的人员担任副院长或审判委员会委员。因工作领域特殊，与中级人民法院级别相当的军事法院和专门法院可以例外。

2. 人民检察院也应该有宪法专家的位置。与法院系统比，我国检察系统涉宪事务似乎少一些，但从长远看，可能会有增无减。如果最高人民检察院和较高层级的检察院有宪法专家在其中任职，对于这两个层级的检察机关处理好涉宪事务也是有好处的。所以，最高人民检察院、各省自治区直辖市人民检察院和解放军军事检察院都应分别有 1 名宪法专家或较长时间在人大常委会工作的人员担任副检察长或检察委员会委员。考虑到检察工作的特点，省自治区直辖市人民检察院下属的分院和与这些分院级别相当的军事检察院、专门检察院可不做要求。

3. 国家和省自治区直辖市有些重要领导机关或领导岗位（包括执政党领导岗位）可考虑聘用宪法顾问。这种需要是由我国当前的国情决定的：一方面我们要落实宪法的要求，建设社会主义法治国家；另一方面，我国政治家又与其他许多法治国家不同，一般没有法学专业背景或法律事务从业背景。不过，国家权力机关本身是立法机关，且其中宪法专家很多，而审判机关、检察机关宜以由国家权力机关任命宪法专家作为审委会、检委会成员的形式吸纳他们发挥作用，所以皆不必聘宪法顾问。即使是行政机关，由于本级政府法制办有作为行政首长法律（包括宪法）顾问的功能，故也不必聘宪法顾问。

（六）充分适用宪法以消除“宪法司法化”现象

如果超越“宪法司法化”现象本身，往这些现象的背后看，人们完全可以说“宪法司法化”是一种思潮的外化形式，它的出现有深刻的社会经济背景。简单地说，这种背景就是，自1978年改革开放以来，我国的经济建设取得了举世瞩目的伟大成就，但包括宪法适用体制在内的政治体制改革的步伐与经济建设的步伐比较起来，还有些滞后和不太协调，因此人们在这方面有较多的期待，有推动变革的较强烈愿望；而由于现有宪法架构提供的正式管道屡屡无法成功开通、无法充分发挥应有效用，因而滋生出另辟蹊径进行冲撞式改革的种种心理冲动。

加大宪法立法适用力度，启动或激活宪法监督适用机制，特别是启动或激活宪法监督适用机制，客观上已经成为我国宪法发展中的瓶颈问题，只有解决好这个扼制宪法发展进程较久的问题，包括克服“宪法司法化”在内的其他问题才能较容易解决。

由上述情况所决定，我国要使宪法得到更充分的适用，首要的工作应当是加大宪法立法适用力度，完善公民基本权利的立法保障。立法充分保障宪法确认的公民基本权利，一直是各个实行制定法制度的立宪国家立法的重点和难点，我国也不例外。近30年来，我国在形成社会主义法律体系的过程中，在基本权利立法保障方面虽取得了巨大成就，但也还有一些明显的缺憾，其中主要是宪法确认的一部分基本权利，还有待立法保障的进一步完善。此外，没有相应的法律而用行政法规甚至部门规章限制和其他行为规则公民基本权利的情况依然存在，这种状况与法治的要求之间还有巨大差距有待消除。

几乎与宪法的立法适用同样重要的是宪法的监督适用。宪法的监督适用一直是我国的一个薄弱环节，这方面我国需要切实制定规划，寻找实际激活既有宪法监督适用机制的时机，让宪法规定的合宪性审查、合法性审查工作行之有效地开展起来。在这方面，法律、法学界人士已经殷切地期盼许多年了。人们提“宪法司法化”，个中的原因，相当大程度上要归结为人们对现行宪法监督保障机制长期没能很好发挥作用产生的失望情绪。

笔者常想，当年孙志刚案发生后，国务院对《城市流浪乞讨人员收容遣送办法》的处置虽然是值得充分肯定的，但可惜没有形成制度创新。如果2003年国务院不是主动废止《城市流浪乞讨人员收容遣送办法》，而是由全国人大常委会应有关公民依法上书提出的请求召集会议审查这个行政法规并以违宪为由将其撤销，那该多好啊。那将是对我国宪法监督保障体制的成功激活，也会极大地促进我国的宪法适用进程。或者，即使是由全国人大常委会作出决议，行文责成国务院自行审查该行政法规的合宪性并作相应处理，最后由国务院自行废止之，其制度创新意义也是很大的。或许，最高国家权力机关需要等待契机，但问题的关键在于有没有抓住契机的愿望和规划，契机随时都会有。

对于中国宪法的健康躯体来说，“宪法司法化”现象固然不应忽视，但它只能算是癣疥之疾，而宪法监督性适用方面的功能不彰，却像是其左脚或右手瘫痪半瘫痪。所以，两种疾患都应加紧“治疗”，但治好后一种疾患更具根本性。

在宪法监督适用的大框架内，还有宪法解释的课题。解释宪法往往是与宪法监督适用紧密联系在一起的，是适用宪法的重要形式之一。但是很可惜，在中华人民共和国的历史上，还没有正式解释宪法的事例。所以，解释宪法这一适用宪法的重要形式，还有待于人们开发利用。

“发展是硬道理”，这句话不仅对于解决社会经济问题来说是真理，对于解决政治法律问题来说也是真理。“宪法司法化”在我国宪法发展中无疑是一种非主流现象，但人们永远不可能用批判、批评或简单化地对援引宪法的做法下禁令的办法来克服这种现象。对我国来说，关键是最高国家权力机关要在加大宪法立法适用力度的同时，尽快激活宪法本身规定的监督适用机制。只要宪法监督适用机制日益行之有效，“宪法司法化”这点非主流化提法一定会逐渐消解于无形。

四　法权平衡及其保障①

法权配置主要涉及全部法定之权的两级分配：第一级是将法权本身分解为个人权利和公共权力两部分，并分别交由公民社会和国家两类主体掌握或享有；第二级是将个人权利在公民社会内部进行分配和将公共权力在

① 本节原载《法权与宪政》一书（山东人民出版社2001年版），此次纳入本书时，在原框架下对其补充了不少最新资料，并按全书基本概念统一、基本观点协调的原则作了修订。

国家（机构）内部进行分配。宪法的作用就在于从宏观上形成法权配置模式并使其得以正常运作，合宪性审查的作用则主要在于给宪法既定的法权配置模式及其正常运作提供最基本的保障。

（一）国家行使的法权及其配置模式

所谓国家行使的那部分法权，指的是公共权力，在我国宪法中主要表现为职权和权限。在历史上的原始权中，最早分离出来的因素就是公共权力。公共权力缘何会从原始权中分离出来，不同的学派乃至同一学派的不同学者看法都不一样：亚里士多德从过完美和自治的生活的需要出发说明权力的起源；① 西塞罗从谋求共同利益，从生活得更美好、更自由、更幸福的角度来理解权力的形成；② 萨拜因等用父权的发展来论证权力的起源或根源；③ 卢梭从克服自然状态中存在不利于人类生存的种种障碍，需要形成一种力量的总和的角度解释权力产生的根源；④ 霍布斯从对外抵御共同的敌人、对内制止人们相互间的侵害，保障安全和谋求共同利益的角度解释公共权力从原始权中分离出来的原因；⑤ 而狄骥则通过以原始状态为起点的政治分化来解释公共权力的起源，认为“每当某一个社会存在政治分化的时候，就有国家产生。国家一词要么就指统治者或统治权力，要么就指统治者和被统治者之间所存在的分化，从而存在有一种政治权力的社会本身”⑥。关于公共权力最初起源的学说还有很多，这里只是列举了几个对后世较有影响的观点。

在说明公共权力的起源方面，较有说服力也较有根据的要数恩格斯的观点。他认为，公共权力从原始权中分离出来的前提和根本原因在于生产力的发展带来了剩余产品，形成了生产资料私有制、阶级和日益激烈的阶级斗争。“为了使这些对立面，这些经济利益互相冲突的阶级，不致在无谓的斗争中把自己和社会消灭，就需要一种表面上凌驾于社会之上的力量，这种力量应当缓和冲突，把冲突保持在‘秩序’的范围以内；这种从

---

① ［古希腊］亚里士多德：《政治学》，吴寿彭译，商务印书馆1965年版，第140页。

② ［古罗马］西塞罗：《论共和国论法律》，王焕生，中国政法大学出版社1997年版，第39—48页。

③ ［美］萨拜因等：《政治学说史》，盛葵阳等译，商务印书馆1986年版，第574—575页。

④ ［法］卢梭：《社会契约论》，何兆武译，商务印书馆1980年版，第22—23页。

⑤ ［英］霍布斯：《利维坦》，黎思复、黎廷弼译，商务印书馆1985年版，第128—132页。

⑥ ［法］狄骥：《宪法论》，钱克新译，商务印书馆1959年版，第382页。

社会中产生但又自居于社会之上并且日益同社会相异化的力量，就是国家。”① 在这里，“力量”就是公共权力，就是国家。公共权力和国家不过是同一个内容的两种不同体现形式。公共权力的社会物质内容是一定社会的公共利益和归公共机关所有之财产，公共权力配置的实质是公共利益分配和公共机关所有之财产的分配。

在当代民主制下，权力在法律上、事实上或至少在名义上属于国民全体所共有，其种类、行使范围和行使程序由宪法从根本上予以限定，并依据宪法来进行配置。权力从总体上分为横向和纵向两种配置模式。

先看现代国家中最高公共权力的横向配置模式。最高公共权力横向配置模式指的是公共权力在公共机构体系，尤其是中央国家机构体系内相对定型化的分配格局。在当代，不同类型的民主国家，依宪法形成的公共权力横向配置模式主要有四种，这四种模式在宪法学上通常也被视为四种政权组织形式。

1. 议会内阁制。此制又称议会内阁制、内阁制、责任内阁制，按照三权分立原则运作。采用议会内阁制的国家很多，其中历史最久、最典型的国家是英国，此外还有日本、印度、德国、丹麦、挪威、荷兰、比利时、卢森堡、意大利、以色列、加拿大、澳大利亚等许多国家。

议会内阁制在各国的运用有很大差别，但既然都是议会内阁制，最高公共权力的横向配置也就会有基本相同或相近的特征。这些特征可大致概括如下：国家元首虽代表国家，但却是虚权元首，依内阁的建议行事，不负实际政治责任；议会行使立法权，内阁掌握行使权；议会与内阁相结合，内阁首相或总理由议会多数党领袖担任，仍兼议员，可代表内阁提出法律草案、施政纲领、施政报告、参加议会辩论，答复质询；内阁与议会相互对抗，其表现是议会可以倒阁，内阁可以解散议会；内阁集体负责，在内阁会议上决定政策，全体成员言论和行动协调一致，通常一起上台，集体辞职；法院独立于其他国家机关和政党，法官依良心独立行使审判权，只服从宪法和法律，终身任职。

其中需要说明，内阁与议会对抗的具体形式往往表现为，如果议会通过对内阁的不信任案、遣责案或否决内阁的重要法案，内阁有两种选择：

---

① ［德］恩格斯：《家庭、私有制和国家的起源》，《马克思恩格斯选集》第4卷，人民出版社2012年版，第187页。

要么总辞职，表示直接对议会负责，间接对国民负责；要么提请国家元首解散议会，重新选举，表示直接对国民负责。若解散议会后重新选出的议会仍然对内阁投不信任票，内阁就须总辞。

2. 总统制。这是与议会内阁制相对称的，较典型的按三权分立、制约平衡原则构建的一种最高公共权力横向配置模式。实行总统制最早、最具代表性的是美国。除美国外，实行此制的还有墨西哥、危地马拉、巴西、智利、阿根廷、印度尼西亚、菲律宾、南非、埃及、孟加拉、叙利亚等国。

总统制的主要特征可综合如下：（1）最高公共权力由总统、议会和法院分享，总统掌握行政权包括军事统帅权，议会行使立法权，最高法院及其他各级各类法院独立行使审判权；（2）总统和议会分别由选民直接选举产生，最高法院法官一般由总统提名、议会同意后任命，终身任职；（3）总统为国家实权元首兼政府首脑，各部部长由总统任命、对总统个人负责；（4）总统和各部部长均不得兼任议会议员，议员也不得兼行政府机关的职务；（5）总统不对议会负责，也无权解散议会；（6）行政权与立法权相互制衡，国会有立法权、任职同意权和弹劾权，以制衡总统，总统有法案退回复议等权力用以制衡议会；（7）议会有权制定法律，设立下级法院、规定法官薪金，最高法院和若干下级法院有权解释法律，审查法律是否违宪，总统有权决定最高法院法官和其他一些法官的人选，而法官可以审查总统的命令是否违宪违法，最高法院首席大法官主持审理弹劾总统的案件。当然，不同的总统制国家，在这些方面的制度并不完全一样。

3. 半总统制。此制又称半总统半议会制，是一种按三权分立原则建立的、兼具部分总统制特征和部分议会内阁制特征的权力横向配置模式。法兰西第五共和国即当今法国是实行半总统制的典型代表，俄罗斯联邦也是实行半总统制的有代表性的国家。

综合法国宪法和俄罗斯联邦宪法的有关内容，可看出半总统制的主要特征：（1）总统和由总统任命的总理领导政府掌握行政权，议会行使立法权，由若干管辖权不同的法院组成的司法体系行使审判权；（2）总统由选民直接选举产生，享有总统制下国家元首的几乎全部权力，甚至享有不少总统制下国家元首所没有的权力，其中包括直接任命政府总理和政府组成人员，主持内阁会议，签署内阁的法令、政令，统帅武装力量，公布法律，要求议会重新审议其通过的法案，决定将法案交全民公决，任命最高司法官员；(3) 设政府和政府总理，政府成员不能兼任议员，但须受议会监督、对议会负责；(4) 议会可以倒阁，当出现议会下院通过对政府的不信任案，否决政府的施政纲领或否决政府的总政策声明三种情况之一时，总理必须向总统提出辞职；在征询有关方面负责人的意见后，总统有权解散议会下院，重新进行选举；(5) 在发生危及国家制度、领土主权等紧急情况时，总统有权根据形势采取必要措施；(6) 议会两院和最高审判机关结合，得对总统提出叛国罪、实施其他重大犯罪的指控，予以审判或弹劾。

4. 人民代表制。作为公共机构组织体制的人民代表制，就是以民主集中制原则为指导的公共权力横向分配体制。人民代表制在历史上和现实中有不同的表现，国外曾表现为苏维埃制、代表团制等，在中国表现为人民代表大会制。人民代表制有广泛内容，但从公共机构组织体制角度看，它也是一种公共权力横向配置模式。

这种权力横向配置模式在各国实行的具体情况不尽相同，但一般都有三个方面的基本特征：(1) 在同级国家机构中，人民代表机关的宪法地位高于其他一切国家机关：人民代表机关在普选的基础上通过民主选举产生，其他一切国家机关由人民代表机关产生，对其负责，受其监督；其他一切国家机关只有对人民代表机关负责、受人民代表机关监督的义务，而无权监督、制约人民代表机关或与其相抗衡。(2) 在同级国家机构中，人民代表机关和其他一切国家机关之间依宪法划分权力、行使权力。例如，在我国中央国家机构体系内，全国人民代表大会及其常委会行使国家立法权，监督宪法和法律实施，决定国家的重大事项，国家主席行使元首权，国务院行使最高行政权，中央军委行使最高军事领导权，国家监察委员会行使最高监察权，最高人民法院、最高人民检察院分别行使最高审判权和最高检察权。(3) 人民代表机关与其他国家机关之间，以及其他国家机关相互之间，依宪法确定的职权范围各守分际，人民代表机关的地位虽然是最高的，但也没有超越宪法和法律的特权，它对其他国家机关行使职权的情况有权监督，但不能越俎代庖。(4) 在同级国家机构中由人大产生的不同国家机关之间，不仅可以有分工负责、互相配合的关系，也可以有一些互相制约的关系。

再看看公共权力的纵向配置模式。公共权力纵向配置模式实际上就是宪法学上所说的国家结构形式。在历史上，国家结构出现过多种类型，现存的基本类型有单一制和联邦制两种。

单一制这样一种权力纵向配置模式的主要特征是：全部公共权力从本源上看都是属于中央国家机构的，地方能得到什么权力，得到多少权力，由中央决定：虽然中央与地方权力划分的原则和内容也往往由宪法加以规定，但中央国家机关可单方面修改宪法；全国只有一部统一的宪法、一个最高立法机关、一个最高行政机关、一个最高审判机关；在对外关系中只有统一的国家才能作为国际法上的主体；中央尤其是中央行政机关通常较直接、较严密地监督控制着地方。在当代，90%左右的国家实行单一制，其中影响较大的有中国、日本、哈萨克斯坦、朝鲜、韩国、法国、英国、意大利、西班牙、葡萄牙、波兰、土耳其、埃及、以色列等国。按国家权力行使权纵向配置的具体方式和中央集权程度的不同，单一制可进一步区分为中央集权单一制、地方自治单一制和民主集中单一制三种类型。我国属于民主集中单一制类型，而且有不同于其他同类型国家的特色。有我国特色的单一制表现为中央与普通行政区域、中央与民族自治地方、中央与特别行政区的职权或权限划分的全部具体内容。

联邦制是与单一制相对应的一种公共权力行使权纵向配置模式。世界上实行联邦制的国家只有20余个，仅占主权国家总数的10%左右，但却包括了绝大多数大国，全世界近1/2的土地和1/3左右的人口，其重要性不言而喻。当今实行联邦制的主要有美国、加拿大、墨西哥、巴西、委内瑞拉、阿根廷、澳大利亚、俄罗斯、德国、瑞士、马来西亚、巴基斯坦、印度、阿联酋、尼日利亚、南非等国。联邦制的根本特征在于联邦和成员单位根据双方均不得单方面修改的宪法分享权力，两层次政府各在某些领域行使最高的和最终的决定权。

具体地看，联邦制往往还有这样一些特点：全联邦有统一的宪法，成员单位各有自己的宪法；全联邦立法机关由两院组成，上院代表各成员单位的平等参政权，下院代表全联邦人民；既有全联邦统一的立法机关、行政机关和审判机关，又有各成员单位自成体系的立法机关、行政机关和法院系统，且互不统属；在全部权力中涉及全联邦事务的权力完全由联邦政府享有，管理较单纯地方性事务之权由成员单位享有，密切关涉双方事务之权则由双方共享，剩余权力或归中央、或归地方，视联邦制具体类型而定。属于全联邦权限范围的通常为国防、外交、货币发行、度量衡、航空、对外贸易和成员单位之间的贸易等事务。而税收则是典型的由双方分享公共权力的领域，往往依宪法分别征收若干税种。

（二）国民保留之法权的配置

国民保留之法权，在当代实行代议民主的国家表现为个人的权利，从理论上看它应当是权减去公共权力后的全部剩余部分，从法律上看是法权减去公共权力的全部剩余部分，从实际情况看则情况显得比较复杂。

讨论这个问题涉及个人权利的变迁。显然，国民保留之法权在世界上绝大多数地区并不是自形成国家时起就已有的，而且，即使形成国家之初就出现了个人权利，它也不可能是当今这种性质的个人权利，尤其不可能不间断地存续到现时代。历史资料表明，世界上还没有从来就是并且迄今一直实行民主制的从原始部落联盟或酋邦转变而来的国家。

除近、现代从殖民地转化而来的少数国家之外，当今世界各国一般都经历过君主制，而等级君主制和绝对专制君主制下，从事实上、法律上或理论上说，都没有一个属于臣民“保留之法权”的问题。在那里，所能有的只是恩赐之某些权利。不过，在现代的民主立宪君主制下，“恩赐”已经只有形式和礼仪上的意义。

在权利配置方面，公民有权做宪法和法律不禁止的任何事情，也有权不做宪法和法律不要求他们做的任何事情。这是从近代宪法产生时起就包括在人民主权原则中的一条不证自明、不言而喻的公理，同时也是从反抗封建专制或民族压迫斗争中诞生的世界上最早一批宪法从一开始起就无条件地接受的基础性宪法观念。在这种基础性宪法观念的主导下，最初一批宪法的制定者及其大多数后继者们显然认为没有必要也没有可能在宪法中对公民权利进行逐项列举。这一点很容易看出，因为，直到今天，实行不成文宪法制度的英国宪法性法律也好，实行成文宪法制度的美国、法国等国的宪法也好，都没有试图对公民权利或基本权利的种类做正面的、详尽的规定。

当今世界各国的现行宪法，有的产生于近代，大多形成于现、当代，但它们对公民基本权利的确认，往往不外乎采用以下三种方式：

第一种方式是明确限制国家机构行使权力的范围和程序。这是较早实行民主制国家的宪法保障权利的主要方式，这种方式大致是在17—18世纪形成并延续到当代的。在实行不成文宪法的英国，确认和保障基本权利的主要宪法性法律早年主要是1215年的《大宪章》、1628年的《权利请愿书》、1676 年的《人身保护法》、1689 年的《权利法案》、1918 年和 1928 年的《国民参政法》，这些宪法性法律对臣民权利的保障，在绝大多数情况下都是针对以国王为代表的公共机关及其官员使用“不得”“均不得”等字眼为核心的限制性条款来落实的。英国当代限制公共权力、保障个人基本权利的宪法渊源，增加了《欧洲人权公约》和具体反映该公约要求的 1998 年《人权法案》，而 2005 年的《宪制改革法》也从合宪性审查角度或多或少增进了基本权利的保障。其中，1998 年《人权法案》被认为是英国“新宪法的基石”。[①] 其中所说的“不一致宣告”，指的是法院以《人权法案》为宪法性基准对国会立法做合宪性审查的结果，它通常会事实上导致被宣告法律相关条款的失效和修改。

第二种方式是概括式保留。在这方面美国宪法最典型。美国《宪法》第 10 条修正案规定：“本法案未授予合众国、也未禁止各州行使的权力，皆由各州或人民保留之”。这也就是说，在美国人民的全部本源性权利中，首先减去宪法授予联邦国家机构的权力，然后减去依州宪法由州的各级各类公共机关行使的权力，所得之余数就是人民自己保留的权利。人民自己保留的权利的宪法存在形式就是公民等个人的基本权利。

第三种方式是列举。著名的例子有美国宪法的权利法案，当时的修宪者为强调保障公民某些权利的重要性，对一些被认为是特别重要的权利（如刑事被告的权利）也采用了列举的方式，但从宪法全文看，列举的权利的数量较少，而且该宪法第 9 条修正案明确规定：“本宪法对特定权利的列举，不得被解释为否认或贬抑由人民保留的其他权利。”[②] 此前和后来的英国宪法性法律中，也有一些用列举的方式保障臣民权利的规范。这方面，美国、英国的情况在 18—19 世纪的欧美比较有代表性。但在这些国家，列举某项权利的实际意义在于强调该项权利，不能被解释成公民的权利以列举的为限。到 1919 年，德国魏玛宪法较多地采用了列举的方式来确认和保障公民权利；1936 年，苏联宪法也采用了类似做法，但对于公民的权利是否以列举的为限这个问题，却未做不得被解释为否定或忽视其他权利的规定。此后，对公民基本权利进行逐项列举就成为社会主义宪法确

---

① ［英］韦农·波格丹诺：《新英国宪法》，李松峰译，法律出版社 2014 年版，第 67 页。

② Jess H. Choper et al. , *Constitutional Law: Cases, comments, questions*, St. Paul: West Publishing Company, 2011, p. 1767.

认和保障公民权利的主要方式。

中国宪法对公民基本权利的确认和保障也主要采用了逐项列举的方式。中国宪法规定，公民在法律面前一律平等，任何公民享有宪法和法律规定的权利，同时必须履行宪法和法律规定的义务。在这个基础上，中国宪法对公民的基本权利作了广泛的列举，这些基本权利可概括为以下几个方面：（1）政治权利与自由，包括选举、被选举权，言论、出版、集会、结社、游行、示威的自由，针对国家机关及其工作人员提出批评、建议、申诉、控告、检举之权，以及合法权利受到侵犯时取得赔偿之权；（2）人身和宗教信仰自由，包括人身自由不受侵犯，人格尊严不受侵犯，住宅不受侵犯，通信自由和通信秘密受保护，信教自由、不信教自由；（3）社会经济文化和其他方面的权利与自由，包括劳动权，休息权，退休人员生活受保障权，得到物质帮助权，受教育权，从事科学研究、文艺创作和其他文化活动的自由，妇女权益受国家保护，婚姻、家庭、老人、儿童受国家保护，华侨正当权益受国家保护，等等。采用逐项列举方式的优点是显而易见的，但从确认和保护公民权利的实际情况看，采用这种方式在理论和实践上应着重防止这样一种不正确倾向，即以宪法未予列举为由，否认或忽视宪法上没有规定但按人民主权和有限政府原则理所当然是属于公民个人的那些权利。从确认的基本权利的具体内容看，当代各国宪法往往是各有其侧重点的。这与各国现行宪法产生于不同的时代有关，也是各国的社会经济发展不平衡和历史文化传统的差异使然。

从总体上看，各立宪国家在个人基本权利保障方面，可以相对区分为这样三个发展阶段：

第一阶段，形成于20世纪前的宪法侧重于对公民人身自由、政治自由和私有财产权的确认。这方面的表现，仍以英国宪法和美国宪法最为典型。英国现行宪法是由自13世纪初以来的700多年间形成的宪法惯例和宪法性法律组成的。在20世纪之前的近700年间产生的宪法性法律主要有6部，除《王位继承法》外，其余5部可以说都是为确认和保障公民权利而提出和通过的。其中，1215年颁布、一部分条款现在仍然有效的《大宪章》之要旨，无外乎是确认臣民的各种人身自由权利和财产权利，限制王权。1295年的《无承诺不课税法》、1628年的《权利请愿书》的作用也是如此。前者将国家税收建立在财产所有者自愿承诺的基础上，后者则主要是这样一些内容：非经国会法案共表同意，不宜强迫任何人征收或缴付任何贡金、贷款、强迫献金、租税或类此负担；亦不宜因此等负担，或因拒绝此等负担，而对任何人命令其答辩，或作答辩之宣誓，或传唤出庭，或加以禁闭，或另加其他折磨或困扰；亦不宜使任何自由人因上述种种事由遭致监禁或扣押，等等。1676 年的《人身保护法》、1689 年的《权利法案》发展并巩固了这些内容，1918 年和 1928 年的《国民参政法》在此基础上扩大了公民的选举权。

在这方面，美国宪法的内容同英国颇为相似。在 20 世纪前，美国宪法正文和修正案中所直接确认和保障的公民权利主要是：国家机关不得中止人身保护令状之特权，不得通过公民权利剥夺法案或追溯既往之法律，不得确立国教或禁止宗教活动自由；不得限制言论或出版自由；不得剥夺和平集会和向政府请愿、申冤的权利；公民有权持有和携带武器；公民的人身、住宅、文件和财产不受无理搜查和扣押；不经正当法律程序，不得被剥夺生命、自由或财产；不给予公平法律赔偿，私有财产不得充作公用；得到迅速而公正的审判的权利；由陪审团审判的权利；受平等的法律保护，平等地享有选举投票权，等等。1874 年制定的瑞士宪法，这方面的情形也与英国宪法、美国宪法差不多。这类国家的宪法自 20 世纪初以来对公民权利的确认有了一些新发展。但宪法的基本格局未变。当然，为了应付新的历史条件下社会个体日益增强的扩大和保障权利的要求，通过判例或普通立法加强权利保障也不失为解决问题的途径。

第二阶段，20 世纪上半叶，宪法确认的权利扩大到了社会经济文化和良心信念等方面。这阶段有代表性的宪法文件有苏俄 1918 年的《被剥削劳动人民权利宣言》，该宣言努力确立的国家全部财产属全体劳动人民的权利体系。另一个重要标志是 1919 年德国魏玛宪法的产生。这部宪法设了一整编来列举公民的基本权利和义务，除确认此前的资本主义宪法都曾肯定的权利外，它还将对公民权利的保障扩大到这样一些前所未有的领域：男女两性权利平等，多子女家庭之扶助，私生子的同等待遇，青年保护，艺术、科学和学理自由，经济自由，为保护及增进劳工条件及经济条件之结社自由，保健及医疗保险，工作条件，受教育机会，公共福利，等等。虽然，魏玛宪法在 20 世纪 30 年代中期实际上被希特勒废除了，但它确认、保障公民权利的方式和内容却对同时代及其后各国制定的宪法有广泛的影响。某种意义上说，美国 30 年代保障罗斯福“新政”的一些宪法判例，也肯定了一部分扩大公共机构干预经济生活，增加个人经济、社会权利的内容，包括最低工资最高工时。

第三阶段，是在第二次世界大战结束以来，世界范围内公民基本权利的扩大趋势。第二次世界大战后，个人基本保障在全球范围内迎来了一些新契机。鉴于法西斯主义残害人权的惨痛教训，成立了联合国，联合国大会于1948年12月通过决议并颁布了《世界人权宣言》。德、意、日等国家在不同程度上接受了历史教训，在新宪法中加强了个人的基本权利保障。如德国，1949年通过后经多次修改的德国宪法（基本法），不仅大致上继承了魏玛宪法在公民权利保障方面的特点，还增加了不少新内容，其中主要有：人的尊严不可侵犯；承认不可侵犯的和不可转让的人权是一切社会、世界和平和正义的基础；人人有自由发展个性的权利；人人都有生存权；人人有权在不可能采取其他办法的情况下，对企图废除宪法秩序的任何人或人们进行反抗，等等。意大利宪法、日本宪法和第二次世界大战战后产生的其他资本主义国家的宪法，都在不同程度上表现出了与德国宪法近似的变化趋势。此外，很多新兴民族国家和在独立后通过了包含较丰富基本权利保障内容的宪法。

即使是传统资本主义国家，其宪法制度中的公民基本权利保障内容也有所丰富。就英国而言，扩充公民基本权利的主要标志是50年代初推动形成并签署《欧洲人权公约》，以及基于该公约于1998年《人权法》并在2000年付诸实施。第二次世界大战战后法国扩充公民基本权利的标志是1946年《第四共和国宪法序言》、1958年《第五共和国宪法》、《2004年环境宪章》和2008年全面修改宪法的宪法性法律中的基本权利保障条款。在美国，由于其宪法是高度刚性的，其宪法文本并未发生类似法国的变化，但其宪制在公民基本权利保障方面，也是有雷同英国、法国的变化趋势的，其主要外在标志是《1964年民权法案》的通过和一系列的宪法判例的出现，如：1954年裁定公立学校的种族隔离制度违反第14条宪法修正案中平等保护条款的布朗诉托皮卡教育局案；[①] 1966年要求警察讯问嫌疑人之前需要通知对方享有的宪法权利的米兰达诉亚利桑那州案；[②] 1973年将堕胎作为隐私权加以保护的罗伊诉韦德案；[③] 在2004年否定美国政府的要求，裁定关塔那摩基地的

① Brown v. Board of Education, 347 U. S. 483 (1954).

② Miranda v. Arizona, 384 U. S. 436 (1966).

③ Roe v. Wade, 410 U. S. 113 (1973).

囚犯有权向美国法院申诉的拉苏尔诉布什案;① 以及2015年正式确认同性婚姻在全美国合法的奥贝杰费尔诉霍奇斯案,② 等等。

宪法确认的基本权利在很大程度上要通过普通法律来落实。从实际情况看，各国确认权利的立法在20世纪下半叶有明显的增长趋势。此外，随着包括中国在内的愈来愈多的国家加入了一些主要的国际人权公约，这些公约保护个人权利的内容，也就成了有关国家宪法保障的权利的组成部分，从而进一步丰富了宪法确认的基本权利。

（三）合宪性审查：维护法权配置格局的基本保障

宪法是一定社会或国家法权配置和运用的总方案、总规则，法治精神和宪制秩序都集中体现在其中。但是，这个法权配置的总方案和运用的总规则无论多么好，如果得不到切实的实行或遵守，它就只不过是若干页写着美好方案和行为规则的纸。宪法要真正得到实施，它从总体上配置法权并从根本上规范其运用行为的功能才能得到实现，而宪法真正得到实施就得有一些不可或缺的条件做保障，其中最重要或最基本的就是建立行之有效的合宪性审查制度（亦称违宪审查制度）。正因为这个原因，世界各民族在形成法治国家的过程中，都高度重视宪法监督或合宪性审查制度的建设。在世界范围内，从1803年的马伯里诉麦迪逊案算起，合宪性审查制度已经有了二百多年的历史。

无论在哪个实行此制的国家，它早期的使命和作用，都主要集中于解决公共权力配置的合宪性、合理化问题，涉及的主要是公共权力在公共机构内的纵向配置、横向配置的合宪性，但到后来，特别是20世纪50年代之后，其使命和作用重点转移到了公民基本权利保障方面来，主要用于防止或纠正议会立法和行政机关的行为侵害宪法保障的公民个人的基本权利。二百多年，尤其是近七八十年来，世界上形成了几种相对定型的合宪性审查模式。

1. 普通法院审查模式

这种违宪审查模式以美国为代表。在那里，合宪性审查称为司法审查（judicial review），指普通法院在审理案件过程中结合案情审查和判定所适

---

① Rasul v. Bush, 542 U. S. 466（2004）.

② Obergefell v. Hodges, 576 U. S. 644（2015）.

用的国会制定法、条约或行政规则等法文件的条款及其适用是否违宪的制度。其主要特点是：（1）由普通法院而不是专门机构或代议机关进行，故又称司法审查或违宪审查；（2）是具体审查而不是抽象审查，法院只能结合其所审理的案件针对所适用的法文件的相关条款进行审查；（3）因而审查是法文件生效后的审查，不是事前的、预防性的审查；（4）审查不仅限于适用的法文件的条款本身是否违宪，还会审查相关国家机关的适用行为是否违宪。

初步核查统计，实行普通违宪审查制度的国家共有 59 个，其中除美国外还有如下国家：阿富汗、安提瓜和巴布达、巴林岛、阿根廷、巴哈马、孟加拉国、巴巴多斯、伯利兹、玻利维亚、博茨瓦纳、塞浦路斯、丹麦、多米尼加岛、多米尼加、多米尼克、爱沙尼亚、冈比亚、格鲁吉亚、加纳、格林纳达、几内亚、海地、印度、爱尔兰、以色列、牙买加、圭亚那、日本、肯尼亚、基里巴斯、马拉维、马来西亚、马绍尔群岛、墨西哥、密克罗尼西亚、纳米比亚、尼泊尔、新西兰、尼日利亚、挪威、帕劳、巴布亚新几内亚、卢旺达、圣基茨和尼维斯、圣卢西亚、圣文森特和格林纳丁斯、萨摩亚、塞舌尔、塞拉利昂、新加坡、所罗门群岛、瑞典、瑞士、坦桑尼亚、汤加、特立尼达和多巴哥、图瓦卢、瓦努阿图。下面重点看看普通法院违宪审查制在美国的形成和运用的大体情况，并对特例做少许说明。

美国的违宪审查制度看起来不是宪法规定的，而是 1803 年在司法实践中联邦最高法院通过审理马伯里诉麦迪逊案顺势而为确立的，但它实际上反映了美国宪法的结构、基本原则的要求。在马伯里诉麦迪逊案的判词中，联邦最高法院当时的首席大法官马歇尔在其起草并经全体大法官一致同意的判决书中，论证并宣称：违宪的法律不是法律，阐明宪法和法律的含义属于法院的权力。以此为论据，该判词认定 1789 年国会制定的《司法法》第 13 条违宪。在实行判例法的美国，联邦最高法院的判词确认的规则不仅对包括各级法院在内的各类各级国家机构都有约束力。这就在美国开创了一个普通法院（归根结底是最高法院）在特定情况下可对现行有效法文件进行合宪性审查的先例，并逐步形成了定制。

从美国的情况看，联邦最高法院虽每年审理不少涉及法文件效力的案件，但真正被宣布为因违宪而无效的法律或命令并不多。根据 2017 年 8 月美国国会研究服务处发布题为《美国宪法，分析与解释》的统计报告，我们可以看到，立宪以来联邦最高法院作出过 182 项裁决，[①] 其中第一案是 1803 年的马伯里诉麦迪逊案，最后一案是 2012 年的美国诉阿尔瓦雷兹案。[②] 这些判例先后认定美国国会法案的相关条款违宪或不合宪。2018 年 12 月，美国国会研究服务处又发表增补报告，增加了 7 项裁决。[③] 这样，美国联邦最高法院历史上裁定国会立法违宪或不合宪的判例，就达到了 189 项裁决，认定美国国会法案违宪或不合宪。其中最后一个是 2017 年的塞申斯诉莫纳莱斯 - 山塔纳案，联邦最高法院在该案中认定 1940 年基于性别差异对待移民的一个联邦法律的相关条款违反第五修正案关于正当程序及其包含的平等保护要求。[④]

由于包括最高法院在内的各级法院、法官都不是民选的，由法官来审查和裁决代议机关立法的合宪性，正当性受到较多质疑，法官行使审查权时往往多少有点感到底气不足，故通常会采取比较谦抑的态度。明白点说，就是通常会尽可能少地运用此权。除非有较充分的理由和证据，他们一般更愿意认定被审查的法律相关条款合宪。美国宪法生效迄今已经 230 余年了，联邦最高法院判决国会立法违宪，算下来平均每年不过 0.82 次。日本更少，在从 1947 年宪法生效到 2020 年这 73 年间，最高法院只作出了 10 个法律违宪判例，其中首开先河的是 1973 年（昭和 48 年）的谋杀亲属重罚条款争议案，新近的是 2015 年（平成 27 年）女子再婚设禁止期间争议案。计算下来，平均每年不足 0.14 个。若加上 12 个法律适用违宪判例，两者总共 22 个，平均每年也只有 0.3 个。[⑤] 不过，这些数字并不能充分反映普通法院合宪性审查制在宪法实施保障方面的真实效用。普通法院违宪审查制下的最高法院违宪审查权，通常被视为平时引而不发的强弓利箭，对立法机关和行政机关具有不动声色的威慑效应，故其实际作用不可

---

① Congressional Research Services, S. Doc. 112 - 9, *Constitution of the United States of America: Analysis, and Interpretation* , Centennial Edition, August 26, 2017, pp. 2325 - 2375.

② *Marbury v. Madison*, 5 *U. S.* (1 *Cr.*) 137 (1803); *United States v. Alvarez*, 567 *U. S.* ____, *No.* 11 - 210, *slip op.* (2012).

③ Congressional Research Services, S. Doc. 115 - 8, *Constitution of the United States of America: Analysis and Interpretation*, 2018 Supplement, December 12, 2018, pp. 170 - 173.

④ *Sessions v. Morales-Santana* - 137 *S. Ct.* 1678 (2017).

⑤ 法律违宪和法律适用违宪的资料来源：市川正人：《立命館法学》2016 年 5.6 号（369.370 号）；weblio 辞書，561の専門辞書や国語辞典百科事典から一度に検索，フリー百科事典『ウィキペディア（Wikipedia）』(2020/08/06，UTC 版)。

小觑。

从普通法院违宪审查制的实行情况看，它实际运用还是受到一些限制的。从美国的情况看，首先是法院的自律，如遵循政治问题不予审查的原则。什么是政治问题，并没有严格定义的，从历史上看往往主要指对内对外政策、议席分配、应有选举和由行政机关决定的问题等。再者，司法的特点是被动裁判，法院的审查只能结合具体诉讼案件进行，不主动解释宪法、主动审查法律条款或适用法律的行为是否违宪。所以，如果没有诉讼案发生，没有直接的利害关系人诉诸法院，对于法律条款和法律适用行为是否违宪的问题，法院、法官是决不能主动过问的。

还应说明，就违宪判决的效力而言，美国联邦最高法院的判决可以说是自判决书宣布之日起就对下级法院有约束力，但对它本身却没有约束力。历史上，美国联邦最高法院以后来的判决推翻前面的判例的情况并不鲜见。在美国，对于已确立的联邦最高法院判例要予以改变，只有两种途径，其一是修改宪法，其二就是联邦最高法院自己以后来的判例改变它前面的判例，别无他途。

这里还有必要就英国的特例做些说明。在《欧洲人权公约》（The European Convention on Human Rights，英国 1951 年 3 月签署）1953 年 9 月 3 日生效前，英国宪法的基本原则之一是议会主权，有司法审查，但没有违宪审查。但在此后，英国著名宪法学者戴雪（Albert. V. Dicey，1835 - 1922）所论述的议会主权实际上已经受到不少限制，英国的司法审查实际上有了一些违宪审查的意义和作用，只不过据以审查的“宪”，其名称不称为“宪法”而是地位相当于成文宪法中公民基本权利那一章的《欧洲人权公约》及欧洲人权法院的判例。英国为落实《欧洲人权公约》而制定、2000 年 10 月 2 日生效的《1998 年人权法》（The Human Rights Act 1998）实际上也处在“宪”的地位，若违反了，相当于日本的法律条款适用违宪。所以，英国在 1953 年 9 月 3 日到 2009 年 10 月 1 日之间的 56 年间里，实际上施行着性质属于代议制机关审查制的违宪审查制度。在此期间，具体执行违宪审查职能的是议会上院的上诉委员会。如果在案件审理过程中该委员会认为违宪，它会作出有关法律条款或法律适用行为与上述两宪法性文件的相关规定不一致的声明，并以这种方式引起议会的关注和促其处理。据统计，从《人权法案》付诸实施的 2000 年 1 月到 2009 年 1 月，共计有 17 项不一致宣告，到 2009 年稍晚时，其中 14 项已得到补救，1 项是公共协商的话题，2 项正在讨论如何补救这种不一致。①

但是，由于议会上院属于代议机构，其中一个委员会起最高法院的作用，显得违反权力分立原则，在欧盟内部受到一些人士的非议等原因，于是英国政府决心做宪制改革，并通过了《2005 年宪制改革法》（Constitutional Reform Act 2005），设立了作为独立国家机关的最高法院，违宪审查是其权力之一。根据《2005 年宪制改革法》设立、2009 年 10 月 1 日开始运行的英国最高法院，基本上继承了由 12 位拥有上院议员身份的常任上诉法官组成的议会上院上诉委员会的司法权，包括上述比较有限但很实在的违宪审查权。从这时期，英国的违宪审查机制从性质上看，放在普通法院违宪审查制下比较合理。2021 年初能看到的英国最高法院援引欧洲人权公约的最近的判决是 2020 年 2 月 12 日的（2020）UKSC 4 号裁决，五位最高院法官一致驳回了内政大臣关于晚间 8 小时不得外出的限制人身自由措施不算非法监禁的上诉，主要驳回理由是内政部对《欧洲人权公约》中的剥夺自由的概念的理解有误。②《欧洲人权公约》、欧洲人权法院都不是欧盟机制的一部分，所以，从 2021 年初的情况和各方的态度看，脱欧并不会导致英国退出《欧洲人权公约》和脱离欧洲人权法院管辖，也不大可能对《1998 年人权法》做实质性修改。这就是说，其违宪审查机制极可能会继续维持下去。

另外还要注意，新加坡虽设有被称为宪法法庭的机构（The Constitution of the Republic of Singapore Tribunal），但该机构只是新加坡最高法院内设的一个合宪性审查咨询机构，其职能是最高法院的一部分。所以，新加坡实行的体制应该算是普通法院违宪审查制中有自身特点的一种形式。

2. 宪法法院审查模式

宪法法院违宪审查模式又称欧洲模式或奥地利模式，因为欧洲实行此制的国家较多，且此制由奥地利 1920 年宪法所首创（1945 年重建）。宪法法院违宪审查模式的基本特点是在普通法院之外设立专门的宪法法院来对法律和适用法律的行为等进行合宪性审查。当今实行宪法法院违宪审查

---

① ［英］韦农·波格丹诺：《新英国宪法》，李松峰译，法律出版社 2014 年版，第 78—80 页。

② （2020）UKSC 4，R［on the application of Jalloh（formerly Jollah）］（Respondent）v Secretary of State for the Home Department（Appellant）.

制的国家中。开先河的是奥地利，但最有代表性的是德国。根据我在2020年年底做的核查，实行此种违宪审查制度的，除德国外还有如下国家：阿尔巴尼亚、安哥拉、亚美尼亚、奥地利、阿塞拜疆、白俄罗斯、比利时、贝宁、波斯尼亚、黑塞哥维那、保加利亚、缅甸、智利、哥伦比亚、刚果民主共和国、克罗地亚、捷克共和国、多米尼加共和国、厄瓜多尔、埃及、加蓬、格鲁吉亚、危地马拉、匈牙利、印度尼西亚、意大利、约旦、韩国、科索沃、科威特、吉尔吉斯斯坦、拉脱维亚、立陶宛、卢森堡、北马其顿共和国、马耳他、摩尔多瓦、蒙古、尼日尔、秘鲁、波兰、葡萄牙、罗马尼亚、俄国、塞尔维亚、斯洛伐克、斯洛文尼、南非、西班牙、苏里南、叙利亚、泰国、土耳其、乌克兰、乌兹别克斯坦、乌干达，共57个国家。其中，缅甸宪法中规定的联邦宪法裁判庭（Constitutional Tribunal）乌干达宪法中规定的上诉法院（the Court of Appeal），都享有合宪审查权，故实为宪法法院。当今世界这57国的宪法法院都是20世纪下半叶建立起来的，数量直追有近220年历史的普通法院违宪审查制。一面以德国为主，看看宪法法院组成、职权和运作的一般情况。

根据德国现行基本法（2012年修改）和德国联邦宪法法院法（2017年修改），联邦宪法法院由联邦法官和其他成员共16人组成，其中半数由联邦议院选举产生，半数由联邦参议院选举产生，不得同时担任联邦议院、联邦参议院、联邦政府的成员和州相应机关的成员，但可在高等兼任法学教职。联邦宪法法院由第一、第二两个审判庭组成，受案范围有分工。两个审判庭各有8名法官，其中3位应选自联邦最高等级法院中任职3年以上的法官。联邦宪法法院法官应年满40岁，具有联邦众议院议员候选资格，任期12年，不得连任，年龄不得超过68岁。每个审判庭中的3位法官还可组成小审判庭。两审判庭之一就法律问题做裁判，若拟不同意另一庭已表示的法律意见时，应由两审判庭组成联席庭审理。德国联邦宪法法院设在离首都柏林数百公里的卡尔斯鲁厄，是相对独立于所有其他宪法机关的独立宪法裁判机关，有权自主制定工作规程。

联邦宪法法院裁判权的管辖范围主要是：关于宣告褫夺基本权利之案件；关于宣告政党违宪或政党于国家财务补助范围之外的案件；涉及联邦众议院选举效力，取得或丧失联邦众议院议员资格之争议案件；联邦国会两院之一对联邦总统提起的弹劾案；联邦法律或州法律与本基本法在形式上和实体上是否一致产生争议时，应联邦政府、州政府或联邦议院三分之一的议员请求进行裁判的案件；因某些立法事务在联邦与州之间发生意见分歧时，应其中相应公共机关的要求做裁判的案件；联邦和州之间、各州之间或一个州内部发生其他公法争议而无其他法律路径解决的案件；联邦法或州法是否符合基本法，或州法律或州法规是否符合州邦法，由法院提请裁判的案件；就国际法上某项规则是否为联邦法之构成部分，其是否直接导致个人权利义务发生，须由法院请求裁判的案件；宪法诉愿案件，等等。

其中最引人关注的是宪法诉愿案件。宪法诉愿主要是指在以下方面就相关的法律条款及其公共机关适用活动是否合宪的问题提起诉讼：对于企图废除民主、自由、法治秩序的任何人，德国人别无选择时行使抵抗权的案件；涉及公民权利和义务不平等，担任公职机会不平等的案件；因宗教派别或信仰而受到歧视的案件；涉及选举权与被选举权争议案件；涉及接受合法法官审判的权利受保障的案件；不因同一行为遭受多次刑罚的权利保障；人身自由的保障；被拘禁的人员精神上或身体上不被虐待的权利；由法官就是否准许剥夺自由和剥夺自由的期限作出裁判的权利；暂时被拘留但最迟得在次日提交法官，以及被拘留人的亲属或其亲近人员立即获通知的权利等。①

不过，德国的宪法也并不是能轻易提出的。固然，《德国基本法》第93 条规定，任何人都有权就公务机关损害宪法第 33、38 条规定的公共生活领域的各项权利和基本法第 101、103、104 条规定的各种诉讼权利之一提出宪法诉愿，但基本法第 94 条规定，提起宪法诉讼以先穷尽所有法律诉讼手段为先决条件，而且有特别的受理程序。

进行违宪审查是德国联邦宪法法院的日常工作，他们对法律和适用法律行为做违宪审查的频率显得比美国联邦最高法院稍高一些。如 2020 年下半年联邦宪法法院公布审结的案件就有多件，有代表性的是：1. 联邦宪法法院第二审判庭 2020 年 6 月 9 日关于联邦议院议员有不受到他人干扰地使用分配给他们的房间的权利的判决。判决认定，无论如何，妨碍基本法第 38.1 条保障的议员权利必须满足比例原则的一般要求，这些要求也适

① 以上两个自然段内容的主要参考文献：孙谦、韩大元《世界各国宪法·欧洲卷》，中国检察出版社 2012 年版，第 177—210 页；《德意志联邦共和国宪法》，台北大学法学院陈爱娥教授所译并置于公共网站之《德国联邦宪法法院法》（根据 2017 年最后修改版译出）。

用于经联邦议会议长授权的警察行为。[①] 2. 联邦宪法法院第一审判庭第二分庭2020年7月7日关于某公司在私人停车场的罢工行动不侵犯原告基本权利的判决，该判决认定罢工行为既未侵犯《基本法》第14.1条规定的财产权，也未侵犯《基本法》第12.1条及第2.1条规定的商业行为自由。[②] 3. 联邦宪法法院第一审判庭2020年9月29日关于《原子能法》有关条款合宪性的判决，该判决认定2018年7月10日《原子能法》第16修正案尚未生效，申诉人的基本权利受到侵犯，立法者有义务补充新规定；同时驳回原告的其他宪法诉求。[③]

3. 宪法委员会审查模式

宪法委员会审查模式和宪法法院审查模式都属于设专门机关做违宪审查的制度，但两者还是有不少区别。其中最明显的区别是，宪法法院模式下审查主体只在法律生效后对法律条款及其适用过程做合宪性审查，而宪法委员会模式下审查主体原本只对尚未生效的法案文本做抽象的合宪性审查，后来在有代表性国家逐渐演变成了法律生效前的抽象审查与生效后的具体审查相结合的体制。宪法委员会审查模式源于法国1958年宪法，当代除法国外，实行这种未合宪性审查模式的国家还有黎巴嫩、乍得、哈萨克斯坦、吉布提、莫桑比克、塞内加尔、阿尔及利亚、毛里塔尼亚、柬埔寨等国。下面我们不妨较具体看看法国宪法委员会体制的基本情况。

根据2008年全面修改过的现行法国宪法第七章的规定，法国宪法委员会的组成情况大体如下：由委员9人组成，每3年更新1/3；委员任期9年，不得连任；9名委员中3人由总统任命，3人由国民议会议长任命，3人由参议院议长任命；除9名委员外，各前任总统都是宪法委员会当然的终身成员；宪法委员会主席由总统任命；宪法委员会成员不得兼任内阁部长或议会两院议员。宪法委员会的权力主要是：监督总统选举的合法性，接受总统选举的申诉，公布总统选举投票的结果；在发生争议的情况下，宪法委员会就国民议会议员和参议院议员选举的合法性作出裁决；监督全民公决投票程序的正当性，公布公投结果；对各个组织法、议会两院规章做生效前的审查并就其是否合宪作裁决；审查由总统、总理、国民议会议

① The Second Senate, Order of 9 June , 2020 - 2 BvE 2/19.

② The Second Chamber of the First Senate, Order of 7 July 2020 - 1 BvR 479/20.

③ The First Senate, Order of 29 September 2020 - 1 BvR 1550/19.

长、参议院议长、60名国民议会议员或者60名参议院议员提交的待公布的法律的合宪性和作出裁决；审理由最高行政法院或最高法院移交过来的、可能侵犯宪法保障的个人权利和自由的法律合宪性争议案件并作出裁决。被宪法法院宣告为违反宪法的法律和其他法文件不得公布施行。宪法委员会的裁决是终局裁决，且对所有公共权力机构都有约束力。①

在1971年7月前，法国宪法委员会在合宪性审查领域所做的工作，在直接的意义上说，限于基于宪法理顺公共权力的纵向和横向配置关系，并不直接发挥保障公民基本权利的作用，但此后情况有了根本改变，转变的契机是宪法委员会对有关结社自由的法律条款的裁决。1971年7月16日的这个裁决援引了第五共和国宪法序言，而这个序言是肯定了1789年《人权宣言》和1946年第四共和国宪法序言关于保障公民基本权利的各项原则的。审查结果是裁定经议会修改补充的1901的结社法的一个条款因违反宪法序言包含的结社自由原则而不合宪，② 从而在法国合宪性审查制度中激活了原本应该落实但却实际上长期没有落实的公民基本权利保障原则。

2008年法国对1958年宪法进行全面修改，其中包括在违宪审查方面做重大改革，确立了合宪问题先裁机制（Question Prioritaire de Constitutionnalité，简称QPC机制），要点是：在普通法院、行政法院审理案件过程中，当事人若认为诉讼案件所适用的法律条文侵害了其依宪法享有的权利和自由，可向法庭提出，由最高法院或最高行政法院在规定期限内移交给宪法法院对相关法律条款做合宪性审查，先解决案件所适用法律的合宪性问题，然后普通法院或行政法院再继续审理。这实际上是接纳了宪法法院违宪审查模式的做法，使法国的宪法委员会对法律及其适用过程的合宪性审查增加了事后审查和具体审查的特性。③ 合宪问题先决机制自2010年实施以来，显示出明显的优势和效率，它使得宪法委员会愈来愈像宪法法院。有学者统计：自2010年初至2018年底，宪法委员会共作出868项裁决，其中适用事前审查机制裁判案件175件，而适用合宪问题先决机制裁判案件

① Constitution of 4 October 1958, https://www.conseil-constitutionnel.fr/en/constitution-of-4-october-1958.

② Décision n° 71-44 DC du 16 juillet 1971.

③ 更具体的情况可参见林淡秋《守护宪法的新模式：法国的合宪性先决机制》，《华东政法大学学报》2018年第6期。

693件。[1]

2021年初法国宪法委员会官方电子页面上公布的2020年合宪审查裁决共5个，较往年少。其中事前审查裁决案（DC）1个，即2020年6月7日对刑事诉讼法典做审查并裁决其第1条、第2条和第4条对服刑期满的原恐怖主义犯罪人员采取安全措施的规定违宪。[2] 在同一个平台上公布的合宪问题先行裁决案（QPC）有4个，其中最新的是2020年6月17日的裁决，该裁决认定2020年3月23日关于应对Covid－19新冠肺炎的第2020—290号紧急法令第19条中受到挑战的一项规定符合宪法。[3]

4. 代议机关审查模式

在合宪性审查或宪法监督方面，有些国家既不采用普通法院审查制，也不采用宪法法院、宪法会员机关审查制，而是实行人民代表机关审查制。此制为1918年的俄罗斯社会主义联邦苏维埃共和国宪法所首创。该宪法第32条规定，全俄苏维埃中央执行委员会负责监督苏维埃宪法的执行情况。此后，社会主义国家的宪法都将合宪性审查的职权赋予最高国家权力机关或其常设机关。当代实行此种模式的国家，除我国外，还有越南、古巴、朝鲜、伊朗和2009年10月之年前一度实行此制的英国。由代议机关或国家权力机关进行合宪性审查或宪法监督，并不是社会主义国家特有的审查制度。20世纪50年代初《欧洲人权公约》在本国生效至2009年9月的英国，实行的也是代议机关合宪性审查制，因为，这阶段实际上行使合宪性审查权能的上诉委员会只是英国议会上院的一个司法机构，并非独立的国家机关。另外，伊朗当今实行的合宪性审查制度形式上颇为接近当时的英国。伊朗现在掌握违宪审查权能的机构名为宪法监护委员会（Guardian Council），设在伊朗议会内，是议会的一部分，并非独立国家机关。故而实为代议机关合宪审查制。

中国实行的是典型的代议机关即人民代表大会合宪审查制。中国宪法规定，全国人民代表大会监督宪法的实施。然后又规定：全国人大常委会有权解释宪法，监督宪法的实施，有权监督国务院、中央军事委员会、最高人民法院和最高人民检察院的工作，撤销国务院制定的同宪法相抵触的

---

① 王建学：《法国事后宪法审查机制的十年：总结与启示》，《财经法学》2019年第6期。

② Décision n° 2020－805 DC du 7 août 2020.

③ Décision n° 2020－849 QPC du 17 juin 2020.

行政法规、决定和命令，撤销省、自治区、直辖市国家权力机关制定的同宪法相抵触的地方性法规和决议，审查和批准自治区的自治条例和单行条例，审查由自治州、自治县上报备案的自治条例和单行条例，等等。其中所说的审查，首要的内容无疑是合宪性审查。此外，根据中国宪法，地方各级人民代表大会有责任在本行政区域内保证宪法的遵守和执行，县级以上地方各级人大常委会有权撤销本级人民政府的不适当的决定和命令，撤销下一级人民代表大会不适当的决议，等等。这里的“不适当”，无疑也包括违宪。按我国宪法，违宪引起的法律责任或制裁措施主要有两种：一是有关法律、行政法规、地方性法规、上报备案的自治条例和单行条例以及有关决议、决定、命令被全国人大及其常委会或相应地方国家权力机关撤销；二是报批的有关自治条例、单行条例因违宪而得不到全国人大常委会或相应省、自治区人大常委会的批准。此外，有监督权的机关责成违宪机关纠正违宪的做法也是让违宪机关承担责任的一种形式。

我国现行宪法所确立的法权配置总方案和法权运用总规则基本符合当今中国的实际。近 40 年来，这部宪法已经发挥了较大的效用，但又远未发挥其可能有的最大效用。其中主要的原因之一，是合宪审查制度还不够完善。1982 年宪法生效近 40 年来，全国人大及其常委会的合宪性审查，是在国家机构内部不公开地运行的，没有公开宣布过哪一个法律、行政法规、地方性法规或自治条例、单行条例等法规范性文件不合宪，故审查效果不甚明显。形成这种局面的主要原因，一是没有专门化的、经常存在和活动的合宪性审查专门机构，而是合宪性审查没有发挥各级人民法院特别是最高人民法院的初级筛查和参谋、助手作用。

令人感到深受鼓舞的是，2018 年 3 月 11 日第十三届全国人民代表大会第一次会议通过了宪法第 44 条修正案，将原全国人大专门委员会之一的法律委员会修改为宪法和法律委员会，使得我国全国人大有了开展包括合宪性审查在内的宪法监督工作的专门机构。相信我国全国人大及其常委会今后的合宪性审查工作会更有成效。

后　　记

《法权之应用》这本书，实际上是我过去30年间不同时期写作和发表的一些文字经修订、补充和重新编辑形成的，今天能如愿出版，实属不易。这些年间与此书形成密切相关的有些事，很值得回顾和记录一下。

首先我要说起才华横溢、但不幸英年早逝的同学、师弟赵世义教授，当年是他和另一位同学、今日非常知名的港澳基本法专家邹平学教授一起，撰文在《法学研究》上十分精准和尖锐地针对我提出的权利与权力归根结底是一个统一体的猜想做了商榷，此举虽让我焦虑了好几个月，但促成我实现了关键的学术突破，基本证成了上述猜想。今天想起曾有过的那些人们勇于表达和争鸣的峥嵘岁月，不禁感慨良多，也让我特别怀念赵世义教授。

批评、商榷、争鸣、切磋、回应，你来我往，最能促进学术的繁荣和学者的进步。说到这一层，我还要由衷感谢先后对我提出过学术批评或商榷意见的同门同学邹平学教授、周叶中教授和秦前红教授。历史上他们对我学术观点所提的批评、商榷意见力度不等地推动我往深层思考和向前迈出大步，让我获益甚大。我对他们的批评、商榷的回应文字有些现在看来属不讲情面的话语，但为了尊重历史，本书没有修改，祈望他们能见谅。

本书出版涉及的前期准备工作很有点繁杂，都是托孙平副教授操办的。博士生陈彰宁、杜成胜帮忙校对了全书。这里一并感谢。

此书在交稿后，校对过程中我又做了不少修订，给编辑许琳老师的工作添加了不少额外的负担。感谢许老师不辞额外的辛劳。

作　者

2021年11月23日